学习技术手册

Palgrave Study Skills

Business Degree Success
Career Skills
Cite Them Right (9th edn)
Critical Thinking Skills (2nd edn)
e-Learning Skills (2nd edn)
The Exam Skills Handbook (2nd edn)
Great Ways to Learn Anatomy and Physiology
How to Begin Studying English Literature (3rd edn)
How to Manage Your Distance and Open Learning
     Course
How to Manage Your Postgraduate Course
How to Study Foreign Languages
How to Study Linguistics (2nd edn)
How to Use Your Reading in Your Essays (2nd edn)
How to Write Better Essays (3rd edn)
How to Write Your Undergraduate Dissertation
Information Skills
The International Student Handbook
IT Skills for Successful Study
The Mature Student's Guide to Writing (3rd edn)
The Mature Student's Handbook
The Palgrave Student Planner
Practical Criticism
Presentation Skills for Students (2nd edn)

The Principles of Writing in Psychology
Professional Writing (2nd edn)
Researching Online
Skills for Success (2nd edn)
The Student's Guide to Writing (3rd edn)
Study Skills Connected
Study Skills for International Postgraduates
The Study Skills Handbook (4th edn)
Study Skills for Speakers of English as a Second
     Language
Studying History (3rd edn)
Studying Law (3rd edn)
Studying Modern Drama (2nd edn)
Studying Psychology (2nd edn)
Teaching Study Skills and Supporting Learning
The Undergraduate Research Handbook
The Work-Based Learning Student Handbook
Work Placements – A Survival Guide for Students
Write It Right (2nd edn)
Writing for Engineers (3rd edn)
Writing for Law
Writing for Nursing and Midwifery Students (2nd
     edn)
You2Uni

Pocket Study Skills

14 Days to Exam Success
Blogs, Wikis, Podcasts and More
Brilliant Writing Tips for Students
Completing Your PhD
Doing Research
Getting Critical
Planning Your Essay
Planning Your PhD
Reading and Making Notes

Referencing and Understanding Plagiarism
Reflective Writing
Report Writing
Science Study Skills
Studying with Dyslexia
Success in Groupwork
Time Management
Writing for University

Palgrave Research Skills

Authoring a PhD
The Foundations of Research (2nd edn)
Getting to Grips with Doctoral Research
The Good Supervisor (2nd edn)
The Postgraduate Research Handbook (2nd edn)
Structuring Your Research Thesis

For a complete listing of all our titles in this area please visit www.palgrave.com/studyskills

学习技术手册

Stella Cottrell

palgrave
macmillan

First edition 1999
Second edition 2003
Third edition 2008
Simplified Chinese language edition 2013

First published 1999 by
PALGRAVE MACMILLAN

Palgrave Macmillan in the UK is an imprint of Macmillan Publishers Limited, registered in England, company number 785998, of Houndmills, Basingstoke, Hampshire RG21 6XS.

Palgrave Macmillan in the US is a division of St Martin's Press LLC, 175 Fifth Avenue, New York, NY 10010.

Palgrave Macmillan is the global academic imprint of the above companies and has companies and representatives throughout the world.

Palgrave® and Macmillan® are registered trademarks in the United States, the United Kingdom, Europe and other countries

ISBN: 978-0-230-36246-8

This book is printed on paper suitable for recycling and made from fully managed and sustained forest sources. Logging, pulping and manufacturing processes are expected to conform to the environmental regulations of the country of origin.

A catalogue record for this book is available from the British Library.
A catalog record for this book is available from the Library of Congress.

10   9   8   7   6   5   4   3   2   1
22 21 20 19 18 17 16 15 14 13

Printed and bound in the UK by Charlesworth Press, Wakefield, West Yorkshire

目录

致谢 viii

引言学习技术手册
Introducing *The Study Skills Handbook* 1

如何使用本书 2
从哪里入手 3
学习7法 4
我对大学有哪些期望 6

1 做好上大学的准备
Preparing for university 7

申请学校 8
我做好上大学的准备了吗 9
对高等教育有什么期望 10
自学 12
独立学习: 自我掌控 13
技能与个人发展 14
学年 15
你应该做到什么 16
焦虑与资源 17
克服焦虑情绪 18
我有哪些资源 20
入学前能做的8件事 21
入学 23
本章回顾 24

2 认识自己的技能
Identifying your skills 25

学习技能五大要素 26
已经具备的技能和素质 27
现有的技能和素质 29
将个人技能转化为学习技能 30
学习技能: 优先顺序（第1阶段）31
学习技能: 优先顺序（第2阶段）32
学习技能: 行动计划 33
监测技能的提高 34
个人档案 35
把学习技能转化为就业软技能 36
将学习技能转化为就业软技能 37
记录成绩 38
建立档案 39
本章回顾 40

3 智力和学习
Intelligence and learning 41

"上大学, 我够聪明吗?" 42
对智力的9种看法 43
"学习"是什么 48

学习的6个条件 50
理想的学习状态 53
本章回顾 54

4 CREAM学习法
The CREAM strategy for learning 55

发现自己的创造力 56
想象自己是位教授或者其他 57
反思性学习 58
学习技能: 行动计划 59
反思性学习 60
我的表现如何 62
学习反思日记 63
中规中矩vs.高效学习 64
有效学习 66
安心学习 67
什么时候、什么方式、在哪里 68
整理学习空间 69
管理自己的时间 70
有效记日记 71
节省时间的10条建议 73
学习时间 74
时间都花在哪儿了 75
时间圈 76
时间管理 77
优先顺序设定 78
从最后期限开始向后推算 79
工作和学习有效结合 80
有效管理工作项目 81
有效管理学习假 82
积极学习 83
行动起来 84
积极的学习策略 85
保持学习的动力 86
我希望在大学期间实现什么目标 87
瞄准目标, 制订学习策略 88
实现期望的结果 90
本章回顾 92

5 与他人一起学习
Working with others 93

和他人一起学习的好处 94
与他人一起学习的方法 95
表达和倾听技能 96
表达自己的观点 97
让小组活动顺利进行 98
做有贡献的小组成员 99
应对小组中的困难时刻 100

偏见、不公平和歧视 101
应对歧视 102
面对不公平的歧视 103
我对研讨会和小组活动的贡献大吗 104
学习互助网 105
在不抄袭的前提下共享学习成果 106
陈述发言或讨论 107
我发言的效果如何 109
注意你的观众 110
本章回顾 110

6　资料查找技能
Research skills 111

明确任务 112
充分利用图书馆 113
在图书馆查找信息 114
辨别、筛选相关信息 115
我是不是聪明的读者 116
提高阅读理解能力 119
提高阅读速度 120
提高阅读速度的8种方法 121
记笔记 122
笔记风格 123
做笔记的快捷方式 125
做笔记要有信心 126
记录、使用信息 127
抄袭 128
检查是不是抄袭和复制 129
写出参考文献 132
充分利用课堂时间 133
课堂笔记（封皮页） 134
笔记能发挥多大作用 135
解决问题 136
实习和实验 137
本章回顾 138

7　在线学习、电脑技术与个性化学习
E-learning, technology and personalised learning 139

利用电脑高效学习 140
使用电脑的基本健康、安全常识 141
我需要哪些电脑操作技能 142
用电脑学习所需的规划技能 144
清单：信息和通信技术（ICT）与在线学习关键术语 146
充分利用互联网 147
在线搜索 148
进行在线搜索 149
缩小或扩大在线搜索范围 150
高级在线搜索 151
在线学术资源 152
什么是在线学习 153
在线学习：开始行动 154
在线学习和个性化学习 155
个性化在线学习：端口和虚拟学习环境 156
在线学习：维基百科、博客、播客 157
利用在线交流进行学习 158
形成自己的在线学习风格 159

更多有关个性化学习的内容 160
用电子技术管理小组项目 161
管理在线项目交流 162
管理电子项目 163
本章回顾 164

8　大学写作
Writing for university 167

我擅长处理写作任务吗 168
克服对写作的恐惧心理 169
提高写作水平 170
学术写作和其他活动的相似之处 171
克服写作障碍 172
开始动笔的小窍门 173
克服写作障碍的实例 174
论文和其他学术写作 175
写作的7个步骤 176
分析题目 178
题目中用到的学术关键词 179
设计自己的论文题目 180
所有学术写作的共同特征 181
架构写作内容 182
组织信息：规划写作内容 183
架构一篇论文 184
规划写作任务 185
规划写作各个阶段 186
用概念金字塔组织观点 187
按金字塔的形式规划论文 189
撰写初稿 191
段落 192
检查分段情况 194
将观点串起来 195
编辑初稿 196
编辑终稿 197
提交作业 198
老师的偏好 199
本章回顾 200

9　提高写作水平
Developing your writing 201

学术写作的风格 202
要准确 204
使用事实、观点或者论据 204
不同科目的写作 205
科学模式以外的方法 207
学术方法中的对立面 208
不同的写作风格 209
描述性写作 210
论证分析性写作 211
我是不是聪明的读者 212
评估分析性写作 213
"比较和对比"类论文的框架 215
利用个人经历 216
哪些是得分点 217
借鉴导师的反馈 218
论文是什么样的 219
本章回顾 224

10 建立对数字的信心
Confidence with numbers 225

需要了解什么 226
增强数字运算的信心 227
你信任数字吗 229
对数字和统计提出质疑 230
分数 231
有关分数的更多内容 232
使用分数 233
理解百分数 234
把分数转化成百分数进行计算 235
四舍五入 236
什么是"平均数" 237
计算平均数: 平均数(均等份额) 238
计算平均数: 中位数(中间的数) 239
计算平均数: 众数(最频繁的数) 240
比较平均数、中位数和众数 241
使用五数概括法 242
使用表格、图形和曲线图 243
解读曲线图 244
解读表格 245
解读图形 246
清单术语 247
本章回顾 248

11 研究项目、毕业论文、报告和案例研究
Projects, dissertations, reports and case studies 251

什么是项目 252
什么是毕业论文 253
自学的益处、挑战和风险 254
管理项目和其他自学任务 255
选择题目 256
制订研究策略 257
设计调查问卷 259
采访技巧 261
呈现和分析数据 262
报告的特点 263
报告的结构 264
写报告: 开篇部分 265
写报告: 主体部分 266
写报告: 结论、建议、摘要 267
报告: 布局、格式和风格 268
项目和毕业论文清单 269
项目和毕业论文清单 270
案例研究 272
撰写案例研究报告 273
本章回顾 274

12 批判分析性思考
Critical analytical thinking 275

培养侦探式的思维方式 276
阅读中的批判性思考 277
批判分析性思考 284

写作中的批判性思考 285
批判分析性写作vs.描述性写作 286
识别批判性写作和描述性写作 287
练习题参考答案 289
本章回顾 292

13 记忆
Memory 293

个人记忆风格 294
看看你是哪种记忆风格 295
提高记忆力 296
利用大脑 297
三位一体脑 298
记忆过程的几个阶段 300
有关多重编码的建议 302
组织和整理有助于记忆 305
金字塔、图形笔记和图像 306
"分割"信息 307
本章回顾 308

14 复习和考试
Revision and exams 309

复习需要做什么 310
高效复习 311
复习策略 313
复习和考试准备 314
复习: 7点行动计划 315
提前做好考试准备 316
考试 317
考试中 318
考试时好好表现 319
考试策略 320
应对压力 321
压力管理 322
本章回顾 324

15 计划下一步行动
Planning your next move 325

学习技能成绩 326
评价自己的成绩 332
规划未来 333
已经完成的个人发展 334
职业规划 335
做好就业准备 336
终身学习 339
下一步做什么? 助你成功的技能 340
明确个人目标 343
实现个人发展目标的行动计划 344

现在做什么 345
参考文献 346
附录1: 乘法表 347
附录2: 在线搜索工具 348
索引 349

致 谢

在这里要感谢这些人:

感谢Lynn Chiswick,当我只有满腔热情和简要大纲时,她给了这本书极大的鼓励和支持。

Robert Simpson、Pam Dixon和David Gosling为本书第一版提出了宝贵意见,感谢他们。

东伦敦大学(UEL)的很多老师都使用了《个人发展手册》(The Personal Development Planning Handbook)一书和本书的一些材料,他们中包括阅读障碍学生的辅导教师,一部分材料就是他们和自己的学生一起编写的。这些老师的反馈非常宝贵,他们告诉我一本手册应该包含哪些内容、怎么把已有材料改写并运用到本书中。

感谢Kate Williams通读原稿、提出很多有用的修改建议,她非常友好、敏锐,感谢她对我的鼓励。

感谢英国和世界各国大学的老师们给予本书(英文版)前两版的建设性反馈,后来的版本(英文版)针对这些建议做了调整。尤其感谢Mary Drury、Karry Omer和Andy Lloyd,感谢他们对本书(英文版)第三版提出的详尽建议。

没有Margaret、Andrew、Claire、Rachael、Julie、Tina、C.E.D和其他幕后工作者的努力,就没有这本书。特别感谢Suzannah Burywood的支持,感谢她这么多年来对本书的热情和信心。

感谢数百名学生坦诚地与我讨论他们在学习中遇到的困难,详细说明自己新颖的学习方法。本书献给他们,也献给所有未来可能在学习中遇到困难的学生们。

学习技术手册

大学需要的学习技能最终必须通过大学阶段的学习才能掌握，罗马不是一日建成的，掌握学习技能也不是一蹴而就的事。随着学习的不断深入，我们练习、试验、犯错、接收反馈、反思自己，在这个过程中，我们的学习技能不断熟练、完善。你会惊喜地发现，通过不断学习，自己的思维和语言技能得到了很大的提高。

尽管这样，仍然有一些基本的方法，让你可以站在较高的起点，少走弯路，加快学习速度。本书以作者20多年来与数百名学生的实际接触和沟通为基础写成，书中的核心理念已经被全世界几十万名学生和老师借鉴，这一版（英文版）也加入了他们的评论和反馈。

外界点拨与自主学习

长远来看，勤于思考、积极主动、适时反省的方法可以加深你对知识的理解。但对学生而言，尤其在时间紧迫的情况下，得到外界的点拨同样重要。本书涵盖了这两种方法，要实现当下和长远的学习目标，就要灵活使用两种方法。

学习目标

本书旨在通过以下方法，帮助你取得学业上的成功：

- 帮你建立这样的观念：聪明、得高分并不是成功的唯一标志，成功也体现在其他各个方面，每个学生都有成功的可能。
- 让你为上大学做好准备，知道自己可以在大学的学习中获得什么。
- 鼓励你思考自己具备哪些在学习和工作中都用得到的技能。
- 提供资源，帮助你评估、反思并管理自己的学业。
- 告诉你如何找到积极的学习方法，培养良好的学习习惯。
- 指导你解决大多数学生在学习中遇到的问题。
- 指出在学习中如何运用先进的技术手段和网络资源，形成自己的学习风格。
- 帮助你进一步了解学习、智力和记忆力的作用原理，以及如何建立批判性思维模式。

你可以仔细研读整本手册，也可以根据自己遇到的具体困难阅读相关章节。只要你认为有帮助，读多少都可以。虽然这本手册的每一章着重讨论的只是学习的某一个方面，但随着学习的深入，你会发现这些方面实际上是相通的。提高学习技能的某个方面也有助于其他方面的提升。

找到自己需要什么样的内容

- 每一章开头都会列出本章学习目标要点，你可以据此判断是否需要阅读这章内容。
- 每章都包含若干个主题，每个主题的开头都用了醒目的大标题显示主题内容，有了这些标题，你可以更轻松地浏览，快速找到自己需要的内容。
- 书本索引（书后页）提供特定主题的参考页面编号。

复印页面

你可以把有自我评估表、行动清单、规划表和行动记录表的页面复印下来备用（其中一些可以放大复印到A3纸上）。把填好的表格和学习日记一起保存下来，供今后参考。

这个图标表示可以用这部分内容做自我评估或规划。

登陆网站

除了复印纸质书，你也可以登陆帕尔格雷夫（Palgrave）网站www.palgravestudyskills.com获取更多免费资料，还可以到其他网站下载相关资料。

漫画和页面布局

漫画和不同符号导图主要起提醒作用。即使画不好，你也可以在笔记中使用一些类似的视觉

提示符号，它们能帮你更快地找到相关内容。多样的符号还可以刺激不同感官的学习——具体内容详见Chapter 13。

自我评估问卷

自我评估问卷能从以下两个方面帮助你：

- 把每项学习技能进行分解。
- 让你能明确指出哪些小技能是你学习中的绊脚石，提示你注意过去遗漏的步骤或做法。

自我评估问卷能帮你查缺补漏，有时你甚至不必做问卷，只要浏览一下问卷的题目就足够了。你可以用这些问卷来监督自己的学习进展情况，找到自己的优势。

难点

如果你毕业几年之后重回学校，或者对学习的某些方面感到陌生，又或者过去觉得某些内容很难，那么千万不要让这些阻挡你前进的脚步。

很多学生第一次接触一些内容时会觉得很难，但过一段时间再回顾同样的内容却可以轻松理解，这种现象很普遍。即使那些觉得很难理解学术语言和方法的学生，通常也能很快适应这些内容。

通过深入学习专业术语和理论，你的能力将大幅提升。这些知识会使你思维更敏锐，对事物的描述更精准，综合成绩更突出。

学习日记

这个书形图标提醒你，可以把自己的所思所想记录在学习日记中。详细内容请见第63页。

从哪里入手

- 通读"学习7法"（详见第4页），你对本书的理解会更深入。
- 填写"我对大学有哪些期望"问卷（详见第6页），你对自己作为学生的定位会更准确。
- 浏览这本手册，初步了解其中的内容。当你真正开始学习之后可能才会知道哪些内容对你有用。
- 利用"学习技能：优先顺序（第1阶段）"规划表（详见第31页）帮你瞄准重点。
- 如果你不知道应该从哪儿入手培养学习技能，那就去做相应章节的自我评估问卷，帮助自己理清思路。
- Chapter 2-4是后面所有章节的基础，提供了基本的方法，先读这几章你会大有收获。

如果你正准备申请大学，或者对大学生活知之甚少

从Chapter 1"做好上大学的准备"读起。这一章告诉你大学的学习生活是什么样的，帮助你判断自己有没有准备好，并且告诉你如何为大学的第一个学期做准备。Chapter 4也同样会对你有帮助。

- 判断自己现在具备哪些学习技能和素质（详见第27-30页）。
- 思考自己的学习动机（详见第6页和第87页）。
- 你要在阅读（详见第115-21页）和写作（详见第168-73页）方面增强自信。
- 评估自己的计算机操作技能（详见第142-3页）。

如果你学习过相关的能力和资质认证课程

你可以快速浏览一遍每章前几个主题的内容。Chapter 4、5、9、11、12、15可能对你最有用。另外，如果你不习惯用这本书中的图标、图片做学习工具，读完第49页和Chapter 13有关"记忆"的内容，就会觉得这样做有些道理了。

阅读障碍

目前，很多大学生都有阅读障碍。本书在内容和版式的设计上都考虑到了这个群体，主要体现在以下方面：

- 内容。
- 视觉图像的使用。
- 整本书的布局。
- 对模块的重视。
- 运用多种多样、适合多种感官的学习方法。

调整心态

如果你离开学校已经有一段时间了，或者本来就觉得学习很难，请善待自己。假以时日、多加练习，才能适应高等教育的环境，养成学习习惯，掌握写作学术论文的技巧。大学第一年的分数并不能决定最终的成绩，所以你有很多时间来练习和提高。

每个人都有自己的学习方法

条条大路通罗马，只要你在学习中试验、探索、勇于创新，就会找到最适合自己的学习方法。

Chapter 2-4鼓励你探寻自己的学习模式，就如何试验和探索给出了建议。

学习7法

本书中提到了7种学习方法。

1 学习是一种探险

当你感到学习某项内容有压力或者不感兴趣的时候就很难学得进去。本书鼓励你寻找让学习变得有趣的方法，有效学习，而不是中规中矩，硬着头皮去学。要获得学位通常要上几年的课，所以你非常有必要找些方法让学习变得愉悦起来。

小孩子学新东西，不用特别辛苦就能学会——他们的学习过程只是放松、观察、玩耍、扮演角色、尝试、犯错、感兴趣。他们不觉得遇到挫折就是失败，也不担心别人的看法，不会觉得自己可能学不会。小孩子摔倒后，马上站起来继续往前走，慢慢地走路对他们来说就变得容易起来，你也可以借鉴小孩子的这种学习方法。

2 运用多种感官

视觉、听觉、触觉这些感官用得越多，看、说、写、打字、画画或身体运动时微妙的肌肉运动越多，我们的大脑接收有效信息的机会就越多。

调动多种感官，大脑会产生更多的联想，日后搜索所需的信息就更容易，这有助于记忆和学习。本书鼓励你充分运用多种感官，并把运动融入学习中。这样学习会变得更简单，更有趣。

3 找到学习最吸引你的地方

时刻牢记想要取得的目标，这样学习起来比强迫自己学习容易得多。你可能觉得学习的某些方面没有吸引力，比如论文写作、按时交作业或者考试，但恰恰是你不喜欢的这些最有可能带给你成就感和荣誉感。

每个人都能在学习中找到最吸引自己的方面。举个例子，想象在大屏幕上看到自己登台领奖，听到自己在讲述取得的成就……因为有想象力，大脑就会捕捉到这些激励，找到实现这些成就的方法。

4 主动学习

如果我们能主动做下面的这些事情，就会更深入地理解学习内容：

- 搜集信息。
- 理解信息的含义。
- 斟酌不同的备选项。
- 做决定。
- 把信息联系起来。

正因如此，本书中大部分学习技能训练都要求你做事情，不论多小，希望你能更积极地参与到与该主题相关的练习中。

联系 评估 筛选 书写

5 对自己负责

你会在Chapter 1中看到，大学阶段要求学生自学，老师只提供少量帮助，尤其是对拼写、语法这种基本内容。大学生需要对自己的学习负责。

对自己负责就要确保自己做好适应大学学习生活的准备。很多学生进入大学时准备都不充分，这样不仅会使学习压力更大，学习更困难，甚至还会打击自信心。

6 相信自己的智商

很多学生担心自己不够聪明，学不会课程内容。有些学生学习成绩不好，就担心自己没有成为好学生的"基因"。这种恐慌情绪本身就会让学习变得困难。这就是为什么本书中用两章来探讨智力（详见Chapter 3）和压力（详见Chapter 14）的原因。很多学生在中学表现不好，在大学却很杰出，这和他们上大学前做了充足的心理准备有很大关系。

7 了解自己的学习偏好

每个人都有自己的学习方法。

有些专家把人分成不同的"类"，比如视觉类、听觉类和动觉类，或者内向型和外向型——分类的方法有很多，但对你而言，最重要的并不是探究自己属于哪一"类"，而是要认识到哪些因素能让学习达到最佳效果。

把自己归属到某一"类"之后，你可能会局限于这个定位，抱着自己的某种形象不放——永远觉得自己属于"视觉型内向类"，或者"杂乱无章型外向类"。这样可能让你在遇到困难时不肯尝试其他策略和技巧。人的大脑有很强的适应性，有能力的学习者可以根据手头的任务，在不同的策略和学习风格间灵活变通。

了解怎样取得最佳学习效果之后，你就能让新的学习内容适应自己现在的学习状态。你也可能更清楚地认识到，过去为什么学得好或不好——这可能与教学内容是否符合你的学习偏好有关。

我对大学有哪些期望

人的想象力极其丰富。所以要集中精力学习，你就不能分心，比如如果你想着煤气炉是不是没关，就会马上联想到家里被烧成灰烬的景象！给想象力一丁点儿空间，它就会顺势蔓延。

同时，你也可以借助这种想象力用很多方法来辅助学习。填写下面的问卷，考虑一下，5年之后，你希望看到自己在大学里取得了哪些成绩，有哪些收获。之后你可能会发现，自己对工作、对各种校园活动的态度开始变化了。

今后，你也可以时不时回顾这张问卷，对照着看看你关注的重点事件有没有改变。

下面，想象5年之后，你在回顾大学期间取得的收获。站在未来的角度，根据以下几项收获的重要性，从高到低将它们排序（用1、2、3等标注）。

☐ 我交到了好朋友。

☐ 我充分利用了校园的硬件设施。

☐ 我锻炼了找份好工作所需的技能。

☐ 我学会了更好地表达自己。

☐ 我加深了对自己的了解。

☐ 我提高了自己的创造力。

☐ 我在学生会担任了一些职务，承担了一部分责任。

☐ 我提高了思维能力和学术水平。

☐ 我学会了如何在工作、友谊和家庭之间寻求平衡。

☐ 我获得了学位。

☐ 我培养了新的兴趣爱好。

☐ 我学会了更好地与人合作。

☐ 我很享受这段时光。

☐ 我学会更理性地思考和推理。

☐ 我身体很好。

☐ 我学会了自我管理，提高了做事效率。

☐ 我学会了冷静处理压力。

这些预期的收获有没有提示你，怎样更好地度过大学时光？

尽情使用这本书吧！

尽情阅读《学习技术手册》吧！

接下来请尽情享受你的大学生活吧！

Chapter 1

做好上大学的准备

<table>
<tr><td>

学习目标

通过学习本章，你会有以下收获：

- 判断自己有没有做好上大学的准备。
- 了解可以从大学的学习中获得什么，社会对大学生又有哪些预期。
- 控制焦虑情绪，探索可用资源。
- 做好上大学的准备，迎接大学生活。
- 理解独立学习对于大学阶段学习的重要性。

</td></tr>
</table>

本章探讨了如何在物质和精神上为大学的第一学期做好准备。如果你已经对这些内容有所了解，那就可以快速浏览这一章。如果你还在上中学或者在上继续教育课程，可以等到你准备升学时再来看这章内容。另一方面，你可能不太了解大学生活，可能在想大学生活是什么样的，自己能不能应付，有没有准备好。如果你已经离开学校很多年，或者是家里第一个上大学的人，那更可能对大学生活一无所知。

大学学习的一些方面和中学或者专科的学习有很大不同。阅读接下来的几页，你就会大概了解应该对大学抱有怎样的期待。可以用第9页的"我做好上大学的准备了吗"作为引子。如果你差不多准备好了，本章有些具体的建议，告诉你要做哪些事情，帮你尽可能轻松地过渡到大学阶段。

预备课程

你必须在大学学习开始之前做好充分准备，因为一般来说，大学老师不会讲授基础内容帮你"迎头赶上"——而是预期你已经有足够的知识储备。看看第9页的列表：开始大学学习之前，最好能肯定地回答表中的所有问题。

如果你还没做好准备，不要匆匆忙忙开始学习，否则你会在金钱、压力、健康和人际关系各个方面付出更高的代价。你就读的大学或者当地的继续教育学校可以提供几年基础课程，还可以提供体验课程、短期课程和其他预备课程。另外，如果还没有为直接开始大学课程做好准备，你可以先参加证书课程，体验一下大学课程，之后再开始真正的学习。

学位课程与基础课程不同，学位课程能提供与全日制大学前两年课程等效的教学内容，你可以以非全日制的形式攻读。这些非常适合参加工作的人，通常包括与工作相关的专业知识学习和研究项目。

换句话说，现在上大学有很多途径，也有很多不同的学习形式，非全日制就是其中一种，这样学生就可以把学习和工作结合起来。关于这类课程，你可以咨询大学的招生老师，了解更多相关内容。

一般大学里都有专门针对成年学生的"终身学习中心"、"非全日制学习部"或者"继续教育系"，这些部门里都有学业顾问，如果你已经毕业一两年了，可以先向这些顾问咨询一下，他们很熟悉成年学生的需求，知道什么样的课程适合你。

选择学科

找到合理的升学路径

选择比较合理的升学流程，这样可以保证你具备应有的基础知识、了解专业术语的意义和用法，具备学习这门课程需要的其他技能。

你可能学的是一门不太熟悉又基础很差的课程。这种情况下，向授课老师问清楚到底需要做些什么才能赶上，不过你要有心理准备，这么做的额外工作量可不小。

不要只看课程名称，要了解课程内容

仔细阅读课程介绍。了解自己必须做什么——课程名称可能会误导你。举个例子，有些课程名称看起来有很强的创造性或者实践性，但实际上理论性很强。几乎所有的大学课程都涉及大量的阅读和写作。

形成连贯的学科体系

有些大学允许学生把完全不同的学科结合起来学习。这样学习的趣味性会增强，但工作量也会大幅增加。如果学习相互之间密切联系的学科，所学的知识可以相互补充，工作量就会减小，你对学科的理解也会大大加深。

为就业着想

如果你想从事某种职业，那你就要看看自己所选的专业课程能不能帮自己实现就业目标。如果你对专业与就业之间的关系有疑问，就找职业生涯顾问或者大学招生老师谈一谈。

有些大学设立了咨询中心，为成年学生提供专业指导，告诉他们该学习什么科目、需要参加哪些预备课程，帮助他们分析之前的学习对希望获得的学位有没有帮助。

选择学校

每所大学都有自己的特点和风格，所以要了解你青睐的那些大学具体是什么情况。

浏览宣传手册和学校网站

浏览自己感兴趣的那些大学的网站，或者索要学校全日制或非全日制课程的介绍。

参加大学开放日

与招生老师谈一谈，问清楚课程的具体内容，指导教师有哪几位，会用什么教学方法。

参观大学校园

看看学校四周的环境，尤其要看看图书馆。条理是不是清楚？教职人员友不友好？自己愿不愿意在这里学习？有些学校在主校区之外还有分校区。你将会在哪个校区学习？

住在哪儿

询问住宿情况。想想交通问题，从住处到学校是不是方便？

日常生活如何

在校园里你觉得舒服吗？你能适应吗？选择一所你觉得在那里学习将会很开心的大学。

申请表（UCAS申请表）

如果你准备攻读全日制学位课程，要向"英国高等院校招生委员会"（the Universities and Colleges Admissions Service，UCAS）提交申请。在线或通过以下地址索取表格：Customer Service Unit, UCAS, PO Box 28, Cheltenham GL52 3LZ。电话：0870 1122211；网址：www.ucas.com；邮箱：enquiries@ucas.ac.uk。如果想攻读非全日制课程和短期课程，直接向大学提出申请就可以。

我做好上大学的准备了吗

下面这个列表中，符合你的选项越多，说明你为上大学做的准备越充分。在符合自己情况的项目前打勾。

☐ 学过与打算攻读的学科类似的课程，并且顺利完成了高阶课程的学习，包括中学高级水平考试课程、专业文凭课程、预科文凭课程、英国商业和技术教育委员会证书课程、基础课程、入门课程或预备课程。

☐ 高阶课程学习对我来说并不困难。

☐ 准备攻读的课程与我目前的职业或者工作相符（例：我是护士，准备攻读护理学学士学位或者基础学位）。

☐ 学习过普通中等教育证书（GCSE）英语课程（外加大量数学课程）或其他同等课程。经常阅读专业读物，比如每周读主流报纸、每年读几本电子书或纸质书。

☐ 近期练习过论文、报告或项目策划书写作，或有过其他相似的写作练习。

☐ 相信自己在大部分情况下能独立完成工作，虽然学校可能为留学生（包括有阅读障碍的或者残障学生）提供一定的帮助。

☐ 认为自己已经准备好在第10–11页所描述的环境中学习。

☐ 能够应对第17页中描述的焦虑情绪。

☐ 能够将个人技能转化为学习技能（详见第30页）。

☐ 拥有较熟练的打字或文字处理能力。

☐ 能较好地利用图书馆资源。

☐ 能够熟练操作电脑或愿意学习电脑操作技能。

如果你打勾的项目不多，可能说明你低估了自己，或者还需要继续准备。

找青少年服务中心的个人顾问谈一谈，或者找你所在学校的老师、大学里的成年学生顾问或者招生老师谈一谈。和他们聊一聊上面提到的你觉得自己做得不好的项目。

无论如何，最重要的还是先做好准备，包括基础知识、感情和经济等多方面的准备，再进入大学学习，千万不要急匆匆地盲目开始。

教学方法

虽然各大学教学方法各有不同，但还是有些相通之处。

授课

虽然根据课程和科目有所不同，但大多数课程总体上是这样的：

- 规模：50–300人。
- 时长：1–3小时。
- 每周：5–20小时。
- 不关注个人。

（同时见第133–4页）

每个单元通常都有一系列相关的课程，每个单元跟你一起学习的学生可能都不同。老师每一堂课一般会对某个主题做概览综述，老师在台上讲话、读教案、写板书或者在屏幕上投影，学生们在下面边听讲边做笔记。有些老师鼓励大家提问，注重现场互动；有些老师则不然。少数情况下，上课形式是看视频讲座或者其他校区的远程授课。

一对一辅导

一对一辅导的作用是对你的学习给予反馈，讨论你最近的进展。辅导可能是老师能帮你解决具体学习难题的唯一机会，所以一定要提前准备好问题。

- 规模：小组或者个人。
- 时长：一般最长一小时。
- 频率：每学期一两次。

小组研讨

研讨通常是一个小组就课程材料或读书的内容展开讨论。

讨论开始前，一般由一个人或一个小组做陈述发言。即使你不用做陈述发言，也要通读课程笔记、阅读大量背景材料，做好研讨会准备。

- 规模：12–30人。
- 时长：1–3小时。
- 每周：不定（可能每周1–3次）。

（同时见Chapter 5 "与他人一起学习"）

其他常见的教学方式

大学的教学方式越来越灵活。你可能会体验到多种教学方式，主要包括以下几种：

小组合作

合作小组可能是讨论小组、互助小组，也可能是共同负责一个项目。其中互助小组一般由学生们自己组建（详见Chapter 5）。

在职学习和实习

基础学位和职业教育课程要求学生在职或者有实习工作。学生在工作中可能会受到学校老师或者单位负责人的监督——也可能是二者共同监督。

实验室、工作室的工作和实践

工科学生的大部分时间可能都在实验室里做实验，艺术专业的学生则在校园工作室里度过大部分时间。这类实践性工作的工作量根据课程的不同而不同（详见第137页）。

远程学习

有些课程，学生主要在家里学习，课程材料通过邮寄或者网上发给学生。学生通过写信、发电子邮件、参加视频会议或者见面的形式与老师联络。

自学

这是大学学习最普遍也是最有挑战性的特点。除了上课这类事先安排好的活动，在剩下的时间里，几乎所有的课程都要求学生独立学习（详见第12–13页以及254–5页）。

科技手段与学习

目前，大部分课程都在用最新的科技手段辅助老师教学和学生学习（详见Chapter 7）。

约见老师

学生在大学里见到老师的机会远比在中学时少得多。教学只是大学老师众多任务中的一项，他们还要承担科研任务，到其他大学上课，也可能在大学以外的社会机构中担任顾问。有些老师每周只需要在学校从事几个小时的教学工作，其他时间都不会在学校出现。而且，一位导师可能同时辅导很多学生。因此，如果你想与老师见一面，可能需要提前预约。

老师的个人风格

大学里的每个专业或者每个系都有自己的传统，每位老师的行事风格也可能有很强的个人色彩。请注意这一点，你要了解清楚老师的偏好（详见第199页）。

我来梳理一下：Jiff老师喜欢作业双面打印，而Lank博士喜欢单面打印的。Snape老师希望所有的作业都打印出来交给他，且作业能加上副标题。Kip老师喜欢通过电子邮件的方式收作业……

1周的学习安排

绝大多数全日制大学课程要求学生每天学习时间不低于8小时，这与参加工作后每周的工作时间差不多。也就是说你1周要学习35–40小时，包括在家里或图书馆里自学和去教室上课。

1周的学习时间怎样分配，不同的课程会有不同的要求。有些课程要求学生每周上课15小时，剩下的时间自己研究、阅读、思考、写作业。实践型课程可能每周只要求学生上课2小时，书面作业也很少，而要求学生把大部分时间花在实习或工作室里。

> **这种方法适合你吗**
>
> 如果你希望了解自己是如何分配学习时间的，那就要先看一下你的课程安排，看看每周的时间是如何分配的，运用了哪些教学方法。

自学的类型

自学是所有大学课程的一个特点。课业量和类型则根据课程不同而不同。

自学

你也许可以按课程的要求自学全部或部分的学位课程，根据学位要求的学习目标设计自己的课程。这种情况下，你要向导师问清楚相关的课程科目、研究方法、研究结果和要用到的资源。虽然你和导师有联系，但可能不会有任何指定的当面授课环节（详见第254-5页）。

根据个人设计的方法攻读学位，需要通过大学的审核或批准，以保证你所获得学位的标准和质量。

练习

"自学"让你联想到了什么

1 用笔划出"自学"让你联想到的词。

自由

成功

一个人

失败

无助

掌控

成熟

责任　享受

管理自己的时间

发展个人兴趣

隔离

职责

自由的时间

寻求支持

良好的学习管理能力

缺少指导　完全靠自己　独立工作

2 用笔圈出所有你认为能形容"自学"理想状态的词，把你想到的其他词写下来。

自学学位课程

自学课程的初期，你获得的指导会相对多一些，随着课程学习的深入，你面临的选择越来越多，学习要靠自己管理，自学的工作量越来越大，尤其到了写作学位论文的环节，几乎全部要靠自学来完成。

自学程度

每门课程、每年的学习独立程度不同，自学程度的高低取决于你：

- 对每个模块或单元的课程内容、设计、学习目标的掌控能力。
- 利用课堂以外资源的程度。

- 有多少种课程模块可以选择。
- 学习节奏的快慢。
- 每周要自学的工作量。
- 对学习地点和学习时间的选择空间。
- 对作业主题的选择空间。
- 对考核形式的选择空间。

自学可以在很大程度上根据个人偏好进行。大学学习赋予学生极大的自由，你可以调整学习模式，找到最适合自己的学习方法。你的学习技巧越高超，就能越轻松地管理好这份自由，既享受这段时光，又能成功地完成学习任务。总之，能不能管理好你的学业完全取决于你自己。

独立学习：自我掌控

一种不同的学习和教学方法

进入大学，你需要变得更成熟，能长时间地独立学习，不需要导师在旁边给你指导。你要为自己的成功承担更多的责任，这远比在中学里的责任大。这样你可能会感觉缺少组织纪律，但也会有种如释重负的感觉——因为你有更多的自由，能选择最适合你的学习方法。要想充分利用这种自由，必须加深对独立学习的了解，这样才能高效学习（详见第48–54页和Chapter 4）。

做出选择

在大学里，做明智的课程选择、规划课外活动都是你自己的责任，你的选择会影响学习效果和未来的职业。这听起来任务很艰巨，但也让人兴奋不已，因为这意味着你能掌控自己的人生。学校发给你的材料一般都会清楚地说明怎样选择课程，怎样寻求帮助，学校会通过各种渠道给你提供相关的指导，但你得自己找到获得这种指导的时间和途径，并仔细阅读学校发给你的这些材料。

寻找资源和帮助

老师会给你列出书目，学校的工作人员会发给你基础设施的使用手册，但这些只是你需要掌握的一部分信息，你还要自己查清楚需要阅读哪些课外材料、有哪些资源可以利用、还能获得哪些帮助……

中学时，你接收到的都是明确的指示，比如阅读书中的第几页、如何解答某道作业题、怎样理解读过的内容、作业中要包括哪些信息、如何组织文章架构，等等。而大学期间，你要独立找到这些问题的答案，要抽些时间才能想清楚这类问题。

时间管理

大学里的大部分时间都靠你自己管理，要安排好时间，按时上课、按时完成作业——这一点非常重要，因为老师一般不接受晚交的作业，不论什么理由。如果不能按时交作业，你可能得重做，所以高效的时间管理极其重要（详见第67–79页）。

保持学习动力

自学时很重要的一点是持之以恒，保持学习动力。为了防止学习的热情和动力随着时间的流逝而消失，你需要提前思考和预防这种情况（详见"保持学习的动力"，第86页）。另一方面，大部分人都认为他人的帮助对于自己保持学习动力很有好处（详见"学习互助网"，第105页）。

技能与个人发展

关键技能和技能培养

大学都会为学生提供掌握各种技能的机会，但每所大学采用的方法不同。举个例子，你所在的大学可能：

- 借鉴教学大纲与确定的关键技能，让你在中学、专科学习或工作期间培养的技能基础上进一步提高。
- 使用大学自身的技能标准。
- 提供培养特定技能的模式。
- 将技能培养融入每门课程中。
- 由职业发展服务部门开展各种技能讲座。
- 把技能作为课程考核的一部分。

利用各种机会，掌握多种技能

大学为学生提供了很多培养责任感、积累经验、获得多领域知识的机会，充分利用这些机会对你未来的发展很有帮助。当你毕业求职的时候，面试官会很想了解你当时是如何利用这些机会的。

所以，你要首先搞清楚自己心仪的招聘单位需要什么样的技能和经验，然后在大学阶段创造机会去努力获得这些技能和经验。尤其要注意培养下面这几项基本的能力：

- 人际交往能力。
- 解决问题的能力。
- 创造性思维能力。
- 个人管理能力。

就业时，具备这些能力的人非常受招聘单位的欢迎。

进展说明书

在某些大学中，学生的进展说明书包括三个部分：个人发展规划、成绩单和个人记录。

个人发展规划

按要求，有些大学必须在学生的各个学习阶段为他们提供个人发展规划的机会。每所大学的具体方法不同，大多数学校会提供以下活动机会：

- 实习。
- 在当地的中学做辅导工作。
- 志愿者工作。
- 职业发展建议。
- 做某门课程的"学生代表"。

有些大学也会调整大纲安排，增加这些活动机会，比如将学生的职业规划、技能培养和实习计入学分。另外，通过学生社团、学生会和当地的社区活动，你也会发现很多发展机会。

成绩单

离校时你会收到一份成绩单，上面详细说明了你修完了哪些课程，成绩如何。有些大学的成绩单还会详细列出你在学习该课程期间掌握了哪些技能。

个人记录

保存好个人记录，通过它回顾自己的发展路径和取得的成绩，这样对你自己、对你未来的雇主都有帮助。个人记录可以包括：

- 一份反思日记、日志或博客。
- 一份记录或情况说明，包括通过学习、工作、课外活动和人生阅历培养起来的技能、知识、经验、素质和态度。
- 已完成课程的结业证书。

（详见Chapter 2和Chapter 15）

我已经写好行动计划了。请帮我看一下，好吗？

通往成功的327个台阶

职业规划服务

入学周

学年一般从每年9月末或10月初开始，一年级新生要接受1周的入学教育，这一周就是入学周。

入学周期间，你会收到自己的学号、校园卡和登陆账号，与自己的任课老师们见面，拿到本学期的说明材料，了解基本服务信息，以及在什么时候、以什么形式提交作业。入学周里会有一天"新生活动日"，你可以了解到学生社团和学生活动的情况。你再忙也一定要参加这一周的活动。

学期

1个学年一般有3个学期：9月到圣诞节、新年到复活节、复活节到夏天。有些大学有两个较长的学期，第2个学期从2月份开始，还可能有一个"夏季学期"。

选课

新的学年开学时，你可能需要选择不同的课程，这些合起来就是你的学位课程。

所谓的"通道"（pathway）就是一套给定的课程模块，学生修完后能获得某种资质，比如建筑学或社会学学位。即使选择了一条"通道"，你还是有取舍的权利——有些课程模块有这样的选择余地。

授课老师

一个学期之内，你的授课老师可能不变，有时整个学年也不会变。大多数授课老师都是讲师，但是人们经常把他们当做导师。

个人导师

很可能有一位学年导师或个人导师专门负责你的学习。当你在生活或学习上遇到困难，可能无法完成课程的学习时，可以找这位导师谈一谈。

考核

不同的课程中，考核学生的方法有很大不同。有些课程只需要交作业，有些要考试，还有些既要交作业又要考试。考试一般在每个学期期末进行，但也有些课程的考试在整个学年结束时进行。

如果是通过作业考核，那你可能要交论文、报告、练习册、案例研究或者项目报告，还可能要在自己的研讨小组里做口头陈述。

最后期限与延期

如果你因为没办法按时完成作业而提出延期申请，要有充分的理由才可能被批准。但你最好尽量按时完成作业，一旦发现自己可能会完不成作业，或者遇到特殊情况，比如生病、家里出事了，一定要及时与导师沟通。拖得越久，他们就越难了解和体会你的处境。如果出现这种情况，你也可以申请考试委员会审批作业时酌情减轻对你的处罚。

导师个人没有权力给你更多的时间让你完成作业。作业一般要由两位讲师批阅，再由一位非本系的老师审核，然后在学期末的某个约定日期之前送交考试委员会。

学校的规章制度或课程手册中会明确说明，学生应该在什么时候提交作业、怎样申请延期。

夏季学期

7月到9月是学生可以好好利用的一段时间，有人补上落下的课程，有人补考不及格的科目，有人为下个学期做准备，有人在家好好休息——当然，也有很多人会去打工赚钱。

你应该做到什么

现在和中学时完全不一样，不用从早上9点到下午4点都被关在教室里，老师也不会告诉你具体做什么。

——Ade，大一学生

大学生被认为应具备以下特点。

独立

你必须万事靠自己。不过可以向学生会和学生服务部门询问一些事务性的情况。

看看能获得什么帮助

学生服务
全国学生联合会
职业规划
大一学生辅导员
咨询
社团
残障学生协调员
课程介绍

要想适应大学环境，要做好以下几件事：

- 适应与陌生人相处，适应新环境。
- 适应群体和团队协作。
- 能够灵活变通学习风格。

自我激励

你必须能独立完成大量工作。

设定目标、提升自己

耶！B+！下次我要拿A！

愿意与他人合作

需要与朋友一起组织学习活动。

合理安排时间的能力

要管理好时间，你必须：

- 清楚上课、考试或者参加活动的时间和地点。
- 知道提交作业的最后日期。
- 保证在最后期限之前提交作业。

（详见Chapter 4）

	周一	周二	周三
9-10	整理笔记	生态学课（G10教室）	准备植物学课的讨论会
10-11	上课（Shah博士、X22教室）		
11-12	做计划（科学报告）		植物学课讨论会（R21教室）

独立解决问题的能力

……产生了什么影响？

太可怕了！老师要我们说出所有的答案！

了解自己什么时候、在哪儿、怎样学习效率才最高

仔细想想，我可能白天在室内学习的效率最高。

焦虑与资源

面对新环境时觉得焦虑是很自然的事，很多学生都对大学生活有点儿担忧。

如果你做到以下几点，就能比较轻松地找到策略来应对潜在的挑战，也能控制焦躁的情绪：

- 想清楚自己到底在担忧什么。
- 想一想这些问题有多严重。
- 意识到很多人其实也有同感。

下一页列出了大学新生中一些常见的焦虑原因。在符合自己情况的选项前打勾，如果有其他的原因，可以写在空白处。

再看一遍自己打勾的选项。在每一项旁边标出下列最能代表你心情的句子的编号，完成后阅读后文中的论述。

1 我觉得这个不是大问题，我会很轻松地及时把它解决。

2 我觉得这个问题有些困难，但我会找个办法解决。

3 我觉得这个问题非常困难，我要花很多精力找解决办法。

4 我觉得这个问题最严重，我可能需要请别人帮忙。

学习

- ☐ 赶上别人。
- ☐ 有足够的时间完成所有的事。
- ☐ 理解学术语言。
- ☐ 培养讲话的信心。
- ☐ 树立自信心。
- ☐ 论文写作。
- ☐ 适应大学生活。
- ☐ 到了交作业的最后期限。
- ☐ ....
- ☐ ....

个人、家庭、工作

- ☐ 交朋友。
- ☐ 应付旅行时的各种事情。
- ☐ 照顾孩子。
- ☐ 大家对我不一视同仁/融入大家。
- ☐ 满足工作要求。
- ☐ 家庭责任。
- ☐ ....
- ☐ ....

- 关于如何控制其中一些焦虑情绪，你有什么想法？
- 你过去解决没遇到过的问题或者克服困难时用过什么策略？其中哪些现在仍然适用？

克服焦虑情绪

对学业的焦虑

花点时间想想你对自己有哪些期待，这一点很重要。很多大学把一年级的学习节奏放得很慢，就是要给学生适应的时间。

专心致志规划好自己的时间，别管别人做得怎样。有些人玩的是心理战术，宣称自己根本不做功课，花一晚上就能写完论文。真正能做到这一点的人很少，你不要期望自己可以这么做，而且这种学习方法并不明智。

寻找依托和支持。很多学生都担心某些方面做不好，其实你需要和别人分享这种情绪。抽点时间和班上的同学聊聊天，一旦和他们建立起情感的纽带，得到他们的鼓励和支持，你就会对自己更有信心。

本书后面的几章中，就学习的几个方面提出了实际的建议，包括演讲、论文写作、按时完成作业、压力管理以及为成功做好全面准备。

要保持学习动力，首先要有学习一门课的决心，你要想象自己是在探险，而不是在接受审判！

克服其他方面的焦虑情绪

有的学生要承担家庭和工作的压力，这在过去是没有的。这要求学生要具备更高的创造力来解决问题，还要管理好时间。

很多大学都有学生服务中心和学生会，为学生提建议、帮他们解决很多问题，比如财务管理、找工作、奖学金、照顾孩子、医疗卫生、咨询、助残，等等。

如果你遇到自己解决不了的问题，要及时与他们沟通。趁着这些问题还没有恶化，尽快把它们解决掉。

制订行动计划

回顾第17页中你的选项。

分清轻重缓急

- 哪些事需要马上完成？
- 哪些事可以等？
- 要按什么顺序来处理这些焦虑情绪？
- 使用优先顺序设定表（详见第78页）。

资源

- 哪些资源能够帮助自己？联系、询问校方。
- 填写个人资源表（详见第20页）。
- 找其他遇到同样问题的同学谈一谈。看看能不能组建一个学习/讨论/互助小组，也包括其他你认为聊得来的同学。

反思

记下自己的想法对你很有帮助。

- 写下自己的感受。
- 记下你有哪些选择，之后做出选择（详见第88–90页）。
- 记下自己解决每个问题的过程，日后可以用它来评估自己是否有进步。

其他同学如何控制焦虑情绪

下面的几段文章是几位同学记录下的自己第一学期的经历。你可能注意到了，他们的时间安排得好像都非常紧凑，而且他们的记录都非常有条理。但他们还是留出了一定的时间用来放松、见朋友、参加体育活动或戏剧社团，这些都是充分享受大学生活的要素。

我的第一个学期

Sasha

结束了中学的痛苦时光，作为成年人，我很害怕又开始学习，我怕自己坚持不下去。看到第一批作业分数时，我甚至觉得自己应该离开。

幸运的是，我与别人交流了想法。我努力与高年级的学生接触，了解到他们也有相似的经历。有位同学鼓励我，让我向老师详细询问我做作业中存在的具体问题。但在此之前，如果我觉得自己某门功课不好，是不愿意寻求帮助的。通过与老师的交流，我的成绩慢慢好了起来，还有几门课成绩提高了很多，信心也增强了。

我曾经以为学习很困难，没想到作为大学生，还有很多困难要克服：我花了好长时间才敢在餐厅吃饭，因为那里又大又挤；一下课我就会逃走，不和陌生人聊天；我搭的火车老是晚点，所以我经常迟到；我妹妹为了帮我照顾孩子不得不搬家……克服所有这些困难让我觉得自己是个善于解决问题的人。

我也要说，大学生活也有许多积极的方面。我期待着结识学校里其他的人，和他们一起学习。我终于有了完全属于自己的时间。我喜欢在图书馆学习——没人打扰我，我很适应这种环境。

我建议新同学要给自己一个适应环境的机会，遇到麻烦时不要慌。如果你有孩子，我要特别强调，一定要做好准备应对突发事件。我后悔自己没有一开始就计划好怎么处理孩子的问题，因为这对学习的影响比其他任何事都大。我还建议新同学试着接触那些与自己有相似经历的人，这样可以彼此交流解决问题的好想法，鼓舞士气。

课程结束时，你会发现自己对很多事的看法都变了。比如对我来说，与别人交流变成了一件令人兴奋的事。最重要的是，我认为学生必须有这样的想法：我可能再也不会有这样的机会了，怎么才能好好利用这些机会呢？这里有很多好机会，让你能尝试那些从前没有想过的事情——组建自己的团队、学习空手道或者探险。但你需要付出努力，才能把握这些超棒的机会。

大学新生的一天

Krishna

我周二上午10:00–12:00有课。这节课并不只是老师讲，她把时间分成了几段，安排了一些讨论，还有看视频之类的小任务。我们90个人分组讨论，非常嘈杂，但我们试着适应这样的环境。这一天的其他时间没有安排，但我已经计划好了。我准备去图书馆预习第二天的课程，或者阅读相关的资料，准备每月第二个星期三的例行研讨会。有时候星期二下午我会去体育馆，晚上再学习。

一个周四

Charlie

我早上匆匆忙忙把孩子们送去托儿所，又匆匆忙忙在10:00前赶到实验室。时间过得飞快，我沉浸在工作中——和另外两个人一起负责的项目。我有时会花几个小时检测自己的实验结果，与别人的结果做比对。我们会热烈讨论手头的工作，还会分析为什么大家结果不同。不确定的时候我就去问老师——有些老师的回答能够为我指点迷津，而有些老师的建议就没什么帮助。下午我去听一节讲座，这是临时决定，然后晚上去参加戏剧社的活动。

我有哪些资源

有没有考虑过自己有哪些资源可用？根据下图提供的关键词认真思考，可以加入自己的想法。如果觉得资源太少，可以找辅导员谈一谈，也许会对你有帮助。

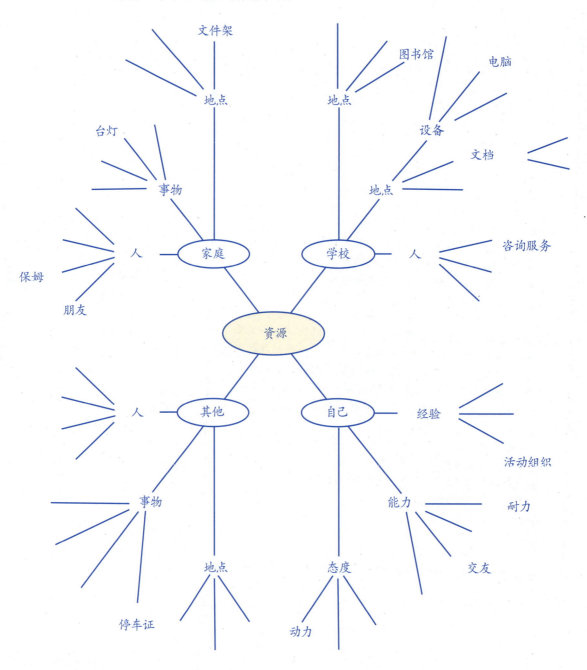

入学前能做的8件事

1 熟悉这本书

快速翻阅这本书，了解书中有哪些内容，每部分内容的大概位置。有些内容现在有用，有些可能等你做作业时才用得上。

2 回顾过去的学习经历

开始回顾过去的学习吧，详见第61–3页。先做做下面的练习。

大学和中学不同……

详见第61–3页

练习

你什么时候学习效果最好？

回忆一下，自己什么时候觉得学习很轻松、很开心。也许是在学校里，也许是在工作单位，甚至也许就是学着组装书架的时候。在日记里写下你能想到的所有原因：为什么会这样？是什么原因让它成为一次愉快的学习经历？是教学方法？是你的兴趣所在？还是因为它很重要？还是因为每个步骤都介绍得很清楚？Chapter 2（详见27–8页）中的一些练习笔记可能对这个练习有帮助。

现在回忆另一种场景：学习让你觉得很难或者不开心。

- 发生了什么让你的感觉和上个例子中完全不同？
- 怎么做可以改善这种感觉？
- 对比这两次经历，你对如何让自己学得更好有什么体会？

记下你的体会。

3 阅读分发的材料

阅读学校发给你的材料，比如手册、科目指南。开学后你很可能很忙，但里面的信息可能很重要，你必须看。

尤其要注意这些信息：

- 开学后不久你要读哪些课本。
- 重要日期，比如注册、入学、选课、入学周、见导师、新生活动日、交作业的最后期限、考试日期、学期开始和结束日期。把这些日期记在日记里，不要在这几个日子安排其他活动，因为这些事没有改期的可能。
- 有哪些可以获得帮助的渠道。

4 建一个"基本信息"文档

把所有的基本信息放在一个单独的文档里，最好包括学校规章制度、寻求帮助的渠道、各种流程、学生社团和公共设施的情况。开学前仔细阅读这些内容，随身携带，以备不时之需。

5 熟悉图书馆

如果你不常去图书馆，就去当地图书馆或者当地的学校图书馆体验一下。很多学生都担心在图书馆显得笨手笨脚，尤其在涉及技术手段的时候，比如在线目录、新书系列查阅、编号系统。

最好在开学前掌握如何使用图书馆。图书管理员经常遇到不会用图书馆的读者，需要帮助的话，向他们求助就好。

6 熟悉书店

逛逛卖专业书的书店。看看和你所学科目相关的书放在什么位置，浏览一下这个领域的作者和书名。问清楚新书展区的位置、预订书需要多长时间。定期来书店看看有哪些新书，这样能大概了解这个领域的热点问题。

7 开始培养学习技能

如果你已经离开学校一段时间了，下面的建议可以帮你养成良好的学习习惯。其他相关章节也会在开篇列出一些建议。

写作
- 每天记日记（详见第63页）。
- 练习把阅读笔记写成一小段一小段的形式。
- 详见Chapter 8介绍的写作技巧。

打字和电脑操作技能
如果你的打字速度比较快、能操作电脑、会使用互联网，那你在大学新生中就有了一大优势。要想熟练操作，必须大量练习——找一些你喜欢的文字来练习打字，也可以参加相关的短期培训。

阅读
- 如果你不经常读报，现在就从读主流报纸开始做起。把你读到某件事后的想法全记下来。练习只写关键词，不要写句子，也不要照抄。
- 读一些比你现在读的内容稍难的书。选择自己真正感兴趣的话题。
- 用比平常稍快的速度读资料，虽然这么做可能会漏掉一些内容。看看自己快速阅读之后能不能抓住材料的核心意思。要在快速阅读的情况下理解主旨大意，这种能力对大学期间的学习很有帮助。
- 阅读课程的背景材料。找找每个学科专业的基本信息。这样你会对学科形成总体认识——细节可以以后再慢慢了解（详见第115–22页）。

适应写作和阅读
- 每周留出点时间阅读和写作，每周一到两次就行。
- 阅读时手边准备好笔和纸，有什么想法全部记下来。
- 读到很有趣的内容时可以记下几句。
- 过几天回顾一下自己写的内容。如果有新的想法或更多细节问题，就加进去。重新记一次笔记，让内容更流畅。

8 做好准备
- 详见Chapter 4的CREAM学习法，教你管理时间和空间。
- 开学前把照顾孩子的事情安排好，制订好应对突发情况的计划。
- 问清楚入学或者开学日期。
- 留出时间，确保能参加入学周的所有活动。

入学前的信息

到校前你应该已经收到了学校寄发的一些资料，你要了解以下信息：

- ☐ 入学前的学习辅导，比如暑期学校。
- ☐ 入学前需要的阅读材料。
- ☐ 食宿。
- ☐ 到校时间。
- ☐ 入学周活动和情况介绍。
- ☐ 注册。
- ☐ 选课。
- ☐ 报到。
- ☐ 正式入学。
- ☐ 社团活动。
- ☐ 第一天的上课地点。
- ☐ 课程情况。
- ☐ 必须参加的旅行、活动、工作、实习等的详细情况和日期。

还要清楚的事项
- ■ 应该什么时候、从谁那里收到什么材料？
- ■ 网上能不能查到这些信息？
- ■ 如果什么也没收到或者不清楚会收到什么材料，一定要与学校联系问清楚。

入学前：要清楚注册、报到流程

注意，被大学录取只是开始！要正式成为学校的学生有很多步骤，每所大学都有自己的一套流程，比如：

- ■ 注册。
- ■ 选课。
- ■ 注册各专业或院系。
- ■ 正式入学。

如果没有正确完成所有流程，你可能没资格完成这一年的学习或某个课程的学习。

查看你是否需要：

- ☐ 填写申请表（比如，非全日制课程申请）。
- ☐ 提供身份证明。
- ☐ 提供社保证明。
- ☐ 现场或电子注册。
- ☐ 现场或电子报到。
- ☐ 图书馆现场或电子注册。
- ☐ 提供某类照片。
- ☐ 获取电脑登陆账号。
- ☐ 拿到学生卡。
- ☐ 拿到学生会发的成员卡。
- ☐ 其他。

还要清楚的事项
- ■ 有没有培训或辅助系统，帮助学生完成网上入学流程？
- ■ 以上各项有没有最后期限？如果有，一定要按时完成！

入学：参加情况介绍和入学活动

正式上课之前，你已经开始了大学生活。入学可能包括一些预备活动，比如暑期学校的学习和参观校园。通常还有情况说明会、技能讲习班、师生见面会和其他社交活动。每所学校入学流程各不相同，有些学校可能把这些活动分布在整个第一学期完成。这些活动可能影响你在大学里的适应情况，还可能影响你的学习表现。

融入新环境

这几周遇到的人可能在课程的学习中给你巨大的帮助。尽量多参加社交活动，这样不仅能交到更多的朋友，还能在学习中获得更多的帮助和支持。

这一章里，你了解了可以通过哪些方式为大学第一学期做准备。

首先，你了解了怎样选择专业和合适的大学。调查、了解不同的备选学校和专业会让你受益匪浅——尽量多和学生、招生老师、职业规划顾问谈一谈。很多个人因素会影响你最终的选择，但填写申请表前一定要想清楚你的选择会产生什么影响。读一读本书中有关"动力"（详见第86–90页）的内容可能对你有帮助。

能否获得学位，关键取决于开始课程学习前有没有做好准备。这和有没有能力完全是两回事。在有些国家，绝大部分居民都接受过高等教育，这说明只要准备充分，大多数人都有能力获得学位。如果你还没准备好，就去当地的继续教育学校或图书馆看看有哪些预备课程可以帮你做准备。

现在你已经大概了解了大学的环境、学校可能采用哪些教学方法、每周的学习情况、每个学年的情况、时间的分配方式以及大学里使用的一些术语。去校园里走一走，和学校里的学生聊一聊，这样你的认识会更清楚。

作为一名大学生，你应该对自己的学习承担更大的责任，这种责任远比中学或专科时大得多。这样的学习更令人振奋，但你需要培养学习技能、制订学习策略。

我准备好了吗

☐ 如果你勾选了"我做好上大学的准备了吗"问卷（详见第12页）中的几项；

☐ 如果你能找到办法，帮助自己排除焦虑情绪；

☐ 如果你的现有技能与学习所需的技能比较匹配（详见"将个人技能转化为学习技能"，第30页）；

☐ 如果你觉得自己准备好了，想到要开始大学生活就兴奋不已；

那么，你就可以自信地开始大学生活了。

最后，学期刚刚开始，可能要花些时间适应大学环境，尤其是你要接触那么多陌生人，有那么多有趣的事要做。准备得越充分，越容易适应大学学习，自然就有越多的时间享受大学生活的丰富多彩。

认识自己的技能

技能

熟练掌握一项技能，就是能够轻松、出色地完成一项通过学习才能掌握的活动。

技能通过学习才能掌握，通过实践和反思才能提高。你可以调整包括学习技能在内的各种技能，就像跑步的人可以调整自己的动作、呼吸和步调一样。

调整技能还涉及提高个人素质，比如：

- 意识
- 承诺
- 决心
- 毅力。

- 自我激励
- 时间管理
- 积极思考

这些素质对于有成效的学习同样至关重要，一些显而易见的学习技能，比如如何写论文、如何备考只是其中的一部分。

大多数在校大学生都希望学位能给自己带来成功的事业。很多雇主其实更关注你具备的各种技能、素质和经验，而不是你获得的学位或分数。本章将探索如何在学习中提高那些未来工作中会用到的技能。

子技能

每一项技能都由多个子技能组成。任何一项子技能的薄弱都会影响你的整体表现。比如，你可能有写出优秀作文的潜力，但组织观点或布局段落的子技能较差，那你也写不出好文章。本书将着重介绍能够提升你整体学习技能的子技能。

你认为什么是"技能"？
如何提高技能呢？

学习技能五大要素

1 自我认知与自我评价

要提高一项技能，你要首先了解自己的起点在哪里。目前自己有哪些强项和弱点？想达到什么目标？需要在哪些方面有所提高？如何提高？有哪些资源可以利用？有哪些障碍？

自我认知的方法很多，包括填写自我评估问卷，通过记日记进行自我反思，参与小组讨论，以及参考导师对你的科研成果给予的反馈。

2 明确需求

要实现一个目标，必须了解需要完成这个目标下的哪些小目标。对于学生而言，小目标指的是你自己该做什么和老师希望你做什么。

通常在一门课的介绍手册和讲义中能找到以下关键信息：

- 课程表——课程内容。
- 成果或目标——课程结束时必须了解或能够做到哪些内容。
- 分数如何分配——哪些内容可能得分，哪些内容可能失分。
- 每位老师最看重什么——如果有疑问，请主动提出！

3 方法、条理、策略

如果你工作得法、条理清楚，学习就会省时省力。掌握了学习技能，你就会懂得如何使用策略，通过练习，这些策略会成为你下意识的行为。

4 信心与认可

要想在取得成功的同时不承受过大压力，你需要坚信自己有学习和成功的权利。但是，很多学生却认为学术成功只属于别人。这可能与他们自身的求学经历有关，也有可能是因为他们的家人从未获得过学位。而更多情况下，这是因为他们对自己的智力有偏见。所以，Chapter 3 将着重讨论"智力"和"学习"。

要想做个成功的学生，你必须相信自己有可能获得成功，这一点非常重要。

5 熟练：实践与习惯

所有的技能都需要不断练习、反馈与监督才能提高。随着学习的深入和对学习的不断反思，你会：

- 更容易找到捷径。
- 认识到自己需要提高哪些子技能。
- 在学习中找到规律。
- 更长久地专注于学习。
- 得心应手地运用子技能。

轻松、高效的学习方法是可以变成习惯的。在大学第一年培养一些固定的学习习惯是很重要的，尤其对于那些已经远离书本多年或不习惯自由支配大块时间的学生而言，更是如此。

你不必比别人"聪明"

想想这些学习技能的要素，很明显，卓越的学习技能与"天资聪颖"无关，而更需要意识、策略、信心和实践，这些才能使学习技能得到整体的提升。本书将在后面的几章分别介绍这几个要素。

已经具备的技能和素质

在这一部分，你有机会梳理一下自己已经具备的技能，重点关注如何将你目前具备的子技能——如观察力、决断力和热心助人——转化为学习技能，以及如何将学习技能转化为日后工作所需的技能。这个过程中，你会明确哪些是目前学习的首要任务。在个人档案中要详细列出你已具备的技能，并不断记录自己取得的进步。这份记录对于日后求职也会有帮助。

技能梳理

技能梳理最重要的作用是使你：

- 逐渐习惯自我评价，不依赖他人的评价。
- 意识到自己的优点，更好地向他人展示自己。
- 树立信心，培养洞察力，了解自己的弱点。
- 学习新技能时，会判断哪些是需要优先掌握的。

认清已有的技能

回想自己做得特别棒的一件事、曾经克服的一次困难或者取得的一项成就，不论多微小都可以。也许是功课得了A，也许是你擅长的一项体育活动，也许是学习开车或者是被大学录取。

你为这些成功创造了什么条件？你展现出了哪些技能、态度和素质？有没有经过练习？你用某种方式督促过自己吗？找别人帮忙还是相信自己就可以胜任？从以下的例子中找找灵感吧。

举例：美丽的花园

假设你有一座非常漂亮的花园，那你为它付出了什么呢？

很多小事都可能促成这个完美的结果。比如，你也许根据天气状况仔细地浇花。这种情况下，你就运用了观察力和推理能力。你也可能在本想待在室内的雨天不得不到花园里除草。这时你牢记着"打造美丽的花园"这个长远目标，展现出奉献和坚忍不拔的精神。

你也许费尽心思，才从许许多多花草中挑选出几盆放到你的花园里。你按照不同植物特定的要求小心种植。你也许还研究了一番园艺理论，比如阅读园艺书籍和种子包装说明、与园丁聊天、观看相关的电视节目。你为花花草草买了化肥和花盆，并经常松土除草。如此悉心的照料要求你必须是个注重细节、擅长时间管理和任务管理的人。

这些技能都可以运用到学习上。不论你有烹饪、骑自行车、运动还是带孩子的经验，你都有可能具备上面这个例子中提到的一系列技能。重要的是，你要认识到自己已经具备了哪些素质和能力，才能在需要的时候发挥出来。

练习

技能源于经验

像"美丽的花园"一样，写下你擅长的一件事所涉及的所有要素，标出你已经具备的技能、素质和态度。

发现自己已经具备了这么多技能后，你是不是大吃一惊？之前有没有高估或者低估自己的技能？

通过"技能源于经验"的练习，你可能发现自己掌握的技能比原本想象得多。如果没有，找个了解你的人一起做这个练习，或者借助反义项列表作为提示。其实大多数人都具备了适应高等教育的素质和技能。

- 从高中直接进入大学的学生，优势是拥有最近的学习经历和已经养成的学习习惯。
- 成年学生往往有管理时间和承担责任的经验，能持之以恒，并且客观看待他人的观点。这些在学习中都是宝贵的财富。

将以上"技能源于经验"练习的笔记放在身边，以备在接下来的练习中使用。

如果你列出的项目不多，可能就需要继续回忆或者和朋友一起研究你的列表了。因为可能是

你太谦虚了！

整理好你的答案，本章后半部分将会用到。

评估各项技能，按重要性排序

接下来的几页中，你将看到一些资源表，它们能够帮你：

- 评估现有的优势和弱项。
- 将学习技能与生活和工作技能联系起来。
- 按技能的重要性排序，找到需要优先提升的技能。
- 监督自己取得的进步。

更新个人档案

了解自己目前具备的技能会使你信心倍增，而信心的提升又会大大提高你成功的概率。

随着对本书的不断深入学习，你的技能情况和自我评估结果会不断变化。花些时间更新你的个人技能记录，至少半年更新一次（详见Chapter 15）。

练习

目前具备的技能

1 复印第29页的"现有的技能和素质"列表，以便再次使用。

2 在你比较擅长的项目上打勾。

3 在你特别擅长的项目上标星号。

4 从那些标记星号的选项开始，举出一个你曾展现出这些技能或素质的事件，把具体的事件写下来。如果想不到，下一页的提示框列出了一些情况，想一想你是否曾经在这些情况下展现出相应的技能。

5 把这张列表挂在你能看到的地方。祝贺你自己！

你在哪些情况下练就了自己现有的技能和素质？

中学或大学。	周六兼职。
工作。	失业。
求职。	义务劳动。
家庭生活。	组建家庭。
家庭责任。	对待朋友。
关心他人。	旅行/假期。
发展兴趣爱好。	俱乐部/社团。
自学。	遭遇挫折。
紧急情况。	疾病—健康。
个人发展。	体育运动。

现有的技能和素质

人

- ☐ 和不同背景的人交往。
- ☐ 倾听、理解他人观点。
- ☐ 与团队成员相处。
- ☐ 团队合作。
- ☐ 管理他人。
- ☐ 教导或培训他人。
- ☐ 谈判。
- ☐ 帮助他人决策。
- ☐ 了解别人的感受。
- ☐ 关心他人。
- ☐ 读懂别人的肢体语言。
- ☐ 语言交流。
- ☐ 与难相处的人交往。
- ☐ 言简意赅。
- ☐ 能听从别人的指示。
- ☐ 敢于反对不公正的行为。
- ☐ 其他。

行为

- ☐ 创新、设计和布局。
- ☐ 把握大局。
- ☐ 分类、组织信息（比如归档）。
- ☐ 善于说理和辩论。
- ☐ 决策。
- ☐ 管理变动和变革。
- ☐ 安排事件的优先顺序。

- ☐ 制订日程表。
- ☐ 按时完成工作。
- ☐ 冷静面对危机。
- ☐ 会议组织。
- ☐ 阅读文档。
- ☐ 文字处理。
- ☐ 基本电脑操作。
- ☐ 数字运算。
- ☐ 销售。
- ☐ 解决问题。
- ☐ 实践操作设备。
- ☐ 了解事物的工作原理。
- ☐ 写报告或公务信函。
- ☐ 其他。

个人素质

- ☐ 认识到自己的需求，主动寻求帮助。
- ☐ 吸取教训。
- ☐ 压力管理。
- ☐ 愿意承担风险，勇于尝试。
- ☐ 自信。
- ☐ 决心和毅力。
- ☐ 给自己设定目标。
- ☐ 保持进步的动力。
- ☐ 对自己的行为负责。
- ☐ 相信自己的能力。
- ☐ 其他。

将个人技能转化为学习技能

"现有的技能和素质"表格中有些技能和某些课程的关系比较紧密。比如，"销售"和市场营销课的关系就比和历史课的关系密切。

通过下面的练习，你可以看看这些大多数课程要求具备的学习技能你具备几项，并给自己的表现打分，这样你会更加了解自己在学习技能上的优势。

学习技能 （日常学习中用到的技能）	给自己打分 （5=很好；1=很差）	举例：什么时候、在哪儿掌握的这项技能
例：按时完成工作。	4	按时送孩子上学。 虽然生病，还是领到了UCAS申请表。
1 按时完成工作。		
2 自我激励，能坚持完成困难的任务。		
3 敢于表达自己的观点。		
4 从不同渠道获取信息（调研能力）。		
5 阅读复杂的文章或表格， 明白主旨大意。		
6 能从繁杂信息中筛选出有用信息。		
7 比较不同选项， 找到判断是非的合理依据。		
8 权衡利弊，判断是非。		
9 有自己的写作风格。		
10 能给出充分理由， 为自己的观点提供论据。		

学习技能：优先顺序（第1阶段）

A列：如果这一项符合你的情况，请打勾。

B列：根据你认为的这项技能的重要性打分（6=不重要，10=至关重要）。

C列：根据自己目前的情况打分（1=很差，5=好极了）。

D列：用B列得分减去C列得分，将差额填入D列。D列中得分最高的项可能就是对你来说最重要的项。然后翻到下一个规划表（详见第32页）。

过段时间再做一次这个练习。对比之前和现在的得分。

学习技能	A 符合 (✓)	B 需要掌握 （6–10分）	C 掌握情况 （1–5分）	D 优先度 （B–C）
1 知道怎么做才能达到最佳学习效果，知道怎样反思，怎样评价自己的工作。				
2 有强劲的学习动力，知道怎么设定合理目标。				
3 有良好的时间、地点管理能力，能合理安排自己的学业。				
4 制订应对新任务或新作业的策略。				
5 对自己的调研能力充满信心。				
6 对自己的阅读方法有信心。				
7 对数字敏感。				
8 能有效做笔记，并能整理、保存、查阅、使用笔记内容（详见第135页）。				
9 能有效利用上课时间，汲取课堂知识。				
10 知道怎么演讲、怎么准备，充分发挥自己的优势（详见第109页）。				
11 知道怎样利用团队和研讨会进行工作（详见子技能列表，第104页）。				
12 能合理安排一系列写作任务（详见子技能列表，第168页）。				
13 知道怎样用信息技术辅助学习。				
14 批判性思考，善于分析，能权衡自己和他人的观点。				
15 具备有效的记忆方法。				
16 有良好的复习方法和考试技巧（详见子技能列表，第314、320页）。				

规划表

学习技能：优先顺序（第2阶段）

A列：通过第1阶段的得分，判断这一列中每一项对于你来说是不是确实非常紧急，可不可以等等再做？其他人能不能帮忙，或者有没有其他办法？

B列：用数字标出各项的优先顺序。用黄色标出计划要完成的内容，用红色标出已经做过的内容。

C列：列出了这本书中与每项技能有关的页码，你可以对照查阅。

学习技能	A 紧急吗？ 打勾，或者标出“可以等”，或者给出其他的选择	B	C 章节或页码
1 要了解怎么做才能达到最佳学习效果、应该怎样反思、怎样评价自己的工作。			第61–6、91页
2 要保持强劲的动力，设定合理的学习目标。			第86–90页
3 要改善组织能力和时间管理能力。			第67–79、125、183页
4 要提高研究能力。			Chapter 6、7、10–12
5 要提高阅读技能。			第115–21页
6 要培养对数字的敏锐度和信心。			Chapter 10
7 要提高做笔记的能力，要学习怎样有效整理和使用笔记。			第122–32、134–5页
8 要有效利用上课时间，尽量多汲取课堂知识。			第133–5页
9 要提高口头陈述和演讲能力。			第107–10页
10 要从与他人合作中吸取经验（团队工作、研讨会等）。			Chapter 5
11 要提高写作技能。			Chapter 8、9、11
12 要多使用信息技术辅助学习。			Chapter 7
13 要培养批判性思维能力。			Chapter 12
14 要改善记忆方法。			Chapter 13
15 要改善复习方法和备考技巧。			Chapter 14

学习技能：行动计划

回顾一下Chapter 1、2中各练习的答案和各自我评估的结果。根据这些不同的回答，总结一下自己目前有哪些优势和弱点，哪些技能最有待提高。

日期：
总结自己现在的优势和已经具备的技能和素质，目前为止有哪些成绩。
总结需要努力、提高或改善的方面。
优先顺序：打算做什么，什么时候做，怎么做。
怎么知道自己有没有提高？ （例：工作中、自身或者对其他事的态度会发生什么变化？）

监测技能的提高

基准线（起点）

日期：⬛⬛⬛⬛　　　　提高的技能：⬛⬛⬛⬛⬛⬛

目前对掌握这项技能的自信心（在符合自己情况的选项前打勾）：

1 很低　　2 低　　3 一般　　4 高　　5 很高

我已经展现出这项技能的哪些方面：

目标

我希望有哪些能力（想掌握的技能、子技能，想培养的素质）：

进展记录

记录下你培养自己这项技能的步骤。什么样的改变算作进步由你自己决定，可以是实现一个个人目标（比如作业得到某个分数），也可以是朝着一个目标前进了一小步（比如第一次在课堂上提问，或者由一个经常迟到的人变得可以保证按时到达）。

日期	成绩	怎么证明
	（什么事以前做不了，现在可以了）	（证据或例子）

个人档案

什么是个人档案

　　档案是一份反映你真实情况的个人简介，包括你的技能、素质、特点和成绩。档案有一些用处，其中最重要的是以下几点：

- 你能认识到自己现在的情况，并据此制订出个人发展规划。
- 整理、编写个人档案，能让你养成反思和自我分析的习惯。
- 评价和描述自己是对求职的重要准备。

　　这一章里，你已经开始总结自己的优点、素质和要优先完成的工作了。如果复印了第46页的表格，随着学习的深入，你可以不断更新个人档案。写求职简历的时候，你只需要在个人档案的基础上加入在生活的其他方面取得的成绩就可以了。

雇主需要什么样的素质

　　毕业生雇主协会（Association of Graduate Employers）在报告中指出，40%的大型公司觉得很难找到让他们比较满意的毕业生。虽然雇主们很重视学历和专业技能，但他们还是希望学生有多领域的实践经验，具备广泛的通用技能，尤其是那些"软技能"。

什么是"软技能"

　　"软技能"是相对于学术资质而言不容易量化的技能，比如口头表达能力、团队精神。在求职时，你可以借用"软技能"评估来编写自己的技能介绍（详见第36-7页）。

　　雇主非常重视以下几方面"软技能"：

1. 管理自己：个人内在技能。比如自立、自我认知、学习能力、行动策划和执行能力、足智多谋、目的性强、实干。
2. 管理他人：人际交往能力。比如建立人际关系网、团队精神、谈判和说服别人的技巧、顾客至上的理念、领导力、激励他人的能力、文化意识、语言组织能力。
3. 管理项目：技能和素质。比如商业意识、职业道德、能完成任务并取得成果、能应用信息技术（IT）和数字推理解决问题、项目管理能力、多才多艺、灵活变通而且有多种技能、愿意承担风险、有竞争意识、逻辑性强、能有条理并系统地思考问题、注重结果。

来源：

- news.bbc.co.uk/1/hi/education/6311161.stm。
- 毕业生招聘调查。
- www.prospects.ac.uk。

其他资源

　　想获得更多培养软技能的资料，见：

- 斯特拉·科特雷尔的《个人发展手册》（*Personal Development and Employability*），（英国贝辛斯托克：帕尔格雷夫·麦克米伦，2010）。
- 登陆www.palgravestudyskills.com，获取更多免费资源。

练习

- 浏览毕业生招聘广告，再登陆招聘网站，看看雇主们需要什么技能。
- 大学期间你能培养这些技能吗？

把学习技能转化为就业软技能

你已经了解了怎样把进入大学时具备的技能转化为学习技能，现在可以看看怎样把学习技能转化为求职所需的"软技能"了。这些技能是工作中必须具备的，尤其是"团队领导"和其他管理技巧。

下表中罗列出一些大学期间可以培养的软技能——你想到的其他技能也可以添加进去。在下一项"自我评估"表中，列出你在大学期间确实培养、掌握了的技能。这个练习对大学最后一年的学生特别有用，但如果能早做准备，就能充分利用大学中的各种机会。

学术活动领域	列举出潜在的可以培养的软技能
个人发展规划	自我管理、远期计划、承担自我提升的责任、提高做事效率、反思能力、技能培养
参加讲座、研讨会、辅导等	时间管理、工作灵活变通
上课	倾听能力、辨识和筛选相关的核心观点、书信交流、信息管理
研讨会、团队工作、团队项目	团队合作、谈判、口头交流、听从他人的指示并给他人下达指示、承担责任、解决问题、倾听、与不同背景的人合作、处理意见分歧、关系维护和发展、知识共享
口头陈述或演讲	在公共场合发言、劝说/影响他人、论证/证明、时间管理、演讲能力、使用视听技术辅助发言、规划、知识共享、根据情况调整沟通方式
写论文和其他形式的学术写作	书面沟通技巧、提出论点或充分的论据、符合字数要求、按时完成任务、分析、知识共享、把任务分解成多个部分、注重细节
数学和统计	解决问题、介绍信息、解读数据、知识共享
观察	倾听技巧、与不同背景的人合作、信息管理、注重细节
调研	时间管理、处理大量信息、按时完成任务、决策、项目管理
考试和复习	按时完成任务、压力管理和危机管理、规划

将学习技能转化为就业软技能

借助Chapter 2已经完成的练习，填写以下表格，列出在大学和在其他地方培养出的可以转化为就业软技能的技能。请参考第29页的"现有的技能和素质"表格。

表中已经列出的4项是一般雇主最看重的4项，加入其他你擅长的项目。

技能、素质、特点和成绩	举例
自我意识、自立	
口头表达能力	
团队合作	
管理项目时的实际操作技能	

其他可以转化的技能

☐ 驾驶执照　　　☐ 电脑基本知识　　　☐ 语言：

记录成绩

庆祝成功

实现了一个目标，或者朝着目标前进了一步的时候：

- 认可自己的成绩：为自己的表现自豪。
- 庆祝：给自己一份与成绩相当的奖励。
- 记录：记下发生的事情。
- 运用：用这个例子证明自己集中精力的时候可以取得成功。求职或者需要自我激励的时候，用这些记录说明自己取得的各种成绩。

成绩记录与个人记录

成绩记录的形式可以是简短的资质列表，可以是自我反思的日志，也可以是电子档案。学校发给你的是一张正式的成绩单，上面有你的学业成绩，但有些收获只有你自己知道：

- 自信心发生了什么变化。
- 个人有哪些提高。
- 实现了哪些个人目标。
- 目标是怎么实现的——采取的步骤、过程中运用了哪些个人技能和素质。
- 怎么保持积极性。
- 在过程中对自己有了哪些更深入的了解。

记录下如何实现目标以及实现了什么目标对自己很有帮助。有了这些记录，你就可以了解自己发生了哪些变化。有时候这类记录被称为"档案"、"进展报告"、"成绩记录"或者"个人记录"。

建立个人档案

档案是对某一个主题相关材料的汇总，个人档案就是记录个人发展情况的主要材料的汇总。要想这份档案既有用又方便查阅，需要：

- 把它分成不同的部分。
- 贴上标签，加入目录页。
- 定期更新，删除陈旧的材料。
- 加入并更新个人陈述。

个人陈述

个人陈述中详细记录了自己目前的状况、想要实现的目标以及准备如何实现这些目标。内容可以很简短，主要包括以下几项内容：

- 长、短期目标。
- 为实现目标做了哪些努力（在中学、专科学校、大学期间，或者在工作中）。
- 这些目标和成绩的重要性。
- 在这个过程中对自己有了哪些更深入的了解（比如怎么保持积极性、怎么做学习效果最好、要成功还欠缺什么）。
- 已经具备的技能和素质，另附证明实例。
- 下一步需要做什么（当前的目标）。

学术档案

有些课程需要学生提交学术档案，以方便导师监督或评分。这些档案和个人档案不同。提交这种档案时：

- 选择性要强：只包括要求提交的内容，不要把所有内容都放进去，筛选一些代表性强的例子。
- 明确指出导师在哪儿可以找到每个例证，证明个人陈述中的论点，或者证明满足了任务要求。要注明或突出显示证据部分。
- 删除或编辑显示他人名字或给出他人具体信息的材料。
- 标出所有页码，加入目录页。

建立档案

为什么要建立档案

档案有以下几个用途：

- 汇总相关资料。
- 帮助自己反思。
- 让人在自我评估和个人发展中更加关注自己。
- 有些行业的求职面试中用得到。
- 需要的时候，比如申请实习、应聘工作或申请某些课程时，可以提供相关的例证和信息。

必须建立档案吗

有些课程要求建立档案。但是，即使不是必须的，建立档案也会对你很有帮助——帮你理清思绪，知道自己需要做什么，还能帮你监督自己的进展情况。

档案检查和更新

定期更新自己的档案——每年至少一两次，比如在你取得新的成绩的时候一定要把它加进去。再读一遍自己写的内容，或者重新组织语言再写一次，都会让你的精力更集中。

档案中包括哪些内容

1 每个部分的完整目录。

2 自我评估表、个人情况表、规划表和行动计划表。

3 已经具备的职业技能和技术能力。

4 一份最新的课程和培训列表。

5 资质证书（考试、课程、成绩等）。

6 一份工作经历的最新列表，包括日期、雇主地址、工作概述、自己的主要职责、个人展现出的技能或素质、从中学到的经验。

7 个人简历（CV，职业规划顾问可以帮你完成这项工作）。

8 对自己未来7年的规划和目标，以及为此需要有哪些行动。

9 工作和兴趣爱好的相关例证——但不能违反任何人的保密要求，这些例子可以包括实习报告、自己的艺术作品或者在学生杂志上登载的文章。

10 个人陈述（详见第38页）。

11 学位或课程证书、成绩单。

电子档案！

目标　经历

资质证书

"学习技能"这个词的使用经常不够严谨。人们倾向于只看最终成果，比如写好的论文或者考试得高分，认为知道一些小技巧就足以做到这些。另一种极端的情况是，有的人认为自己永远不可能取得高分。

本章和Chapter 3、4强调，只要把技能的培养看成个人学业的一部分，你就可以在培养学习技能方面不断进步。最理想的状况是在这个过程中加深了对自己的认识，知道怎样发挥自己的潜力，这不仅仅在学习上，而是在各个方面。这个过程的核心是自我认识，也就是通过自我反思和自我评估而形成的对自我的认识。有了清晰的自我认识，你就会知道自己擅长什么、为什么擅长、哪些方面需要改进以及如何改进。

这一章鼓励大家从不同的角度审视自己具备的素质和技能。刚开始做自我评估时，方法可能很机械，比如填写问卷、给自己打分、设定任务的优先顺序、汇总个人信息。但随着时间的推移，自我评估会演化成更深入的自我反思和自我发展，使包括你的学习在内的生活各个方面都受益。

有些学生认为自己没有任何学习技能。而另外一些人，尤其是直接从高中进入大学的学生，因为不知道自己具不具备合适的求职技能而倍感焦虑。正因如此，看到学习技能与其他方面技能之间的联系就尤为重要。每个人进入大学之前的经历和技能都包括一些子技能，它们可以转化到学习中。相应地，学习中培养的技能和思考方式也会对求职、就业大有帮助。但一个人必须首先看到学习技能和工作技能之间的相似之处才能在二者之间顺利转化。这需要创造性的思考，可能还需要别人的帮助，但所有的努力都值得。在职场中表现出色的毕业生并不一定比别人有更多的技能，但他们清楚认识到自己具备的技能，所以能侃侃而谈，非常自信，还能说出具体的应用例证。

你可能不知道从何做起，从哪儿开始培养学习技能。本书有一些贯穿始终的主题，比如建立技能档案、找到需要改进的弱点、设定任务的优先顺序和制订行动计划。但本书也鼓励大家去思考观点、思想状态或信念系统对学习的影响。Chapter 3、4着重讨论可能促进或阻碍学习的态度和方法。

Chapter 3之所以要写"智力和学习"，是因为在编写本书的过程中采访了一些学生，很多受访者都表现出对自己学习能力或智力的怀疑。他们中大多数人过去都有过自信心受挫的经历，可能只是因为听到别人不经意的一句评论就觉得非常伤心。学生们小时候对失败的焦虑情绪可能持续很多年，慢慢侵蚀人的自尊心，妨碍他们取得好成绩。认清智力和学习的实质后，一些学生会重新审视自己的学习，从而有杰出的表现。如果觉得这种方法适合自己，你可以现在读一下Chapter 3，会大有裨益；如果觉得不适合，可以过段时间再回过头来阅读这一章。

Chapter 3

智力和学习

学习目标

通过阅读本章，你可以：

- 加深对智力和学习的认识。
- 思考自己的认识或者他人的观点对自己之前的学习有什么影响。
- 思考智力有哪些解释。
- 了解各种学习形式，以及能促进学习的各种条件。
- 制订计划，优化学习过程。
- 考虑怎样把学习技能运用到更广泛的学习过程中。

什么时候读这一章

与其他章节相比，这一章的理论性比较强，需要读者认真思考对学习的认识。如果你现在还不够积极主动，可以以后再来读这一章。

广泛意义上的学习过程

学习技能是广义上的学习的一个重要部分，它让学习变得更简单，但广义的学习不只包括学习技能一个部分。这一章着重探讨广义的学习过程，研究智力怎样在学习中贯穿始终，学习有哪些必要条件。

人们经常理所当然地认为"成功"是"聪明"的结果，是与生俱来的天赋。对成年学生而言更是这样，他们就是在这样的教育理念中长大的。

但有很多成功人士在中学表现并不好——大学里也有很多中学时表现不好的学生，甚至有些大学老师在中学的表现也不好。每个人都要认识到别人对自己的看法并不一定准确——他们对你的看法并不能决定你真正的实力，也不能决定你能做出什么成绩。没有人真正知道你能做出什么成就，但一般来说总比自己预期的大。

相信自己，具备适合学习的条件，这两点对于学业至关重要。要培养对学习的信心，就要弄清楚在自己以往的学习经历中，哪些观念和做法影响了现在的学习。

"上大学，我够聪明吗？"

这是很多大学生一直很担心的问题，即使分数很高也还是如此。他们"暗自担心"或"深感忧虑"，害怕自己不够聪明，觉得自己不可能成功。

"到现在为止，我一直走运而已……"

之所以会有这种焦虑，是因为没有人告诉学生们应该评估自己付出的努力，也没有评估的标准。相反，学生们觉得万事靠运气：高分还是低分"都是注定的"，或者都靠运气（比如遇到的老师是谁），或者只不过是反映了他们的"天赋"。

学生们可能因此感到迷茫，哪怕分数再高也会有这种感觉。他们觉得自己很脆弱，担心突然被人看到自己很愚蠢的一面。焦虑还可能形成恶性循环：学生们不能安心学习，无法集中精力，书读不进去，学的内容记不住，而这些又加深了他们对自己"确实"不够聪明的猜疑。这是种普遍现象，所以我们先来看看智力到底是什么。

什么是智力

在你认为正确的选项前打勾。

- ☐ 1 智力是内在的聪明，由遗传决定，所以是一出生就注定的。
- ☐ 2 智力分很多种。
- ☐ 3 智力是可以培养的。
- ☐ 4 智力取决于一个人一生中的机遇。
- ☐ 5 智力取决于环境和文化。
- ☐ 6 智力是把已知的知识轻松应用到新环境中。
- ☐ 7 智力取决于你知道多少。
- ☐ 8 智力很容易衡量。
- ☐ 9 智力是习惯和练习的问题。

你自己和他人对你智力的看法可能对你之前的学习产生了哪些影响？写下来，然后阅读接下来的内容——对智力的不同看法。

过段时间再看一下这段笔记，读完这部分内容，你对自己或者自己智力的看法有没有变化？

对智力的9种看法

1 智力是内在的"聪明"，天生注定

　　Spearman（1927）和Terman（1916）等早期心理学家认为，每个人都有一定的智力水平，即所谓的智商（IQ）。他们认为智力是种单一、固定、内在的能力：一个人如果在一种测试中表现得好，那么他在所有或大多数智力测试中都会表现得好；不论经历过什么，"天生聪颖"的人一定会比那些"禀赋不高"的人聪明。后来，一些心理学家通过研究同卵双胞胎的智力水平来支持这种观点，认为包括智力在内的一些特质80%依赖遗传。

　　另外一些心理学家使用同样的数据，却认为遗传影响只占20%，甚至是0（Gardner，1993）。双胞胎大多在相似的环境中长大并且长得像，别人对他们的态度可能很相似，所以他们的经历可能极其接近。

　　有强有力的证据证明环境在智力发展中起到重要作用。比如瑞文推理测验（Raven's progressive matrices），这是一种衡量抽象推理能力的智力测验，适用于各种语言、各种年龄和文化背景的人。接受测验的人必须从备选图形中选出一个，形成一组完整的图形，然后根据年龄打分，得出IQ值。瑞文推理测验的得分和其他智商测验的分数非常匹配，包括语言测试。到目前为止，这个测验仍能支持智力是"内在"的这种观点。

　　虽然瑞文推理测验声称不受文化和语言的限制，但有人发现，根据年龄打分，亚洲儿童在英国生活5年之后，得分提高了15–20分，这是个很显著的变化（Mackintosh & Mascie-Taylor，1985）。这说明智力测验衡量的最多只是一个人在接受测试之前经历和学习过程的缩影，并不能表示这个人内在的智力水平或潜力。

目前表现的缩影

瑞文测验问题

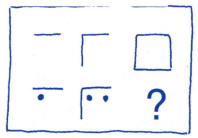

选项a到f中，哪个应该放在空白处？

2 智力有很多种，并不是泛泛而谈

　　Thurstone（1960）通过对几百名大学生的研究，得出这样的结论：没有证据表明存在一般形式的智力。同样，Gardner（1993）指出，智力由很多独立的系统组成，各系统之间相互作用、相互影响。他认为至少有7种主要的智力形式，每一种都由解决问题的能力和达成目标的能力组成，而这些目标一定符合人们所在的文化和环境。

　　神经心理学研究认为，不同认知能力可能是相对独立的"领域"，由大脑中不同的回路

Gardner的多元智力理论

1 言语
　—语言。比如听、说、读、写或作诗。

2 逻辑
　—数理。比如使用数字的能力、
　　批判思维或科学思维。

3 视觉
　—空间。比如轮船或飞机导航、
　　驾驶或建筑。

4 音乐
　—节奏。比如唱歌、作曲、
　　演奏乐器或欣赏音乐。

5 身体
　—动作。比如体育、戏剧、
　　舞蹈或物品制作。

6 交往
　—交流。比如咨询、演讲和理解能力。

7 自知
　—自省。比如自我认知、
　　自我管理或反思。

3　智力是可以培养的

　　日本的很多孩子通过铃木小提琴培训项目（suzuki violin talent education programme）都达到了小提琴专业演奏水平。这个项目是让参加培训的孩子出生不久就开始接触音乐，从小开始天天练习小提琴。即使那些演奏不太出色的学生，就他们的演奏水平来说，在其他国家他们也会被认为是神童（Gardner，1993）。

　　同样，从小开始接触多种语言的孩子，能轻松掌握多门语言。通过足够的联系，即使起步较晚的人同样能发展成优秀的小提琴演奏家或语言学家。铃木项目表明，要相信任何人都能通过学习达到很高的水准，也说明培养技能时环境和练习的重要作用。出色的表现并不只属于少数人。

　　正如我们不相信不加练习就能出色地演奏小提琴一样，我们也不指望一个不经常接触新理念、解决新问题的人有出众的才智。大学提供了提升智力必要的刺激条件：随着课程的深入，课程的语言模式和思维方式会变成你自己语言表达和思维过程的一部分。

　　控制（Karmiloff-Smith，1992）。有些人在某个方面的能力很弱，比如完全记不住别人的长相。有些人大部分能力都很差，但在某一个方面能力超凡，比如画画或者数学运算。这些支持了Gardner的观点，即智力是多元的，而不是笼统的。

　　很明显，Gardner多元智力列表中的大部分智力都可以培养。比如可以参加培训班培养人际交往能力，通过咨询或冥想加强自知、自省意识。科学的思维方法可以通过实践、培训、参加科研会议得到锻炼（详见第205–6页）。作诗或论文写作能力也可以在练习中培养。

4　智力取决于人生际遇

　　机遇可以改变人的一生。下面这些机遇可以促进学习中智力的培养：

- 轻松获得书籍、设备、恰当的教育方法。
- 充足的学习、思考和练习时间。
- 需要积极参与和不断反思对人有启发作用的对话。
- 重要人士对你学习兴趣的评价，比如在几何、哲学或者高级烹饪方面的评价。
- 你的国家重视对学生智力的培养。

你可以通过很多方法获得更多这样的机会，比如利用当地的图书馆，参加当地大学的课程，选择你感兴趣的报纸、广播和电视节目。如果你小时候没有好的学习机会，或者当时没有准备好，那么可能要花一些时间才能赶上，但这并非遥不可及——每年都有数以千计的成年学生成功做到这一点。

你可以通过什么方式创造更多提升智力的机会？

5 智力取决于需求和文化背景

这种观点认为智力不只是个人脑子里的东西，而是包括外在设备和工具——如归档系统（filing systems）、计算机、工具、人脉等。智力不是对个人的衡量，而是一种社会现象（Vygotsky，1978；Resnick, Levine & Teasley, 1991）。

举个例子，工业社会需要的智力可能和农业社会需要的智力有很大区别。同样，对女孩和男孩的教育方式不同，对家中最小的孩子和对长子的教育不同，孩子们很擅长满足人们对他们的预期。

Sternberg（1985）认为，在一定程度上，智力是对环境的敏感程度，学习中的智力也是这样。一种学习环境可能正好是一个人所熟悉的，这样学习就会变得简单。对另外一个人来说，同样的教育方法可能就不适用。有人在安静的环境中学习效果最好，有人却觉得静静地坐着不动是种折磨；有人觉得看书很难学进去，听到的内容却学得很快；有人在课程安排紧凑时学习效果好，而有人却在自由、开放的课程中学习效率最高。

如果你中学时成绩不太好，最好反省一下你在什么环境中学习效果最好——然后和你实际所处的学习环境比较一下。还可以想一想你小的时候擅长什么，小的时候觉得什么最重要。你的老师、父母和朋友认同、重视你的兴趣吗？如果回答是否定的，这可能是造成你学习困难的原因之一。

你现在重视的东西得到身边人的认可了吗？他们理解、支持你学习的欲望吗？如果答案还是否定的，作为成年人，你现在可以承担起责任，为自己创造合适的学习环境了。也许你该在图书馆找张喜欢的桌子，占个位置。

同样，你可以按照自己喜欢的方式听课学习，比如你可以把资料录下来，或者把信息转化为图形——只要适合你就行。

总之，老师不会专门为你创造理想的环境，因为每个人的需求不同，所以你要靠自己。

你准备如何改变学习环境，以免重复以前失败的学习经历？需要身边有更多的人支持你吗？（Chapter 1、4、13、14可能会给你更多启示）

6 智力是把知道的内容运用到新环境中

Sternberg（1984）强调指出，任何技能都是由潜在的过程和多个子技能组成的，他认为智力是把这些技能轻松应用到新任务中的能力。重要的不只是能完成给定的任务，比如做薄饼或写论文，而是能把知道的内容用到新任务中，比如做蛋糕或写报告。

但是，把技能从一种学习任务转化到另一种任务并不是件容易的事。通过研究，心理学家发现，要把一个问题中用到的技能转化到另一个问题中，学生必须首先明确两个问题的共同特点，以及解决这类问题的通用原理。如果学生能认识到两个问题的共同结构，就能把解决一个问题的原理用到解决另一个问题中。老师必须清楚指出新旧内容的联系，否则学生可能认识不到两个问题是有联系的。另外，新的学习应该和现有学习需求难易相当（Reed，Dempster & Ettinger，1985）。

如果教学不遵循这个方法，学生可能觉得茫然失措，会中途放弃。另外，他们还可能觉得学不好的原因在于自己智商不高，而不是老师的教学方法不恰当。好的老师会帮助学生理清已知的内容，并把这部分内容作为基础应用到下一阶段的学习中。

把多元智力应用到学习中

Gardner认为，不同的智力要素会相互影响、相互作用。如果学生运用多种感官学习或学习多个专业，他们经常会发现某一方面的学习促进了其他方面的学习。比如，如果你培养了很好的韵律感，不仅对学习音乐和舞蹈有帮助，还会对数学和拼写起到积极作用。同样，对色调敏感的学生在结构布局和视觉、空间信息的组织上也有优势，而这些又能提升记忆力和理解力。

重要的是，你要在已有的智力要素和需要进一步提高的智力要素之间寻找共同点。不是只有艺术天才才能把音乐、色彩、形状和运动作为学习工具，大声把化学分子式唱出来，让身边的人扮演法官来帮助自己复习法律条文，或者按照彩虹的颜色来排列笔记中段落的顺序，这些方法都是通过多元智力理论让学习更轻松、更有趣。

回顾前文中你对多元智力问题的答案（第43-4页）。怎样将自己在擅长领域的能力转化到其他领域的学习中？

7 智力取决于你知道多少

有一种很普遍的观点，认为智力是回答设定好的封闭式问题的能力。这种观点没有把创造力或解决现实问题等方面考虑在内。另一种观点认为智力是种抽象推理能力，比如提出假设，而一个有很强的推理能力的人不一定拥有丰富的知识。

Donaldson（1978）认为推理方式取决于人们所处的特定环境，还取决于已有的知识。她举了一个例子，无论小孩还是成年人在解释听到的内容时，用到的不仅是这些词汇本身的含义，还包括每个人自己对这些词汇的理解，这种理解来自人们的经验和已有知识。因此，你的背景知识的数量和类型会影响你对新知识的吸收和理解。

我们的抽象思维能力可能取决于是否有过类似的现实经历。Butterworth（1992）解释了如何通过观察社会现实理解"慷慨"这样的抽象概念。经历过现实的具体问题之后，我们会培养出一种心智模式，使之成为抽象思考的基础。如果不曾有过真实的经历——比如处理数字——就很难理解更加抽象的数理概念，这就需要我们去经历一些类似的问题。

Butterworth（1992）指出，如果在陌生的环境中遇到熟悉的问题，我们可能感觉不到这个问题跟之前的问题其实是一样的。这样我们就会显得一无所知，而事实并非如此。我们可能需要有人为我们指出已知内容和新问题之间的相似性，一旦看到二者之间的联系，我们就能解决新问题。

大脑具有"可塑性"：能够变化和发展。开始学习一门新技能时，大脑中建立起数百万个神经元连接以处理新信息——就像一组电话线在传输信号。随着我们的技能越来越熟练，神经系统网越发精密，大脑处理相关信息的速度就越快。

开始学习一门课程时，理解、吸收知识的速度取决于大脑能借鉴多少过去的学习经历。如果你学习过类似的内容，那么学习新知识也会比较轻松。

但如果课程对你来说很陌生，那你就基本没有可借鉴的基础。大脑无法建立太多连接来理解新知识。如果老师的教学语言也很陌生，那么大脑还需要为语言建立新的连接。你可能有过这样的经历：觉得听不进去或读不进去，很容易疲惫，或者觉得大脑完全没有工作，又或者老师讲的任何事你都听不明白。但如果从不同的角度再看一遍同样的材料，大脑中的新连接就会变强大，学习也会更容易一些。

8 智力是可以衡量的

智商测试衡量的只是能衡量的内容！人类在很多方面的出色表现都是不能轻易测量出来的，比如艺术和音乐上的创造能力、成熟的心理、直觉、对他人需求的敏感、遇到紧急情况时保持镇定、同理心和发明创造能力。有些人在这几个方面都非常优秀，但在语言类测试中却表现很差。很多学生在以语言或数字为基础的考试中不及格，但在大学艺术课上却表现突出。同样，有人不擅长语言，却在计算机科学方面非常优秀。

爱因斯坦上学时成绩并不好，智商测试结果也和学校成绩一致。爱因斯坦声称他第一次产生时空相对论这种想法时正在做白日梦——想象自己骑在一束日光上，而正是这种想象给了他灵感。这样的想象力很难用智商测试来衡量。

9 智力取决于学习习惯和可以培养的学习技能

我们所谓的智力取决于有没有良好的学习习惯、策略和技能，这是本书编写的前提。举个例子，研究表明，有些学生非常擅长解决问题，那是因为他们在解决问题之前，比其他同学花了更

长的时间研究问题本身是什么。而其他学生只看到问题的表面，没有看到问题的内在结构，无法把这个问题和他们解决过的问题联系起来。有的学生之所以失败，是因为没有花足够的时间分析已知的例子和信息；有些人照搬例子，却没有考

虑这么做的最终目的是什么（Keane，Kahney & Brayshaw，1989）。成功的学生都用到了之前的经验。

虽然以上研究针对的是解决问题的能力，但研究结果也适用于一般的大学学习。有些学生只看到学习的表面，从这本书里抄一点，从那本书里摘一句，却没有真正思考老师为什么要布置这份任务，这些信息是什么意思、自己能不能用得上。大学期间，大多数作业都需要你花时间思考，弄清楚真正的问题、与作业题目相关的问题、布置作业的原因以及最佳解决策略，这些都会对你有很大帮助。慢慢地，这种工作方法就会变成习惯。

这9种对智力的看法中，你最熟悉哪一种？你认为哪种更合理？哪种最能促进你的学习？

"学习"是什么

我们已经探讨了怎样通过学习促进智力的培养。重要的是，在学习的每个新阶段，你都要思考应该怎样学习。很多人从来没有"学习过怎样学习"，而有些大学现在开设了"学习如何学习"的课程。

那么什么是"学习"？很明显，学习不仅包括学习技能，而且是一套涉及多个方面的流程，涉及每个学习者和他们的学习经历、目前的学习环境以及这几个方面之间的相互影响。可以说我们在理解知识，向别人解释、讲授或展示知识的时候都在学习。

学习的方法有很多种。以下列出5种不同的分类。

5种学习类型

1 有意识或无意识

有意识学习：我们集中注意力背一首诗、记一个电话号码或者认为自己理解了新的内容……当我们意识到自己在学习的时候，学习就是有意识的。典型的有意识学习包括：

- 重复。
- 写下来。
- 检验自己记住没有。
- 把学到的内容告诉别人。

无意识学习：在大脑吸收和处理的所有信息中，我们意识到的只是其中一小部分。当我们意识不到正在发生的情况时，学习就是无意识的。有时候我们在过后会意识到之前的无意识学习，

比如发现自己知道一些事，但觉得并没有特意学习过。你可能开车走在陌生的路上，但却知道该往哪个方向开，或者不假思索就答对了一个问题，连自己都大吃一惊，暗自纳闷："我怎么会知道这些呢？"

有意识学习　　　　　　　　　无意识学习

2 不同的关注程度

注意力集中程度有很大差别，这取决于：

- 学习时的精神状态或身体状况。
- 材料是不是完全陌生。
- 信息的呈现方式。

可以从爱因斯坦和日光光束的例子（详见第47页）中看到，学习可以在放松、有意识的状态下进行，不一定需要高度集中注意力。你一定有过很多这样的经历，很努力地记一些东西，但很快就忘掉了，比如一个电话号码；而没怎么集中注意力却很快记住了另一些内容，比如一条广告或者一句歌词。

3 运用感官的顺序不同

学习中，每个人在看、听、说、写和使用信息时都有自己偏好的顺序。

做个小实验，看看你自己偏好哪种顺序。写出一些你觉得很难拼写的单词（或其他要学习的内容）。试着用不同的感官顺序记忆这些单词。比如：

- 看一下—大声说出来—写下来—检查写下的内容。

- 大声说出来—看一下—写下来—检查写下的内容。

- 画出来—看一下—大声说出来—写下来—检查写下的内容。

- 录下来—听一下—重复几次—写下来—看看写下的内容—检查一下。

哪种顺序最适合你？（其他视觉、听觉和动作练习，详见第302–4页）

4 从细节学起还是从全局学起

有些人要先看到全貌，学习效果才会好，开始时细节太多的话，他们会被搞糊涂。有些人需要先了解细节，之后全貌就会逐渐呈现出来，他们需要细节的支撑，否则全局对他们来说毫无意义。

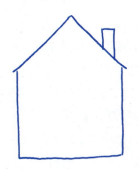

5 坐直通车还是观光巴士

有人坐直通车学习效率才会高，他们只学习具体需要的那部分内容。而有些人喜欢坐"观光巴士"，虽然搜集了一些不必要的信息，但这让学习变得更有趣。通过这种方式，你的理解可能会更深刻，而且这样的学习经历也很充实，但这样可能会做很多对手头任务没有帮助的无用功。哪种方法更好，取决于你要学什么、为什么要学，以及有多长时间可以用来学习。

各种方法结合使用

大多数时候，我们会根据环境、主要任务以及自己的需求交替使用以上各种方法。认识这些学习类型，找到适合自己的学习方法，这会帮你制订出更好的学习策略。

有些条件是学习不可或缺的，而有些是可选择的。意识到这些之后，你就会为自己创造出理想的学习条件。

要想学习并且学会，我们需要：**1** 新的经历、**2** 学习基础、**3** 练习、**4** 加工新信息、**5** 加深理解、**6** 展示。

1 新的经历

要想学习，我们需要接触新鲜事物：新观点、新信息、新情况、新挑战、新感情。

举个例子，假设你发现Hannah把手放进火焰里却不觉得疼。这个新发现可能会挑战你之前的知识：人被火烧到会觉得疼。之后你可能还会产生一系列的问题，比如为什么Hannah不觉得疼？

每一次新的经历都是一次学习机会——只要你有好奇心和求知欲，愿意探寻事物之间怎样相互作用。大脑努力把新知识融入已有知识的过程，就是吸收新知识的过程。如果这个过程实现不了，大脑会借助已有知识去适应新信息。

2 学习基础

如果你有学习基础，能在以往相似或相关经历的基础上理解新信息，那么学习起来会更加轻松。所以，如果我们只看下图中的这个物体，要回答对它都有哪些了解，就只能描述我们看到的内容。

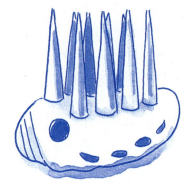

但如果有人告诉我们这是个水果，我们就知道应该如何反应，可以有哪些预期：它可以吃，很可能是甜的；它不太可能会动，不可能出声，不可能袭击我们，也不可能想出去溜达。相反，如果有人告诉我们它是个动物或乐器，那么我们会自动调出另外一套不同的知识。知识为我们提供各种模式（或图式），帮我们理解这个世界。

学习也是一样的道理。比如如果我们的词汇量比较大，阅读就比较容易。如果不停查字典，阅读的注意力就会不停被打断——阅读不流畅，就会影响我们对内容的理解。另外，我们也会边读边理解，同时努力去记新单词，并放到语境当中加深理解。这样大脑会超负荷工作，我们经常觉得"学不进去"。事实上，这时我们学到很多，但在当时那段时间内却学得过量了。

大脑吸收新信息时要花一点时间，而且在"了解"自己吸收到了什么之前，大脑还可能需要弄清楚怎样把新信息融入已有信息中、判断已有的各部分信息分别是什么。看起来学东西很快的人，可能只是有很好的信息基础或者有过解决类似问题的经历而已。

3 练习

学习和学舞蹈、学踢足球这样的运动很相似。一般需要把一个动作重复几次才能消化吸收，而且需要经常回顾或者练习，否则我们会生疏，甚至遗忘。不仅踢足球、画画、拉小提琴或做鸡蛋饼是这个道理，写论文或者读学术类图书也是这个道理。

回忆一下自己在中学学到的内容，虽然很多细节都不记得了，但你很可能对某些内容还有一些模糊的总体印象。如果让你再学一次同样的内容，就会快很多。浏览一下以前的旧课本，你可能就把相关的内容全都想起来了。

4 加工新信息

表层加工

我们对信息的处理可能只停留在表层，比如我们可能只记得Hannah的手放进火焰中不觉得疼（详见第50页），之后就不再进一步考虑其他问题。我们只把它作为一个事实记下来，就像背数学公式，或者只把它作为一个条目记在自己的笔记本中。

背诵和记录只是学习的一部分，只是表面的学习方法。如果只用表面的学习方法，我们就无法理解知识内在的结构或者所学知识的重要性。这样要想把新知识运用到其他方面就更困难了。

深度加工——理解所学内容

另外一种情况，就是我们试着想清楚Hannah的经历，希望找到合理的解释。我们可能问自己一些启发性的问题，从多个角度考虑这件事。也许Hannah的意志力非常强大？也许她生了某种奇怪的病，让她感觉不到疼痛？也许她感觉到了疼痛，但故意不表现出来？

我们也可能开始思考疼痛到底是什么，疼痛的原理是什么——是由大脑控制的？还是由身体里的化学物质控制？还是受自己的意念掌控？或者这次的火焰和我们经常看到的火焰不同？也许问题不在Hannah，而在化学机理？

从不同角度考虑这个问题的时候，你会不断提出新问题，不断想出新的假设，这样你对信息的加工处理就更深刻了。

不，我不用练习——我有天赋！

5   加深理解

要想理解新现象，比如Hannah被烧到手却不觉得疼，就要改变以前对这个世界的认识——我们以前可能认为所有人被火烧到都会疼。

- 意识到有些人感觉不到疼的时候，我们对知识的把握就上升到了一个新的层次。
- 了解了为什么会发生这种情况之后，理解的层次又上升了一级。
- 当我们意识到自己以前的信念是怎样形成的、为什么现在的信念会发生变化之后，我们学习的层次又加深了——明白了知识是如何架构的，以及理解知识的原理是什么。

用这种方法学习的时候，我们必须做好准备，要开拓自己的思维，接受看待事物和做事的新方式，接受认识自我的新方式，接受看待自己之前建立的信念的新方式。正因为如此，学习才变得有趣，也正因为如此，才会有这么多学生去高校深造。

6   展示

在接受检验之前，我们对自己的知识并没有十足把握——向自己和他人展示出来，证明我们确实已经掌握了。

应用是检验对新信息理解程度的方法之一。有时候是实际操作方面的应用，比如修理一件机器或者设计新产品；而有时候是向别人阐述自己的理解，比如解释疼痛发生的原理。如果你能做到以下几点，那么你的思路就很清楚，这一阶段的学习就算完成了。

- 写下来、说出来、制成表格或者实际应用。
- 陈述的时候不用查看细节。
- 表述清晰，听众能理解。

如果不能把我们觉得已经掌握的内容展现出来，那我们的思路可能还不清晰，理解也不彻底，需要回顾一下学过的内容。这样做可能会有帮助：

- 从另一个角度看待同一个问题。
- 看不同的书。
- 看看之前是不是遗漏了什么环节。

有关"记忆"（详见Chapter 13）和"CREAM学习法"（详见Chapter 4）的章节中，信息编码的部分可能对你也有帮助。

在大学学习

有人觉得学习就是记忆各种"事实"。当然，需要的时候，脑子里有一些信息储备固然是好的，但对于大多数大学课程来说，最重要的不是你在回答问题时能加入多少事实，而是怎样利用信息。

你应该表现出这样的能力：

- 可以斟酌、筛选出相关的重要信息，能分辨哪些信息可以忽略。
- 了解各种观点之间的相互联系。
- 对课程有比较清晰的认识。
- 能组织自己的观点和相关信息，说服别人。

理想的学习状态

很多因素都会影响学习效率。以下各种环境对学习很有利，也会让学习更轻松。

身体状况良好

- 疲惫、压力大、饥饿、脱水或者吃了含糖高的食物后，都不太容易学得进去。

- 每天喝几杯白开水能促进大脑的神经活动，有助于释放能量。其他饮料起不到这种作用。如果你学习时容易疲劳，或者觉得头脑糊涂，那就多喝些水。

- 谷类食物（大米、燕麦和小麦）能缓慢释放天然糖分，有助于保持能量。

- 人在压力下容易进入"生存模式"，把能量从大脑转移到身体肌肉（详见第299页）。所以在放松、愉悦和兴致勃勃的状态下学习效果最好。

信息组织有序

- 合理组织信息，帮助大脑建立清晰的知识结构（详见第305页）。

使用CREAM学习法

- 有创造力，反思自己，有效组织信息，积极主动，保持强劲的学习动力（详见Chapter 4）。

充分使用大脑

充分运用大脑。

- 同时使用左脑和右脑（详见第297–8页）。
- 使用你的三位一体脑（详见第298页）。
- 调动所有感官来编码信息（详见第302页）。

学习技能的五要素

你需要：

- 认识自己。
- 明确对自己有哪些要求。
- 掌握适当的方法和策略。
- 增强对自己的信心和认可度。
- 多加练习和培养习惯。

（详见第26页）

学习将变得更容易，当……

找到适合自己的方法

- 把新信息重新写下来、画出来、表演出来、录下来或者雕刻出来，这样更容易消化吸收——不论什么方法，只要适合你就好。
- 在笔记中试试不同的布局、颜色、字体和页面尺寸。
- 根据个人的特点分解信息，把信息变成自己的。

相信自己能学会

- 相信自己的智力（详见Chapter 3）。
- 相信你有学习的权利。
- 创造积极的适合学习的思想状态。

喜欢所学内容

让学习变得有趣，确保：

- 学习对你来说有意义。
- 你真正关心学习的结果，像蜜蜂采蜜一样追求成功。
- 你全身心融入所学内容当中。

与他人合作

（详见Chapter 5）

看看这章中你在每个部分做的笔记。在日记里记下现在你对这些问题的想法。

- 读完这章内容，你的想法改变了，还是进一步坚定了之前的想法？
- 你有过哪些学习经历？小时候学习时得到了别人的鼓励还是受到打击？这样的经历对你有哪些影响？

- 现在的学习受到过去学习模式的影响了吗？如果受到了影响，你打算做出改变来改善学习效果吗？
- 对你来说，要想达到理想的学习状态，有哪些必要条件？根据你在这章读到的内容，为了提高学习效率，列出三件你现在可以做的事。
- 学习技能的需求可不可以跟你其他方面的学习需求统一起来？

本章回顾

通过阅读本章，你有机会反思自己对智力和学习的认识，以及你的态度可能对你的学习能力产生什么影响。这一章探讨了广义的学习技能，研究了智力、人生经历和学习三者之间的关系。

人们对智力有多种不同的认识和看法。一些传统的观念限制了人们的发展，使人的自信心遭受打击，这样学习就变得更困难，这同时也使人们忽视自己的潜力，无法培养其他方面的能力。

不同的文化和环境塑造了智力特征。一个人小的时候，在学习和兴趣爱好方面得到怎样的支持，可能对他长大后的表现和自信程度产生深远的影响。作为成人，现在你比中学时拥有更强的学习掌控能力，可以决定要不要改变环境、要不要调整自己的社交网、要不要改变学习态度和学习习惯，还可以按照自己的学习偏好选择学习资料。你有权利去争取成功。

本章还探讨了具体的经历和以往的学习内容如何影响你其他方面的学习表现——包括处理学术信息或写论文。如果你以前没有相似的经历，相应的技能没有得到充分发展，那么学习可能显得很难，你就会觉得自己不够聪明。另一方面，就像Chapter 2所说的，学习需要的子技能经常和其他方面的技能很相似，进入大学后，没人是从零开始学习的。

最后，本章鼓励你思考一下学习的不同方式。随着学习进入更高的阶段，你对学习更加适应，你会发现灵活选择多种学习方法有助于提高学习效率，能让学习更有乐趣。Chapter 4的CREAM学习法进一步阐释了这个概念。

Chapter 4

CREAM学习法

学习目标

通过本章的学习，你可以：

- 认识CREAM学习法中每个部分在学习中发挥的作用及其应用。
- 了解怎样在学习中运用更加积极、更有创意的方法。
- 了解做个中规中矩的学生和做个高效的学生之间的差别。
- 找到一些能有效规划时间和空间的工具。
- 探索、明确学习动机，了解如何制订清晰的、可以实现的目标。
- 参考Chapter 2、3中对自己的评价和反思。

C·R·E·A·M

C·R·E·A·M代表：

C——creative（创造力）。对自己的策略和风格有信心，在学习中发挥想象力。

R——reflective（反思）。回顾自己的经历，分析、评价自己的表现，从中吸取经验教训。

E——effective（有效）。规划空间、时间，梳理任务、思路和资源（包括信息技术），尽可能有效利用。

A——active（积极）。全身心投入到学习当中，尽可能理解学到的内容。

M——motivated（动力）。清楚自己想要什么，制订短期目标、长期目标并努力实现。

这几个方面中，增强任何一方面都能促进其他方面的提高。比如要想保持学习动力，就要反思自己真正想要什么。主动学习和发挥创造性要以强劲的学习动力为前提，同时也能促使人保持动力。好的组织策略得益于想象力和自我反思，等等。

发现自己的创造力

在刚刚接到新任务时，创造力尤为重要，之后可以运用理性推理，判断应该选用哪些创造性的解决办法。

不利于发挥创造力的想法

- "这是在浪费时间。"
- "太幼稚了。"
- "正确方法只有一种。"
- "这样不合逻辑。"
- "我没有创造力。"
- "我不会。"
- "工作时间和玩耍时间必须分开。"

你表达过以上的想法吗？小时候有没有接受过类似的信息，导致现在自己的创造力不强？

有利于发挥创造力的想法

游戏时间：横向思考

随机选择两件物品，比如一个杯子和一盆植物。尽量多想一些可以把二者联系起来的方法（比如大小、颜色、破碎的方式、有没有冲突、如何旋转、什么时候买的）。如何把这种游戏应用到课程学习中？

找到自己想要的东西

- 在屋里找三件圆形的东西。
- 找三件能"打开"的东西。

你很可能会发现屋子里满是这样的东西。如果你想找做事的新方法或者问题的新答案，也会找到很多。

正确答案不止一个

想出一个答案后，再想想有没有第二个。第二个答案可能更好，或者可以完善第一个答案。

把事物结合起来

把一种动物的上半身和另一种动物的下半身结合起来，你创造出了什么新动物？发明创造的精髓就是把不同的观点或背景结合起来，创造出一种全新的类型。这对学术思考很有帮助，比如当你比较两种不同的观点时，可以用这种方法。

比喻

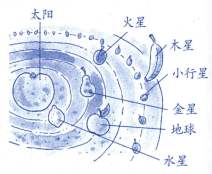

假设苹果是地球，桔子是太阳，其他水果是太阳系的其他成员。

用一种事物代表另一种事物，这就是比喻或者类推。试着从不同角度看待一件事或一个学习难题。把问题变成视觉图像，把问题从学习的背景中抽出来，看看它像什么具体的物品，比如橘子、苹果，或者刀、叉、盐和辣椒。

如果一件事很难理解，用桌子上的一件物品把它表示出来，就像将军用沙盘帮助自己制订各种战略一样。

练习

找联系

看看你能想出多少方法来完成以下句子。

- 写论文就像做蛋糕，因为……
- 学习就像一场足球赛，因为……
- 做学生就像是一块三明治，因为……

你能想出其他比喻来描述学习吗？

想象自己是位教授或者其他

赋予自己另一个身份

每个人心中都有很多不同的身份认定——一个评论家，总是批评自己；一个爱玩的孩子，总是看到事物好玩的一面；一位英雄，总能救人于危难……

听听自己的想法，你会慢慢意识到自己心里的各种身份。

想象自己是位教授

下的内容哪些能用，很多可能没有用——这本来就是创造的一部分——但有时候其中的某一个正是你需要的。

对不知道的事情有好奇心

创造力强的人总是很好奇。他们总想知道所有的事——以备在其他事情上用得到。

如果你对不了解的事感到害怕，你就很难有很强的创造力。释放你的好奇心，保持一颗想尝试的心。

练习

你是世界权威专家

如果你想不出解决问题的方法，那就想象自己是位教授或者发明家，在处理一件世界级的重要事件。专家们遇到的问题都不简单，但是他们能以开放的心态迎接看似不可能完成的任务。

研究前沿的工作人员不可能在书里找到答案——答案还没产生呢！就像爱因斯坦想象自己骑着光束（详见第47页）一样，这些研究人员可能会绞尽脑汁，想出各种疯狂的可能性，不断幻想"如果……会怎么样"，用这样的方法得到大量可能的答案，之后进行严密的论证，判断哪一个可以真正实施。

你也可以做到这一点。你心目中的教授看起来什么样？听起来怎么样？作为"教授"的你，言行举止如何？激活你的教授身份，和你聊一聊有哪些可能的方法解决学习中的难题。

把想法记下来

在床头常备纸和笔，就像作家和艺术家那样，重视每个一闪而过的想法，把这些想法记在笔记本或者便笺纸上。过些时候看看自己记

创造机会，打破常规

如果你尝试一种不同的方法，即使不是最快最有效的，也会发现新的吸引你的事情。

想想自己常用的方法。问问自己：

- 为什么我要这么做？
- 以前的理由发生变化了吗？
- 我还可以怎么做？

想象其他可能性

问问自己"如果……会怎么样"

如果周末有三天会怎么样？如果这篇论文必须明天交呢？如果只能用100个字来总结我的研究，我应该呈现哪些内容？

其他人会怎么做？

想一想：如果是巴勃罗·毕加索，他可能会怎么处理这个学习问题？纳尔逊·曼德拉呢？圣雄甘地呢？阿加莎·克里斯蒂呢？莫扎特呢？乌比·戈德堡呢？如果是一位政治家呢？一位舞蹈编剧呢？你的母亲呢？你心中的教授呢？谁的方法对你最有帮助，最能启发你？

创造性学习

人们制订了很多不同的策略辅助学习，第59-60页列出了其中的一些。你还能想出什么其他的方法？

学习技能：行动计划

下面列出一系列学习方法。看看哪种形容你最恰当。写下你的学习优势，同时也写出你有待改善的地方，这样才能具备更多的优势。

跳水运动员

特征

- ☐ 勇于尝试。
- ☐ 喜欢把事情做完。
- ☐ 想看看事情有没有结果。
- ☐ 喜欢尽快开始做下一件事。
- ☐ 能出色完成短期工作。

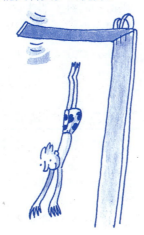

学习优势

- ☐ 不会把时间浪费在无谓的担忧上。
- ☐ 接到任务马上着手。
- ☐ 能激励别人。
- ☐ 擅长角色扮演活动，擅长解决问题、应对危机。

有待改善的方面

- ■ 反思和规划。
- ■ 创造性思维。
- ■ 考虑其他可能。
- ■ 听取别人的意见，与别人合作。
- ■ 增强对任务的兴趣，以便在工作中投入更长时间。

梦想家

特征

- ☐ 对一个话题有很多想法。
- ☐ 喜欢做透彻的研究。
- ☐ 拖延实际的工作，比如写作。
- ☐ 不知道时间都花在哪儿了。
- ☐ 不断改写自己的时间规划。

学习优势

- ☐ 经常反思自己、评估自己。
- ☐ 创造力很强，有很多想法。
- ☐ 能看到事物的本质。
- ☐ 善于倾听别人的意见。

有待改善的方面

- ■ 有效的学习策略。
- ■ 时间管理技能和组织技能。
- ■ 对自己和他人负责。
- ■ 积极参与。
- ■ 区分任务的优先顺序，做出决定。
- ■ 果断，敢于承担风险。

推理专家

特征

- ☐ 喜欢弄清楚事情的来龙去脉。
- ☐ 喜欢探究事情背后的原因。
- ☐ 有条理。
- ☐ 喜欢挑战复杂的问题。
- ☐ 是一个完美主义者。

学习优势

- ☐ 擅长分析和批判性思维。
- ☐ 有很强的组织技能。
- ☐ 擅长理科、数学、法律和解决问题。
- ☐ 有一套提出质疑的方法。

有待改善的方面

- ■ 创造力和想象力。
- ■ 对其他人之间的差异很敏感。
- ■ 自我反思。
- ■ 与他人合作。
- ■ 压力管理。

勘探专家

特征

- ☐ 觉得什么事都很有趣。
- ☐ 看待事物喜欢从大处着眼。
- ☐ 对很多事都有些了解。
- ☐ 为细节着迷，但却记不住。
- ☐ 觉得很难筛选出相关的信息。

学习优势

- ☐ 有很强的动力和浓厚的兴趣。
- ☐ 知识面很广。
- ☐ 能看到事物之间的联系。
- ☐ 有很强的发明创造力。

有待改善的方面

- 制订目标，设定优先顺序。
- 分析性、批判性思维。
- 分类和筛选。
- 编辑文字的技巧。
- 对细节的记忆。

发现自己的学习风格

她说她正在做实验，寻找自己的学习风格。

你可能觉得以上这些粗略的分类没有把你个人的一些学习特点包括进来，那就找出你自己的风格吧！

- 想一想你是不是更喜欢：
  - 看、听、说出或唱出信息。
  - 个人工作或与他人合作。
  - 获得别人的支持或独立工作。
  - 获得别人的鼓励和反馈。
  - 有一些身体的运动。
  - 在家或在学校。
  - 按照别人的指引，或自己解决问题。

- 列出自己学习上的优势。
- 列出自己需要改善的方面。
- 然后选出最能代表自己学习方式的一个单词、一个词组、一种动物或者一种物体。

对于自己喜欢的科目，你可能使用一种学习风格，而对于那些觉得无聊的科目，会选另外一种。如果能抱着开放、灵活、创造性的态度尝试新方法，方法就会更完善，学习会更有效率，长远看来可用的选项和策略也更多。

按照自己的方法调整课程学习安排

如果课程安排不符合自己的习惯，可以按照适合自己的方式对课程学习加以"调整"。

举例1

如果喜欢和别人一起学习，可以创立一个学习小组，或者和朋友一起学习，也可以去图书馆学习，参与学生活动。

举例2

如果喜欢按照自己的时间安排学习，就加强时间管理，这样会感觉时间是你自己的。找一些别人不太可能会看到的文章、不太可能想到的例子。

举例3

如果喜欢靠听来学习，可以把老师的讲课内容录下来，或者从书上读一些段落录下来，这样在公交车上也可以听，之后再把自己的想法录下来。组织一个互助小组，这样可以在讨论中学习。找找哪些信息可以下载到自己的MP3等播放器上。

在日记中写下按照自己的学习风格可以用哪些方法组织学习。到这一学年的后半段再做一次这个练习，比较一下两次的结果，谈谈自己的感受。

反思性学习

作为一名大学生，你要为自己的进步负责，为能够自学负责。虽然老师会对你进行一些正式评估（分数、评分等级、评论），但不要依赖别人的评价和看法，而要通过一系列分析和反思，独立思考自己擅长什么、需要改善什么、有哪些要优先完成的任务，这种能力会让你受益匪浅。你应该从Chapter 2开始着手这项工作。

养成反思的习惯

定期花点时间思考自己是怎样学习的，如果能养成习惯，你的学习成绩会大大提高。如果能考虑到以下几点，你的学习效率会大大提高：

- 学习动机。
- 态度和想法上的变化。
- 目前的学习策略适不适合当前的任务。
- 要完成各种作业，需要哪些技能。
- 学习有哪些障碍。
- 自己的知识或技能中有哪些不足。

养成反思习惯的5种方法

1 记学习日记或博客（详见第63页）。
2 利用自我评估表。
3 建立并更新个人档案（详见第39页）。
4 认真对待导师的反馈（详见第218页）。
5 定期填写进展情况表（详见第62页）。

评估进展情况

问卷和清单

- 从这些开始做起，帮助自己集中精力思考学习情况。
- 从每张问卷中选取几点，写进日记。

对自己公平一些

当你认为自己"擅长"或"不擅长"某件事的时候，考虑一下这么想有什么依据。你是用什么标准来评价自己的？想想这项任务拆分成子任务或子技能后涉及哪些内容。你更擅长其中的哪些方面？为什么有些方面对你来说要困难一些？

出现以下情况时，人们很可能会低估自己：

- 离开学校已经很多年。
- 对某门课程了解很多（知道得越多，越认识到自己的无知，这一点让人很不安）。

监督自己

- 复印空白的问卷，下半学期再填写一次。比较那时和现在的结果，看看自己取得了哪些进步。
- 定期阅读日记，对自己的进步情况做出评价。

我的表现如何

课程、单元或模块：	日期：
水平：	学习年份：
1a 总体而言，这个单元我的表现怎么样？	1b 我以什么标准评价自己的？ （分数？老师的反馈？ 自我监督？其他方法？）
2a 在这门课程里，我最擅长： 为什么我在这几个方面做得更好？	2b 我根据什么得出这个结论？
3a 要做得更好，我需要改进： 哪些原因让我现在表现没那么好？	3b 怎样改进？ 努力改进的时间表：
4a 从开始学习这门课程之后，我学到了什么，或者哪些方面改进了？	4b 我是怎么知道的？ 怎样衡量或监督自己学到的内容？ （用了多长时间？有多少自信心？ 有多少自己的理解？ 自己有多享受这个过程？）

学习反思日记

开始记学习反思日记

现在就开始记学习反思日记吧！

在笔记本或电脑上开始记学习反思日记。

为什么

- 书写的动作有助于理清思绪和情感，制订策略，把精力集中在个人发展和进步上。

- 书面记录有助于看到你每周和每个学期的进步情况。

这么做是为了谁

为了你自己——帮你把精力集中在自己的发展上。

写些什么

任何方面都可以写，只要能帮你思考以下这些问题：

- 对课程、讲师、其他学生和自身进步情况的想法。
- 觉得困难的事情——挑战。
- 自己态度或动机的变化。
- 如何应对任务——你的策略。
- 对自己的认识。
- 对自己怎样学习效果最好的思考。
- 学习中产生的想法。
- 学习的不同方面之间有什么联系。
- 学习和现实生活怎样联系起来。

借助"我的表现如何"问卷（详见第62页）给自己提供一些思路，说明你评价自己的标准是什么。

出现这个标志的地方，表示你可以停下来想一想，把它记在日记里，也许很有用。

简直不敢相信第一篇论文（非常差！！！）和这一篇之间的差距。记日记真的帮了我很大的忙。

我以前总是先读最难读的书——想做一个"真正"的学生。现在我会先看一下简单的概述。

为什么我总是迟到？我想是因为我总想按时到达，但实际上我应该想着提前5分钟到——这样才可能准时到达！

反思日记的其他用处

作为讨论的依据

可以和一起上课的其他同学讨论一下你的日记或博客，也许会有帮助。他们在这门课上的经历和你相比有什么不同？他们有没有一些策略可能帮到你？

为导师的个别辅导做准备

浏览一遍自己的日记，把你希望在下次个别辅导时和导师探讨的问题都列出来。把这些问题按重要性从高到低排序。如果有问题，先自己想一些可能的答案，这样和导师的讨论会更有针对性。

略带风险的写作

记个人日记有利于提高写作水平。记日记是为了自己好，而且只写给自己看。如果愿意的话，你可以冒些风险，尝试不同的写作风格。这样你的写作水平会有所提高，更加符合课程或导师的要求。

现在就开始吧

课程刚刚开始，你有什么感受？预计会遇到什么样的挑战？可以怎样利用以往的经验帮助自己应对这些挑战？（详见Chapter 2）

中规中矩vs.高效学习

刻苦学习并不等同于高效学习。看看下面这张表，其中列出了学生Leila的学习策略。Leila觉得自己学习很刻苦，所以应该得高分。她一周学习50个小时，所有作业都能按时完成。

 为什么Leila越来越用功，但分数却越来越低？在日记里记下你的想法。

Leila的学习策略	
Leila觉得自己很刻苦	**但她的效率却不高**
1 她读了书单上每一本书， 还经常上网查询。	■ 好几本书里都重复了同样的内容， 她没有把重复的内容省略掉。
2 每一本书她都从头读到尾。	■ 并不是每一本书的每一页都很重要。 她没有采取有效的阅读策略 （详见第116–18页）。
3 她的笔记非常详细。	■ 她记录了一些不必要的信息。 ■ 她的笔记有重复，读起来要花很长时间。 ■ 她没有好好思考自己记下来的内容。 ■ 要在她的笔记里找东西需要很长时间。 ■ 复习的时候她要重写一遍笔记。 ■ 她照抄很多内容，还把大量的内容照搬到 作业里，这样就容易丢分。.
4 她的笔记很整洁， 而且全是完整的句子。	■ 使用缩写可以节省时间。 ■ 只要能读懂自己的笔记，方便找到信息，笔记不 需要很整洁。
5 她学习时间很长，中间很少休息。	■ 很容易疲劳，思路不清晰。 ■ 很容易觉得乏味，失去兴趣。 ■ 很容易走神，忘记读过的内容。 ■ 有时记了笔记，却没意识到已经这么做了——也 不知道记下的内容是什么。
6 为了更好地学习，她很少和别人交流。	■ 听不到别人的意见、建议，不知道别人看问题的 角度。

练习

中规中矩还是高效学习

你认为以下这些例子属于"中规中矩"还是"高效学习",还是都不属于?

(用V代表中规中矩,E代表高效学习,N代表二者都不是)答案详见第111页。

1 ☐ 把新信息和已知或以前学过的内容联系起来。.

2 ☐ 有难度的信息靠"死记硬背"。

3 ☐ 从课本上大量摘抄,因为作者说书上的内容一定比你自己说的好。

4 ☐ 勇于质疑,思考听到的内容是不是事实或有没有代表性。

5 ☐ 快速记笔记,尽量把老师讲的所有内容都写下来。

6 ☐ 提交论文和其他写作作业之前,慢慢把它们大声读一遍。

早点着手

- 只需要一张纸和一支笔你就可以开始工作,别等到拿到所有的书或者清理完书桌才开始(这些都是拖延的借口)。

- 如果不想学习,先强迫自己学10分钟。快速记下你的问题,帮助自己集中精力,列一份需要完成的任务清单,等等,之后再为拖延找借口,不过你很可能会发现自己已经被学习吸引住了,想继续学下去。

- 尽快开始着手工作,因为接到任务之后,即使去做其他的事情,你的大脑还在想刚才的问题。这就是为什么应该一接到新任务就动手解决的原因。

练习题参考答案

1 高效学习。帮你理解、记住所学的科目。

2 中规中矩。有没有效率取决于你在学什么、为什么要学。你可能要靠死记硬背来记住公式、等式、名字和日期。但对于学习书面文档,这个方法的效率不高(详见Chapter 13)。

3 二者都不是。你应该深入理解材料,并且能用自己的语言写下来。甚至笔记也应该用自己的话来写:这样可以避免抄袭(详见第128页)。

4 高效学习。应该通过问问题加强自己的理解和认识(详见Chapter 12)。

5 二者都不是。这是种低效的策略。要用自己的话把关键点记下来。全写的话,最后会有一些没用的信息,还要花时间进行编辑(详见Chapter 6)。

6 高效学习。大声阅读可以帮助你找出需要改正的错误。

有效学习

低效的方法

你是否：

- 不学习就觉得内疚？
- 不把书从头读到尾就觉得是在偷工减料？
- 担心自己记不住学过的所有细节？
- 担心别人的笔记比自己的详细得多？

停止！

相反，制订一种最有效的学习策略。

低效学习的例子

如果发生以下情况，你的学习效率可能很低：

1 太累，精力集中不了却还在学习。
2 听到或读到什么的时候不加质疑。
3 人坐在那儿学习，但脑子却走神了。
4 学东西死记硬背，不理解其中的含义。
5 需要别人的帮助却不说出来。
6 不去寻找各科目之间的联系。
7 不把学习和实际生活联系起来。

写下你能想到的其他例子。你属于其中哪些情况？

看看下面这张包括10点内容的"高效学习"列表：

1 ☐ 我需要更多地反思自己，
进一步思考学习表现和学习习惯之间的关系吗？ 详见第61–71页和第91页

2 ☐ 我了解自己的学习动机吗？我需要更多动力吗？ 详见第87–90页

3 ☐ 我有没有感到焦虑和担忧？ 详见第17–20页

4 ☐ 我是不是太中规中矩了所以效率才不高？ 详见第64–5页

5 ☐ 我喜欢自己现在的学习风格吗？ 详见第58–60页

6 ☐ 我有没有有效安排时间和空间？ 详见第67–79页

7 ☐ 我能确定需要先培养哪些和再培养哪些学习技能吗？ 详见第31–3页

8 ☐ 我现在的思想状态适合学习吗？ 详见第67页

9 ☐ 我在学习中够主动吗？ 详见第83–5页

10 ☐ 我需要别人更多的支持吗？ 详见第95、105页

© Stella Cottrell 1999, 2003, 2008, 2013
The Study Skills Handbook, Palgrave Macmillan Ltd

高效的学习需要有适当的思想状态、最适合自己的空间和时间安排以及资料组织。

创造适合学习的思想状态

对很多人来说，要进入学习状态很难。每个人都有让自己分心的事物：一杯又一杯的咖啡，电话聊天，再喝一杯啤酒，要洗衣服，看电视——除了静下心来学习。很多人需要一些"触发点"帮助自己开始学习。

给自己提供触发点

一个学生每次写完作业都把桌面清理干净：他的学习触发点就是干净整洁的桌面。另一个学生每次都要完成同一套流程：先打开电脑，倒上一杯水，然后翻开书，这时才觉得做好了准备。还有一个学生要先在厨房泡一杯咖啡，然后把所有的想法都写到纸上，他觉得自己还没坐下来就已经开始学习了。

什么样的动作或想法能把你带入学习状态？如果你还不知道，想出一些来，然后一一尝试，直到找到适合自己的那些。

创造合适的环境

不同的学习阶段中，什么样的学习环境最适合你？把能促使你开始学习的因素记下来：是安静的背景、音乐背景还是嘈杂的背景？需要在家、在图书馆还是和朋友一起？需要整洁的桌子吗？还需要什么？

利用干扰因素帮助自己学习

在活动中学习

如果有些活动（比如去逛街或做家务活）会让你分心，那么先花10分钟时间浏览一个章节的内容，或者看一遍笔记，然后再去做那些让你分心的事——但是做的同时要在心里回顾一下刚刚读过的内容。比如散步或做饭的时候在脑子里把信息再复习一遍，看看记住了多少。计划一下接下来要做什么，或者活动时试着在脑子里解决一个学习难题。

如果你一坐下来学习脑子就一片空白，这种方法尤其适合你，有人在活动中学习效果更好。

禁止自己学习

首先，只给自己10分钟的学习时间——可以坐着，也可以站着。然后去做其他的事——比如画画或熨衣服，但要继续想刚才那10分钟里学过的内容。比如想想你是不是认同刚才读到的内容，作者或者老师有没有给出充足的证据证明那个观点？想的过程中随手把这些想法记下来。

如果脑子空白，或者什么也想不起来，再看一眼——只看一会儿，重温一遍——然后继续画画或者熨衣服，同时脑子里继续回顾。你身边应该常备笔和纸。

把干扰因素当成资源

如果你想给朋友打电话——这是一种对学习的干扰，那么你可以请朋友帮自己集中精力。让他们问问你作业的情况，或者请他们给你当参谋。要跟他们约定好打电话的时间，不要无限制聊下去。

联系学习动机

详见第86-90页。

什么时候、什么方式、在哪里

如果你觉得很难开始一项工作，也许是因为没有创造合适的学习条件。

看看以下5个方面，哪些条件最适合你，可以促使你开始并最终完成一项任务。举个例子，清早或晚上你做哪种工作做得最好？你知道自己什么时候在什么地方修改文章效率最高吗？阅读晦涩的文章呢？

不断探索，直到找到最适合自己的时间和地点，把这些记下来。觉得无法安心开始一项工作的时候，看看自己写下的这些内容。

安排学习时间和地点，调整思想状态。

针对以下每个方面，写出至少一点建议：现在可以做出哪些改变，提高学习效率。

这么做是为了我自己吗？

☐ 我了解自己学习这门课程的动机吗？
☐ 有没有想过怎样让这门课程更有趣？
☐ 有没有想过怎样让自己在学这门课程时更愉悦？

我的预期现实吗？

☐ 我在不断进步吗？
☐ 我给自己设定的目标方便管理吗？
☐ 实现目标或者取得成绩之后给自己奖励了吗？
☐ 工作期间休息、吃东西、放松、睡觉了吗？
☐ 今天找出学习的某些方面加以改善了吗（剩下的部分改天再提高）？

地点合适吗？

☐ 我在哪儿学习效果最好？
☐ 桌面整齐吗？
☐ 自己觉得舒服吗？
☐ 光线和通风条件好吗？

☐ 有需要的设备吗？
☐ 我可能被打扰吗？

学习的时间合适吗？

☐ 我在每天这个时候学习效果好吗？
☐ 现在是做这项工作的最佳时间吗？
☐ 我有分清轻重缓急吗？

我意识到自己会被哪些因素干扰了吗？

☐ 我为拖延工作找过哪些借口（"首先，我需要……"）？
　　1 . . . .
　　2 . . . .
　　3 . . . .
☐ 我有哪些弱点，也就是让我经常分心的事（比如喝茶、打电话、聊天）？
　　1 . . . .
　　2 . . . .
　　3 . . . .
☐ 我有采取措施防止分心吗？
☐ 我有没有创造性地利用这些让自己分心的因素？

整理学习空间

专门的学习空间

创造一块专门的学习空间，你可以把东西放在这里，如果没有书桌，可以把所有的学习用品统一放在书架或橱柜里。

光线和舒适度

靠近窗户学习，这样光线比较充足。坐在窗户旁边，可以避免一些分心因素。如果常在傍晚学习，可以买一盏台灯。

让学习环境尽量舒适，这样自己有回来继续学习的动力——可以放一张舒适的椅子，这样对你回来继续学习是种鼓励。可能的话，保持桌面整洁，把所有文件整理有序，这样不仅找东西更容易，学习也会更放松。

学习工具

你很可能需要：

- A4纸：有横格，打孔。
- 每门课准备一个A4活页薄，不同科目用不同颜色。
- 很多文件分隔夹。
- 塑料文件夹。
- 一个小文件夹，装当天的功课——用文件分隔夹区分不同的科目。
- 一个有趣的笔记本，用来记反思日记。
- 一本日记或一份规划书——最好包括"一周回顾"。
- 一本字典和一本同义词词典。
- 一本通讯录，内容按字母顺序排列。
- 一个计算器。
- 课本。
- 大页纸或墙纸（或黑色海报），用来做挂图。
- 彩色铅笔、粗签字笔、钢笔和荧光笔，还有尺子、修改液、胶棒等。

注意还要确定要买书单上的哪些书。

一台电脑

认真考虑以下问题。

- 你确实需要买电脑吗，还是用学校的电脑就可以？
- 如果确实需要电脑，必须与学校的软件兼容吗？必须的话，学校推荐什么型号的电脑？
- 需要特殊软件吗？

（详见第160页）

整理笔记

- 保证每隔几天整理一下笔记。
- 把麦片包装盒剪成装文件的盒子，用来装白纸和不同类型的文章。
- 给所有的东西贴上标签！

（详见第127页）

其他东西

- U盘。
- MP3或者MP4播放器。
- 录音笔。

由于每个星期、每个学年中只有很小一部分时间学校有固定安排，所以你要负起责任，安排好自己的学习时间。如果你还有其他任务，比如工作、家庭和朋友应酬，时间管理的工作就更有挑战性了。

时间管理

要想把时间管理好，这样做会有帮助：

- 意识到应该管理时间。
- 知道完成每种类型的学习任务要花多长时间。
- 认识到很多时候实际耗费的时间比预料的长。
- 为不可预见的事情预留时间。
- 为放松和休闲活动预留时间，并明确时长。
- 时间规划要很具体。

现在我的时间管理得怎么样？　　　　是 / 否

我总是准时出现吗？　　　　　　　□　□

我的承诺大部分都能兑现吗？　　　□　□

需要做的大部分事情我都能
　　安排时间完成吗？　　　　　　□　□

我经常要在最后一
　　分钟匆匆把事情赶完吗？　　　□　□

我能在截止日期前完成任务吗？　□　□

我有留给自己的时间和放
　　松的时间吗？　　　　　　　　□　□

我有效利用时间了吗？　　　　　□　□

你的回答有没有表现出你的时间管理现在做得怎么样？你需要改变自己的某些时间观念来更好地学习吗？

改善时间管理

如果你的时间管理需要改善，你可以：

- 阅读一下"节省时间的10条建议"（详见第73页）。
- 填写一张完整的"学习时间"记录表，这样就可以知道时间具体花在哪儿了（详见第74页）。
- 完成"时间都花在哪儿了"的练习（详见第75页）。
- 使用"时间管理"规划表（详见第77页）。
- 使用"优先顺序设定"规划表（详见第78页）。
- 使用"从最后期限开始向后推算"规划表（详见第79页）。

分清任务的轻重缓急，设定优先顺序

你可能会发现，要完成所有的任务，时间远远不够。如果确实如此，那就要想一想当天、本周、或当年的任务应该怎样按照重要性排序，这样对你会有帮助。"优先顺序设定"规划表（详见第78页）和下面的列表可以帮你理清要做的事情和着手的时间。

优先顺序设定

你做到以下几点了吗？

□ 把要做的事情列在一张表上。

□ 用一种颜色标出最重要的任务，用另一种标出可以稍微推后的任务。

□ 标出列表上最紧迫的一项。

□ 想好完成这些事情的先后顺序。

□ 想好每件事要花多长时间。

□ 把每一件最重要的任务都标在你的时间表和日记里。

有效记日记

以周为单位记一个学年的日记，这是最理想的方法。把这一年中所有的重要日期都标出来，比如家庭节日、预约看医生的日子和学习活动日，把你要做的所有事情都包括进去。

要包括哪些与学习相关的内容

要想让日记或规划表真正起作用，你需要把所有要做的事情都完整记下来。

- 所有学习任务的最后完成期限、考试日期、实地考察，等等。
- 每次预约或者上课的具体地点和参与者。
- 填写具体的学习任务，比如"读《城市生态学》的第2—4章"。
- 预留一些自由时间，用来补习落下的内容。

在日记中标出以下活动的时间：

- 深入思考某个科目。
- 为上课和研讨会做准备。
- 为其他正式活动做准备。
- 规划自己的学习。
- 组织、整理笔记。
- 对学习进行反思。
- 和他人讨论作业。
- 对每个科目进行研究。
- 写草稿。
- 编辑、修改写作草稿
- 检查自己的作业。

预留一些时间给紧急情况和不可预见的事情。

如何使用这份日记或规划表

日记只有不断更新、不断使用才有意义：

- 随身携带这份日记。
- 每天查看几次，尤其是晚上和早上。
- 把新的预约直接加进去。
- 用铅笔记下不确定的事件，这样容易修改。
- 合理组织条目，这样一眼就能看到哪个时间段已经有约了，以确保不会重复预约。
- 使用日记的年度规划表。

颜色代码和标志

在日记里用不同的颜色和标志表示不同的活动和科目。如果颜色和标志使用一致，不久之后你会发现用不着去"读"那些条目了：你会一眼就看到有哪些内容。应该用积极的颜色或者生机勃勃的标志来表示你不喜欢的活动。

可以自己设计标志

 社交   写作   阅读

 上课 图书馆 研讨会

终稿 考试 旅行

日记条目

7月20日，星期一

9:00–11:00	B楼33教室，Olafemi老师。
11:00–11:30	在"粉屋"和Glen见面。
11:30–13:00	读有关城市野生生物的文章。
13:00–14:00	与Jane和Linda——在杰特咖啡厅见面。
14:00–15:00	回家。
15:00–17:00	读Brown的书，第4—8章。
17:00–18:30	购物、游泳。
18:30–19:30	计划写有关狐狸栖息地的文章。
19:30–20:15	吃晚饭。
20:15–21:00	写《狐狸》文章的初稿。

日记附属清单

- 在一张纸或便笺纸上列出要做的事情。
- 把这张清单分成"今天"和"不久"（这样就知道长期来看需要做什么）。
- 把各项写在不同的标题下，这样就能很清楚地看到："学习"、"家里/自己"、"其他"（或者任何适合你的标题）。
- 用星号或者荧光笔标出最重要的项目。
- 把这张清单贴到或者用纸夹夹到相应的日记页。
- 把完成的项划掉，这样就很清楚还有哪些项没有完成。

今天

学习
*紧急：查找论文参考文献
– 买纸

家里/自己
– 把表修好
– 买袜子

其他
– 给Mary B发信息

不久

学习
– 找一个学习伙伴

– 制订论文修改计划

家里/自己
– ~~把猫交给兽医~~

时间模式

寻找适合自己的时间模式。你可能每学习20分钟就想休息一会儿，也可能随着时间的流逝，精力越来越集中。

如果可能的话，按照自己的时间模式安排学习活动的时间。比如如果你进入状态比较慢，那就早上安排一些短时活动，像头脑风暴之类的。也许晚上安静的时候你会觉得写作更容易，或者也许你觉得早上更清醒的时候更适合写作。

给自己有把握的短期目标

小目标

给自己设定一些小目标作为里程碑，这样才会有成就感。

- 把写报告这样规模比较大的任务分解成多个小任务，比如"读课堂笔记"、"找资料"等。
- 把这些小任务分解成更小的任务，比如"在《商业管理》第20–40页上做笔记"。
- 给每个小目标设置一个比较实际的时间段，比如"第25–45页做笔记：20分钟"。
- 给自己设定一个起始时间——要严格遵守！
- 设定任务的终止时间，但如果到时没有完成，也要继续把它做完。
- 重要的不是你花了多长时间学习，而是能不能实现每个小目标。

符合以下条件的小目标对达到整体目标很有效：

- 协调：紧扣大目标，比如你的论文、项目或者课程的总体学习动机。
- 可以管理、实际的：给自己设定可以实现的目标。
- 具体：这样才能精确知道要处理什么问题。
- 可以衡量：比如要读一定的页数，或者要写完报告的某一部分。
- 灵活：在时间表中为紧急情况预留一些"空白"空间，为应变作好准备。

节省时间的10条建议

1 省去重复的笔记，迅速找到记过的内容

- 在打好孔的活页纸上做笔记（这样可以在不同的文件之间灵活移动，需要的时候还可以重新排列）。笔记本不如活页纸方便。
- 做笔记时，把每一个相对完整的部分单独写在一张纸上。这样写论文或报告的时候所有纸页打乱也没关系。要保证每一页有明显的标题，这样用完之后可以再放回原来的文件中。
- 有条件的话，把笔记记在笔记本电脑、台式电脑或电子笔记本上。

2 节约记笔记的时间

- 避免用完整的句子记笔记，而要用标题和关键词。
- 不用为了整洁而抄写笔记。
- 多留一些空白，以后可以添加具体内容。
- 同样的信息不要写两次——如果两个作者表达了同样的意思，在笔记空白处标明引用前面的笔记。

3 节约查找笔记的时间

- 把所有笔记放在一个地方。
- 随时整理、归档。
- 标出页码，在纸页的顶端外角按科目用标签或不同的颜色标出来，方便信息的整理和查询。
- 注明信息来源。
- 制作并更新文件索引。

4 节约阅读笔记的时间

- 使用"聪明阅读"法（详见"我是不是聪明的读者"，第116页）。
- 只读和本次论文或者本次作业相关的内容。
- 如果有些内容现在没有用，但看上去很有趣，就把它写在索引卡上或者做一份电子记录，标明哪些内容可能值得一读。

5 节约书写、查找参考文献的时间

- 在笔记空白处写下书中的参考页码。
- 每一本读过的书、每一篇读过的文章等，都要写在索引卡片上（详见第132页）。
- 也可以在电脑上建立一份参考资料的文档，及时更新，有些参考资料会在多次作业中用到。有些文字处理软件有卡片索引功能。

6 设定字数限制，帮自己集中精力

- 一篇1500字的论文和一篇3000字的论文比起来，前者自然要查的内容少，读得少，笔记做得少，写得也少。如果不在论文准备和写作中多花些时间，以后要花的时间更多。所以尽量把笔记和文章的字数控制在某个范围内。
- 按照字数要求规划好自己的作业（详见第185页）。

7 节约思考的时间

- 随身携带一个小本子，一有想法就记下来。
- 试试"头脑风暴"，这样思维会更活跃（详见第124和173页）。

8 节约组织信息的时间

- 用数字和荧光笔把不同页上的信息归类，不用全部重写一次。
- 在开始做笔记的时候，用便笺纸把各个点标注出来，这样以后用到时可以打乱顺序（详见第124页和183页）。

9 节约写作时间

- 直接用电脑写作业。

10 避免与他人的工作重复

- 找个学习伙伴分担查找资料的任务，分享学习策略，一起讨论。

学习时间

把下表复印下来，每个学习阶段填一份，直到你对自己
的时间使用情况满意为止。

第一列（学习时填写）	第二列（学习之后填写）
日期： 地点： 开始时间： 学习条件：	条件、时间和地点是不是最适合我的？ 可以改善吗？
一共要学习多长时间？	实际学习了多长时间？
准备休息几次？ 休息的时间（大概）？ 休息的时长？	实际什么时候休息了？ 按照之前的计划休息了吗？如果没有，需要怎样做才重新开始学习？
干扰事项 干扰类型 时长 1 2 3 4 5 完成时间： 一共工作的时间：	如何防止这些干扰的发生？ 真正花在学习上的实际时间：
对自己学习习惯和时间管理的想法和评论	

时间都花在哪儿了

如果你不清楚时间都花在哪儿了，把每天做的事情全部写进日记里——大概以小时为单位，坚持几天。尽量准确，不需要粉饰，因为除了你自己，谁也看不到这份记录！

大概计算出每天花几个小时睡觉、运动、上课等。把"时间圈"（详见第76页）复印两份，这张图把一天分成了24个小时。

目前怎样利用时间

用不同的颜色或符号代表不同类型的活动，标出一天中大概的时间分配情况，每个部分大概是1小时。

哪些活动没有时间了，或者分配的时间不够？哪些活动占用的时间太多？

举例

- 睡觉：10小时。
- 吃饭：2小时。
- 社交活动：3小时。
- 个人/家里：3小时。
- 路上：1小时。
- 上课、研讨、个人辅导：2小时。
- 阅读：2小时。
- 写作：1小时。
- 思考：0小时。
- 运动/放松：0小时。

希望怎样利用时间

按照你希望的方式把一天划分成不同的时间段，使各项活动花费的时间保持平衡。这就是你努力的目标。

举例

- 睡觉：8小时。
- 吃饭和社交：3小时。
- 个人/家里：2小时。
- 路上：1小时。
- 上课、研讨、个人辅导：2小时。
- 阅读：3.5小时。
- 写作：2小时。
- 思考：1小时。
- 运动/放松：1.5小时。

时间圈

日期：

用荧光笔标出其中一个标题：

目前怎样利用时间　　　　或者　　　　希望怎样利用时间

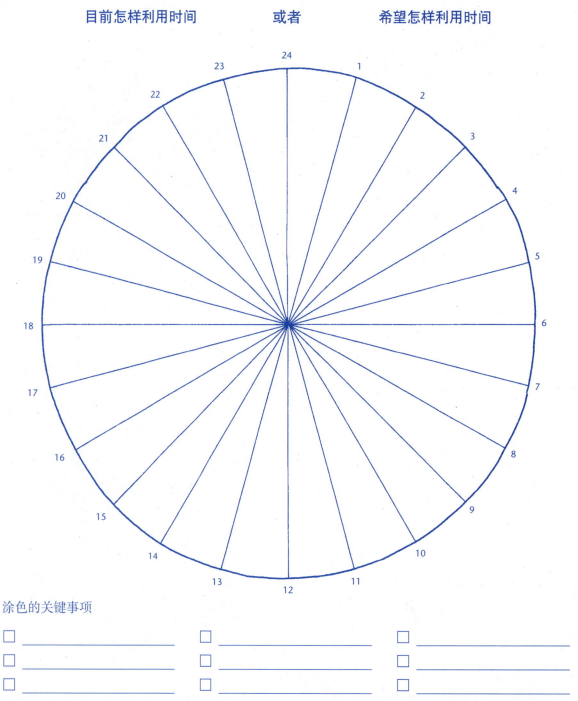

涂色的关键事项

☐ _____　　☐ _____　　☐ _____

☐ _____　　☐ _____　　☐ _____

☐ _____　　☐ _____　　☐ _____

时间管理

	分析： 我的时间安排得怎么样？	策略： 怎样改进？
1 时间利用效率高吗？ 时间是怎么浪费掉的？		
2 什么事情或者谁经常让我在学习时分心？		
3 我需要规划出以下阶段的时间吗： – 年？ – 学期？ – 星期？ – 天？ – 每次作业？		
4 我准备开始工作的时候会拖延时间吗？		
5 我尽可能利用空余时间了吗？		
6 有没有觉得时间流逝却不知道做了些什么？ （详见"积极学习"，第83–5页）		

优先顺序设定

如果觉得设定优先顺序有困难，试试用下面这张表。

- A列：按照要做的事情的重要性打分。（6=不重要，10=非常重要）
- B列：马上要做的事情，紧迫性有多高？（1=必须马上做，5=可以等等再做）
- C列：用A列得分减去B列得分，将差额填入C列。C列中得分最高的很可能就是最重要的任务。
- D列：用数字标出完成这些任务的顺序，同时写出着手的时间或日期。
- 用黄色标注出接下来准备做的事情，完成之后改用红色标注。

要做的事情	A 需要做 （6–10分）	B 现在着手 （1–5分）	C （A – B）	D 优先顺序／ 什么时间

从最后期限开始向后推算

	打算用多 长时间?	什么时 候开始?	实际用了 多长时间?
前期工作			
■ 前期头脑风暴、反思、和别人讨论。	_____	_____	_____
■ 考虑有哪些要求。	_____	_____	_____
调研			
■ 决定用什么研究方法。	_____	_____	_____
■ 思考需要哪些信息/数据。	_____	_____	_____
■ 整理信息（阅读、看视频、 汇集数据、做实验等）。	_____	_____	_____
■ 消化、反思汇总的信息。	_____	_____	_____
组织内容结构			
■ 分类、整理信息。	_____	_____	_____
■ 筛选出要包括的内容。	_____	_____	_____
打草稿			
■ 思考、改进每一稿内容。	_____	_____	_____
■ 写出前几稿。	_____	_____	_____
■ 可能一共几稿。	___ 预计		___ 实际
完成任务			
■ 写出参考资料。	_____	_____	_____
■ 写最终稿。	_____	_____	_____
■ 通篇检查。	_____	_____	_____
■ 最后交作业期限。	_____	_____	_____

下次作业也用这个方法规划一下

对于学生来说，把工作和学习结合起来有很多方法，也分很多种情况，比如：

- 边工作边学习的非全日制学生。
- 在家学习的学生，要处理家里的事情，还要照顾孩子。
- 要打工赚钱或者帮着照顾家里生意的全日制学生。
- 所读学位包括工作实习的学生。
- 所读学位主要以实践工作为主的学生，比如医学相关专业的学生和攻读基础学位的学生。

好处

以下工作和学习结合起来的潜在好处中，哪些符合你的情况？

- ☐ 获得更广泛的经验和技能。
- ☐ 对安排以后的工作更加自信。
- ☐ 更加成熟，更加自立。
- ☐ 职业化和商业意识。
- ☐ 理解怎样把学术理论和行业实践联系起来。
- ☐ 从工作中获得收入。
- ☐ 扩展人脉，接触工作环境。

- 工作和学习的结合还给你带来其他什么好处？
- 你准备怎样安排？

开始之前

要想把学习和工作结合起来，需要提前调查一下存在哪些潜在障碍，想好要用什么方法管理这些任务。比如：

- ☐ 检查一下你是不是可以参加你需要参加的那些活动。
- ☐ 检查有没有需要参加却没列在时间表里的活动，比如个人辅导、旅行等。

- ☐ 总结出几个星期的情况，看看自己的计划是否可行。
- ☐ 检查一下时间表，看看下个学期或下一学年可能发生怎样的变化。
- ☐ 查看自己的经济状况——根据你的收入和学习方式的不同，学习成本、贷款和资金援助会有很大差别。

寻找创造性的、有效的工作与学习相结合的方式

如果你在工作，而且老板很支持你，那么和他们谈一谈怎样把工作和学习管理好：

- 有没有什么方法可以把你的学习算做职业发展的一种，成为工作评估内容的一部分？
- 你能接手一些相关的工作项目，算做获得资历证书的条件之一吗？
- 你的老板愿意支持你吗？他会给你学习假、提供安静的空间、批准你用上班时间去学习或者在经济上支持你吗？
- 有些职业不太容易把工作和学习结合起来，但找一些合适的项目也许还是可行的。

（工作）学习进行中

有些职业可以很容易就把工作和学习结合起来……

有效管理工作项目

工作中，绝大多数与学习有关的部分都会用到本书的一些学习技能。

这些项目有一些具体的事宜需要你学着处理。下面列出了其中关键的几点。

需要获得老板的同意吗

开始一个以工作为基础的项目之前，确认一下是否需要征得老板的同意。如果是偏理论并需要个人经验的项目，一般不需要老板批准。但有些情况就需要首先征得上级同意，比如：

- 执行任务时占用工作时间或者用到上级的资源。
- 用到某些涉及工作场所的特定信息（比如保密信息或者敏感的商业信息）。
- 受任务性质的限制，如果不提前告知上级或同事，有可能失去他们对你的信任。
- 工作的成果可能会出版或长期保留，而其中包括老板或客户的名字。

老板同意批准你的项目之前，可能会提出一定的条件——把这些条件写下来，让双方共同达成明确的共识。

管好自己的事情

- 查看法律条文中的"信息保护"要求，想想如何满足这些要求。
- 取得使用工作场所特有数据和信息的许可。
- 如果要用到观察数据、照片、客户资料等，要请相关各方签署书面授权书。
- 及早安排采访和调查，保证需要的时候同事们有时间参加。
- 查看自己是否需要接受正式检查，然后提前安排好这些检查。

工作中的导师

如果工作中能得到支持和帮助的话，学生们会觉得很有用。理想状态下，这种工作中的导师应该：

- 了解学生承受的压力。
- 能帮助学生争取得到相关数据、相关工作任务、学习时间或其他资源。
- 可以为学生出谋划策，告诉他们在工作场所哪些活动是可行的。
- 就某些事情提供专业的视角和真实的观点、看法。

有效利用工作中的导师

- 维护好和自己导师的关系，对他们所付出的时间表示感谢。
- 明确你什么时候需要从导师那里获得什么，提前查清楚他们能不能提供你需要的帮助。
- 尽可能为导师提供便利条件，以便他们有效地帮助你。问清楚开会、调研和其他场合中，他们需要你提供什么，以及何时提供。
- 召开系列会议之前，提前安排好日期，规划好日程。
- 每次活动前做好充分准备，保证导师要求的内容你都已经完成。

有关项目技能的相关章节

- "与他人一起学习"，详见Chapter 5。
- "资料查找技能"，详见Chapter 6。
- "用电子技术管理小组项目"，详见第161页。
- "研究项目、毕业论文、报告和案例研究"，详见Chapter 11。
- "学习技能成绩"，详见第326–31页。

有效管理学习假

有些老板会批准给你学习假。如果你能好好管理这段时间，这会是一笔很宝贵的资源。

学生评价

> 每周放一天学习假对我来说非常重要。这样我就能去学校办理一些行政事务、见导师，而这些事情不去学校则很难办到。

> 对我来说，每周放一个下午的假挺好的。我一般去图书馆看些网上找不到的资料。

> 学习假对我来说意义不大。等我买完东西回到家的时候，一天基本就过去了，我又要开始给家人做晚饭。

> 我想利用这段时间干一些其他的工作，不怎么会花在学习上。

> 我想休这半天假，但总会有新的工作冒出来，所以这个假一直没有休成。

> 我更愿意每两个星期放一整天假，而不是每周放半天假。

- 这些学生的经验有没有给你一些提示，告诉你怎样更好地规划、利用学习假？

- 哪些情况下你不能很好地利用学习假？你打算怎样应对这些情况？

半天还是整天假

半天假更难有效管理——时间可能都浪费在路上了，扎扎实实学习的机会会少一些。半天假可能更适合以下这些人：

- 喜欢学习一小会儿就休息一下。
- 喜欢"少量多次"学习。
- 路上花的时间很少。
- 能管理好学习时间。

把时间利用好

如果你喜欢每次的学习时间长一些，看看能不能把几周的学习假合并到一起，这样每次假期更长，不过休假次数要少一些。

有效利用学习假

- 提前规划，尽量把能利用的时间都充分利用起来。比如找出那些能在本周学习假期内完成的任务，这样到假期结束的时候会有一种成就感。

- 找找工作的地方有没有一个安静的房间用来学习，这样可以节约路上的时间。

- 如果你已经争取到工作中的学习假，看看能不能在工作场所获取网上合适的学习资源。如果不能，在学校里学习效率是不是会更高？

- 规划如何利用半天学习假的时候，最好把它放在一周工作的大背景下考虑。合理规划，在特定的时间做特定的事情可能更有帮助。举个例子，如果综合起来考虑，做别的事情能减少路上花去的时间，你也可以利用学习假做其他的事情。

- 如果你觉得用学习假做学习以外的事情更好一些，那一定要保证在其他时间预留出一段等量的时间用来学习。

积极学习

为什么培养积极学习的习惯很重要？

1 请看第84页的图示。

2 请看下面表格中总结出的消极学习和积极学习
   各自有哪些特征。

你觉得自己的学习习惯是消极的还
是积极的？

   通过这些内容，你应该能体会到为什么使用
积极的学习方法，成功的概率会更大。

消极学习的特征	积极学习的特征
1 等待别人的指示， 等着别人把信息告诉自己。	1 寻找方法，希望能更深入地学习。
2 信息只是传达给你——你只是按照别人说的、 写的、告诉你的方法去做。	2 参与到整个学习过程中（明白为什么筛 选出了某一部分特定信息）。
3 认为不同的信息相互独立，没有关联。	3 寻找不同事物之间的联系。
4 一再重复信息，但不去理解。	4 努力去理解所学内容， 努力发现它的意义所在， 这样对内容的理解通常更深刻。
5 不思考学过的内容。	5 积极反思、评估自己。
6 可能很容易厌烦、疲劳。	6 注意力集中的时间更长， 因为思想更集中。
7 对信息只进行表面处理（详见第62页）， 所以不理解或记不住的可能性更大。	7 长期记忆得到发展。 如果你理解了学到的内容， 并且把新学的知识和已有的知识联 系起来，那么记住的可能性就更大。
8 实际应用所学知识的可能性不大。	8 在不同信息之间建立联系，更明白怎样 把知识应用到不同的场合。
9 学到的内容看起来没有用。	9 学习有自己的风格， 而且觉得学习很有趣。
10 希望别人不断催促自己， 或者提醒自己接下来的步骤、 阶段和最后期限， 所以自己经常不确定接下来要做什么。	10 自己的学习自己做主， 像管理项目那样管理学习， 所以很自信，知道要做什么、 什么时候做和为什么这么做。

行动起来

看看下面的图示和第85页的观点。如果想到怎样让自己变得更积极，把你的想法记下来。

不积极的学习策略（A）

积极的学习策略（B）

积极的学习策略

在下面你希望尝试的积极学习策略前打勾。选出其中两项，在这个星期之内尝试一下。再选出两项，下半个月试试。

- ☐ 把一段话用8-12个字总结出来，这样你就会去思考读过的内容。

- ☐ 画一些蜘蛛网图——或者做其他格式的笔记（详见第124页）。

- ☐ 为学过的内容找3-5个实际生活中的例子。这样有助于应用学到的内容。

- ☐ 找出其中最好的一个例子，想想这个为什么最好。这样有助于找到优先顺序和进行自我评估。

- ☐ 就课程的某一个方面提出50个小问题（什么、为什么、谁、哪里、什么时候、怎么发生的……），这样有助于你进一步探索这门课程。

- ☐ 回答自己提出的小问题，这样有助于你更有条理、更集中地研究这部分内容。

- ☐ 画一些图表或卡通画来解释某个理论或概念。

- ☐ 写出行动计划——今天、这周或这个学期要做的事情。

- ☐ 想象自己正在讲课，把学过的东西"讲"给另外一个人或虚拟的人听。

- ☐ 坚持记学习反思日记。

- ☐ 总结出一节课中重要的三点，看看其中哪点最重要，这样有助于评估、筛选出最重要的部分。

- ☐ 和同学一起建立一条维基百科条目。

- ☐ 画一个挂图或者制订大的计划，把学习中某一个方面所有学过的内容连起来。

- ☐ 在这张挂图上，用另一种颜色把另一个方面的内容连起来。

- ☐ 正在学习的科目，哪本参考书最好？

- ☐ 正在读的书中，哪个部分最有趣或最有用？

- ☐ 假设读到的所有内容你都觉得不对——怎样支持自己的观点？你会使用什么例子和证据？

- ☐ 怎样把学到的内容和实际工作或日常生活联系起来？

- ☐ 想出一些论文或报告的题目，给自己5分钟时间，给每个题目写一份大纲。

- ☐ 把学习中某个方面的关键点全部列出来。

- ☐ 给每个方面画一个简单的图或标志提醒自己。

- ☐ 和其他人讨论一下你的想法或遇到的困难。

- ☐ 在课程的网络聊天室里积极发言，或者创建一个这样的聊天室。

- ☐ 在索引卡片或者便笺纸上把关键点都写下来。排列组合一下，看看组织同样的信息有多少种不同的方法。

动机的强弱会影响成功概率的大小，尤其在进展缓慢或者遇到困难的时候。一个人总有觉得无聊、丧气或焦虑的时候。你可能觉得自己没必要为一项工作感到焦虑，或者觉得学习是在挣扎，甚至可能想彻底放弃。你需要明确的动机，让自己在艰难的时候坚持下去。

强化学习动机

思考一下自己学习这门课程的原因。用第87页的问卷帮助自己理清思路。把问卷复印一份，过段时间再做一次，比较两次有什么不同。哪两个因素对你来说最重要？

想想为什么这几点对你很重要，把你的想法写下来。

如果学习对你来说成了一种挣扎，那就看看自己填写的问卷，强化一下你的学习动机。

山峰在召唤我！

胜利！

给自己不断设定新的目标和挑战

设定目标

把任务分解成许多小目标（详见第72页），这样更容易管理。给自己设定一些小的近期目标，让自己能取得很多次小成功。假以时日，这些小成功就会叠加生成更大的成绩。

庆祝成功

设置一些容易实现的目标和期限，增加成功的机会。每实现一个短期目标（比如连续阅读两小时），就给自己一些奖励（比如休息半小时）。

完成整项任务之后，给自己更大的奖励，激励自己下次更加努力。

记录成功

在自己的反思日记里记下取得的成绩和成功——能认识到自己哪方面做得好很重要，这样下次可以保持下去！

过几个月，回头看看自己之前的工作，不管取得了什么成绩，都奖励一下自己。

瞄准更高的山峰

实现了一系列目标之后，鞭策自己，让自己更加努力，下次设定的目标要更有难度一些。

寻找支持

找一个鼓励你、让你对自己有信心的人，和这个人谈一谈你的目标和抱负。

态度

态度非常重要。试着把困难看做挑战，如果一些必须学的内容看起来很难，那就找一些方法，让它成为你尝试新事物的机会。

作为一个学生哪方面给你呈现"威胁"或"困难"？

怎样将这些现象视为挑战与机遇呢？

我希望在大学期间实现什么目标

通过大学期间的学习，你希望有哪些成绩？根据每项成绩
对你的重要程度，把相应的数字圈出来。

结果	不重要								很重要
个人成长									
证明自己	1	2	3	4	5	6	7	8	9
更加自信	1	2	3	4	5	6	7	8	9
开阔视野	1	2	3	4	5	6	7	8	9
换一种生活	1	2	3	4	5	6	7	8	9
体验大学生活	1	2	3	4	5	6	7	8	9
课程相关									
取得高等教育的资质证书	1	2	3	4	5	6	7	8	9
对感兴趣的话题了解更多	1	2	3	4	5	6	7	8	9
获得学习的机会	1	2	3	4	5	6	7	8	9
取得好成绩	1	2	3	4	5	6	7	8	9
只求毕业	1	2	3	4	5	6	7	8	9
工作相关									
有更好的工作机会	1	2	3	4	5	6	7	8	9
把现在的工作做得更好	1	2	3	4	5	6	7	8	9
有更多升职/加薪的机会	1	2	3	4	5	6	7	8	9
其他结果									
向家人/朋友证明我能做到	1	2	3	4	5	6	7	8	9
弥补小时候没有受过很多教育的遗憾	1	2	3	4	5	6	7	8	9
交一些志同道合的新朋友	1	2	3	4	5	6	7	8	9

选出两项对你很重要的结果，把你想实现的目标
写得更详细一些。

时不时回头看看这张表，看看自己学习的目标和动机有
没有改变。利用第88–90页的内容进一步探索一下自己想实
现的目标。

学习的原因和想取得的成果可以引导你选择不同的学习方法，下面是一些例子。

结果A：学习一门课程。

如果学习一门课程的知识对你最重要，那么阅读与该课程相关的图书、做一些你感兴趣的事就比按照课程表的安排上课更重要。

结果B：取得好成绩。

如果你的首要任务是取得好成绩，那么对你来说最重要的就是"按规矩办事"，了解清楚自己必须做些什么。

结果C：只要毕业就好。

如果你的时间不充裕，或者受过的教育有限，可能只学那些最基本的内容就可以了。对你来说，最重要的是知道怎样寻找、利用信息，帮助自己毕业——知识的不足可以等毕业以后再慢慢弥补。

说出你想实现的目标

用肯定的语句说出你想实现的目标最有激励意义，比如：

我能拿到2.1的分数！

同时，最好用积极的语气说出来：

我能找到好工作。

如果用消极语气说出来就无法让你更有学习的动力，比如"拿到学位会帮我逃离现在的工作"。

> **消极思考的影响**
>
> 抱着消极的目标做事，就像拿着一张列着你不需要的东西的清单去购物。
>
> ——O'Connor & McDermott（1996）

仔细分析想实现的目标

以下问题是基于神经语言程序学（neuro-linguistic programming，NLP）提出的，针对每一个想实现的目标，问自己以下的问题，想一想第90页的规划表。

这些目标"合理"吗？

- 想实现的目标清晰、具体吗？
- 它们会约束你吗？
- 对你有帮助吗？
- 现实吗？
- 能给你带来强劲的动力吗？
- 值得你付出吗？
- 这些真是你希望实现的吗？
- 你怎么知道目标已经实现了？实现后会有什么不同？

这些目标对你有什么影响？

- 需要把其他事情都放一放吗？
- 需要改变你对学习内容的选择吗？
- 还有谁会受到影响？
- 有没有其他影响？

有哪些潜在的收获？

- 会觉得对自己的生活有更大的影响吗？
- 会更尊敬自己吗？
- 有没有其他潜在的收获？

有哪些潜在的损失？

- 走亲访友的机会更少了吗？
- 需要做哪些牺牲？
- 有没有其他潜在的损失？

想象未来的自己已经实现了这些目标？

- 这些成绩会让你的地位和状态发生什么变化？
- 有没有好的结果或者坏的后果？

- 你自己发生了什么变化?
- 有自己想象得那么开心吗?

要实现这些目标需要做什么?

思考一下具体需要做什么、什么时候做。比如要完成一次作业,看看规划表中的时间安排,监督自己,问问自己:

- 我在哪儿?
- 我正在做什么?
- 我有哪些可以喝或者吃的东西?

可能会遇到什么阻碍?

提前想想你会遇到哪些问题。

- 可能会因为哪些原因把工作停下来?
- 给自己安排的任务是不是太多了?
- 有没有人会遭受损失?
- 有没有人会阻止你?
- 还可能有其他什么障碍?
- 怎样克服这些障碍?
- 如同想象自己实现了目标一样,想象自己已经克服了这些障碍。

调整自己的目标?

不断调整自己想实现的目标,直到你的目标感觉上、听起来、看起来都很适合你。

- 利用第90页的图表帮助自己理清思路,集中精力思考每一个想实现的目标。
- 你需要修改最初的结果或者重新措词吗,以便让这些目标更实际、有更强的激励作用?

在头脑中制订清晰的计划

提前在头脑中制订一个尽量全面的活动计划。你的大脑会指引你实现这个目标。

给自己捣乱

有时候我们很难相信自己可以实现预期的学习目标,很多人会使用日常生活中常见的既定模式来破坏自己已经制订好的计划。

现在我们还不清楚为什么会出现这种情况。有时候只是因为我们过去一直在为某件事挣扎,所以很难接受现在这件事有成功的可能了。如果确实成功了,我们可能开始觉得过去应该更努力些。但如果又失败了,就会"证明"我们"一直是对的",因为我们一直相信自己不会成功。还可能是因为我们可能非常害怕失败,所以希望某件事快点发生,赶快度过这段时间:等着看自己能不能成功是很难的事。

学生们给自己学习捣乱的方法多种多样,比如:

- 不去上课。
- 把作业拖到最后一分钟,到期完不成。
- 害怕考试不及格,不参加考试。
- 用除了学习以外的各种事情打发时间。
- 不去图书馆。
- 所有的时间都在酒吧里度过。

还有很多例子!

- 你最有可能出现哪种给自己捣乱的情况?
- 什么事情最有可能促使你破坏自己的学习计划?
- 怎样意识到你已经开始给自己捣乱了?
- 有没有你信任的人能向你指出这一点?
- 你会怎样做去扭转这种局面?

实现期望的结果

希望实现哪些结果 （用积极的语气和现在时态说出来）	
潜在的收获	
潜在的损失	
怎么判断自己已经实现了目标	
目标（子目标）	
可能的障碍	
克服障碍的步骤	
如何庆祝成功	

CREAM学习法

CREAM学习法	怎样把CREAM学习法应用到学习中
多给自己一些想象的空间。	
寻找增加学习乐趣的方法。	
形成个人的学习风格。	
灵活应用多种学习策略。	
反思自己的学习， 评价自己的进步。	
合理管理时间和地点， 调整思想状态以适合学习。	
认识到自己在哪些方面过 于中规中矩而浪费了精力。	
把一门课程的学习和其他 课程的学习联系起来， 同时和实际生活联系起来。	
增强学习动力。	
设定清晰的目标和子目标。	

这一章鼓励大家思考一些让学习更有趣、更有效的方法，同时培养积极学习的态度。成功的学习者可能有以下特点：

- 有个人风格，体现在特定的策略、自己的学习偏好、想要实现的成果和学习动机。
- 每个人的表现各不相同。
- 有创造性，有趣味性，让人愉悦。
- 积极主动，有活力。

通过以下几个方面的改变，你也会了解到很多提高学习效率的方法：

- 你的学习态度。
- 你对空间的规划。
- 时间意识：规划、监督自己时间的分配情况。

这一章涉及的态度和方法，以及由此形成的个人风格，是学习状态进入更高阶段的重要特点，而且会越来越重要。我们在Chapter 7中将会看到，新的技术也会鼓励你采用有个人风格的学习方法。这一点也适用于工作中——创造力、专业的思考、独立、自立、自我激励和高效率在任何时候都会受到人们的重视，也能带来客观的回报。

CREAM学习法是一条基本原则，或者说是种"超级策略"，鼓励你思考自己的态度和学习动机，也鼓励你把它应用到学习或者生活的各个方面，还鼓励你探索怎样更轻松、更有效地学习。

CREAM学习法是一种开放的策略，你可以根据自己的情况进行调整。取得多大的成功取决于你的创造力大小、认识和反思自己能力的强弱、个人效率的高低、学习动力的强弱，以及你有没有准备好积极参与到学习过程中去。

Chapter 5

与他人一起学习

通过本章的学习，你可以：

- 认识到与他人一起学习的好处。
- 培养交流技巧。
- 培养自信，能参与小组讨论和研讨。
- 理解一个成功团队的要素。
- 制订策略，能够自信地进行口头陈述。
- 学会评价自己在小组讨论、研讨和陈述时的表现。
- 认识到偏见会扰乱学习，并了解处理偏见的方法。

大学学习一般都很关注个人的成绩。当然，这样做的目的在一定程度上是为了确保每个人都能付出努力并因此取得学位。然而近年来，人们越来越关注培养学生与他人一起共事的能力，这被称做"人际交往能力"或"人际技能"。

这种变化背后有很多原因，包括：

- 人们的学习方法不同——有些人通过小组学习和小组讨论学习效果更好。
- 学生们经常需要更多的支持——互助小组是提供支持的一个途径。
- 良好的人际交往能力是参加工作的必备技能之一。

- 不论是面对面的学习还是在线学习，都更加重视把独立学习和小组学习、团队学习结合起来。

出于这些原因，大学的课程安排和就业单位的培训都越来越重视提高学生的人际交往能力。

Chapter 7将着重探讨在线交流和电子工具，而本章主要关注小组学习中人与人之间面对面的互动。其中涉及的大部分基本原则，比如努力发挥建设性作用、支持他人、没有偏见，同样适用于其他所有的人际交往活动。

和他人一起学习的好处

大多数课程都会安排某种类型的小组活动，因为几乎每一门课程都很重视课堂以外的学习。

场景

可能需要与其他人一起学习的场景包括：

- 研讨会。
- 小组讨论。
- 小组项目。
- 互助小组。
- 导师项目。
- 实验室小组。
- 工作实习。
- 艺术"批评"小组。

小组活动的形式有所不同，但存在一些共通的基本原则和技能，我们将会在这一章中进一步探讨。

回忆一次你参加过的特别成功的小组活动。

这次小组活动为什么成功？它与你参加过的其他小组活动有什么不同？

合作

在工作中与别人合作会创造这样一些机会：

- 集思广益，这样每个人都会有更多的想法。
- 了解更多看待事物的角度和对事物的看法，这些是你一个人想不到的。
- 获取和了解更广泛的经验、背景知识和工作风格。
- 引起对方的思考。
- 通过谈话和回答问题理清自己的思路。
- 在其他人的帮助下保持注意力、不走神，让自己和小组一起就主要观点理出思路。
- 学着应对挑战和批评。
- 认识到一个问题有多个角度和答案，并不局限于自己想到的答案。

人际交往技能

本章会介绍一些学习中用得到的基本人际交往技能，这些都是其他场合（比如工作）人际交往技能的基础。

自我评估：与别人一起学习					
针对与别人一起学习的以下几个方面给自己打分：					
方面	1 非常弱	2 弱	3 一般	4 好	5 非常好
重视别人的努力。					
注意听别人说什么。					
在小组中提出有效的建议。					
知道怎样成功地规划小组工作。					
知道如何成为一名有用的小组成员。					
在小组中知道怎样应对困难。					
会处理小组中的不公平事件。					
在研讨中做出贡献。					
了解怎样在不作弊的前提下共享学习成果。					
进行有效的口头陈述。					

与他人一起学习的方法

支持

找个人聊聊自己遇到的困难和问题——其他人可能也有同样的感受。你们应该相互帮助，寻找解决方案。

鼓励

让其他人知道他们什么地方做得好，征求他们的意见。如果你很欣赏他们的成果，就要明确告诉他们！

协作

小组成员要相互建议，告诉别人要完成某项作业最好读些什么书，说说你的读后感。分享一下应对工作、照顾孩子、理财、做项目等方面的策略。

小组成员可以把不同的学习任务分配到个人：比如每个人负责去不同的图书馆或机构查找信息，或者可以相互做对方项目问卷的调查对象。

合作

一起看看大家的课堂笔记，各自记下的观点和重点是不是有所不同；把打过分的论文复印下来，阅读对方的论文，发现什么区别了吗？

提出建设性的批评意见

如果你不同意另一个人的观点，并且有问题需要解决，那么把你的建议用积极的方式说出来。要向别人提出改进的方法，而不是批评别人哪儿错了，或者以前做错过什么。

- 只有在别人主动要求的情况下才提批评意见。
- 指出做得好的方面和需要进一步改进的方面。
- 就某种行为或成果进行评价时，不要针对某个或某些人。
- 现实一些，只提那些能够实现的建议。

警惕这些危险

警惕抄袭

所有你提交的书面作业必须用自己的话来写。注意不要抄袭别人的作业，也不要让别人抄袭你的。

公平分工

如果要和其他人分摊工作，一定要公平。考虑当时的情况下怎样做才公平，想一想如果有人无法完成工作，你该怎么办？

鼓励别人，也要照顾自己

鼓励那些消极、缺乏动力的人，但要避免受到他们消极情绪的影响。

- 有选择性，选择真正起作用的一点或两点。
- 要准确，给出清晰的证据。
- 要有同理心，说话的语气、态度和方法要能让对方容易接受。

接受批评

- 注意听。
- 花点时间想想别人说过的话是不是有道理。
- 感谢别人提出有建设性的意见。
- 提问题，问清楚任何不明白的内容。

未雨绸缪，预想困难

如果你要和其他人一起学习一段时间，想一想自己希望从这段经历中获得什么，可能存在哪些困难。可以根据以下3个方面写下自己的想法：

- 好处。
- 潜在的困难。
- 应对这些困难的方法。

一起看看共同学习有哪些好处，这能鼓励你们继续学习下去。想想每项学习可能存在的困难，集思广益，寻找解决的办法。发挥创造力，积极寻找应对策略。如果真的遇到困难，找人聊一聊，比如其他朋友、导师或者学生顾问。

有效沟通是个双向的过程，既需要良好的倾听技巧，又需要积极参与讨论。

说话时你是只顾自己说话而不顾别人反应，还是希望自己说话时别人参与进来，还是和别人有互动交流呢？

- 有些人说话只顾自己，不给别人反应的空间。
- 有些人说话时渴望听众参与到谈话中去。
- 有些人聊天时会认真考虑听众的反应。

你善于倾听吗

- 在小组活动中听别人讲话的时候，请一个人观察你。
- 请观察你的人评价一下你对不同小组成员的非语言反应。
- 你对这种反馈感到吃惊吗？
- 你给别人留下的印象和你想象的一样吗？
- 如果不一样，你想改变哪些方面呢？

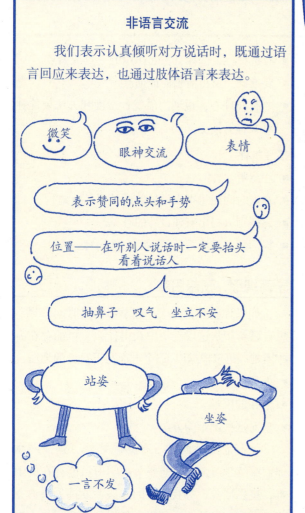

非语言交流

我们表示认真倾听对方说话时，既通过语言回应来表达，也通过肢体语言来表达。

微笑

眼神交流

表情

表示赞同的点头和手势

位置——在听别人说话时一定要抬头看着说话人

抽鼻子　叹气　坐立不安

站姿

坐姿

一言不发

在日记里反思一下自己是不是善于倾听别人讲话：

- 别人说的话你听进去了吗？
- 留给别人发言的空间了吗？
- 开口之前让别人把话说完了吗？
- 使用鼓励性的非言语信号了吗？
- 觉得无聊或者不喜欢发言人就心不在焉了吗？

你能让别人在说话时更自在吗？

你对哪种肢体语言最敏感？觉得哪种最鼓舞别人？哪种让人泄气？

更好地倾听

试着跟上发言人的节奏，有些技巧可能会帮到你：

- 考虑发言人的感受。
- 找一些方式鼓励发言人。
- 关注讲话内容——想想这些内容在哪些方面对你有用。
- 注意听关键词，把它们记下来。
- 想想在发言人结束发言之后可以提什么问题，把正在发言的内容和你已知的内容联系起来。
- 找一条积极的评价。

表达自己的观点

在小组中发言

如果一想到要在小组里发言你就觉得焦虑，以下内容可能对你有帮助：

在小组活动之前

- 下定决心要在小组活动中至少发一次言——哪怕只是听到自己大声说一声"是"，你要从点滴做起。
- 如果可能的话，试着认识小组其他成员，这样你会觉得更自在。

在小组活动中

- 坐在让你觉得安心的人旁边。
- 把自己想说的内容写下来——必要的话，把它读出来。
- 想一个例子、证据或者图案支持自己的观点。
- 如果觉得紧张就深呼吸。
- 发言时放慢速度——试着用比平时慢一些的速度说话。
- 与至少一位听众进行眼神交流。
- 发言要简短。表明自己的观点之后就停止，避免说过的内容又说一遍。
- 发言要清晰。如果有些内容不清楚，要想"我要说得更清楚"，或者看看别人听没听懂。
- 声音洪亮，让每个人都能听见。如果人们听不清你说的话，对你所说的内容就不太容易感同身受，你可能就得重新说一次。
- 表现得自信一些，即使在你不自信的时候。
- 不用道歉——微笑就好！

在小组活动之后

- 不管取得什么进步，都恭喜自己。

- 不要把犯错误或者说话结巴看得太重——这不是世界末日。
- 确定下一次要做的事情。

通过声音判断

很多人很在意自己说话的方式或者口音，如果你因为自己的声音感到不安，记住：

- 你的声音是你的一个重要部分——每个人都有口音，没有哪种口音优于另外一种口音。
- 你的声音或者口音没有你的观点和意见重要。
- 其他人可能同样很在意自己的说话方式。
- 把注意力集中在传达信息、说清观点上，不要对发音耿耿于怀。
- 有很多成功人士操着各种口音。

破坏小组活动

人们很容易就会把小组活动破坏掉。通常这都是无意识的行为，因为人们很担心或觉得焦虑，害怕被别人评价。

窃窃私语

Z-Z-Z-Z

对不起，我迟到了。

没错，在那儿买东西很便宜。

你有哪些行为，在无意识中破坏了小组活动——比如迟到、没有充分准备、窃窃私语或者聊天？可以怎样改进？

虽然在小组中工作有很多益处，但做一名小组成员却不是件容易的事。处理小组面对的挑战能培养你一系列的技能。

以下原则对于研讨和小组工作会有帮助。

营造相互支持的小组氛围

记住人都是有感情的

要知道人都会担心被人批评或被认为不够资格，你给别人的评价要有建设性，态度要和蔼，评价不能太刻薄。

直接应对焦虑情绪

在第一次活动中尽量了解每个人作为小组一员的感受，加入小组之前他们有什么顾虑？其他人也有同样的想法吗？知道你不是唯一一个有顾虑的人对你很有帮助。

讨论一下你们的小组怎样把焦虑转化为机会。

制定基本规则

如果你要建立自己的互助小组或项目小组，那么这一点尤为重要。基本规则应该解决以上提到的各种焦虑情绪。这些规则包括：

- 大家见面的时间。
- 如果有人占据了所有说话机会或者没有做好分内的事，该怎么办？
- 什么样的行为或者评论是要坚决杜绝的？

调查小组的优势

集思广益，想想每一个小组成员都有哪些技能和经验。谁愿意负责艺术工作，谁愿意组织会议，谁愿意写作？清楚说明你愿意做的事情。如果几个人想做同一件事，可以轮流负责，或者分工合作。

创造有效的小组环境

设定清晰的日程和期限

明确指出成立这个小组以及每次小组会议的目的。

- 制订小组会议的日程安排，规定好每件事项要花多长时间。
- 明确哪些会议是为了工作、哪些是为了社交——并严格执行。
- 提前安排好会议的时间和场地，这样每个人都可以参加。

检查进展

如果小组工作看起来进展不顺利，那么直接解决这个问题。每个成员应该轮流说出自己觉得可以怎样改进，包括评价每个人的分工可以怎样变化。

- 这个小组需要通过社交活动或者开会之前相互交流来促进感情吗？
- 任务分配公平吗？
- 是不是有人在支配着整个小组？

- 你照顾到其他人的感受和想法了吗？

尽量避免负面的批评，还要避免责备别人。

任务分配

- 明确谁要做什么。
- 确保任务分配很公平。
- 设定明确的完成日期。

小组中的各个角色

每次活动中，都要安排好谁扮演什么角色。

- 主席：虽然每个人都有责任，但主席要带领小组制订日程安排，并严格按安排办事；确保每个人都有发言的机会，确保大家都在听发言人的发言；总结主要观点，让小组集中精力完成任务。
- 计时员：计时员要确保小组活动按既定日程和时间安排进行，有时候还要对大家的发言计时。
- 记录员：记录员记录下谁要在什么时候做什么，还要记下会议上大家讨论做出的其他决定。
- 任务管理员：任务管理员负责检查会议以后大家有没有在做安排好的事情。

做有贡献的小组成员

分担责任

小组责任要大家共同承担。如果出现问题，即使看起来是某一个人的过错，所有成员都要共同承担解决问题的责任，让小组工作顺利进行下去。

尽可能利用小组讨论：

之前
- 确保自己已经完成了分配好的任务。
- 阅读并思考有关讨论话题的内容。
- 你希望别人为你解答哪些问题？

期间
- 确保成员间能彼此看到、听到。
- 抱着开放的心态，听取新内容。
- 记下有用的信息。
- 记下要问的问题。
- 有什么不理解的就提问。

- 把听到的内容和已知的内容联系起来。
- 做些贡献——比如提出一些感兴趣的观点。

之后
- 浏览一遍笔记，做个总结，加入细节和其他新的想法。
- 检查一下自己是否知道具体什么时候要参加小组安排的活动。时间都记在日记里了吗？

协助小组获得成功

鼓励别人

鼓励别人，比如可以说："我觉得……很有意思。"

让每个人都参与进来

对着所有成员说话，而不仅仅是某几位。确保每个人都有发言机会。

使用身体语言

听别人说话时，通过微笑、点头等表示自己在认真听。想发言时也要给出明确信号。

听其他学生说话

你的同学和老师一样，应该受到你的关注和尊敬，就像你应该受到他们的关注一样。

赞同要表达出来

告诉别人你同意："我也是……""是的，确实是这样……"

如果你不同意

不要直接否定他人的观点，而要向他们提问："为什么你会这么想？""有没有想过……"

协助活动进行下去
- 讨论中积极发言，但不要占主导。
- 提问，但不要太多。
- 承担责任：别把所有事情都留给一个人。
- 控制小组讨论不要跑题。

承认错误

承认自己的错误并道歉："对不起，是我的错""哦，我知道了！我误解了……"

提建议

分享你的想法："为什么不……"

深化别人的观点

"你说的这点很重要，有几个原因……"

提共享信息

分享你的知识："关于这点，有些有用的信息……"

总结

"好了，第一，……第二，……目前我们都同意这两点，是吧？"

应对小组中的困难时刻

情绪激动

表现出强烈情绪的时候，人们通常会很不安——但这些情绪一般都是个人感受的真实表达。

由于强烈的意见而产生的情绪

强硬攻击别人的观点会让人很沮丧，因为人们一般会把自己这个人和自己的观点联系起来。如果你否定一个人的观点，这个人可能觉得你在否定他。小组可能需要这样一条基本原则：可以对别人的观点提出异议，但不能针对有这种观点的人。

由于小组问题而产生的情绪

如果小组成员因为小组工作进行得不顺利而产生情绪，那么就要想办法改善小组工作。

举个例子，可能有人觉得自己的观点没有被其他成员重视。怎样做能让这些人觉得他们的意见大家都听到了？这样做现实吗？能找到折衷的办法吗？

由于小组外部原因产生的情绪

人们会把日常生活中的各种事件和情绪带到小组活动中来。这样可能会干扰小组的正常工作，因为大家不清楚这些突如其来的强烈情绪是从哪儿来的。

这样做可能有帮助：每次活动开始时，花一两分钟说说小组成员最近生活得怎么样。可能也需要确定一些基本原则来限制小组成员的激动情绪，比如"如果一个人咄咄逼人，剩下的小组成员就要制止他"。

哭泣

不管因为什么原因，一个人沮丧的时候，给他几分钟时间，或者给他一些空间表达自己的情绪。别担心他们会流眼泪——哭泣能够释放压力。沮丧的人可能需要独处，也可能需要静静地和另一个人待几分钟。遇到这种情况，你要表现得友好一些，问问这个人需要什么样的帮助。

安静

安静的时候，时间似乎过得特别慢，这是因为我们很少处于安静的时候。

但安静的时候大家的效率可能很高。用心品味、珍惜安静的时段，尤其在小组需要讨论一些重要事情的时候。不要觉得安静的时候，就必须提问题或讲笑话来打破沉默。

如果安静代表陷入僵局、毫无出路，你就需要尝试用不同的方法来解决。

- 想想用几种不同的方法把这项任务分解成若干个小任务。
- 有没有一种方法能扭转这个问题？
- 集思广益——也许某一个人的想法就会有用？

小组互动中的不平衡

小组讨论很容易失衡，如果：

- 一两个人占主导地位。
- 其中两个人不停交流，其他人没有插嘴的机会。
- 话少的人没有融入讨论。

主席或者小组成员能直接解决这些不均衡问题，通过：

- 感谢主导的几位成员所做的贡献，提醒他们其他人可能也想发言。
- 问问还没有发言的人有没有想发言的。
- 指出当前的不平衡现象，让小组共同来讨论、解决这个问题。

有些内容——比如在活动开始时向小组成员介绍自己在那一天或那一周的最新进展——是很重要，但可能会拖得很久。在这些情况下，设置好时间限制。

小组问题也可能来自一些更严重的问题，包括歧视、偏见和不公平。接下来我们会进一步讨论这些问题。

偏见、不公平和歧视

偏见和不公平会带来压力，有损身体健康，使人不能充分发挥自己的实力。偏见和不公平还会让人紧张、愤怒，进而影响到整个小组或整门课程中所有人的学习效果。

不公平和歧视，不管是哪一种，可以说对所有人都是一种困扰。

受到不公平对待的经历

大多数人都遭遇过不公平，形式各不相同，可能别人对你说了脏话，可能是在活动中排斥你，也或者是欺负你。有些事情会让你受伤，但你很快就忘记了。但有些事情却深深伤害别人，在心中留下持久的阴影。

其他人的歧视或者偏见，可能会让一个学生在学习中很难发挥真正的实力。你所在的大学，很多学生可能都有过这样的经历。他们面对的困境或许就是由其他人的态度导致的，比如种族歧视、性别歧视、对残疾人歧视、对同性恋的歧视、对单亲家庭的歧视或者别的什么。

气氛会变得很紧张

练习：挑战1

回想一下，有没有因为别人的态度而受到过不公平对待，比如因为一件自己没做过的事被批评，或者别人无缘无故地让你陷入尴尬？

当时你有什么感觉，采取了什么态度？

那件事对你有长久的影响吗，比如有没有伤害你的自信心？

避免无意之中歧视别人

有些歧视是故意伤害别人，但也有很多歧视是无意识的，是因为人们欠考虑或者不明智。当意识到自己已经无意中给别人造成伤害时，大多数人都会感到不安。

练习：挑战2

这个练习的目的，是帮你避免说一些自己会后悔的话，或做一些这样的事。

■ 想出一个自己正在参加或参加过的小组，或者学期之初参加的小组。

■ 小组成员之间会有各种歧视，不过可能谁都没有意识到这一点。

■ 你可以给自己提一些什么问题，来监督是不是所有人都参与了小组活动？有没有因为偏见而排斥了什么人？

做完这个练习之后，和第102页的内容比较一下。

应对歧视

承担责任

迟早你会注意到,不管是针对你还是针对别人,歧视确实存在。

- 看看谁负责给大家提供平等的机会,或者谁可以给你意见,比如学生咨询部门。
- 问问那些觉得受到别人歧视的人有什么感想。他们更愿意采取什么样的行动?他们希望达到什么样的结果?
- 想清楚自己不能容忍哪些行为。
- 寻求别人的帮助——其他和你有同感的学生、相关的互助小组或者协会。

如果你亲眼目睹或者亲身参与到一次严重歧视事件之中,把它详细记录下来。包括:

- 事件的时间、日期和地点。
- 目睹事件发生的人和其他在场人员的姓名和详细联系方式。
- 人们具体说了些什么、做了些什么。

要有参与进去的意愿。

- 以证人的身份站出来。
- 让受到歧视的人知道你在支持他们。
- 说出来——让其他人知道你已经意识到了歧视的存在,而且你不支持这些做法。
- 如果在单独辅导或者研讨会的时候出现类似的问题,马上要求解决。
- 通过学生会或者学校申诉程序正式投诉。

监督

由第101页的"挑战2"想到的:

- 是不是每个人都有表现的机会,还是只有少数人(或少数群体)占主导?
- 话题的讨论方式考虑到所有人的经验和背景了吗?有没有假定所有人都是异性恋?或者都是欧洲人?或者都是健全人?
- 如果有人说话有口音,或者讲方言,或者说话结巴,他们说话的时候还能同样受到尊重吗?
- 人们进行评论或者问问题的时候,他们会注意到其他人的感受吗,或者能意识到可能带来压力的问题吗?
- 小组会议在哪儿召开?所有人都能到达吗,包括坐轮椅和拄拐杖的人?
- 如果存在听力有障碍的成员,你会注意到他们读唇语的需求吗?小组成员可以做些什么,让这些人更轻松地读懂别的唇语?比如建议发言人不要把手和书写材料放在脸的前面,不要背光坐着。
- 什么情况可能会给戴助听器的人带来麻烦?
- 其他人可能对哪些词或行为感到反感?
- 有没有人看上去受到了冷落,或者显得不适、或生气?为什么会这样?

面对不公平的歧视

面对歧视

有些人有过这样的经历：第一次接触陌生人或者进入一种新环境的时候，很可能会受到某种形式的歧视。

想清楚我们害怕什么，并想好一旦发生了应该采取什么应对策略，这样对我们很有帮助。我们可能不会再有接受高等教育的机会，所以可能的话，提前制订好策略，这一点很重要，因为这样可以把别人的偏见对你的影响减到最低，尽量不影响你的学习。

你可以做的事

如果做某些事的时候你的感觉最好：

- 看看"面对不公平的歧视"（详见第102页）中给出的建议。
- 保证你有一套"应对压力"的策略（详见第321页）。
- 照顾好自己的身体。健康饮食，好好休息。
- 睡觉前尽量别去想有压力的事。相反，做一些让自己放松的事，比如阅读、洗澡、听音乐等。
- 不要责怪自己。
- 和自己信任的人或者和能给你意见的人聊一聊。
- 把自己的感受写下来——认识自己的感受能帮你理清并解决问题。
- 把发生过的事情用书面形式记录下来，以备需要用来做证据。这样你就有依据，能证明歧视确实是存在的。这样你也就不用惦记着这些事，只需要在有实质进展的时候找出来就可以。

照顾好自己

记住：你不需要忍受别人的歧视。

大多数大学都有给学生平等机会的政策、骚扰处罚政策和一套投诉程序，还有专门负责实施这些政策的工作人员。如果你觉得不适应和工作人员说话，还有学生会也可以帮助你。

你受到别人不公平对待或者遭受歧视的时候，一般会怎么做？

你最希望受到怎样的对待，才能让你对自己有信心？

有没有因为受到歧视而没做成自己想做的事的经历？

打算怎样防止这样的事再次发生？

怎样做好准备，应对歧视事件？

我对研讨会和小组活动的贡献大吗

单元／模块	研讨会
本次评估的目的：	策略：

本次评估的目的：
- 提高研讨会和小组活动的效率，为了自己，也为了别人。
- 确保每个人都能贡献自己的力量，不被冷落、觉得安全。
- 为了做到这一点，小组需要搜集尽可能多的材料。

策略：
- 用这张表评估自己的贡献、讨论内容和反思内容。
- 把自己的评估结果和同组成员对自己的评估结果做对比。
- 利用各方的评估结果制订共同策略，提高研讨效率。

自我评估表	1 有很大的改善空间				5 很好
1 为小组活动或研讨会做好充足准备了吗?	1	2	3	4	5
2 活动中自己做出贡献了吗?	1	2	3	4	5
3 自己的发言有没有超过规定的时间?	1	2	3	4	5
4 自己的提问和评论与讨论主题相关吗?	1	2	3	4	5
5 倾听并考虑其他人提出的观点了吗?	1	2	3	4	5
6 鼓励主要发言人或者其他发言人了吗?	1	2	3	4	5
7 鼓励不太自信的小组成员了吗?	1	2	3	4	5
8 自己积极参与了，还是觉得害羞而有所保留呢?	1	2	3	4	5
9 记笔记，把相关的参考资料记下来了吗?	1	2	3	4	5
10 注意力集中还是走神了?	1	2	3	4	5
11 所有贡献都是对整个小组的，还是有些只是对坐在旁边的成员的?	1	2	3	4	5
12 清楚自己要为下次研讨或小组活动做些什么吗?	1	2	3	4	5

其他人对我所做贡献的评价

找一位朋友或者其他小组成员谈一谈你的表现。请他说出3件你做得好的事情，以及3件你需要改进的事情。

用上面的问卷（第104页）帮助自己思考：你的贡献大吗？你想做哪些改变？什么时候着手？

小组表现

想一想研讨小组的整体表现如何。

找出3件小组需要完成的首要任务。你会怎样和小组成员提出这几件事？

学习互助网

互助网的类型

有些课程会组织建立学习互助小组或互助网，可能由一位"导师"领导，"导师"一般由高年级的学生担任。如果没有这样的小组，你可以自己建立一个。大家可以通过电话或电子邮件联系，也可以课后见面或者到某个人家里。

讨论过的适用于其他小组的很多原则也适用于学习互助小组。

互助小组可以做什么

你能想到什么，互助小组就可以做些什么，但下面这些活动对大多数学生都有帮助。

互相鼓励

- 安排成员互相打电话，鼓励对方在某一项工作上不断努力。
- 为每个小组成员的进步想一句有建设性的评价。把对每个人的评价分别写在一张纸上，给相应的小组成员带回家。回家后，把别人对你的评价列表放在能看见的地方，鼓励自己。

复习上课内容

复习上课内容，理清重点，补齐笔记中没有记全的地方。每个人记的笔记不同，所以共享信息后，每个人的笔记都会更完整。

解决学习难题

- 给学生A5–10分钟描述一个自己在学习中遇到的问题，小组其他成员认真听，不要打断。
- 小组一起花10分钟理清这个问题。大家集思广益，尽量多想一些解决方法。这个时候学生A认真听，不要打断。
- 最后，学生A用10分钟选取一种解决方法，决定什么时候开始行动，怎样完成，小组可以给予哪些支持。

小组其他成员同样重复这个过程。下次会议时，看看每个人有没有执行自己的计划。

分享背景阅读内容

就某个话题多读几份资料，把每一份材料的主要观点总结出来，就所读内容和大家讨论一下你的想法。

友好相处

只要认真倾听，就可以极大地增进你们的友好关系——千万不要低估了这样做的价值。

在不抄袭的前提下共享学习成果

有些学习内容是可以互相分享的，但分享某些内容就会被认为是抄袭。下面列出了一些指导原则。有任何疑问的话，要及时向自己的导师请教。

永远用自己的话说

一般来说，所有提交的写作内容应该要么用自己的话说，要么列出参考文献（详见第130–2页）。

■ 参与小组讨论的时候，在笔记中把关键点记下来。避免写下听到的句子——其他人可能记下相同的句子，并拷贝到他们的作业中，这样就可能被看成抄袭。

■ 如果你要记录讨论内容，不要把记录的内容写进作业里。这么做可能会碰巧把别人的话拷贝到你自己的作业中，这也是一种作弊。

■ 你可能要按要求以小组为单位设计一个项目、一起搜集数据。这种情况下，自己做好笔记，记下设计思路、方法、数据搜集、结果、讨论内容和结论。根据自己的笔记，而不是别人的笔记来写作业。

■ 小组成员之间不要互相分享写作任务。通常课程都要求整个作业要完全用你自己的话来写。

■ 如果资料是其他小组成员发给你的，绝不要把它拷贝、粘贴到作业中——这会形成抄袭。发给你的人可能也会把这份资料用到自己的作业中，老师会注意到你们二人作业中的相似之处。

■ 在所有成员的作业都打过分、返回到各自手中之前，不要让其他人看到你的写作内容。

如果有人拷贝你的内容并当成他们自己的作业交上去的话，你可能也要承担责任。

■ 一定要写自己的参考文献。写参考资料的时候很容易出错，而导师都很擅长发现拷贝的错误。

偶然抄袭

导师们都很擅长发现学生作业中雷同或者相似的内容。也有一些软件能帮助导师发现学生作业中从互联网或者从其他学生那里拷贝过来的内容。

如果你的导师在不止一份作业中发现了同样的措辞，他就会怀疑有人在作弊。这可能意味着你必须重修整门课程，甚至可能被要求退学。抄袭是非常严重的学术错误。

可以共享的任务

有很多任务是可以在朋友、互助小组或项目小组成员之间共享的。包括：

■ 决定小组项目的题目。

■ 讨论上课内容、笔记、课本、案例、经历、观点等，理清每个人对课程资料的理解。

■ 讨论新的观点和新的出版物。

■ 后勤工作要分工，比如预订房间、制订会议日程、申请采访审批。

■ 搜集文献，找到每个人都要阅读的主要资料和章节。

■ 讨论决定用什么方法。

■ 检索有用的网站。

■ 搜集数据。

■ 讨论数据和数据的意义。

■ 互相帮助，学习软件的用法。

■ 相互鼓励。

陈述发言或讨论

为什么做陈述发言

学生们经常需要按要求做陈述发言。这个过程很有用，因为：

- 可以展开讨论。
- 呈现多个不同的角度。
- 有些人口头表达比书面表达精彩。
- 做陈述发言的能力在很多工作岗位中都是一种必备的能力。

怎样评判陈述发言的好坏

有很多方法可以评判陈述发言的好坏。向你的导师问清楚评判的标准有哪些。一般来说，陈述发言的重要特征是你有观众，需要向他们传达信息。这意味着谈话内容要有重点。

- 给出几个重要论点。别把你知道的所有内容都推给观众，让他们分不清重点。
- 选几个实际的例子，方便观众想象。
- 用几个标题清晰地组织陈述内容的结构，熟记自己要展开各个论点的顺序。
- 重复主要观点，总结说过的内容。人们靠听接收信息的时候，需要别人提醒自己谈话展开的方向、各主要论点如何联系。分发一些材料或者使用幻灯片，把你要谈到的几个主要论点用数字标出来。

做好发言准备

把话说出来，总比在准备的时候照稿读出来花的时间长。另外，做陈述发言的时候，要放慢语速，给听众时间来吸收你讲的内容。

- 只准备那些你用相对缓慢的语速能陈述完的内容。
- 把资料分成两种：绝对要说的基本内容和有时间的话可以加上的额外内容。
- 准备一段强劲有力的结语。

发言卡片的制作技巧

- 把谈话内容分解成几个部分。
- 给每个部分加一个标题。
- 在每张卡片上写一个标题，再写几个容易阅读的提示词。
- 按陈述各个观点的顺序为每张卡片标上数字。
- 这样你就有信心，知道自己有话可以说，而且清晰把握要说的内容的结构。

使用电子辅助手段

微软办公软件——幻灯片（PowerPoint）这样的软件对准备谈话和分发材料很有帮助。如果使用PPT的话：

- 使用大号字体：至少32磅字。
- 新幻灯片从同一个方向切入。
- 谈话中每2–3分钟只使用一张幻灯片。
- 除非真的需要，避免使用动画、音效和花哨的图片。

使用其他视听辅助手段

如果你对自己的电脑操作水平不是很自信的话，把幻灯片都打印出来。也可以列出几个关键点，用大号的字打印出来，喜欢的话还可以附上一些图案。

如果你愿意，可以准备一张大海报或者图表，展示自己的谈话内容。偶尔使用音乐、视频等其他辅助手段，不过只在能说明具体问题的时候使用，不要只为了丰富内容而用。

练习

把自己的讲话内容练习几遍，放慢语速，给自己计时。如果时间太长，删掉一些内容。

克服紧张情绪

很多人把时间都花在发言之前的焦虑上了，却没时间好好准备发言内容。你可以通过下面这些方法减轻紧张情绪。

- 认真准备——对自己要说的内容和表达方式有信心。

- 让自己放松（详见第323页），尤其在发言之前的2–3个小时。

- 早点到，这样就不用担心路上出状况。

- 比其他人提前到达发言地点。这样不用突然面对那么多观众，而是让会场成为你的空间。观众进来的时候对他们微笑。

- 准备好水。

发言

- 阅读"表达自己的观点"（详见第97页）这部分内容。

- 为自己计时。

- 等大家都坐好、安静下来再开始发言。

- 明确向观众说明：你希望大家到最后再提问，还是中途可以打断你的发言提问。

- 可能的话，不要照着读，而是根据你的卡片、海报或者记忆来发言。这样的发言内容更流畅，听起来更容易懂。但是如果你用这些方法做不到的话，还是把内容完整写下来之后读出来。

- 提醒自己要比平时说得慢，声音要比平时大。

- 觉得没做好也不用道歉。表现得自信一些，相信自己的发言很精彩，这样你已经成功了一半，说服你的听众了。

- 向前看，和至少两位观众进行眼神交流。

- 开始时，首先简要介绍一下要说的内容，还要说明展开的顺序。

- 按顺序解释每张卡片或投影幻灯片，把每一点都说清楚。

- 每说完一点就停顿一下，深吸一口气。这样就给观众留出时间吸收听到的观点。这样你也会显得很专业。

- 最后，简要总结一下说过的内容。

- 准备一句有力的结束语。如果不知道怎么结束，只要微笑着说声"谢谢大家"就好。

我发言的效果如何

发言的方面	得分	如何改善
	低　　　高	
1　主要论点清晰吗?	1 2 3 4 5	
2　开始时简要介绍发言内容了吗?	1 2 3 4 5	
3　有没有跑题?	1 2 3 4 5	
4　最后总结发言内容了吗?	1 2 3 4 5	
5　开场白怎么样?	1 2 3 4 5	
6　结语做得怎么样?	1 2 3 4 5	
7　分发材料或者音频和视频等辅助手段用得合适吗?	1 2 3 4 5	
8　各论点之间的过渡逻辑性强吗?	1 2 3 4 5	
9　有没有给出好的例证支撑论点?	1 2 3 4 5	
10　问题回答得好吗?	1 2 3 4 5	
11　和大部分观众进行眼神交流了吗?	1 2 3 4 5	
12　所有人都参与进来了吗?	1 2 3 4 5	
13　有没有尊重在场各位的不同观点?	1 2 3 4 5	

观众给了我哪些反馈?

注意你的观众

发言次数越多，你会越有信心，能够调整发言内容去满足观众的需要。

这里有几点有用的内容，你应该记住：

- 观众很容易走神，可能落掉关键点。核心论点要多说几次，不过是用不同的方式。
- 观众注意力集中的时间可能很短。把发言内容分解成几个清晰的部分，部分与部分之间做简短的停顿。
- 主要介绍关键论点。避免说不必要的细节，不要跑题，否则会把观众说迷糊。
- 听比读更难理解复杂的论点或者一系列观点。借助清晰的图表或者分发材料，有助于观众接受信息。

- 如果时间不够，不要赶着把所有内容都匆匆忙忙地说完，而应该根据剩下的时间删减内容（练习发言的时候可以计划好要删减哪些内容）。
- 观众大多喜欢听"故事"。借助相关的例子、图片或者案例研究可以吸引观众。

- 你对在小组中发言或者做陈述发言有信心吗？
- 这一章的哪些技巧可能对你有帮助？
- 哪3件事最有帮助，值得先来试一试？

本章回顾

作为学生，你很有可能需要与其他人一起学习，不管是研讨会、互助小组还是项目小组。不管是哪种形式，你都会参与到小组活动中，和其他学生一起活动。

如果你所在的小组非常优秀，你会获益，包括从不同角度看待问题，你的思维得到扩展，你的观点得到提炼，得到别人的支持。不论你在哪个小组，小组发挥出潜能都对你有益。

同时，小组遇到问题是很自然的事。比如可能会让人焦虑，有些人会因此表现得很好斗，也有人会难以表现自己。解决这些问题的过程中，

你会培养广泛的人际交往和解决问题的技能，让你在工作中受益，甚至是终身受益。

就像在学习的其他方面一样，总有一些策略可以应用到特定的活动中——比如倾听别人、清楚表达自己的观点、与他人合作、做陈述发言。反思并评估自己所做的贡献对你尤其有帮助。

总而言之，如果大家都清楚学习范围、要达到什么目的、谁在做什么、在什么时候，如果大家在日常学习中都能考虑到别人的感受，那么和别人一起学习就会容易得多。

Chapter 6

资料查找技能

通过学习本章，你可以：

- 学习怎样培养一般的资料查找技能（除了课堂上学的专业检索技能）。
- 了解怎样从大量资料中寻找、筛选最有用的信息。
- 制订一些策略，根据不同语境灵活调整阅读方法。
- 学习怎样有效记笔记。
- 学习什么是抄袭、怎样避免抄袭。
- 学习怎样为自己的作业标注参考资料。
- 认识怎样有效利用课堂内容和课后练习，怎样利用图书馆和实习。

独立见解

高等教育阶段，别人经常会告诉你要有自己的观点、要表达自己的想法。这意味着你要给出的不是"常识性的"答案，而是根据相关领域已有知识形成的独立见解。你要展现出对话题相关领域具有比较深刻的认识，要比普通人知道更精确的信息。

查找资料的本质

查找资料是我们一直都在做的事。如果我们想了解更多有关一个度假胜地的情况，或者想了解某条新闻的背景，又或者想知道哪里买东西便宜，就会做一些基本的资料查找工作。

根据我们想了解的话题和想了解的程度，查找资料的方法有所不同，获取信息的难易程度也是一个影响因素。

学习中也是一样，根据学科和学术水平的不同，查找信息有不同的途径、不同的方法、不同的密度和程度。随着学习的深入，你会接触更专业的检索技能、方法和途径，它们更适合你自己特定的学科。

本章和接下来的几章向你介绍了几种基本的技能和方法，这些是更高级检索技能的基础。在有些方面你可能已经具备了熟练的技能，比如阅读和记笔记方面，但这里你会学到怎样更加有效地运用已有技能，怎样适应更高的学习水平。

明确任务

任务的本质

从之前的内容中（详见第47页）我们了解到，成功的学生会在开始写作业时花更多的时间，想清楚具体有哪些要求。着手任何一项工作之前，花些时间想清楚到底需要完成什么。根据这点认识，规划一下怎样更好地做好工作准备——开始时集中精力会让你在后面事半功倍。

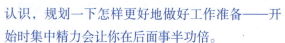

调查这个领域的背景知识

- 组织和规划：根据要实现的目标规划自己的工作，合理分配时间。
- 认真阅读作业要求：问题中有几个部分？真正的问题是什么？（详见第178–9页）
- 思考布置作业的目的：为什么布置这个特定话题的作业？为什么用这种措辞？这门课程是不是总会布置这份作业，因为它覆盖了基本的背景知识？如果是这样，你需要了解哪些内容？还是这份作业与最新研究成果或者时事新闻有关？如果是这样，是什么新闻？
- 想想作业完成后的样子：你的作业完成后看起来或听起来应该是什么样子？（详见Chapter 9、11）
- 查看评分标准：把评分标准放在你能看见的地方，用这些标准指导自己完成作业。
- 根据时间和字数限制调整资料查找工作：根据作业的规模想想预期要达到什么目标，实际一点儿。根据规定的时间和字数限制搜集资料，记录你的成果。

我需要找到些什么

要完成任何一份作业，都要查找一些资料，查找的资料内容至少应该包括：

- 阅读背景知识，拓展相关知识，了解关键主题和事件。
- 找到该领域的代表人物——他们的研究、理论或作品被学术界公认为是这个领域的基本内容，不过有时不需要仔细研读他们的作品。
- 调查该领域的各种不同观点，在核心问题方面有哪些作品——各位作者的观点相不相同，为什么这么说，是什么原因造成的？
- 阅读一些专业内容，比如近期发表的或者很重要的期刊文章，或者是有关某个话题的一本或一系列教材。

换句话说，首先要调查、了解该领域的相关背景。在校大学生可能不需要大量阅读某一个主题的内容，但的确需要对自己学习的领域有所了解——有哪些重要内容，有哪些代表人物，为什么。应该培养这样一种感觉，能辨识哪些话题值得钻研，而哪些话题只是边缘内容。

管理好非重点内容

随着资料搜集得越来越多，你会遇到各种觉得感兴趣、想进一步探索的信息。但你没有那么多时间去研究每一件你感兴趣的事情，所以你必须：

- 判断哪些内容是核心内容。
- 判断自己现在还有时间做其他什么事。
- 列出以后要进一步研究的话题。

充分利用图书馆

图书馆服务

搜集资料大多数都是从图书馆开始的。尽快熟悉一下自己所在大学的图书馆，看看那里都提供哪些服务。一般图书馆可以提供以下服务：

- 学术期刊。
- 专业书籍。
- 复印机。
- 塑封机。
- 装订设施。
- 电脑。
- CD、DVD、胶卷、磁带、幻灯片、视频资源。
- 安静的阅览室和自习室。
- 为残障学生提供的资源。
- 为陈述发言提供音频、视频辅助的设施。
- 图书馆设施使用指南和支持。

如果大学有多个校区，问问每个校区的图书馆分别提供什么服务、如何进入不同的场地、如何利用不同的设施。

现在的目录绝大多数都是电子版的。你所研究的领域可能有专门的藏书，还有全国范围内藏书的索引。这时需要帮助的话很正常——如果你不确定，就大胆向别人请教。在线搜索将会在第187–194页进一步探讨。

充分利用图书馆的资源

进入图书馆时一般都需要你的学号和借书证，所以去图书馆时一定要随身携带借书证。

在图书馆里四处走走，熟悉一下那里的氛围。坐坐不同的桌子，去不同的房间看看。你在哪儿学习效果会最好？

你说过在图书馆可以像在家里一样放松。

要了解图书馆的作用，首先查找一下自己阅读书单上的书。试试图书馆的技术设施。这些设施本来就是为方便使用而设计的，所以即使你对电脑一窍不通，也可以尽情尝试一下！

查看以下基本信息

- 一次可以借出多少本书？
- 一次可以外借多少本书？
- 书从馆藏中或从其他地方调出来需要多长时间？
- 书可以外借多久？
- 借书可以预订吗？
- 可以电话预订借书或续借吗？
- 要交罚金吗？
- 如何在馆际之间互借书刊？
- 有没有专门负责某个领域的图书管理员？

更多有关电子操作的内容，详见第148–52页。

在图书馆查找图书

- 小说按照作者姓氏的字母顺序排列。
- 参考书目按照主题排列。每个主题都有一个编号，可以在每本书书脊的标签上看到。
- 某个主题的所有书籍都集中放在书架上。
- 通过在图书馆目录中查找就可以找到一本书的参考编号。
- 现在的目录大多数都是电子的。有关电子搜索的更多内容，详见第148–152页。

如果知道以下信息，那对找书很有帮助：

- 作者的姓名或姓名首字母。
- 书名。

期刊

期刊是每年定期出版几次的刊物，收集成卷并编号，一般是每年一卷。期刊一般都包含你所研究领域的最新研究成果和书评。大多数期刊文章开头都有一段简短的"摘要"，告诉你文章的主要内容。浏览这些摘要和书评，对你了解该领域的最新成果有帮助。大多数作业都要求学生参考这些文章。

要想找到期刊上的一篇文章，你需要知道：

- 期刊名称、出版年份、卷号。
- 文章作者的姓名和姓名首字母。
- 文章题目。

索引和摘要

索引和摘要都是独立的，简要介绍期刊文章，包括谁写了什么、在哪儿能找到。有时候只读摘要就足够完成作业用了，而有些时候却需要你通读原文。

在索引中，可以通过搜索主题名和关键字查找有关某一个主题的所有文章。这些文章都定期更新，很值得借鉴。

电子信息

越来越多的信息通过电子渠道发布和出版，包括邮件订阅的目录、学术期刊等。很多电子信息都可以在互联网上的公共网站找到，只要连接上网就可以。你所在的大学可能有自己的校内网，还可能有一些只能在校园内登陆的网站——你可能还要在上面创建自己的"网页"。

要想在互联网上锁定信息，你需要输入对应的网址，由简短的缩写组成。空格、圆点、短横线、斜体笔画和字母输入要精确。比如"地球之友"（friends of the earth）这个网站的网址为：http://www.foe.co.uk。

登陆到互联网之后，只要把这个网址输入电脑屏幕上的地址栏就可以了（通常可以省略"http://"）。

你的阅读书单上可能会有一些有用的网站。在电脑上输入其中一个的网址，浏览一下屏幕上出现的信息。可以打印出来阅读，也可以在书单上把这个网址标记为已打印。

更多有关在线搜索的信息，详见Chapter 7。

练习

- 看看你所在的图书馆用的是哪种或哪几种图书分类系统，比如杜威十进分类法（Dewey Decimal Classification, DCC）、美国国会图书馆分类法（Library of Congress, LC）等。
- 每套系统中，你的研究领域对应的编号范围是什么？

辨别、筛选相关信息

有选择性地阅读

使用阅读书单

- 有些课程会给你发很长的阅读书单，让你自己从中选择一些；而有些只给你很短的书单，但希望你全部读完。有任何疑问的话，及时向自己的老师请教。

选择最新信息

- 如果想知道最新研究成果，就去书店看看"新书"专柜有些什么书，或者看看图书馆书架上、电子目录中期刊杂志最近几期的内容。
- 看看有没有最新的统计数字和类似的数据。还能看到更新的数字吗？如果能，你需要吗？

选择最相关的信息

- 查找那些和你的作业最相关的信息。
- 草拟一份论文写作计划，看看需要用到什么信息。哪些主题在课堂和研讨会中出现过？
- 看看书的封底、目录和索引，看看书中都包含哪些内容。
- 快速浏览一下前言或者结语：这些内容可能会告诉你这本书值不值得读，甚至其中可能就有你需要的全部信息！
- 看看各个标题，感受一下这本书。

选择可靠的信息源

- 这个信息源在业内知名吗，比如一份公众认可的学术期刊？
- 这个信息源可能有偏见吗？如果有，其中的偏见对你完成作业有影响吗？
- 这篇文章有完备、准确的参考资料吗？有没有清楚显示各条引用的观点的出处？
- 这个信息源出自业内认可的出版机构吗？（报纸上或朋友提供的信息一般不能作为可靠来源）
- （同时详见"批判分析性思考"，Chapter 12。）

根据任务量筛选

- 根据自己的论文计划，想想每个主要论点的字数要限制在多少以内，然后想想每个分论点或每个例子的字数。你会发现每一项内容要写的字数很少。
- 根据字数限制决定要读多少资料、记多少笔记。如果某项内容只需要写一行或者一段话，那很可能就不用读很多内容、记很多笔记了。
- 如果你只是要完成某项作业，想想一篇文章对你来说是不是讲得太细了。你可能只需要读文章的摘要或者其中一部分内容。
- 多问问自己，这些资料和你的项目名称、论文题目有没有关系。

我到底需要读些什么

如果你读书时习惯于从头读到尾，那么试试下面的练习，看看你可以只读多少内容就能抓住需要的信息。

> **练习**
>
> - 看看封底有些什么信息。浏览一下目录、章节标题和最后一章。把看上去是书中主要观点的内容快速记下来，只记你需要的要点。
> - 读一下每章的引言段和结语段。读完后，把重要信息记下来。
> - 读一下每段的第一行。记下重要信息。
> - 现在读一下整本书。读完后掌握了多少真正重要的其他信息？书中哪几个部分是核心？可以只读多少内容就抓住核心要点？

我是不是聪明的读者

你制订过阅读策略吗？下面哪些是你具备的？

知道具体在找什么

☐ 考虑过我要回答什么问题吗？

☐ 考虑过我需要什么信息吗？

有选择地使用阅读书单

☐ 有没有看过老师推荐的阅读书单？

☐ 知道自己需要读什么吗？

推荐阅读资料：	需要读：
1. Jones, E. (1952)	第66–80页
2. Smith, B. (1998)	第4–6章
3. Atkins, J. (1952)	前言

检查信息源是否适合

☐ 有没有思考过每条信息渠道？有没有考虑过：

– 阅读书单上有没有这项？

– 它是最新的，还是最近的？

– 看起来能不能读懂，好不好管理？

– 是否包含我需要的信息？

练习

快速搜索信息

试着使用索引。

索引	
鸡蛋	6, 19
Elba	114
驼鹿	1, 94
母羊	37

- 选择一项要查的内容。
- 找到给出的页码。
- 利用索引尽快在书中找到这一项。

你花了多长时间？能不能再快点？有没有注意到，如果你知道自己要找什么，你能更快地浏览这一页，把信息找出来？

能快速找到信息

☐ 有没有试着用过索引？

☐ 练习之后速度有没有变快？

筛选书中的相关部分

☐ 我会快速浏览这本书吗？

☐ 我会用目录、索引、标题和副标题引导自己阅读吗？

☐ 我会辨别哪几章中的哪些部分是我需要的，并在这些地方做标记吗？

筛选一页中的相关部分

☐ 我会阅读每章的标题吗？

☐ 我会阅读副标题吗？

☐ 我读每一段的第一句吗（一般会介绍这一段的主题或中心思想）？

☐ 我会查看图形和表格吗？

☐ 我会读摘要或结论部分吗？

复印重要内容

- ☐ 我会把重要的几页复印下来吗？
- ☐ 我会用记号把重要单词和词组标记出来吗（只标记重要的）？
- ☐ 我会在空白处写下自己的想法吗？
- ☐ 我会把标记出来的重要内容记在笔记中，帮助自己记忆吗？

为什么

见第6页

把关键内容制成图表

- ☐ 我会把主要的点都画出来，帮助自己看清各个点怎样联系起来吗？

练习预测

- ☐ 我会不停预测下面要出现的内容或者最后的结论吗？

互动式阅读

- ☐ 我会思考自己到底在读什么吗？
- ☐ 我会对读到的内容提出疑问吗？会给自己的问题找答案吗？
- ☐ 我会对读到的重要观点和内容做笔记吗？
- ☐ 我会质疑作者的假设、论据的逻辑关系和结论是不是合理吗？

变换阅读速度和方法

- ☐ 我会根据文章的需要不断改变阅读节奏吗？（详见第120页）
- ☐ 我会快速浏览，寻找特定的信息吗？
- ☐ 我会先快速读完一段话，掌握段落主旨，然后再慢慢地看复杂或信息密集的地方吗？

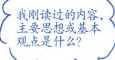

我刚读过的内容，主要思想或基本观点是什么？

能用10个字总结一下吗？

我同意作者的观点吗？

互动阅读

　　阅读时积极主动一些，读资料时在手边常备纸笔。

有3个主要结论

使用各种标记

☐ 我会在课本的边角处贴上标签，写上一个关键词总结语吗？

☐ 我会在书里插入标记好的书签，方便查找书中细节，减少做笔记的量吗？

☐ 我会为一些重要的页贴上星级评分，以方便日后查找吗？

听自己阅读

☐ 我会把自己阅读重要段落的声音录下来吗？

☐ 我在车上或者散步的时候会听这些录下来的内容吗？

保持注意力集中

这部分我已经读了3遍，但一个字也没有记住……

创造理想条件

☐ 阅读的时候，我会让灯光从背后射来，以便既有充足的光线又不刺眼吗？

☐ 我的坐姿既放松又挺直吗？

☐ 读过的内容我都能吸收吗？

☐ 我会通过以下方法检查自己有没有真的吸收所读内容吗？

－总结每个部分。

－每隔一定的时间休息一会儿。

－阅读时有互动。

－内容不相关的话就转向其他内容。

考虑时间和地点

☐ 我会在足够清醒、警觉的时候才阅读吗？

☐ 周边的环境有利于我集中注意力吗？

在电脑屏幕上阅读

☐ 我在电脑屏幕上阅读效果好，还是从纸上阅读效果好？

☐ 我会调整电脑上的文字方便自己阅读吗？（详见第160页）

我喜欢用16磅Arial字体，颜色用蓝色

提高阅读理解能力

读过的内容你都懂吗

☐ 你理解读完的大部分内容吗？

☐ 你知道自己理解了多少吗？

☐ 你理解那些无聊的资料吗？

☐ 你会反思自己有没有理解吗？

☐ 你知道怎样提高阅读理解水平吗？

如果你对其中一个或几个问题的答案是"不"，那么试试下面这些主动阅读策略，看看能不能提高你的阅读理解水平。

主动阅读策略

从基本内容读起

如果对文章语境和大概内容有所了解，阅读起来就会容易得多。先读一读你能找到的最基本的资料。熟悉一下这个领域的主要问题和词汇。

监督自己的理解水平

读几个句子，然后停下来。不看书，用几个字总结一下刚读过的内容。把这些字大声说出来，或者快速写下来。如果做不到，再回头看看已经读完的部分，从下面这些策略中选择一种。

引导自己阅读

开始读的时候给自己提几个问题，写下来。随着阅读不断深入，调整这些问题。越清楚自己要找什么内容，越容易在文章中找到。

复杂的段落多读几次

学术文章经常包括一些很复杂的段落。别惊慌！你需要慢慢地把一些段落再多读几次。

突出关键字和关键词组

在自己的课本或资料复印件上，用铅笔在你认为有用的内容下面添加下划线。着重看看标题、段落的开头几句和结尾句。选几个下划线标记出来的关键字，涂成彩色。非常重要的内容用双下划线或星号标记出来。在比较重要的段落上添加波浪线。但注意要有选择性！如果所有内容都加了下划线或者标记了出来，那就什么重点都凸显不出来了。

用不同的颜色标记信息

用不同的颜色标记不同类型的信息——比如用一种颜色表示人名和日期，用另一种颜色表示某个领域的各学派或主要理论。以后看到一张纸上都出现了什么颜色，可能就会想起这一页上的内容。

问有深度的问题

查看下面这些问题：

- 作者的观点是什么？
- 这个细节为什么有用？
- 作者是想回答某个特定的问题吗？
- 从这篇文章可以吸取什么经验？

应用CREAM学习法

想想怎样把CREAM学习法（详见Chapter 4）应用到你的阅读中。

阅读时要放松

身体处于放松状态时，人的阅读理解水平会更高一些。光线要适中；根据自己的偏好，放些音乐或者找安静的地方；喝些水。详见Chapter 4 "CREAM学习法"和第323页有关放松的内容。

目前我完成阅读任务时是用什么样的方法？怎样让阅读更有效率？

提高阅读速度

理解当然是阅读中最重要的环节，但如果也能提高阅读速度，对你同样会有帮助。

如何查看自己的速度

- 找一些熟悉的内容来读。
- 把闹钟设定到10分钟以后。
- 以一个自己能理解所读内容的速度读10分钟。
- 数数读了多少字。
- 用这个数字除以10，你就会知道自己1分钟能读多少字。
- 用这个方法试验不同的文章。如果你每分钟读不到200–250字（英文），即使是很清楚、很有趣的资料也读不到，那你应该努力提高自己的阅读速度。

为什么阅读速度提不上来

下一页列出一些会让阅读慢下来的因素。有没有哪项符合你的情况？如果确实符合，试试相应的提高速度的策略（详见第121页）。

- ☐ 1 很少阅读高阶读物？
- ☐ 2 会用手指指着读到的内容吗？
- ☐ 3 会把看到的内容默读出来吗？
- ☐ 4 会从头读到尾吗？
- ☐ 5 是不是没弄清楚需要找什么就开始读了？
- ☐ 6 是一个字一个字地读吗？
- ☐ 7 是不是不停回头去读已经读完的内容？
- ☐ 8 是不是还没抓住主旨大意就开始读复杂的部分？
- ☐ 9 有没有觉得文字好像从页面上跳了出来，或者文字在动，有点炫目？

变换阅读策略

查看

看看书的题目、目录页、索引、写作风格和封底上的细节。体会一下这本书的感觉。你想读吗？需要读吗？

快速浏览

浏览一页内容。抓住了什么关键字？你可能已经了解了它的主要议题或者论证方法。信息的组织方式适合你吗？从每部分的标题、图表、段落的前几句话、章节和正文的结束语中可以获取哪些信息？

提出问题

不断提些问题：我要找什么内容？我需要知道些什么？具体需要读哪几部分？

快速定位细节信息

要想很快找到某条具体信息，可以使用索引。这样可以直接翻到相应的页码，快速浏览页面上的内容，找到要找的东西。

以适当的速度阅读

以适当的速度完成阅读任务，比如案例研究、小说、条理清晰的论证可以读得快一些，而信息密集的短小段落或者有不熟悉的专业词汇的文章就要读得慢一些。随着你对文章观点和所用的词汇越来越熟悉，你的阅读速度也会越来越快。

回忆和复习

看看自己有没有理解读完的内容。主要论点或观点是什么？文章有没有回答你的问题？文中的论据和论证有没有让你信服？

读到的内容可以和你已知的内容怎样联系起来？这些内容让你进一步肯定了之前的认识，还是形成了挑战？还需要查找其他什么内容？

提高阅读速度的8种方法

上面列表中的每个问题，都可以采取相应的改进措施。

1 阅读更高深的文章

阅读也是熟能生巧。多多练习，你的大脑会更加习惯看见陌生的词汇，也会更加习惯处理复杂的句子和观点。此外，找一些感兴趣的话题，让阅读成为一种享受。

2 手指跟踪

把手指直接从页面顶端移动到底端，训练眼睛更快浏览文本。

3 知道什么时候可以放声朗读

有些人习惯阅读时读出声音。这种情况下，安静地读可以提高阅读速度。

但有些人只有在听到的时候才能理解读完的内容。如果是出于这个原因大声阅读，那么试着把自己的声音录下来，这样可以"用耳朵"而不是用眼睛再读一遍。

4 有选择性地主动阅读

对读的内容要有所选择。试试第144–147页中建议的主动阅读策略，比如想清楚自己在找什么。这样即使阅读速度没有变化，你也会更快读完要读的内容。

5 阅读句群

让眼睛一次看到更多内容，比如减少看一行字时休息的次数，或者浏览时一次覆盖更多的句子。试着把书拿远一点儿，让眼睛一次能覆盖更大范围。这样眼睛也不会那么累，阅读的时间也能更长一些。

6 复杂的文章从基本内容读起

一个领域的背景知识对提高阅读速度和理解水平很有帮助。如果一篇文章看起来很难，首先读同一个话题但简单一些的资料，或者先从文中简单的部分开始读。可以以后再回头读那些复杂的部分或者有难度的书。

7 往前看，不要后退

下面哪个句子更好理解？

A 查看前边读完的内容让理解查看前边让理解查看前边让理解变得更困难。

B 查看前边读完的内容让理解变得更困难。

大多数人都觉得（**B**）句更好读，因为可以吸收更多可以记住的"有意义"的内容。让眼睛不断往前看，一直看到句子的末尾（到一个完整的停顿）。这样你读的就是更大范围内有意义的文字单位，而不是一个个字和词组。需要的话可以再读一遍整个句子。

8 跳动、炫目的文字

■ 把彩色滤光器（比如透明的塑料文件夹）放在页面上可能会减少文字"跳动"和"炫目"现象。试试不同的颜色，看看哪一种最适合你。使用彩色纸张可能对你有帮助。

■ 咨询一下验光师——你可能需要戴彩色镜片的眼镜或者某种特定的滤光器。

■ 把文本放大复印可能会有帮助。

■ 如果问题很严重，而你也喜欢"靠耳朵阅读"，就和大学里的残障顾问聊一聊。可能会有专门的设备帮你把文本扫描进去，然后读出来给你听，或者还有些阅读服务，专门为你把书中内容录下来。

慢速阅读有时必不可少

有些情况更适合慢速阅读：

■ 信息密集的文本，比如很多科学和医学文章。

■ 很具体的操作指南。

■ 公式和等式。

■ 文章的结尾分析，比如法律、文学和历史类文章。

记笔记

为什么要记笔记

你能找到多少个记笔记的理由？写出一些之后，看看第123页上的图表。和你写出的原因一样吗？其中哪条对你最重要？

看看第123页上的图表

练习

记笔记

找一本书，从中选出一段，读完后把它的主要内容记下来——或者找一些以前做好的笔记。把自己的笔记和下面给出的建议对比一下。你想调整自己记笔记的方法吗？

如何记笔记

没有一种"最好的方法"，但下面几点还是值得考虑的。

需要记些什么

考虑一下：

- 真的需要这条信息吗？如果需要，需要其中哪几点？
- 你会真正用到它吗？什么时候用？怎么用？
- 有没有记录过类似的内容？
- 你希望用这条信息回答哪个问题？

记笔记的一种方法：

- 把笔放下来，这样就不会想着从书中照抄了。
- 阅读，然后回答自己提出的问题。
- 找到、总结主要观点（用自己的话说出来）。
- 快速写下一两个字词提醒自己。
- 精确记下信息的来源。
- 记下真实的名字，准确记录引语。
- 留些空间，以备今后添加细节用。

整理笔记：

- 看看"记录、使用信息"（详见第127页）这部分内容。
- 看看"组织信息：规划写作内容"（详见第183页）这部分内容。
- 将每个主题的内容记在单独的文件里。
- 把每个文件里的不同话题分开。
- 将每个不太重要的话题单独放在一页纸上。
- 把各种想法归类放在不同的标题或问题下面（注意一下这本书中的信息是如何整理的）。
- 明确地给各个文件和文件中的各个部分贴上标签。
- 给每张纸标上页码和标签，这样可以很容易找到某一页并重新归档。
- 每份文件前边都附上目录页，并及时更新。

笔记风格

简约式笔记：为什么记笔记

记笔记有用吗？为什么要记笔记？

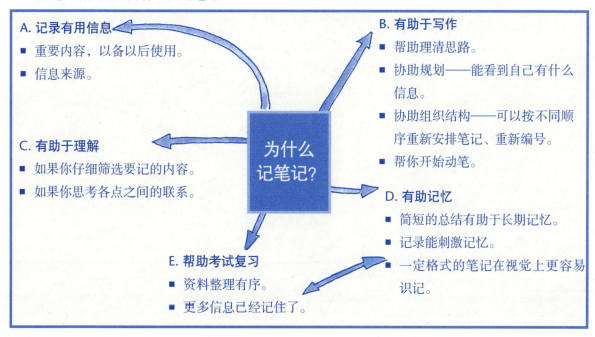

A. 记录有用信息
- 重要内容，以备以后使用。
- 信息来源。

C. 有助于理解
- 如果你仔细筛选要记的内容。
- 如果你思考各点之间的联系。

为什么记笔记？

B. 有助于写作
- 帮助理清思路。
- 协助规划——能看到自己有什么信息。
- 协助组织结构——可以按不同顺序重新安排笔记、重新编号。
- 帮你开始动笔。

D. 有助记忆
- 简短的总结有助于长期记忆。
- 记录能刺激记忆。
- 一定格式的笔记在视觉上更容易识记。

E. 帮助考试复习
- 资料整理有序。
- 更多信息已经记住了。

线性笔记：记笔记的策略

① 好的笔记：概述
1.1 动笔前思考
1.2 要简短
1.3 要有条理
1.4 用自己的话写
1.5 留出空白，以后可以添加内容

② 有用的策略
2.1 记关键字和主要观点
2.2 写短语，不要写句子
2.3 用缩写
2.4 用标题
2.5 给各点编号
2.6 用颜色、图形等让内容更好识记
2.7 用箭头、虚线、颜色、数字、边框等把各点联系起来

2.8 记下信息的确切来源
2.9 用不同的颜色把引言写下来

③ 没用的策略
3.1 大段照抄
3.2 记大量以后用不着的笔记
3.3 为了让笔记看起来更整洁，抄写好多遍

④ 整理杂乱的笔记
4.1 用不同的颜色把笔记的不同部分圈起来，进行区分
4.2 给每一页画线区分
4.3 在零散的信息周围画圈
4.4 通过涂色把离散的信息联系起来

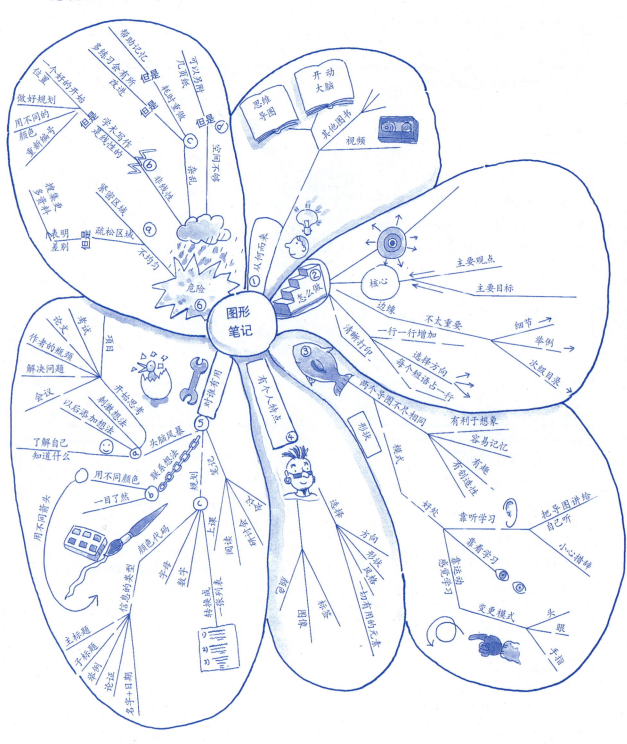

做笔记的快捷方式

留出空间

笔记里留出空间，再留出比较宽的边距，这样以后可以添加更多的信息和想法（这比为了加入新信息重新写一遍笔记要快得多）。

只做一套笔记

只做一套笔记。多看几遍，熟悉以后就能轻松找到要找的信息，考试时还能回忆起笔记内容。

使用标签

随身携带一些标签纸，有什么想法就写在标签纸上，然后贴在一张空白纸上，放在塑料文件夹中。规划自己的作业时可以移动这些标签。

标出页码

把每一张纸标上标签，写好页码。可以前后参考其他地方已经记好的信息，比如"见红色文件，第24页，两栖动物"。

使用缩写

缩写能节约时间。在笔记中可以使用缩写，但在作业中不要用。

- 设计一套自己能记住的缩写。
- 坚持使用自己的缩写，不要轻易改变。
- 一次笔记中不要用太多，否则会看不出笔记的含义。
- 在手边放一套自己的缩写列表，直到记熟为止。

一些有用的常见符号

& (+)	和
+	加，另外
>	大于，多于，好于
<	小于，少于
=	一样，相同
≠	不等于
∴	所以
∵	因为
w/	随着
♀	女人，女性
♂	男人，男性
→	导致，产生，造成

一些有用的常见缩写

e.g.	举例
i.e.	也就是说
etc.	等等
NB	重要，注意
P.	第几页（pp. = 复数的几页）
Para.	段落
Ch.	章（Chs. = 复数的几章）
Edn	版本
Info.	信息
Cd	能够
Wd	将会
Govt	政府
Educ.	教育
Impt	重要
Devt	发展
C19	19世纪

你所在的学科领域都使用哪些缩写？

做笔记要有信心

两个学生的方法

Sonja和James这两个学生以前在做笔记时都有很大的困难。在下文中他们描述了自己在老师的帮助下是怎样克服这些困难的。

Sonja

我觉得做笔记有两个难点。第一，我对用自己的话记笔记没信心，书上的话总貌似说得更好，记笔记时很容易就会用和书上一样的语言。我想着以后会用自己的话再重写一遍，但总是没有时间，要不就是忘了哪部分是从书上摘抄的，最后不自觉地就在论文里用了书上的话。

第二个难点是不知道要记什么内容，尤其是那些最核心的内容。我总担心漏掉一些以后会用到的信息，所以读几页书常常就会记10页的笔记。这样很费时间，而且下次要看的时候内容也很多。第一次考试前我要复习的时候，笔记太多都复习不过来了，要读的内容太多，更别说要学的了。

现在，读一本书之前我会花更多的时间来思考和规划。我要想清楚自己需要哪些信息。我会画一张思维导图，上面标出我知道的内容和要找到的内容。如果有了论文题目，我会很早就做一个大概的规划，甚至在读资料之前就开始做——就是为了在头脑中有个大概的轮廓。

我一般都从最简单的书开始读——就是要了解这个话题在讲什么。对于其他的书，我会看看目录页和各个标题，了解清楚信息都在哪儿。在这个阶段我不会写太多内容，除了类似这样的信息——"黄金生产国：第248页和第265–269页"。

明确了要找什么和从哪儿找之后，我会记更详细的笔记。有时候我会写一个问题，把相关的信息都当做问题的答案写下来。不确定需不需要的信息，我会在索引卡片上写几句话，说明以后真正需要的时候可以从哪儿找到它。

James

我觉得听课时很难做笔记。我以前都把听课内容录下来，然后再边听边把它打出来——这样占用了我全部的时间，我很累。而现在，我会在上课前快速浏览一遍课本，了解一下课堂上老师可能讲什么内容，这样就不用担心要把所有内容都记下来了。我会在很大的索引卡片上写下清晰的标题，然后只需要在每个标题下添加几个字来提醒自己。回家后，我边听录音，边把其他内容手写到卡片上。这样比以前的做法快得多。有时候我会边听录音边把自己的想法对着电脑说出来——电脑有"语音转化文本"功能。我不常这么做，因为它容易出问题——你要非常小心，不要直接听写录音的内容。因为这样做你最后会把老师讲课的内容直接写进论文里——但有的时候我会用这种方法做总结。

这里只列出了两种处理记笔记难题的方法，有没有适合你的？或者你有没有更好的方法？

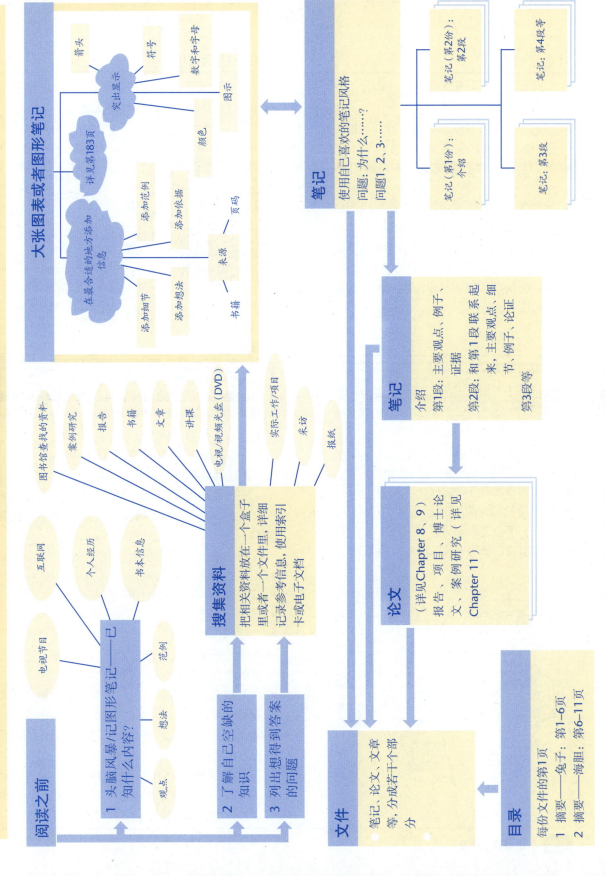

抄袭

什么是抄袭

抄袭是指未经他人同意就使用其信息、观点或灵感，包括：

- 使用与文章、课堂、电视节目、书籍或其他渠道中基本一样的文字。
- 使用他人的观点或理论，而不说明是谁的观点。
- 解释读过或者听到的内容，而不说明所解释内容的来源。

即使把"借来的"内容中的字词或句子换一下，或者调整一下顺序，还是抄袭。

抄袭的后果非常严重，而且抄袭得来的结果一般都是无效的。

引用

引用应该：

- 数量适中，而且只有在确实值得引用的时候才用。
- 简洁——几个字，或者最多几行字。

引用别人的话的时候，你应该：

- 把字词和标点符号完全复制过来。
- 用省略号代表省略的部分。
- 在引用的部分两边加上引号（比如："让人叹服"，那位艺术家写道。）。
- 说出引言的确切来源（详见第131页）。

对自己的话有信心

即使认为自己写得不好，也要用自己的话来写——这些比抄来的内容更有说服力。

别人的话不是救生艇

如何避免抄袭

- 所有的笔记都用自己的话写。
- 对于笔记中摘抄的信息，写清楚这些信息是在哪儿读到的。
- 在作业里标明各种观点和信息的来源：
  - 写清楚参考资料（详见第130–2页）。
  - 直接引用的时候要标记清楚。
  - 完整列出参考资料，如果作业有要求，列出正式的参考书目（包括所有用到的书和其他资料）。

如果你已经习惯摘抄，那就：

- 把笔放到够不着的地方。
- 读一段话，但不要做任何笔记。
- 停下来，把这书合起来。
- 总结刚读过的内容。可能的话，换成自己的话大声说出来，或者把自己的话录下来，这样就能听到自己的声音说出的自己的话。
- 如果这么做有困难，翻回去看一下"提高阅读理解能力"部分（详见第119页）。
- 能说出来这段话的主旨大意之后，用自己的话把它记下来。
- 如果想作为引言引用一些资料，用另一种颜色的笔写下来，这样你就能很容易找到。颜色也会告诉你引用、摘抄了多少内容。

检查是不是抄袭和复制

读一读下面的这几段文字，看看它们是不是存在抄袭，说出原因。这些例子的原始出处可以在第42–8页找到。

文字1：

研究发现，善于解决问题的学生在着手解决问题之前，比其他学生花更多的时间来思考这个问题到底是什么。做得不好的学生只看问题的表面，却看不到它的深层结构，不知道它和自己已有的知识有哪些相似之处。

文字2：

很多人低估了自己的智力，因为他们对"智力"含义的认识不正确。一部分原因是因为人们过分关注"智商"的概念，另外，小时候的教育经历也可能有损一个人的自信，让人缺乏动力，降低其学习兴趣。有个研究机构指出，只要有合适的条件，任何领域的杰出表现都是可以培养的。这些条件就包括为每个人寻找适合的学习策略。

文字3：

有充足的证据表明，环境在智力表现中起着重要作用。日本的很多孩子通过铃木小提琴培训项目都达到了小提琴专业演奏水平。如果一个人所处的文化是重视学习智力的，这同样会对他有帮助。Donaldson（1978）认为人们的推理方式取决于所处的特定背景。

文字4：

"有充足的证据表明，环境在智力表现中起着重要作用"。（Cottrell，2013）Cottrell写道："日本的很多孩子通过铃木小提琴培训项目都达到了小提琴专业演奏水平。"她还指出："如果一个人所处的文化是重视学习智力的，这同样会对他有帮助。"Cottrell引用Donaldson（1978）的话，认为人们的推理方式取决于所处的特定背景。

文字5：

人们是否聪明可能取决于一系列复杂的因素，以及各种因素之间的相互影响、相互作用（Cottrell，2013）。Butterworth（1992）认为，我们有时无法完成自己能力范围之内的任务，可能就是因为我们没有认识到不同条件下两个任务的相似之处。有研究支持这种观点。已经有研究表明，如果学生能尽早多花些时间积极寻找写作任务和已有的其他技能间的相似之处，就会更加胜任写作任务（Bloggs，2007）。这表明学术成功可能与好的策略和经验的关系更大，大于与天生"智力"的关系。

文字6：

人类80%的智力水平都是由遗传决定的，多位心理学家都用同卵双胞胎实验证明过这一点。也有人认为双胞胎之间相似的外貌和文化背景可能导致他们的表现存在相似之处。虽然在一种智力测试上表现良好的人在其他智力测试中表现也很好，但有证据表明这样的表现也受到一些智力以外的因素的影响，比如接受测试的人熟悉测试设计者的文化背景和思维方式。

对这些文字的讨论，详见第138页。

参考文献

为什么需要参考文献

学术写作中，说出观点和信息的来源至关重要。有了这样的"参考"，读者可以自己回头去看那些信息源。

列出参考文献有5个主要原因。

1. 承认信息来源是对被引用或被参考者的尊重和礼貌。

2. 给出信息来源，你就是在向读者说明，你没想把别人的成果据为己有（你没有"抄袭"别人的成果）。

3. 有了信息来源，读者愿意的话可以自己找原始文本或网页来读。

4. 如果以后想查找一些内容，标出的参考资料可以让你更快地找到它。

5. 如果人们知道你的信息来自哪里，就会更加相信你的结论。完整、充分地列出参考资料，说明你在核查这些依据的时候也是全面、充分的。

什么时候需要给出参考文献

只要借鉴信息源的信息，就要给出参考文献：

- 作为你的灵感（一般而言）。
- 作为某种理论、论证或观点的出处。
- 利用特定的信息，比如数据、范例或案例研究。
- 直接引用（重复作者的原话）。
- 利用一些文本和电子信息，不是引用，而是加以解释。

参考文献包括什么信息

假设你想读另一位作者参考、引用过的一篇文档，你需要什么信息才能轻松找到原文献呢？参考文献中提供的信息一般包括：

- 作者的姓名和姓名首字母。
- 完整的题目。
- 出版年份。
- 期刊文章，期刊的名称和卷号。
- 必要的话要列出版次。
- 出版机构所在地。
- 出版机构的名字。
- 相关的页码。
- 电子资料要列出网址。

你可能知道，也许还需要其他信息。比如如果要找照片、印刷制品或者手稿，可能需要图书馆的名字、作品集，以及作品集中要找的那一项的目录号。最重要的是你要问自己："其他人根据我给出的信息能找到这份原文件吗？"

这些信息放在哪儿

在正文中

只要参考别人的成果，不管是直接参考还是间接参考，都要标明这是谁的成果。

使用你的导师推荐的格式，一般会包括作者的姓名、出版年份，还可能有页码，括号的使用方法如下：

... as noted by Cohen and Smith (2008, p. 56), who said ...

... two researchers (Cohen and Smith 2008, p. 56) noted ...

在作业最后

在"参考文献"列表中写出完整细节。写作指南详见第132页，列表范例详见第346页。

列出参考文献的方法

给出资料出处有很多种方法。问清楚所学课程是不是要求使用某一特定的列出参考文献的方法。如果没有要求，就使用著者—出版年制。

著者—出版年制

如果使用过、引用过或者解释过别人的话，就要明确说明。不管在句子中间还是句子末尾，都要在括号里写上作者的名字、出版年份和页码。信息出处的完整细节应该在参考文献部分写出来。

这里列出3种引用原文的不同方法。

简短的直接引用——在文本中间

> Nonetheless, the film was deliberately inaccurate about the life of José Martí. Jesus Colon (1982, p.82) pointed this out when he wrote, 'José Marti never had a mansion or a hut of his own. Needless to say, he never had slaves.'

解释

> Nonetheless, the film was deliberately inaccurate about José Marti, who, contrary to the image depicted in American films, spent much of his life in poverty (Colon 1982, pp. 81–2).

较长的直接引用

精选几个词是最强有力的引用，还说明你能合理进行筛选。避免很长的引用，真正需要的机会很少。但如果必须引用很长一段话，要缩进，引文的段前、段后都要留出行距（如下所示）。把引用的话清楚地融入自己的写作中，写一些连接的句子，讨论一下引用的相关性。

参考文献列表

在论文最后的"参考文献"部分，对科朗的引用会以这种形式出现（按字母顺序排列）：

> Colon, J. (1982). *A Puerto Rican in New York and Other Sketches*, 2nd edn. New York: International Publishers.

注意，如果是书籍，在"参考文献"中不用给出页码。但如果是期刊文章，就要写出整篇文章所在的页码范围。

一些有用的引用别人的短语

- As *X* points out, ...
- According to *X*, ...
- To quote from *X*, '...'
- *X* states/suggests that ...
- *X* tells/shows us that ...
- In an article entitled *Name of Text*, *X* makes the point that ...
- Referring to ..., *X* says that ...
- As *X* stated/wrote/said, ...
- In *Name of Text*, *X* wrote that ...
- Writing in *Name of Text*, *X* explained that ...
- Writing in 1926, *X* argued that ...

Angry at Hollywood versions of Latin American history, Jesus Colon wrote:

> After pictures like *Zapata* and *Santiago* we can only hope that these Hollywood vulgarisers and distorters, without the least bit of respect for the history and culture of our Latin American nations, won't lay their bovine eyes upon epic themes like the Aztec struggle against Cortes' conquest of Mexico, or Sandino's fight against American imperialism ... (1982, p. 84)

Here we can see that Colon is very critical of versions of Latin American history produced in the USA.

使用索引卡

用纸、卡片或者电脑文件为每一处引用的原文填写一张索引卡。这种方法有几点优势：

- 如果需要核查一些内容，就知道具体去哪里找。
- 写"参考文献"部分的时候会简单得多。
- 如果用电脑，在使用参考文献的时候，只需要"剪切"、"粘贴"就可以。

TOPIC ————————→ WRITING STYLE

Names and initials of author(s) ————→ Strunk, W. and White, E. B.

Year of publication ————→ 1979

Title ————————→ The Elements of Style

Volume/collection ————————→ -

Edition ————————→ 3rd edn

Location of publisher: Publisher ————→ New York and London: Macmillan

Where to find a copy ————→ University Library (ref. no. …)

(brief summary of contents) ————→ (information on grammar, writing styles, common errors and misused words)

写参考文献时的常规做法

- 每一条都另起一行。
- 按作者姓名的字母顺序排列。
- 如果引用了同一位作者同一年出版的多部作品，在文章中和在"参考文献"部分都标上a、b、c……（2013a, 2013b, 2013c,……）。
- 按照下面的例子，或者按老师推荐的方法，把信息按同一种顺序排列（作者、日期、题目、出版社所在地、出版社）。
- 突出显示书籍或者期刊的题目。
- 把期刊中文章的题目用单引号引起来。

包括：

- 引用的所有来源，包括DVD、CD、电视、磁带等，但不包括字典或语法书。
- "参考文献"中不要包括作业中没有用到的资料。
- 在"参考书目"中列出你读过但没有使用的其他资料。

参考文献示例（同时见第346页）如下。

一本书：

Bailey, P. (1978). *Leisure and Class in Victorian England.* London: Methuen.

书中的一章：

Humm, M. (1991). 'Landscape for a literary feminism: British women writers 1900 to the present'. In Forsas-Scott, H. (ed.). *Textual Liberation: European feminist writing in the twentieth century.* London: Routledge.

一篇期刊文章：

Jones, C. (1980). 'The welfare of the French footsoldier.' *History* 65 (no. 214), 193–213.

不是从原文出处引用，而是从另一篇文章中引用的资料：

O'Connor, J. and McDermott, I. (1996). *Principles of NLP.* London: Thorsons. Cited in Cottrell, S. M. (2013). *The Study Skills Handbook.* Basingstoke: Palgrave.

电子资源（包括使用的日期）：

http://www.foe.co.uk. 6 July 2012.

参考书目

在参考书目中要列出为了写作业而读过的所有资料，不管在写作中有没有引用。比起参考文献，你的导师可能更希望你写参考书目，或者要求两个都写。参考书目的写作格式要和参考文献的写作格式保持一致。

充分利用课堂时间

上课的初衷是为做研究奠定基础，让学生对某个学科领域有大概的认识和了解，知道这个领域的主要观点、理论和近期的研究成果。有了这些知识，学生就可以独立阅读和思考。

怎样做可以轻松跟上讲课内容？

上课前

- 了解一下上课要讲的主题。读（或者快速浏览）一本相关的书，找找书中的主题、主要问题、话题和标题。有不理解的专业词汇就查一下。
- 写下你想得到解答的问题。在每个问题下面留出空间，方便上课时或下课后写出答案。
- 快速记下自己的想法。看看听课过程中自己的想法有没有发生变化。
- 浏览一下前一节课的笔记，看看它和下一节课的笔记之间有没有联系。

上课时

有些老师喜欢学生在课堂上随时提问，而有些老师希望学生下课后再提问。老师一般都讲得很快，希望学生快速记下内容主题和引用的资料。

- 为了保持注意力集中，仔细听那些线索性的话，看看老师下面要讲什么。比如："有五大类……"、"现在，我要看……"或者"为什么会出现这种情况"。
- 好的老师会在上课一开始就告诉学生这节课要讲哪几个主要问题、按什么顺序讲，或者可能把各个主题写下来。
- 做笔记时记下标题、问题、子问题和参考文献。
- 避免记那些自己能从课本中很容易就找到的细节。注意力集中在听讲上。如果不清楚信息的出处在哪儿，及时请教。
- 自己在脑子里要质疑老师讲的内容，这样能让自己保持注意力集中。问问自己："情况永远都会这样吗？""这有多强的代表性？""为什么？"或者"我同意吗？"……
- 用不同的颜色标出听讲中想到的新问题。

下课后

- 在上课笔记和其他发给你的材料上贴上标签并归档。
- 通读一遍笔记。把阅读或搜集资料时找到的细节内容添加进去。
- 和其他人讨论一下上课内容。相互比较一下笔记，把自己笔记中缺失的内容补齐。

课堂笔记（封皮页）

学科领域/单元：	年份：	单元水平：
课程主题：	讲师：	

准备：课前在讨论或阅读时产生的问题和想法；我希望在上课时了解哪些内容？

课程开始时老师的讲话：上课时有待解决的事件、问题等。

课程的主题

课程的主要内容；给出的例子或证据（必要时可另附页）

上课时想到的问题

参考书目等

笔记能发挥多大作用

使用老师提供的笔记

老师可能会在课前、课上或者课后给学生发一些打印好的笔记，也许是老师上课的讲话稿、幻灯片资料、大纲笔记或者背景资料。可能已经为学生打印好，也可能是放在网上。

知道会发这些打印资料，你可能就不想自己做笔记了，也可能觉得一次要读这么多内容有些应付不过来。

- 如果学期开始就拿到一套内容很多的笔记，看看自己每周需要读多少。

- 可能的话，上课前读一下课堂笔记，这样有助于跟上讲课内容。

- 如果收到打印好的笔记，把它们用做自己的资料，可以在上面标出一些内容、精简内容或者添加注释。

第123页中列出了很多记笔记的原因，即使在你拿到打印好的做得很完备的笔记时也同样适

第1周的笔记

网上更多课程笔记

用。在这些笔记上做修改，让它们成为你自己的内容，你可以：

- 保证自己能理解这些笔记的内容。
- 让这些内容成为你自己的知识。
- 吸收、记住这些信息。

笔记能起多大作用

下面列出几组反义的句子，根据自己笔记的实际情况在相应的位置打勾。

如何改善自己的笔记？把想法记下来。哪几项是首要任务？

很好读。……	很难读。
简洁，切入主题。……	细节太多。
容易理解。……	很难理解。
条理清晰。……	结构混乱。
有页码、标签。……	没有体系。
容易学习。……	很难学习。
合理使用缩写。……	没有使用缩写。
重要内容突出显示。……	看不出来哪些是重要内容。
用自己的话写。……	从书或讲课内容中大量摘抄。
自己的话和引用的话容易区分。……	容易把自己的话和引用的话混淆。
明确标出资料出处。……	很难看出资料的来源。

解决问题

为什么要练习解决问题

练习解决问题是学习一些有用技能的好机会，还能练习如何应用这些技能。通过这样的练习，你可以：

- 熟悉具体的流程。
- 把理论知识用到实际工作中。
- 在寻找答案的过程中锻炼推理能力和创造力。
- 加深对原理本身的理解。
- 查找有关主题的具体内容。

你可以把解决问题的方法应用到任何一项研究或学习活动中。

解决问题的几个阶段

1 定义任务

- 要解决的到底是什么问题？
- 这是一个很典型的问题吗？
- 需要给出什么样的答案？报告、公式、数字、行动还是论文？
- 这个问题和你以前遇到过的哪个问题或任务类似？以前问题的解决方法能用到这个问题中吗？（详见第46–7页）

2 从不同的角度看待问题

- 寻找这个问题和已经解决的问题之间的相似之处。两者有什么相同之处？以前的解决方法在这个问题中能用到多少？
- 把问题用不同的措辞方法再说一遍。
- 把问题画成一张图表。
- 找出问题中你觉得最难的部分。有没有思考这些部分的其他方法？
- 和其他人谈一谈这个问题。

3 需要什么信息

- 笔记中有没有有用的？
- 适用哪些理论或案例？
- 其他哪些资源会有帮助？
- 可以向谁请教信息？

4 考虑其他解决方法

- 每种解决方案的优势在哪里？
- 每一种都能用吗？
- 每种解决方案的缺点在哪里？
- 总体看来，哪种方案最合适？为什么？

5 把问题写出来

- 解释清楚你为解决这个问题都做了哪些努力——你用的方法。
- 解释一下你是怎么得到这个解决方案的（论文中这个阶段一般都省略）。

6 如果没有成功，为什么

- 寻找新问题和相似的老问题之间的联系了吗？
- 有足够的信息吗？
- 充分思考过吗？
- 有没有错误理解任务的要求？
- 有没有考虑过其他解决方案？

组织自己的方法

画一张图表可能会有用。例如：

问题的定义：		
与其他问题的相似之处：		
需要的信息：		
可能会提供帮助的资源或人：		
其他解决方法	优势	缺点
1		
2		
3		

实习和实验

为什么要实习和做实验

不同的学科有不同的目的，下面列出一些基本原则。

实习

安排实习是为了帮学生：

- 学习怎样使用设备。
- 练习使用设备和技术。
- 看看把理论运用到实践中会出现什么情况。
- 练习遵守正确的流程。
- 练习使用一些职业生涯中可能需要的方法。

健康与安全

确保自己知道并理解"健康与安全条例"，且认真遵守。

做实验

做实验是为了帮助学生：

- 培养识别、理清目标的能力。
- 培养精确观察的能力。
- 培养记录数据的能力。
- 练习应用数据、解读数据。
- 练习写实验方法、发现和总结报告。

基本原则

自信

确保自己有一定的时间使用设备。不要只满足于观察别人，自己上手试一试。

寻求帮助

如果你对使用不熟悉的设备有所担心，请别人帮忙。

查找

某项实验是为了测试哪条理论？

讨论

与你的老师和其他学生讨论一下自己的实验结果。

阅读

读一读与主题相关的资料。这个理论或者实验可以应用到现实生活中吗？其他人得出什么样的结果？

记录

把实际发生的情况准确记录下来。不要按照自己想象的"正确答案"修改结果。

很多现象只有在理想条件下才能发生，实验常常达不到预期的效果。你的老师知道这一点，他希望看到的是你怎样记录自己的方法和数据，还希望看到你对结果的讨论。

写出来

把自己的实验方法、结果和结论清楚整洁地写下来。问清楚这门课程要求用什么格式写实践报告和实验报告，需要包括图表吗？需要使用不同的颜色吗？

本章讨论了大多数学科中常见的资料查找基本技能，比如识别和筛选最有用的信息、制订阅读策略、清楚写出参考资料的来源。不管是参加研讨会，在小组项目中做案例研究观察，还是参加实习，你都需要一些技能，比如能够集中精力倾听别人、记笔记、识别关键内容、确认信息来源。虽然大学期间大多数资料都是通过阅读获取的，上课、实践等学习活动也是资料的来源之一。如果在学习中遇到其他新的挑战，可以参照解决问题的方法。

有些科目要求学生学习非常具体的资料查找技能，尤其在大学三年级。不同的科目要求的技能有很大差别，有些会用到观察技巧，有些要求使用统计技巧或者专业设备。在校大学生不需要搜集全新的数据，也不需要做出新的假设或者解决重大问题。无论你应用的是一般的还是专业的资料查找技能，作为大学生，你的任务主要是培养基本技巧，让老师知道你已经理解用到的原理。

接下来的几章会讨论查找资料涉及的其他方面，比如利用网络、使用数字、写成果报告。Chapter 11着重讨论不同类型的项目写作和报告写作，包括博士论文在内，而Chapter 12讨论的是批判性思维能力，这是资料查找工作的一部分，也是必须具备的能力。

查找资料和学习的其他方面密不可分。Chapter 8、9研究用什么方法写出查找结果，Chapter 12进一步探讨怎样把批判分析性方法运用到资料查找中。另外，读者还应该回顾一下Chapter 4,看看怎样把CREAM学习法用到资料查找工作中。

练习题答案：检查是不是抄袭和复制（详见第129页）

文字1：这段文字是抄袭（详见第47-8页）。虽然改动了几个字，但这段话基本上是一个字一个字地把原文复制过来，也没有列出参考文献。这样做是不允许的。

文字2：这段不是抄袭，因为作者用自己的话对原始文章（详见第42-54页）进行了总结。作者加入了一些参考文献，使文章的质量进一步提高。虽然如此，总结非常笼统，这并不意味着写了参考文献就能避免抄袭。这么做是可以的。

文字3：这段话抄袭了原始文章（详见第43-6页）。它几乎一字不变地从这几页中的每一页都复制了一句话或者主要观点。老师把这种行为称为"剪切+粘贴"写作。这是不允许的。

文字4：这段话和"文字3"基本完全一样，只是恰当地写出了参考文献。但作者自己的话太少，老师不会满意的。如果整篇论文都是这样，得分会很低。这样只是简单地复制了参考文献，是不允许的。

文字5：这段话是学生用自己的话写的。这个学生通过自己的思考，在原文不同的部分之间建立起联系，很有意义，没有简单地"剪切"、"粘贴"。这个作者还读了有关这个话题的一些其他资料，也列举了出来，对各个观点和各处资料也合理地说出参考来源，这样做是允许的。

文字6：这个作者只是把原文（详见第43页）重新解释了一下。如果是写总结或者写新闻类文章，这么做是可以的。但这里没有写出参考文献，也没有任何证据证明作者进行了独立思考或者研究过所用资料。这么做也许不算是抄袭或复制，但写论文或者写报告的时候，这么做只能得到很低的分数。

Chapter 7

在线学习、电脑技术与个性化学习

学习目标

通过对本章的学习，你可以：

- 认识到自己想培养哪些技能。
- 了解使用电脑时一些基本的健康和安全常识。
- 认识到怎样用电脑和技术为学习服务。
- 学习主要术语。
- 知道怎样使用互联网搜索不同类型的信息。
- 认识到怎样才能成为一个成功的在线学习者。
- 了解怎样用电子资源和方法进行个性化学习。
- 认识到管理电子小组项目需要哪些技能和资源。

作为学生，你很可能需要具备一系列电脑操作技能。电子媒介现在对于完成大多数作业、查找背景资料都至关重要。越来越多的课程要求学生用电脑写论文和作业，还经常要求学生用电子邮件把作业提交到系里。

电子资源还有其他用途：辅助课堂教学、提供很多新的学习机会、协助远程学习、提供学习支持、协助学生和课程管理人员进行交流。

学习所需的技术操作水平根据不同的课程和教学方法有很大不同，同时还和学生喜欢用什么方法学习有关。如果你在上大学之前已经具备了一些电脑操作技能，这会对你很有帮助。英国的大学一般会设立一些研修班，帮助学生培养相关的技能，可能是通过图书馆、资源中心或技能中心，通过学生所在的系，或者通过当地的专科学校。如果需要使用与课程相关的专业软件，比如统计分析软件，你所在的系很可能会提供内部培训。

这一章介绍了一些主要的技术和在线学习的应用，高等教育阶段的学生很可能会遇到。技术为学生提供了更多学习机会，这一章就帮助你充分利用这些机会。

利用电脑高效学习

为什么要用电脑

陈述发言

通过使用标题、表格和其他工具（详见第198页），呈现的学习成果会给听众留下更深刻的印象。电脑还可以帮你检查拼写错误、插入页码、统计字数。

打草稿

对于每次写作任务你可能都会写上几稿。有了电脑，你可以轻松地编辑，比如移动、删除或者添加文字，检查错误，而不用每一稿都全部重写。这样不仅节省时间，还让你能多修改几稿。

网络技术操作技能

越来越多的老师和雇主开始要求学生使用网络技术，比如你可能要按要求进行文字处理，通过电子邮件发送自己的论文，或者在互联网上查找信息。

数据处理

可以用数据库和电子数据表快速将信息整理分类，计算很长的几串数字，同时快速进行复杂的统计。

存储和移动

有了信息技术，可以在光盘或者U盘中存储大量信息文件。这样不仅可以存储信息，还可以随身携带。

几乎所有人都能使用信息技术

任何人都不应该被信息技术革命甩在后面。

- 不需要有很高的打字水平。
- 不需要专业的电脑知识。
- 几乎所有大学或当地专科学校都能提供相关培训。
- 可以调整电脑，满足残疾人的大部分要求。

信息技术可以帮助你

信息存储　　　　**信息分类**

a	b
Michael	Ade
Aleesha	Aleesha
Siobhan	Joanne
Joanne	Michael
Rashida	Neeta
Ade	Rashida
Neeta	Siobhan

接下来的一章包括更多有关用信息技术辅助学习的信息。

还可以利用信息技术：

- 来回移动文档。
- 准备数据。
- 统计字数。
- 存储参考文献。
- 组织、整理数据。
- 在互联网上查找资料。
- 编辑写作内容。
- 创建表格。
- 检查拼写错误。
- 计算。
- 发送、接收电子邮件。

……还有更多内容！

试试看！很简单！只要跟着屏幕上的指引做就可以了！

试试看！很简单！

使用电脑的基本健康、安全常识

坐姿

坐在离屏幕340－600毫米远的位置，眼睛俯视15－20度角，头部保持舒服的角度（见1）。肘部的角度大概保持90度角（见2）。脚应该水平放在地板上，或者放在脚踏板上（见3）。如果有障碍物让你伸不开腿，把它移开。

坐椅

买一把质量好点、稳定一些、有5条腿的电脑椅（见4）。这把椅子要可以调整靠背（见5），让它支撑你的后背保持挺直（见6）。高度应该也是可以调整的（见7），让自己的前臂处在水平位置。避免给大腿下侧和膝盖后侧带来太大压力（见8）。

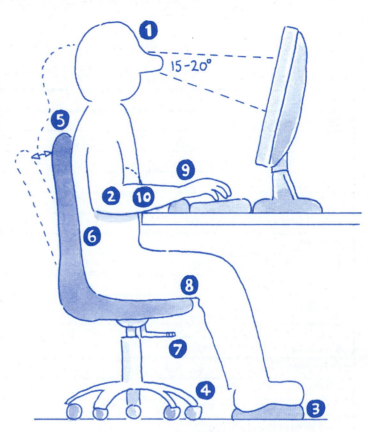

视角

电脑应该放在光源的右侧，避免屏幕刺眼、反光。避免过于明亮的灯光。

保护眼睛

盯着屏幕的时间不要太长，把一部分资料打印出来。隔一段时间要休息一会儿。如果你的学习主要在电脑上进行，要经常检查视力。

戴隐形眼镜的人

电脑屏幕散发的热量可能让隐形眼镜变得很干。可以改成戴普通眼镜，使用滴眼露，或者有意识地经常眨一眨眼，这样可能有帮助。

使用键盘和鼠标

使用键盘或者鼠标的时候，手腕不要弯曲（见9）。鼠标不要握得太紧，放在离你比较近的地方，这样不用伸长胳膊就能够到。桌面上留些空间放你的前臂，也可以考虑用腕部支撑（见10）。

防止出问题

快速打字、反复使用鼠标或其他控制设备可能导致胳膊疼痛，尤其在压力条件下工作或者姿势不正确的时候。隔一小会儿就休息一下。使用腕部支撑，避免长时间的快速点击和打字。

有些电脑使用者会出现头疼现象。导致头疼的因素可能包括姿势不正确、阅读的文本字号太小、长时间盯着电脑不休息、压力大、屏幕反光、坐姿不当和光线不足。

我需要哪些电脑操作技能

下面列出了一些技能。如果是你想学习的技能，在第一列中打勾；如果发展这种技能是你的当务之急，在第二列中打勾；如果你已经具备了这项技能，在最后一列中打勾。

技能	要学	首要任务	能做
装配和一般技能			
■ 装机——把电脑、键盘、鼠标和打印机连接起来。			
■ 电脑的开关机。			
■ 使用键盘。			
■ 使用鼠标或触摸板。			
■ 了解工具栏中的各项功能。			
文件管理			
■ 新建、打开、命名、保存、关闭文件。			
■ 新建文件夹，创立归档系统。			
■ 找到以前使用过的文件。			
文字处理			
■ 在页面上移动、停顿光标。			
■ 移动页面——向上、向下、向左、向右。			
■ 使用方向键四处移动文档。			
■ 改变字体、字号，加粗，变斜体，加下划线。			
■ 使用项目符号和段落编号。			
■ 文字左对齐、右对齐、居中对齐。			
■ 使用撤销和恢复功能。			
■ 复制、剪切和粘贴文字。			
■ 删除文字。			
■ 选中一份文档，把它从一个地方拖动到另一个地方。			
■ 插入符号。			
■ 使用页眉、页脚。			
■ 插入页码。			
■ 统计字数。			
■ 使用拼写检查功能。			
■ 在整篇文档中使用文字替换功能。			
■ 使用下拉菜单。			
表格			
■ 在文档中新建表格。			
■ 插入、删除行或列。			
■ 合并、拆分单元格。			

技能	要学	首要任务	能做
使用打印机			
■ 设置纸张大小。			
■ 使用纵向或横向布局。			
■ 打印整篇文档或只打印特定几页。			
使用电子邮件			
■ 发送、接收电子邮件。			
■ 转发邮件。			
■ 回复邮件。			
■ 删除邮件。			
■ 确保你的邮箱没有满。			
■ 新建邮件文件夹。			
■ 发送邮件附件（比如文档）。			
使用互联网			
■ 连接上网。			
■ 浏览网页。			
■ 充分利用互联网（详见第147页）。			
■ 在网上查找信息（详见第148–52页）。			
使用软件和资源			
■ 找到、打开、关闭要求的压缩包。			
■ 使用计算器。			
■ 使用数据库。			
■ 使用电子数据表。			
■ 使用幻灯片。			
■ 安装新软件。			
帮助			
■ 使用在线帮助。			
■ 知道从哪儿寻求帮助。			

实际学习中怎样进行以上操作，取决于电脑型号和使用的软件。

其他人可能很愿意告诉你怎样进行特定的操作，人们经常会找到自己的捷径，或者对同样的操作有略微不同的方法。培养电脑操作技能的方式不尽相同——比如通过培训、看软件操作指南、查询帮助系统、从朋友和同事那里获得帮助，或者在自己实践中边犯错误边学习。只要你的文件都保存妥当，就大胆尝试一下吧！

- 你对电脑操作的哪个方面最不自信？
- 在已知自己缺乏的技能当中，你认为哪些可以以后再学？
- 怎样最有效地学习新技能？
- 不论是以上列表中给出的技能还是更加专业的技能，接下来你需要培养其中的哪些？

用电脑学习所需的规划技能

用电脑学习有三大挑战：

- 不了解信息放在哪些文件里。
- 一旦出错就会丢失信息。
- 电脑会出现各种问题，很消耗时间。

下面的建议可以帮你整理自己的工作，避免受挫，长远来说可以节约时间。

打开文件的时候为文件命名

经常会出现这种情况：保存一份文档的时候忘了给文件命名。一旦找不到这个文档，就会以为电脑出错了。

认真选择文件名

- 使用能让你想起文件内容的名字。
- 遵守规则。比如，不应该在文件名中插入点".."，因为电脑会误读点后的字母，让你很难找到这个文件。

把文件名放在页脚中

一旦给文件命好名，就把文件名输入每一页的页脚文本中，这样把文件打印出来的时候，文件名就会出现在文档中。如果几个月后需要找一份文件，而你没把文件名放在页脚中，就不太可能记得哪个文件和纸版文档有关。如果一个文档写了几稿，要保证自己知道哪一稿是最新的版本。

在页脚文本中记下文件的名字和保存位置的详细内容，这样以后才能很轻松地找到。如果使用了光盘，可以把光盘的名字也写进去。

示例

假设你在用个人电脑，你把有关Piaget的一篇认知心理学方面论文的第三稿，保存在了一个名为"cogpsych"的文件夹中，那么页脚中可以这么写：

认知心理学CD/cogpsych文件夹/Piaget3c.doc

（在这个电脑系统中，".doc"表示文件使用了Word文字处理软件。）

文件容量不要太大

避免创建很大的文件，否则电脑运行会慢下来。把资料分开放在比较小的文件中。使用的文件名要能说明文件的顺序（比如，"Piaget2.doc"和"Piaget3.doc"）。

文档每一稿都用不同的文件

用数字或字母提醒自己这是第二稿。比如，可以使用"Piaget 1b.doc"表示有关Piaget的这篇很长的论文中第一部分的第二稿。

每隔几分钟就保存一次

如果电脑出现问题，比如临时断电，那么上次保存以后做的所有工作可能都会丢掉。为了保护好自己的劳动成果，每隔几分钟就保存一次。可以把电脑设置成自动保存，比如每隔10分钟自动保存一次。

隔一段时间，把文件拷贝到光盘或U盘上。丢失信息、必须从头开始再做一遍的话，是件非常让人沮丧的事情。

管理好电子存储内容

- 用两个光盘或者U盘，把重要文件拷贝两份。
- 给光盘贴上标签，用一个盒子来移动它们。
- 把U盘放在容易找到的地方。涂上颜色，或者加上装饰品，让它有你的个人特点，这样可以很容易就识别出来是你的U盘。
- 把自己的光盘都放在一个整洁、干燥的盒子里。

建立文件夹

大多数电脑都有一些文件归类的方法，这样可以把相同主题的文件放在一起。这就像把内容相关的纸张放在文件夹中，然后把这些文件夹整理、分类放在用来归档的柜子的抽屉里——把相关的东西放在一起，你能更快找到要找的内容。

硬拷贝

硬拷贝就是把文档打印出来。如果电脑或光盘出了问题，硬拷贝能让你在等待问题得到解决的同时，看到文件里都有哪些内容。打印出来的文档也比屏幕上的文档更容易校对。

列一张文件名清单

把光盘或U盘中保存的所有文件列一张清单，打印出来，和光盘或U盘放在一起保存。在电脑附近放一份，这样一旦发生紧急情况，它会提醒你从哪儿去找。加上几个字，说明每份文件包含哪些内容，尤其当文件名很短、不能告诉你很多有关文件的情况时，你会发现这样做很有用（反复打开文件查看里边包含的内容的话，非常浪费时间。）

注意兼容问题

如果在家学习，需要检查自己用的软件和大学里的软件是否兼容。安装杀毒软件非常重要，还要保证定期更新。很多杀毒软件可以设置成自动更新，只要电脑连接上网就可以进行。

管理好自己的时间

如果完成一项任务会用到电脑，规划这项任务的时候要留出电脑出故障的时间，比如无法打开互联网上的大型文件，打不开邮件，你收到的文件格式在你的电脑上打不开，或者连不上网

等。老师一般都认为你会规划、预留出解决这些故障的时间，所以由于这些原因不能按时提交作业的话，这些理由一般不会被接受。

处理故障

如果电脑停止响应，同时按下Alt、Ctrl和Del三个键，会出现一个菜单，告诉你问题出在哪里；还会出现一条信息，比如"程序没有响应"，让你结束任务。记住，如果同意结束任务，所有没有保存的信息都很可能会丢掉，所以首先要确保实在没有其他选择再结束任务。技术人员或者电脑维修热线或许能够帮你解决这个问题。

把电脑关机、重启可以解决很多问题，但同样，没有保存的信息都会丢失。所以不论什么时候使用电脑，一定要经常保存自己的文件，这样出问题的时候才不会丢失工作成果。

有选择性地把握机会

电子媒介给人们提供了海量的机会。比如，互联网上有很多引人入胜的论坛、聊天小组和通讯列表。但除非你能仔细筛选出哪些内容真正对你有价值，否则这些活动很容易会消耗你大量的时间。一次只选择一两个这样的小组就好。

清单：信息和通信技术（ICT）与在线学习关键术语

异步会议　一种在线交流方式，每个人都可以留言、在方便的时候发言，与现场讨论不同。与之相对应的是"同步会议"。

混合式学习　在线学习与传统学习方式的结合。科学技术越来越多地运用在混合各种学习方法中，并使其个性化。

博客　一种基于网络的日志或日记，其他人可以浏览、阅读。有些学生通过博客告诉朋友们自己的最新情况。

浏览器　一种能让你浏览网站、保存并打印网页的软件工具。

光标　一条可以移动的线（或其他可以移动的形状），告诉你下一项要输入的内容会出现在屏幕上的什么位置。点击想要光标出现的位置，光标就会移动过去。

桌面　电脑启动完全后出现的主要界面。一般包括一个或多个图标，可以点击它们打开软件程序，或者浏览网页，或者打开以前保存的文件。

下拉菜单　点击、按下一个命令字符的时候，光标下方出现的一个包含若干个选项的菜单。

在线学习　利用电子工具和电子信息进行的学习。

电子档案　一份收录了你的学习记录和学习经历的电子档案或电子文件夹，包括学习活动或非学习类活动。它可能会连接到某个通道入口或者虚拟学习环境上（VLE）。（典型的档案内容列表详见第39页，有关端口和虚拟学习环境的内容详见第156页）

软盘　插入电脑中用来存储数据文件的磁盘，现在已经基本上被光盘或者U盘取代。

硬件　实实在在的"机器"，比如电脑和打印机。与之相对应的是"软件"。

图标　屏幕上的平面图形，提供与文档或者程序的链接。举个例子，网络浏览器的图标可能链接到一个网页，桌面上的一个图标可能是打开软件或者文档的快捷方式。

登陆和退出　使用电脑之前，通常需要启动电脑，并且输入你的用户名和密码。这样能保证你工作成果和文件的安全。

隐身　在线聊天的时候只看信息，自己不发言。

U盘　可以插到电脑上的一根小小的"条状物"，提供便携存储。利用它可以保存、读取文件，可以在不同的电脑之间进行信息转移。

菜单　一张可以选择的操作列表。点击图标或者在命令字符上拖住光标的时候会出现菜单。很多这样的列表都可以通过点击屏幕顶端、底端的菜单栏中的选项得到。

随机存取存储（RAM）　电脑的"工作记忆"，任务都在这里执行。

搜索引擎　查找指定电子资料的工具，尤其是在互联网上查找。引擎会为你在数百万的网页中查找相关信息（详见第147–8页）。

软件　能让电脑执行不同功能的程序，这些功能包括文字处理、规划陈述发言、创建数据表、处理电子照片或者在互联网上冲浪。有些软件一打开电脑就会自动载入，而有些必须在需要的时候才载入。

同步会议　实时进行的在线讨论——"现场"讨论。与之相对应的是"异步会议"。

统一资源定位符（URL）　因特网上每个网页的专有地址。

维基百科　一种电子化的百科全书，每个人都可以输入内容（详见第157页）。

压缩格式（Zip）　一种压缩文件的格式，主要用来减小大型文件的占用空间。压缩后的文件占用的空间较小，在互联网上传送的速度也更快。

充分利用互联网

互联网

互联网或者因特网起源于1969年，当时首先把政府、科研机构和军队的电脑连接了起来。随后学术机构和商业机构也加入进来，最后人们开始只为互联网创建信息，不再制造纸版格式。甚至有些小说也只能在互联网上才能看到。

互联网把全世界的电脑连接起来，让你通过电脑直接和其他国家的人们进行交流。互联网不属于谁，也没有核心执行人员：它就是许许多多相互连接的电脑，由一些组织负责保证它能顺利运行。

利用互联网的好处如下

信息的范围

通过互联网可以获取大量信息，包括：

- 新闻。
- 政府文件和数据。
- 公司数据。
- 杂志。
- 财务数据。
- 图书馆目录。

信息的类型

互联网上的信息包括：

- 声音——语音和音乐。
- 电影和视频。
- 互动页面。
- 电脑程序。
- 虚拟—现实页面。

有了互联网，不用离开坐椅，你就能浏览大量资源、获取信息。

交流

利用电子邮件或者即时通讯工具，你可以在学习的时候发送或接收实时信息。也可以用同样的方法把自己的论文或者作业发给老师，不用亲自去交。

使用互联网的最佳时间

使用互联网的最佳时间，取决于你希望获取的信息内容。在英国，登陆互联网的最佳时间是上午。英国的下午是美国的上午。美国的用户登陆以后，对互联网上资源的需求量会大大增加，获取信息要花费的时间会变长。

使用互联网要注意的问题

互联网上的信息来源有权威性吗

目前，网上的公共信息很少会经过编辑或者审查。几乎所有人都可以在网上发布信息。从学术的角度来讲，其中很多信息的质量很低，有很多聊天热线（chat lines）、商业网址和广告。引用互联网上的信息之前，可能的话，最好查一查信息的来源，尽量检查一下这个信息来源是否具备权威性。

数据是什么时候输入的

信息可能很快就会过时。如果是书，我们更能意识到这个问题，因为能看到出版日期，甚至书的样子也能说明其中的信息已经很旧、已经过时了。

人们有时认为，如果数据是在网上找到的，那它一定是事实，一定是最新的。实际情况远不是这样。举个例子，如果一个网站项目经费不足，无法支付工人更新信息的费用，那它上面的内容很可能从此就过时了，但这个文档还是可以在网上找到。

为什么要在线搜索

在线搜索有很多优势，但其中哪些对你有价值呢？在那些对你有价值的项目前打勾。

☐ 大量资源：存储了海量的电子信息。

☐ 了解概况：通过网上的资源，可以对某个学科领域有大概的了解。

☐ 容易获取：互联网上的很多资料在其他地方都获取不到，如果网上可以获得资源，你就不用专门去图书馆了。

☐ 实时性：互联网上可能有最新的信息，因为在线资料可以更快地更新。

☐ 灵活性：只要能连接到互联网上，可以用任何一台电脑进行搜索。

☐ 技能：可以学习怎样管理大量信息。

☐ 查看能不能获取：也许能够查看一些纸质材料现在能不能外借，已经外借的资料应该什么时候归还。

☐ 立即获取：不用等着外借的书还回来，也不用等着馆际互借的书到达。

☐ 其他。

在线搜索的缺点

使用互联网也有一些缺点。可能很耗时间，可能你会不经意地浪费很多时间：

☒ 网上很多信息质量很差。

☒ 总是很难确定信息的质量、文章的作者或者资料的日期。

☒ 因为可以获取的信息太多，可能很难找到自己具体需要的内容。

不要因为这些缺点就停滞下来！这些都是可以通过管理得到改善的。

搜索技能

可以培养一些技能，更快找到有用信息。如果经常在线搜索，你会学到一些能提高自己工作效率的方法和捷径。

清单：在线搜索技能

在你知道的项目前打勾：

☐ 怎样找到所在学校的电子目录？

☐ 自己学校的电子目录是怎样组织的？

☐ 怎样在线查看你的学校有没有自己想找的一份资料？

☐ 怎样在线查看一份资料在你的学校里馆藏有多少份？

☐ 怎样判断一份资料现在能不能使用？

☐ 怎样判断一篇文章能不能在互联网上找到？

☐ 互联网上有没有以前的考试试卷？

☐ 如何找到某位作者近几年写的文章？

☐ 哪些数据库和自己的学科有关？

☐ 如果在电子数据库中第一次搜索的相关结果太多，怎样缩小搜索结果的范围？

☐ 如果找不到要找的内容，怎样扩大搜索结果的范围？

☐ 搜索数据库的时候，什么时候使用缩写和通配符？

☐ 操作符"或者"（OR）对搜索结果有什么影响？

☐ 操作符"和"（AND）对搜索结果有什么影响？

☐ 操作符"非"（NOT）对搜索结果有什么影响？

☐ 怎样用括号精简搜索结果？

进行在线搜索

找到自己需要的内容

　　互联网上的信息这么多，怎样才能找到自己要找的内容呢？

网络浏览器：首先你需要安装一个网络浏览器，让电脑把网页显示出来，这样你才可以登陆互联网。有一些知名的浏览器，比如Internet Explorer、Firefox、Safari、Opera和Netscape。一般电脑上会安装一种或几种浏览器。

搜索引擎：搜索引擎是一种程序，用来在互联网上搜索指定信息，显示一系列包括你所需信息的网页。通过搜索引擎，你可以利用在线数据库，其中一些会交叉引用其他网站。知名的搜索引擎有谷歌（Google）、雅虎（Yahoo）和ask.com。

查找工具：你可以在网上找到其他一些查找工具，比如www.iTools.com/research上就可以提供一些工具。使用这些工具可以获取一些定义、地图、引言、语言翻译、同义词，以及其他很多内容。有些网站，比如www.onelook.com，能够为你检索150多本在线词典。

Athens项目：Athens是一个用于网络数据库登陆管理的项目，注册用户（只限注册用户）可以免费获取很多领域的电子期刊和数据库，数量庞大。大学通常都为学生提供登陆Athens的权限。

开始在线搜索

- 连接上网。
- 选择一种搜索工具，比如谷歌。你可能需要输入它的网址，也可能你的浏览器可以提供捷径（比如点击一个图标）。
- 搜索工具出现在屏幕上之后，在搜索区域输入自己选好的关键字或者关键词。
- 要想启动搜索，你需要点击"Search"、"Go"这些按钮，或者按下Enter键。

- 稍等片刻，就会看到一张列表，上面列出了很多可能有用的线索，一般是些总结描述，或者含有部分或全部关键字内容的网站，同时显示出网址。
- 点击那些看上去有用的条目，通过链接，那些网页就会自动打开。

到底要找什么

　　如果你输入很宽泛的关键字，比如"鼠"，就会得到几百万个网页的搜索结果，讨论的内容各种各样：啮齿动物老鼠、鼠标、米老鼠、害虫防治、科学实验、儿童故事书中的老鼠等。要得到最有用的结果，搜索的内容就要尽量具体一些，包括在"搜索字符串"中输入更多关键字。甚至连着输入"田鼠　栖息地分布　英国"也会得到几百个网页。

　　举个例子，一次搜索得到以下这些结果：

搜索字符串	结果条目的数量
鼠	216,000,000
田鼠 英国	62,400
田鼠 栖息地 英国	9,180
田鼠 灌木篱墙 英国	640

　　要想节约时间、少费力气，就要精心选择自己的搜索关键词：

- 哪些关键词最能描述你要找的内容？哪些最有可能被选做进行电子链接的关键词？
- 考虑用同义词，也就是意义相同的词，比如"城市"、"城镇"、"市区"和"大都市"。
- 不相关的题目会不会和你的题目有同样的关键词？如果可能，使用至少一个只适用于你的科目的关键词。
- 需要关注一个话题的哪些具体方面？哪些关键词能把这些方面标识出来？
- 要想让搜索结果更准确，需要输入一些关键词的组合。
- 要想找到其他资料，试试输入不同的关键词或减少关键词数量。
- 如果一种搜索字符串特别有用，就把它记下来，以备日后使用。

缩小或扩大在线搜索范围

使用"OR"、"AND"和"NOT"（被称做"布尔运算符"，boolean operators）、截词检索、通配检索可以改变搜索结果。这样你可以扩大或者缩小搜索范围，找到最适合的网页。

条目太多

AND

如果在两个关键词之间输入"AND"，就会出现那些同时包括这两个关键词的网页。比如：

田AND鼠

只会显示那些既包括"田"又包括"鼠"的网页，而不显示只包括其中一个字的网页。

引号（""）

很多情况下可以使用双引号指定一个词组，而不是单独的一个字。双引号可以缩小搜索范围，减少得到结果的数量，但用的时候还是要谨慎。比如：

"鼠标"

会显示讨论电脑鼠标的页面，不会显示表示啮齿动物老鼠的网页。但同样地，它也只能显示那些"鼠标"两个字并列出现的网页。

NOT

用"NOT"从搜索结果中排除一些内容。比如，要想找有关老鼠的网页，但不要那些有关害虫防治的网页，可以输入：

老鼠NOT灭除

更多关键词

使用的关键词越多，搜索到的网页越少。比如，图书馆数据库搜索功能允许指定作者的名字、题目中的字、出版日期等。提供的信息越多，你的搜索结果越准确。

条目太少

OR

使用"OR"可以搜索包含两个或两个以上字中的一个或几个网页。比如，搜索

汽车OR自行车

会显示这样一些网页：包括"汽车"但不包括"自行车"，包括"自行车"但不包括"汽车"，既包括"汽车"又包括"自行车"。作者想使用同一个话题的不同术语（经常是同义词或者缩写）时，这种搜索很有用：

"维生素C"OR"抗坏血酸维生素C"

截词符（*）

截词符用来搜索那些以同样的字根开始的关键词的各种变体。比如输入"crit*"会找到"critic"、"critical"、"critique"和"criticism"。

通配符（?）

通配符可以找到一个关键词的各种变体，比如词组中可以替换的字，或者字中可以替换的字母。通配符的具体操作依搜索引擎的不同而不同，具体需要查看电脑的帮助系统。

- 可以替换的字："车?"会搜索到"车"和其他任何字的搭配，也许是"二手车"、"赛车"、"车险"、"租车"等。注意：这样会产生很多搜索结果。比如在出版物数据库中，输入"Smith?"会搜索到那些作者名为Smith的所有出版物，最好加上名字首字母（比如Smith W）来限定查找范围。

- 可以替换的字母：比如输入"wom?n"会找到"woman"和"women"；输入"organi?e"会找到"organise"和"organize"。

高级在线搜索

高级搜索

有些数据库可以使用更复杂的搜索字符串，用括号"（ ）"来连接不同的操作，或者指定各项操作的先后顺序，还可以继续在关键词群内部或相互之间使用操作符、截词符和通配符（详见上一页内容）。

你需要想一想要包括什么、不要包括什么。不过只要尝试一下，就会很快知道自己的搜索方法能不能找到需要的结果。

举例1

假设你要找有关城市中老鼠的文章，可以试试输入这串字符：

（老鼠NOT耗子）AND（城区OR城市OR都市NOT田野）

搜索引擎会列出数据库中这样的条目：

- 包括关键词"老鼠"，但不包括关键词"耗子"；同时，包括关键词"城区"、"城市"或者"都市"（其中一个或多个）的任意组合，但没有关键词"田野"。

但这种搜索方法可能排除掉一些提到"耗子"或"田野"的有用的文章，哪怕只提到一次。

举例2

"全球变暖"AND（冰川NOT北极）

这种搜索方法会找到这样一些结果：

- 包括"全球变暖"这个词组，不包括那些包含"全球"和"变暖"这两个词但两个词没有放在一起的条目；同时，包括"冰川"这个词，但不包括"北极"这个词。

同样，这样可能排除掉提到"北极"这个词哪怕一次的文章。

高效的搜索方法

高效的搜索策略应该能够：

- 找到最相关的条目；
- 不排除比较相关的条目；
- 排除不相关的条目；
- 用最少的搜索次数成功找到信息。

练习

1 如果在搜索中使用"AND"，可能会找到其他资料。对还是错？

2 如果在搜索中使用"OR"，可能会找到其他资料。对还是错？

3 哪种搜索字符串找到的条目最多？
   (1) 全球OR世界
   (2) 全球AND世界
   (3) 全球NOT世界

4 哪种搜索方法找到的条目最少？
   (1) 平面OR设计
   (2) （平面OR设计）
   (3) "平面设计"

5 输入关键词"design"时，怎样可以得到与"designs"和"designers"都相关的条目？

6 对于下面的两个题目，怎样利用关键词的变体形式搜索相关的资料？
   (1) A compendium of nursing methods
   (2) Monopoly as a trend in world trade

7 下面哪条搜索字符串能最有效地找到与"全球设计趋势对设计师影响"有关的资料？
   (1) global and design and trend
   (2) global? and (design* and trend?)
   (3) global* or(design and trend)

（答案详见第166页）

在线学术资源

网络学习资料的来源

学习时必须仔细筛选信息来源，不管是纸质信息还是电子信息（详见第115页）。很多搜索工具和搜索服务会帮你集中搜索那些广受认可的学习资源（相关网址列表详见本书附录，第348页）。

如果想利用网络搜索书籍和文章的话，下面列出一些很重要的参考：

- 大学研究图书馆联盟（the Catalogue for the Consortium of University Research Libraries）：http://copac.ac.uk。
- 教育类：美国教育资源信息中心（ERIC），英国教育索引（British education index）。
- 社会科学类：www.sosig.ac.uk。
- 科学和社会科学类：科学网（Web of Science）。

在线搜索期刊文章

在专业学习中，学生一般要知道一些本学科领域的核心期刊文章，现在很多学术期刊的文章都可以从互联网上获取。

期刊电子版本可能对学生免费开放，一般会放在某一个数据库平台上，比如：

- ABI商业信息全文数据库。
- EBSCO EJS数据库。
- Ingenta Connect电子期刊。
- Athens存取管理系统（Athens access management system）。

查找期刊条目的时候，首先搜索期刊的名字，而不是文章的名字。

在期刊数据库中搜索的时候，可以查找作者、期刊名、文章题目或者感兴趣的关键词，可以查看简短的摘要，了解一下文章讨论的主要内容。

每年都有几千份期刊出版，所以这是一种既快又有效的方法，可以查看和自己的学习有关的那些信息。

查找重点

如果要查找某个感兴趣的话题的研究背景，那么：

- 输入主题的同时，还要输入"研究"或者"期刊"这样的词。
- 输入主题的同时，还要输入主要理论家的名字或者学派。

如果你有Athens认证号，通过Web of Knowledge数据库可以看到会议论文集和出版物，网址是：http://wok.mimas.ac.uk（选择/S/Proceedings）。

网址保存和分类

如果找到一些对自己很有用的信息来源，那就把它们的网址保存下来，这样以后可以很快找到。保存方法很容易，但不同的网络浏览器会有不同的方法（可以查看帮助系统）。你需要在浏览器中找一个工具，可以保存为"收藏"、"书签"或者"标记"等。

很快你就会积累很多网址。可以在浏览器中创建不同的文件夹，把收藏的网址或者最常用的网址归类。命名文件夹要谨慎，要清晰，规则和命名文件一样。

做好面对变化的准备

下次登陆的时候，页面和登陆方式可能会变化，这取决于你的电脑和互联网运营商。由于互联网经常升级，你可能会注意到这次浏览和上次浏览时呈现信息的方式不同了，或者信息发生了变化。

什么是在线学习

在线学习是把电子技术融入教学中的一种学习形式。电子技术就是一些工具，和纸笔一样，可以应用到很多不同的环境中。你在学习中可能会遇到一些机会，用到以下某些方面。

在线学习资源

可能包括：

- 虚拟学习环境（详见第156页）。
- 学习项目网站或网页。
- 上课笔记和复习笔记的电子版，或者讲课录音。
- 与学科有关的有用网站和期刊的电子链接。
- 教学活动之前或者之后完成的练习

仿真互动材料

制作在线学习的互动材料成本很高，所以并不适合所有的学习形式。如果有的话，可能包括：

- 专业技能在线练习
- 互动视频。
- 设计成游戏或者测验的学习。
- 模拟案例研究。
- 小组创建维基百科条目（详见第157页）。

计算机辅助考试

你的部分课程或者全部课程可能是在电脑上通过多项选择题考核的。用计算机考试的要求很高——和写论文的考试形式相比，这样学生需要复习更多功课。

有些课程中学生可以练习计算机辅助考试。这样可以用课余时间检查自己的知识是否扎实，想检查多少次都行，直到对自己很有信心。

在线交流

在线交流有很多用处，比如：

- 写信：给导师、一起上课的同学、其他大学的联系人发邮件或发信息。
- 交谈：进聊天室、用即时通讯工具，举行在线会议。
- 获取信息：从电子公告、简报、公告栏和博客中获得信息。
- 提交作业：用电子邮件发送作业。
  更多细节，详见第158、162页。

网络摄像头和视频链接

在线视频链接非常有用：

- 如果你的班级分布在不同的地方。
- 如果一部分课程的老师在海外学习。
- 实地考察的时候。
- 把学习本课程的学生和其他地方学习类似课程的学生连接起来。

用手机进行学习

有些学生和导师用手机：

- 和朋友讨论作业。
- 发信息相互告知上课教室变更或者课程取消了。
- 向项目小组发送图像。
- 接收作业截止日期的提醒短信。

在线调查和投票

你可能需要通过以下各项发表观点，给出反馈，或者参与投票：

- 手机投票。
- 在电脑上进行的调查或者投票。
- 上课时的"按按钮"技术。
- 网络聊天室。

在线学习的成功要素

成功的在线学习涉及一系列条件、技能和态度，包括：

- 拥有适当的资源。
- 有信心而且愿意尝试新方法和新资源。
- 愿意不断更新自己的知识和技能，尤其是在快速发展的领域。
- 培养意识，知道什么时候该使用电子资源和电子工具创造最快、最好的途径，而不是因为有就去用。也就是说，知道电子资源什么时候可以增加价值、什么时候不可以。
- 用最有效的方法把电子资源和电子方法与传统方法结合起来。
- 积极参与在线学习互动，尤其当在线学习是你课程的一部分或者团队项目的一部分的时候。

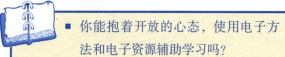

- 你能抱着开放的心态，使用电子方法和电子资源辅助学习吗？
- 你觉得上面哪几项对你来说已经成为优势了？
- 你认为哪几项可能成为在线学习的障碍？

电子资源：可以获得哪些

你在学校里很可能会用到一些电子资源，比如电脑、打印机、软件和宽带。自己购买之前，问清楚学校会提供哪些、使用什么系统。

你的学校提供什么

查查你的学校是否提供以下条件。

- ☐ 在学校或者在家，操作简单的在线学习资源链接。
- ☐ 帮助健康学生和残障学生的辅助技术。
- ☐ 家里的免费宽带。
- ☐ 校园里的免费网络。
- ☐ 家里的免费网络。
- ☐ 可以共享的课程电子空间，比如学生网站或者校内网。
- ☐ 课程聊天室或论坛。
- ☐ 虚拟学习环境。
- ☐ 学生端口。
- ☐ 电子档案。
- ☐ 有关登陆电子目录、搜索信息、参与聊天室、使用虚拟学习环境、写博客等的培训。

在线学习的必要条件

要想在线学习，你需要具备以下条件。

- ☐ 一台合适的电脑（比较新的）。
- ☐ 一条电话线或网线。
- ☐ 宽带连接（拨号连接比较慢）。通过宽带，可以下载很大的文件，比如很长的文档、音频文件或者视频文件。
- ☐ 调制解调器，用来把电脑和电话连接起来

（大多数电脑现在都有内置调制解调器）。

- ☐ 路由器，这样电脑才能解读宽带信号。
- ☐ 互联网服务提供商（ISP），把你的电脑连接到互联网上。ISP一般会收取一定的费用，费用额度根据提供的服务不同而不同。你需要找一家24小时服务的ISP。

在线学习和个性化学习

什么是"个性化学习"

"个性化学习"是指一些教育、学习、考核和学习辅助方法，承认每个学生的个人需求和条件。每个学生：

- 有自己的偏好、才能和学习风格。
- 有不同的学习动机。
- 学习步调不同，有人上的是短期非全日制课程，有人上的是终生学习课程。
- 学习习惯不同，有人在正式环境中学习效果最好，有人在非正式环境中学习效果最好；有人喜欢一个人学习，有人喜欢和别人一起学习；有人需要别人的支持，有人很独立；有人通过练习学习，有人通过观察学习；有人喜欢专门学习一部分内容，有人喜欢把它融入其他活动中。

虽然不通过科学技术也可以实现个性化学习，但电子技术和电子资源让更加个性化的学习方法成为可能。

借助Web2.0学习

"Web2.0"是指利用网络资源的一套特定方法。这些方法可以支持个性化学习：

- 参与：鼓励网络用户积极参与，在网络上创建和贡献材料，而不只是阅读别人贡献的信息。
- 交流：用户可以通过聊天室、论坛、会议功能和信息发送功能进行同步（实时）和异步（非实时）的交流。
- 积极反馈：用户可以通过投票、打分或者发表评论来反馈。

- 分享技能和资源：某些资源、工具或者平台可以分享给别人，根据自己的目的使用或者发布，可以免费，也可以收取较低的价格。这样新用户就可以借鉴之前的积累。
- 多种资源：用于社交和信息目的的资源和工具可以进行调整，用来辅助教学（包括了下文列出的大部分个性化学习资源）。
- 用户友好：资源很灵活，方便使用，方便调整和更新，也方便传播。

导师是否使用Web2.0电子资源可能会说明一些问题，比如他们的教学方法，他们希望学生怎么学习。

用于个性化学习的电子资源

辅助个性化学习的电子技术和电子资源各不相同，包括：

- 端口（详见第156页）。
- 虚拟学习环境（详见第156页）。
- 电子投票和在线调查（详见第153页）。
- 帮你找到这些资源的在线材料和搜索工具（详见第148–52页）。
- 维基百科（详见第146和第157页）。
- 博客（详见第146和第157页）。
- 播客（详见第157页）。
- 电子档案（详见第39、146）。
- 辅助技术（详见第160页）。
- 在线交流，包括聊天室和手机（第158页）。

用技术辅助自己的个性化学习

个性化在线学习：端口和虚拟学习环境

什么是端口

端口是一个入口或者电子通道，通向一套特定的在线资源。有些大学用端口来组织和呈现相关信息。

通过一个端口能找到什么，取决于它的设计方式。一般来说，登陆以后，你会看到经过筛选的一些资料和链接，因为这些和你有关，比如你的课程、管理和个人兴趣。端口呈现的内容部分取决于你自己提供的有关个人兴趣的信息。

什么时候使用端口

根据其设计方法不同，一个端口可能提供以下部分或全部内容。

- 个人相关资料：登陆以后，你也许能够看到那些在预先设定时被认为只和你或你的学位课程有关的网页。
- 学位管理：你也许可以查看学费有没有全部缴清，自己参加了哪些课程，查到考试日期或者考试成绩。
- 学习课程资源：可能有一些打开自己课程相关资料的链接，比如科系内网、在线笔记或者有用的网站列表。
- 自动更新：你也许可以获取一些最新信息，内容有关那些你在预先设定时觉得感兴趣的俱乐部、社团、事件和网站。
- 信息和公告：可以和导师、同学、社团成员和小组成员进行交流。

- 交流：也许可以通过聊天室、讨论小组或者在线会议，和同学一起加入某个社交社区或学习社区。
- 登陆：也许可以更加轻松地登陆到学校图书馆和其他网站。如果你不在校园学习，比如在家或者在工作场所，这一点尤其有用：登陆到端口以后，也许可以登陆到其他大学网站，不需要在这些网站上一一单独登陆。
- 在线学习：也许可以参加许多在线学习的活动（详见下面的讨论和第153页）。

什么是虚拟学习环境

有些大学会用到虚拟学习环境（VLE）或者管理学习环境（MLE），比如Web-CT交互学习平台、Blackboard网络学习平台或者Moodle学习管理系统。这些为互动式学习提供了其他机会。虚拟学习环境不仅对远程学习有用，经常也用来辅助、补充面对面教学。

虚拟学习环境有哪些优势

虚拟环境可以通过以下方式支持学习。

- 背景知识：提供学位课程的细节信息，包括作业、阅读书目、考试卷。
- 资料：提供最新在线课程资料、课堂笔记、播客、与其他相关材料的链接。
- 提醒和引导：向你发送上课、事件的相关信息、作业最后提交日期。
- 信息和互动：可以进行小组活动、举行会议、在线讨论、追踪参与人员。
- 考试：提供计算机辅助考试。
- 其他学习活动：为上课或研讨会做准备，或者进一步复习来加深理解。
- 在工作中学习：为在工作中学习的人提供资源链接、和导师及同学的联系通道。

在线学习：维基百科、博客、播客

维基百科

什么是"维基百科"

维基百科是一个网站，其中的信息每一个用户都可以编辑。你可以借助软件在自己感兴趣的领域创建一个维基百科条目。

在这个网站上，用户能够看到都有哪些人在什么时候对条目进行了修改。编辑词条时，你要有心理准备：其他人都会知道你写了些什么。你可以在别人的意见上加入自己的想法，他们也可以在你的意见中加入他们的看法。

什么时候使用维基百科

作为学生，你可能会用到维基百科：

- 因为所学课程已经建立了一个有关某个话题的条目，所有学生都可以进行编辑。
- 因为对学习课程的新同学会是有用的资源。
- 积累有关某话题的知识，而很多同学都觉得这方面很难。
- 加深对一份复杂文档的理解和评价。
- 支持团队项目，公布项目结果。
- 为了学生社团或俱乐部。

维基百科的优势

- "维基"一词源于夏威夷语，意思是"快点快点"——维基百科速度很快，使用也很方便。
- 使用之后，可以培养协调能力和团队合作技能，这些在研究、谈判和合作写作中非常有用。
- 学习批判性地评价别人输入的信息，自己贡献建设性的、知识性的词条时，你会锻炼自己的辅助技能，这一点在使用其他在线信息中非常有用。
- 共同创建维基词条会让人有一种团队归属感。

> 更多信息，参见
> http://en.wikipedia.org/wiki。

博客

什么是博客

博客是一种网络日志，实际上是一个人或者一个小组写下的电子日记，其他人可以在线阅读。

什么时候使用博客

作为学生，你可能会利用博客：

- 让团队其他成员了解项目中你负责的部分的最新进展。
- 相互支持，和遇到相似情况的同学分享经历。
- 课程中鼓励学生反思、分析自己的学习或工作。
- 记研究日记。
- 探索工作经历和课程中正在学的理论之间有什么联系。
- 提供对学生项目的小组反馈。
- 支持老师的教导。

播客

什么是播客

播客是一种音频文件或者视频文件，可以从网络上下载到自己的电脑或者便携式媒体播放器上，比如MP3播放器、MP4播放器或者手机。

什么时候使用播客

- 老师的讲课内容也许有一部分或者全部可以作为播客下载。
- 有些学习资源可以作为播客获取（比如，详见www.palgravestudyskills.com）。

播客的优势

可以在喜欢的时间、喜欢的地点听播客上的资料。为了充分理解并记住其中的内容，可以想听几遍就听几遍。

利用在线交流进行学习

在线交流的好处

在线和同学、导师交流有很多选择。这些选择：

- 让人们可以在空闲的时候进行交流。
- 不用亲自跑一趟。
- 能在不同的时区进行。
- 掩盖人的羞涩或紧张情绪。
- 给别人时间整理自己的思路、组织回答的语言。
- 不太正式，这样人们可以用自己的方法表达自己。

在线交流的类型

电子邮件

电子邮件是一种最简单的电子交流方式。你可以花点时间写好邮件，准备好之后再发送出去。可以把邮件抄送给很多人，也可以给很少的人。

即时通信

即时通信让一组人可以实时进行在线交流。你能知道有谁在线，有谁能收到信息。比起电子邮件，即时通信给人更强烈的参与感。

聊天室

聊天室让一组身在不同地方的人可以在同一个网站或者虚拟环境中"见面"，讨论同一个话题。比如说，你可以为同一个专业、同一个年级、同一个学院或者同一个社团的同学创建一个聊天室；或者为成人学生、边学习边工作的学生或者学习某个特定项目的学生创建聊天室。

根据在线时收到信息的速度快慢不同，有些聊天室更新很快，而有些则比较慢。

线上会议

线上会议同样利用网站中单独的一块区域，让一组人能在几天或者几周内形成某种认识或者某种思路。

线上会议在讨论有关一项新开发项目或提议的看法时非常有用。你可以随时进入、离开，看截至目前别人留下的信息，把自己的看法也加进去。你能看到谁在什么时候留下了哪条信息。

如果很多人同时在线，你可能看到的是一串迅速出现的信息，而有些时候感觉就像在通过电子邮件很慢地讨论。

在线小组讨论

在线交流可以应用到很多不同的活动中。在最吸引你的项目前打勾。

- ☐ 比较大家对某一篇文档的认识。
- ☐ 就"热点话题"分享各自的看法。
- ☐ 就最近的一篇期刊文章交换意见。
- ☐ 讨论、寻找解决问题的方法。
- ☐ 讨论一种理论能不能恰当地应用到某种特定的场景中。
- ☐ 讨论怎样完成作业。
- ☐ 小组项目。
- ☐ 完成实验后比较各自的结果。
- ☐ 一起复习考试。
- ☐ 分享自己的经历。
- ☐ 其他。

形成自己的在线学习风格

找到自己的在线学习风格

- 花些时间，学习最新的技术和资源。问问学校和同学有没有小窍门和捷径。
- 和技术做朋友——使用、实践、浏览、研究相关技术，慢慢对技术熟悉起来。
- 在学习的过程中，写出执行不同电脑操作的步骤。用自己容易理解、容易记住的方法写，比如每行写一个步骤。不依赖电脑上的说明书，而是积极地自己做笔记，这样的学习效果更好。
- 把这些步骤笔记保存在容易找的地方，存在电脑里、规划表里或者笔记本中。
- 尝试几种在线学习和传统学习方法的组合，找到最适合自己的一种。比如，你可能喜欢在线搜索资料之后，打印到纸上阅读；可能觉得对于一般的讨论，聊天室比较有用，但对于项目的某些特定方面，更愿意面对面地交流。

参与

- 不要害怕参与！充分利用现有的机会。
- 如果有一个为自己所学课程创立的聊天室，可以参与进去。聊天室开始看上去可能有点儿奇怪，但一旦适应以后，学生们一般更愿意通过这种方式交流观点。
- 利用在线学习材料中自带的一些链接。一旦把材料打印出来，这些链接就会丢失。

> 为了避免抄袭和作弊的嫌疑，在书面作业打分之前，不要把电子版和其他人分享。不要从电子资料中剪切、粘贴——这样在电子版中很容易被识别出来！

把电脑融入学习中

把电脑当成自己日常学习策略的一部分。

条理有序

- 保持记电子版日记，用来对自己进行预约提醒。
- 把读过的所有文档都记录在电子参考书目中——如果下次作业用到同样的资源，就不用再写一遍所有的细节了。
- 读一读在电脑上学习的规划技能（详见第144-5页）。

查找信息

- 查找资料，看看所在大学和当地提供哪些服务、发生了哪些事件。
- 使用在线图书馆（详见第147-52页）。

设计材料

- 专门的软件可以帮你设计问卷或者项目调查表。
- 可以设计一些表格，搜集项目信息。
- 可以设计数据库，比较、审查搜集到的信息。

提高写作水平

- 利用文字处理软件或者专业软件，在开始写论文之前构思一些初步的想法。
- 产生想法的时候，对正在写的文章进行编辑、剪切和粘贴。
- 完成项目中不同的辅助任务后，写出报告中对应的内容版块。

使用其他软件

- 用幻灯片这样的软件来准备研讨会内容或者项目陈述介绍。
- 利用电脑中的计算器、数据表或者与本学科相关的统计功能执行数学计算。

更多有关个性化学习的内容

哪些适合你

通常可以通过调整电子资源和在线学习方法来满足个人需求。下面列出一些调整方法。

改变外观

很多人觉得调整了电脑上文本的颜色、字号或者背景颜色之后，读起来会更容易一些。如果你有什么残疾会影响到在电脑上阅读，比如患有阅读障碍症或者无法适应闪光或明亮的屏幕，那么应该向学校里的残障人士服务部门咨询一下，看看有没有什么调整方法能帮助你。

你愿意：

- 尽量多使用电脑吗？
- 尽量少使用电脑吗？
- 为了有变化，混合使用多种方法吗？
- 根据活动的不同，使用不同的方法吗？

怎样用自己喜欢的方式组织、管理好自己的学习？

事项	个人偏好
你喜欢哪种文字颜色？	
你喜欢哪种背景颜色？	
你喜欢哪种字体？	
你喜欢哪种字号？	
你喜欢多大的缩放比例？	
你喜欢多大的行间距？	
学习的时候觉得屏幕闪吗？看看怎么改变分辨率。	
打印出来的材料喜欢用多大字号？	
文本在屏幕上更好读，还是在纸上更好读？	
处理数字在屏幕上更容易，还是在纸上更容易？	
如果把数字旁边的行或列换成不同颜色，在屏幕上处理数字会不会更容易些？	
在屏幕上写作更容易，还是在纸上写作更容易？	

边学边听

如果你觉得听东西的时候学习更容易，那么：

- 使用提供给你的所有音频。
- 寻找任何可以下载到便携设备（比如你的MP3播放器）中的信息。
- 利用辅助技术，比如屏幕阅读器。
- 调查一下有哪些软件可以在你输入或者突出显示某些字母、字词、句子、段落或文章的时候把它们读出来。
- 有些情况下，你可以把电脑读出来的文本作为音频文件下载下来。

掌握在线学习的新技能

要求具备的电子技术：

- 课程中必须使用哪些工具？
- 使用其中哪些工具时，你需要别人的指导或者需要更多练习？

吸引你的电子技术：

- 你对哪些还没有使用过的电子工具和资源感兴趣？
- 在哪儿获取有关这些工具和资源的更多信息？

用电子技术管理小组项目

电子技术带来了很好的资源。你可以在管理小组项目时利用这些技术和资源吗？

交流

小组成员应该就哪些交流方法最适合自己的小组达成共识而进行讨论。你可以综合使用面对面的交流和电子资源，或者主要采用其中一种方式。看看有没有人有残疾或者其他困难，无法充分利用其中的方法。你可能希望指定一个人专门管理小组的交流事项。在适合自己小组的方法前打勾。

☐ 面对面。 ☐ 电子邮件。
☐ 博客。 ☐ 聊天室。
☐ 电话。 ☐ 电子消息。
☐ 共享的电子空间。 ☐ 其他。

项目概要

仔细检查、讨论项目概要。

- 必须做什么？
- 要考核哪些内容？怎样考核？
- 每个人必须贡献什么？
- 整体上必须产生什么结果？

确保大家就项目要求和时间达成一致意见。记录下这些一致意见，保存在电脑上大家都能看到的地方。

输出

在自己项目的输出项目前打勾。

☐ 报告。 ☐ 网站。
☐ 维基百科。 ☐ 博客。
☐ 数据库。 ☐ 简报。
☐ 其他。

资源

判断小组会用到哪些电子资源和纸质资源。你可能需要：

☐ 电子期刊。 ☐ 其他期刊。
☐ 图书。 ☐ 网站。

基本规则和流程

讨论一下希望这个小组怎样工作？

- 大家对按时完成工作持什么态度？
- 怎样分配角色？
- 希望其他人怎么做？
- 如果有人没能完成约定的任务，你该怎么做？
- 小组成员对一起执行项目有哪些忧虑？如果有，你该如何解决？
- 小组有哪些基本规则，比如对待在聊天室里发言和隐身这些事情？
- 需要哪些有关交流的约定？小组成员应该多久登陆一次？

角色和责任

讨论一下项目中需要哪些角色，分别由谁来扮演？下面列出一些可能的角色。在适合自己项目的角色前打勾。

☐ 项目领导。 ☐ 最后期限负责人。
☐ 秘书。 ☐ 在线主持人。
☐ 网站管理员。 ☐ 搜索管理员。
☐ 博客管理员。 ☐ 数据管理员。
☐ 维基管理员。 ☐ 交流管理员。
☐ 设计负责人。 ☐ 技术负责人。
☐ 资金筹集人/财务人员。
☐ 其他。

在线交流的缺点

在线交流确实是很强大的工具，但有时候也存在一些问题，比如：

- 和看不见的人聊天，开始时可能觉得不自然。

- 可能没有什么规则，让你不知道从哪儿开始，不知道哪些是"对的"。

- 和面对面的对话不同，不用靠看别人的身体语言或者面部表情判断别人对自己所说内容的看法。

- 发言的质量高低不齐。有些可能很无聊，很难理解，很散乱，或者总是重复。

- 如果你觉得有些人只是看、不发言（隐身），可能会有些生气。

- 如果信息一条接一条很快出现，你可能会觉得有点儿累。

在线讨论的基本规则

如果你正在创建自己的在线聊天室、论坛或者讨论组，应该花些时间，为参与者制定好一些基本规则。

你认为下面哪些最应该作为基本规则？在合适的项前打勾。

- ☐ 小组集中精力讨论核心问题，实现主要目标。
- ☐ 利用这块空间安排其他会议，或者讨论其他问题。
- ☐ 隐身（只看信息，自己不发言）。
- ☐ 聊天和社交。
- ☐ 发表个人评论。
- ☐ 显示出对其他参与者的尊重。
- ☐ 管理分歧。
- ☐ 拼写和语法。
- ☐ 使用"文本转语音"功能。

- 信息可能并不是按逻辑顺序出现，所以很难理解一些说理思路。

有主持人的在线学习

有主持人的在线学习包括使用在线论坛、会议或者聊天室的讨论小组。老师可能建立起讨论小组之后，为了协助在线学习，亲自主持大家的互动。同样，老师可能请学生们轮流担任主持人。

在线主持人的角色

如果你要主持一场讨论，或者如果你想主持自己的聊天室，那么可能需要这么做：

创建小组

- 创建一个论坛。
- 让相关的同学知道论坛已经建立好了。
- 介绍自己，请其他人做自我介绍。
- 首先发言，带动大家开始讨论。
- 请参与者共同制定基本原则。鼓励大家达成共识：如果不遵守基本原则，会采取哪些行动。

激励、引导讨论

- 提出关键问题或者给一些有用的提示，带动大家辩论。
- 总结目前为止的讨论内容。
- 回复别人的评论。
- 指出不同发言之间的联系。
- 鼓励讨论向新的方向进行。

管理聊天室

- 把没有使用的材料归档。
- 为小组成员分配任务。
- 联系、支持各成员。
- 监督大家遵守基本规则。

管理电子项目

项目名称	

项目团队

姓名	电话	电子邮箱

导师

姓名	电话	电子邮箱

项目交流

邮箱地址		聊天室地址	
博客地址		维基地址	
在线信息发送地址		网站	
其他		其他	

角色和责任

项目管理员		项目秘书	
聊天室主持人		博客管理员	
维基管理员		交流管理员	

项目概要			

项目成果			
（比如项目网站、报告、传单、陈述发言等）			

项目资源：电子期刊

期刊名字	网址	价值

项目资源：网站

网址	价值	网址	价值

项目团队的基本规定			
1			
2			
3			
4			
5			
6			
7			

项目时间表			
任务	细节	执行者	完成日期
项目结束：日期			

刚进大学的学生具备的计算机技能和知识水平各不相同。如果你对计算机操作和电子技术不熟悉，阅读这章之后会大概了解大学学习期间可能会用到哪些电子技术。你可以了解自己需要培养哪些技能、具备哪些计算机知识，从而成功修完自己的课程。如果你在高中期间已经使用过个性化的在线学习方法，那么你会发现这一章为你培养更高阶的研究技能、进行在线互动式学习搭建了一个坚实的平台。

不管你熟不熟悉计算机操作方法和计算机知识，在线学习和电子资源发展很快。对于成功的在线学习者来说，重要的不是你知道些什么，而是你对待这种学习方式的态度——你能不能以开放的心态接受它？如果你对怎样用新技术辅助学习感兴趣，能以开放的心态不断尝试，就会对你的学业很有帮助。在线学习和个性化学习可以鼓励、辅助人们采用互动式学习方法，广泛参与在线社交式学习。如果你喜欢一个人学习，习惯被动的学习方法，那在线学习对你来说会有些困难，不过你会发现这样学习更有趣、更开心，也给你提出了更大的挑战。

新技术大多数都有广泛的适用性，看看哪些操作方法最适合你。对于残障学生或者无法去学校上课的学生，电子技术提供了很好的机会，让他们可以参与进来，获取广泛的资源。

每个学生都有自己的偏好：对技术有多依赖、喜欢怎样使用……一般可以把各种方法结合起来使用，而且这么做对很多学生来说也是最好的方法。看看怎样把在线学习和传统方法结合起来最适合你。

练习题参考答案：高级搜索（详见第151页）

1 错误。"AND"排除了那些不同时包括两个关键字的条目，所以搜索结果数量会减少（详见第150页）。

2 正确。

3 (1) 项。

4 (3) 项——只能搜索到那些完全和这个词组相匹配的结果。

5 "design*"会找到"design"、"designers"和"designs"，但也会找到一些不相关的条目，比如"designate"。

6 (1) 项比较合适的搜索字符串可以是：

nurs* AND method*

这样会找到那些提到"nursing"、"nurses"、"method"、"methodology"或者"methodologies"的网页。

(2) 项比较合适的搜索字符串可以是：

monopoly? as a trend? in world? trade?

可能会获得这样一项条目：

Monopolies as a developing pattern in the global market.

7 (2) 项主要搜索相关的条目，但会寻找相关的替换词，比如"world"、"designers"和"designs"。A项过分缩小了搜索范围，而C项可能会包括很多不相关的条目，比如"global warming"、"globalisation"或者"local design"，却忽略掉与"designers"有关的条目。

Chapter 8

大学写作

学习目标

通过对本章的学习，你会：

- 更加清楚自己需要提高哪些写作技能。

- 如果已经离开学校一段时间，就要重新培养写作习惯。

- 学习怎样着手写作，克服写作障碍。

- 学习怎样检查作业题目。

- 形成一套论文写作和报告写作的固定流程。

- 理解什么是概念，什么是"概念金字塔"。

- 制订理清思路、规划写作、架构论文和报告的策略。

- 学习怎样完成一项写作任务的各个步骤，比如写若干稿、修改、提交纸版或电子版作业。

高质量完成写作任务既是挑战，又是在学习中最能获得成就感的事情。几乎所有学生都觉得自己的写作水平在大学期间得到了很大提高。这个结果一部分是因为他们进行了很多练习，一部分是因为他们通过从多个角度对事情进行分析，批判性思维意识有所增强。

写作和其他的学习过程不可分割，比如反思、设定目标、组织和查找信息。虽然本书把这些技能分布在不同的章节里讨论，但在实际学习中你会发现它们是相互联系的。如果你对Chapter 4和Chapter 6的内容已经很熟悉，那么这一章的学习效果会更好。完成前几次写作之前，浏览一下Chapter 9、11、12会对你有用。

这一章将会讨论很多不同类型的学术写作都会用到的技能和写作的几个基本阶段。读完后，你会了解到怎样一步步完成论文或者报告写作。

随着你的写作技能不断提高，对写作要求的认识也越来越清楚，你可以更灵活一些，发挥创造力，形成自己的写作风格。但是要警惕那些声称欣赏"个性"的老师：他们的意思一般都是"在符合本学科领域常规和惯例前提下的个性"。你要先了解清楚哪些做法在本学科中可以被接受，哪些不能。

我擅长处理写作任务吗

在下面表格中合适的地方打勾，为自己现在的表现打分
（9=很好，1=差/需要改进）。

我知不知道……	知道	打分	只需要练习	不确定	不知道	页码
■ 怎样养成写作习惯?						169–70
■ 写一篇文章怎么开始动手（"克服写作障碍"）?						172–4
■ 论文是什么?						175, 219–24
■ 写论文的流程?						176
■ 怎样分析作业问题?						178–9
■ 怎样组织信息?						182–3
■ 如何使用、整理各个概念?						187–90
■ 怎样架构一篇论文?						184
■ 怎样架构一篇报道?						264
■ 怎样把段落写好?						192–5
■ 怎样运用论据，说服别人?						211–12, 284
■ 有关不同学术写作风格的内容吗?						181, 209–16, 285–7
■ 在写作中怎样运用个人经验?						216
■ 怎样写稿、修改、校对?						191, 196–7
■ 怎样提交写作成果?						198–9
■ 怎么写能得高分?						217
■ 怎样借鉴别人的反馈，获得更高的分数?						218

你认为下次写作的时候哪两项是最需要提高的? 用彩色把这两点标记出来。

下次作业发下来之后，根据老师的反馈，再做一次这项评估。

克服对写作的恐惧心理

随便做些标记，不要对着空白的纸张发呆。

如果你的写作水平不高，那就试试下面这些简单的练习。如果对自己的写作技巧有信心，可以直接跳到后面你觉得对你真正有帮助的部分。

养成写作习惯

- 用不同风格的字体把同一个字写10次。觉得哪种最舒服？
- 写一个小时候很喜欢的故事。
- 给朋友写信，说一说自己希望毕业后有哪些收获。
- 写出10个觉得读音很好听的字。用这10个字编一小段话，编得多离谱都没关系。
- "1分钟练习"：给自己1分钟时间写出下面其中1项：
  - (1) 我吃过的最难吃的东西……
  - (2) 我遇到过的最尴尬的事情……
  - (3) 我很幸运，因为……
  - (4) 让我紧张的事是……
  - (5) 我喜欢的东西是……

连续写5分钟

1 随便选一个话题。
2 一直写，不要停下来想。练习的目的就是适应连续的写作，不管写的是什么内容。尽量多写一些。
3 当你能连续写5分钟以后，把时间延长到10分钟，慢慢提高自己的能力限度。

从环境中找灵感

图片　照片　音乐

梦

街上看到的东西

和朋友聊天

从看到、听到、想到或者梦到的所有内容中寻找灵感。

画一张人生历程图

- 把自己小时候、家里、上学时、工作时经历的所有重要事件包括进来，还有自己感兴趣的事，等等。
- 每一项写几句话。
- 选其中一项，写出更多细节。描述一下发生了什么，当时你有什么感受，长远来说它对你产生了什么影响，当时发生的情况是不是不同寻常，等等。

人生历程图

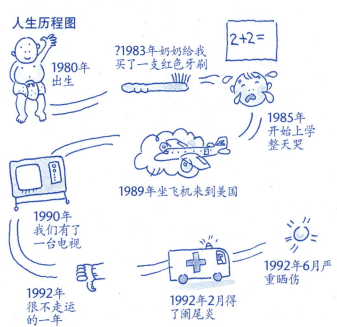

1980年出生

?1983年奶奶给我买了一支红色牙刷

2+2=

1985年开始上学整天哭

1989年坐飞机来到美国

1990年我们有了一台电视

1992年很不走运的一年

1992年2月得了阑尾炎

1992年6月严重晒伤

提高写作水平

大多数有写作经验的人都会反复修改自己的文章，提炼思路，寻找更好的表达方式，精简太长的内容，或者添加更多细节，形成完整的思路。

改写1：添加写作内容

- 找出写过的一篇文章。
- 列出5点可以添加进去的内容，让文章更完整。
- 添加一些你了解到的别人的观点：电视上看到的、广播里听到的或者书里读到的。
- 就写好的某个方面添加个人观点。
- 把文章改写一遍，加上新的细节。

改写2：琢磨、思考

考虑一下写好的内容是不是恰当。比如你可以：

- 改变句子的顺序。
- 改变其中某些字词。
- 增加更多细节。
- 改变段落的顺序。
- 提出问题，把写好的内容变成答案。
- 从相反的观点出发考虑问题，并写下来。

改写3：组织材料

- 从写好的文章中选出一篇。
- 通读一遍，用不同的颜色把每个主要观点标出来。每次主题变化都要变换颜色。如果某个主题第二次出现，用与之前相同的颜色把它标出来。
- 全部完成之后，看看颜色变化的频率。
- 改写这个段落，让所有标同样颜色的部分都出现在一起。

写作焦虑

学生中普遍存在的焦虑

对写作感到焦虑是大学中常见的一种现象。

我写了一个句子，划掉，又写一次，又划掉，把纸扔进垃圾筐，又写一句，再划掉……

我一看见论文的标题就慌了，心里想："我可是一无所知啊！"

我就是没法动手——一直拖延，经常最后只能匆匆忙忙得赶完。

有人一晚上就能写出一篇报告——我却得一遍一遍反复地写。

是不是找到了共鸣？你觉得动手写文章最困难的地方在哪儿？下面的这张列表也许可以帮你理清头绪。

为什么迟迟不能动手

- ☐ 看到空白的页面我就没法动手。
- ☐ 我脑子里一片空白。
- ☐ 我不知道从哪儿开始。
- ☐ 我就是没办法投入进去。
- ☐ 我没有别人优秀。
- ☐ 脑子里的想法不停在变。
- ☐ 我的字迹让我很尴尬。
- ☐ 我的拼写让我很尴尬。
- ☐ 我很担心语法和标点错误太多。
- ☐ 其他原因。

在日记里记下你的想法和观察到的问题：动手写作时都遇到了什么困难？

学术写作和其他活动的相似之处

每天你都会遇到一些需要规划、需要决策的事情。回忆一次最近完成的活动，比如安排一次假期日程、选择某门课程、组织一次聚会。在另外一张纸上描述一下在这件事中，从头至尾你具体做了什么。

这次活动很可能涉及**6**个阶段，在你经历过的阶段前打勾。

学术写作遵循同样一套规划、决策的程序。假设你要写一篇"有关动物克隆理论的影响"的文章。你可能对这个题目知之甚少，也可能没有清晰的概念，但可以用分析上述活动的方法处理这个写作任务。

☐ **1**	总体上确定要做什么。
☐ **2**	搜集要完成任务需要的相关信息或资料。
☐ **3**	计划做事的顺序。
☐ **4**	执行计划。
☐ **5**	检查一下有没有按正确的方法完成任务。
☐ **6**	反思一下下次怎么可以做得更好。

练习

接手写作任务

要规划好一篇文章，你很可能会经历表中列出的步骤，但实际经历的顺序不同。

■ 按照你自己习惯的顺序把这些步骤重新排序。

■ 考虑还可以用什么其他顺序。

■ 然后看看下边的参考答案，比较一下自己的排序。

■ 你自己的排序会更适合你吗？

可能的排序：

5 4 7 8 3 13 2 6
10 11 12 9 1

5 4 7 8 3 13 2 6
12 11 9 10 1

经历的步骤		排序
1	考虑下次怎么做得更好。	
2	制订大纲计划。	
3	把各种想法排序。	
4	搜集资料（阅读、采访、实验等）。	
5	查看题目，判断有哪些要求。	
6	写初稿。	
7	记阅读（采访、实验等）笔记。	
8	筛选要包括到写作中的相关信息。	
9	写出终稿。	
10	写出参考文献（书和其他信息来源）。	
11	通读写好的内容，检查通不通顺、有没有小错误，并加以改正。	
12	检查文章是否符合字数要求。	
13	把主要观点和辅助的细节、例子分开。	

克服写作障碍

下表的内容可以帮你克服写作障碍。其中哪些对你最有用?

☐ 快速书写

把想法快速写下来,顺序不限,潦草一点也没关系——不管想到了什么都写下来,然后把写完的内容重新排列顺序,再写一次。

☐ 只是草稿而已

把每次要写的文章看成要经过反复修改的草稿,因为只是草稿,所以不需要写得很好——只是等着继续修改的基础而已。

☐ 用铅笔写

这样你就会记得这一稿只是粗略的版本,允许犯错误!

☐ 在活页纸上写,不要用纸页固定的本子

如果不喜欢写完的内容,可以直接扔掉。另外,还可以把纸张撕下来,重新安排顺序。

☐ 忽略前几稿中的小错误

别急着去改正拼写这样的小错误——可以在最终稿里把它们改好。

☐ 只给自己看

提醒自己,除了你自己,没人会看到前几稿。笔记好不好看、写得整不整齐、有没有错误,在这个阶段都没有关系。能不能找一个信得过的朋友或者亲戚稍后帮你检查错误?

☐ 尝试

尝试一下能让自己开始动笔的不同方法(详见"开始动笔的小窍门",第173页)。哪些对你最有效?

☐ 可以从文章任意一个部分写起

可以按照任何适合自己的顺序来写——以后再做调整。比如,也许最后写引言部分更加容易一些。

☐ 在纸上画记号

如果空白的页面让你望而却步,在上面随便画些记号或者涂鸦,只要不是空白的就好。纸张只是个工具,不会对你有任何影响。

☐ 说出想写的内容

如果觉得通过书写很难表达你的观点,那么可以大声说出来,把自己要说的话录下来。之后把录音内容写出来,再加以修改。

☐ 一次只完成一步

把任务分解成若干个容易管理的步骤。回顾一下CREAM学习法(详见Chapter 4)的内容,比如制订小目标。

☐ 使用电脑

用电脑写的话,对写好的内容更容易做出修改。可以利用拼写检查功能,而且谁也看不到你的笔记!

☐ 在电脑上头脑风暴

想想可能有哪些标题和想法,然后快速输入,显示在电脑屏幕上。打印出来,剪切好,然后在一张大纸上重新排列剪切下来的一项项内容,直到找到你满意的顺序。按照想好的计划,在电脑上"剪切、粘贴"这些标题,然后写出每个标题下对应的内容。

☐ 使用专业软件

使用电脑思维导图软件(比如Inspiration),制作图形笔记或者线性笔记。可以在屏幕上用不同的颜色把各种想法标记出来;如果有彩色打印机,也可以把图彩打出来。如果在整理思路上有困难的话,这样做很有帮助。

☐ 休息和放松

如果大脑一片空白,可能是累了,或者压力太大(详见"压力管理",第322页)。

开始动笔的小窍门

这里有一些帮你开始动笔写作的小窍门。

- 可以把几项结合使用。
- 你想尝试一下哪几项？
- 在日记里记下哪些最适合你。

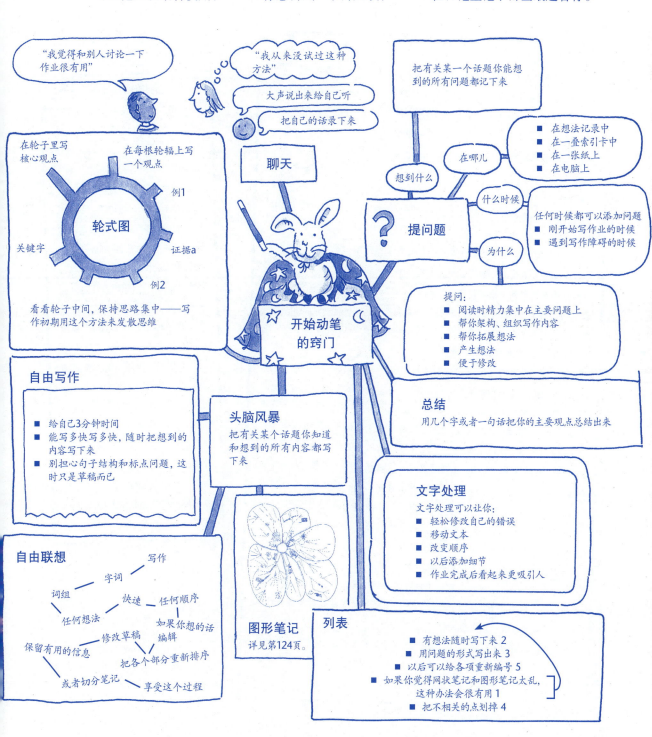

克服写作障碍的实例

下面两位同学描述了他们怎么把这章中提到的一些方法融入自己的写作中。你可以在自己的写作中借鉴他们的方法吗?

Marco

我以前的做法

以前我总是盯着白纸发呆，不知道从哪儿开始写。我已经读了资料，脑子里知道想说什么，但开始动笔写好像比登珠穆朗玛峰还难。不管我写什么，好像都是错的。我会写一行字，然后划掉二三十次，或者更多次，再重新拿一张纸，重复同样的事情。

我现在的做法

现在我意识到，以前我总是在还没准备好的时候，就希望把最终稿写好。计划不足，所以根本没有用，我那样做其实是想在同一时间完成好几项任务：拓展思路、组织信息、写出终稿和用恰当的学术语言表达出来。怪不得我会觉得那么难。

现在我开始写作时做的第一件事是画一张笑脸，提醒自己这只是一份草稿——不是最终的完成版，所以犯错误也没关系。接下来，我把视线从页面上移开，也许还会把笔放下。我想出几点希望写入文章的内容，快速列出一张表。随着列表越来越长，我把它们转化成一张思维导图——我想其他人是反过来做的，但是这么做似乎挺适合我。我不断提出问题，不断拓展导图中的每个部分（谁？为什么？多久一次？经常吗？到处都是？例子？我是怎么知道的？……）我会一边读自己的上课笔记，一边把细节添加到导图中。

当所有需要的信息都出现在思维导图上以后，我会想一想有哪些主题，按它们在文章中出现的顺序进行编号。对每个主题下面的各个话题和其他材料我也用同样的方法，这样可以确切知道每个部分都放在哪儿。我还在思维导图上每个主题周围用不同的颜色画一个圈，这样可以明显地区分出来。有时候我会把思维导图再转化成一张列表，这样对自己手上的工作更清楚。

然后我会从看起来最容易的话题着手，写出基本内容——这个阶段对写得好不好不要太挑剔——只是个起点而已。我不断提醒自己，我可以从任何一句或者句子中的任何一个部分写起，顺序也不限，只要自己觉得容易就好。可以稍后再改正错误、进行编辑、移动位置。到了改写的时候，很多想法就会自然跳出来，很多明显的错误也会很容易就发现，因为这时我有了参照的基础。

等到要最终成稿的时候，我已经写得差不多了。通过把写作分成几个阶段，我不觉得有某个很可怕的时间点，因为要正式"开始"写作前——所有的内容都已经一点点累积而成了。

Ayeesha

我的写作方法已经彻底改变了。我习惯使用"标题和项目符号"，我把这些直接输入电脑里，这样可以很容易把各项内容组织起来，剩下的任务就是把各个点连起来。我会就每个点写一两句话，每个标题下的内容都写成一个段落。然后我再写结论和引言部分。这个过程中我会不断做出小的调整，修改小错误——我想自己是个完美主义者。最后，我把它打印出来，去掉标题，找出100个要改正的错误——大多数都是小错误。然后我再打印一次，找出20个要修改的错误。我觉得自己像艺术家一样在打磨自己的作品，直到自己觉得满意。当然了，我不会百分之百地满意，因为没有完美的作品，你必须做个决断，告诉自己"就这样了"，这是现有条件下你能做到的最好版本，然后把它交上去。

论文和其他学术写作

学术写作

下面几页将讨论一些基本问题：

- 什么是论文。
- 完成写作任务的7步流程。
- 分析论文题目。
- 架构写作内容。
- 写草稿、编辑、校对。

接下来的一章会介绍学术写作更高阶的特点，最好把这两章放在一起读。

什么是论文

论文是按照一套既定惯例写出的文章。下文简要回答了很多新同学的疑问（见第226页图示）。

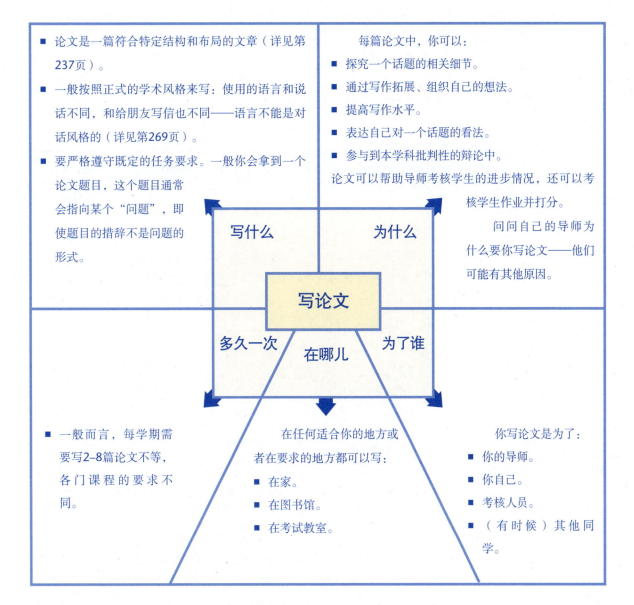

- 论文是一篇符合特定结构和布局的文章（详见第237页）。
- 一般按照正式的学术风格来写：使用的语言和说话不同，和给朋友写信也不同——语言不能是对话风格的（详见第269页）。
- 要严格遵守既定的任务要求。一般你会拿到一个论文题目，这个题目通常会指向某个"问题"，即使题目的措辞不是问题的形式。

每篇论文中，你可以：

- 探究一个话题的相关细节。
- 通过写作拓展、组织自己的想法。
- 提高写作水平。
- 表达自己对一个话题的看法。
- 参与到本学科批判性的辩论中。

论文可以帮助导师考核学生的进步情况，还可以考核学生作业并打分。

问问自己的导师为什么要你写论文——他们可能有其他原因。

写什么

为什么

写论文

多久一次　**在哪儿**　**为了谁**

- 一般而言，每学期需要写2–8篇论文不等，各门课程的要求不同。

在任何适合你的地方或者在要求的地方都可以写：

- 在家。
- 在图书馆。
- 在考试教室。

你写论文是为了：

- 你的导师。
- 你自己。
- 考核人员。
- （有时候）其他同学。

写作的7个步骤

在形成自己的一套写论文和写其他作业的方法之前，你可能觉得以下关于写作的7个步骤会有些帮助。

1 明确任务

开始查找资料之前，要清楚自己到底要找什么。

- 认真查看作业题目和课程笔记（详见第178页）。到底有哪些要求？不确定的话尽早向导师请教。
- 用一句话总结出自己的基本观点或论点。随着工作不断进展，可以随时调整。
- 用头脑风暴或者记图形笔记的方法，记录下自己已知的内容。
- 需要读些什么或者查找些什么内容？

3 组织和规划

随着工作的深入，规划好自己的写作工作（详见第183页）。

- 画一张大图，把所有的想法和细节联系起来。
- 初期制订一份粗略的大纲计划，可以随时修改。

随时检查正在做的工作。认真规划：

- 有助于防止重复。
- 有助于理清思路。
- 帮你组织材料。

2 搜集、记录信息

搜集自己需要的信息，但要有重点。

- 有选择性——不能把所有内容都用进去。
- 提一些问题，引导自己查找资料并寻找答案。
- 查看字数限制，看看每个要点可以写多少信息。
- 手边放一个笔记本，以便随时把想法记下来。

资料的种类

可以使用任何相关资料：

- 事实类信息。
- 想法、理论、意见。
- 经历。

信息来源

你可以从很多信息来源获取信息，包括：

- 书、文章、官方报告、调查。
- 上课笔记、实验数据和项目数据、互联网、采访。
- 电视、广播、报纸、视频。

方法

不停地问自己：

- 我需要这些信息吗？
- 怎么利用这些信息？

记录

随时记录信息（详见第127页）：

- 在哪儿找到的信息和观点——以便以后写参考文献（详见第132页）
- 主题、理论、日期、姓名、数据、解释、例子、细节、证据、页码（详见第122页）。

4 参与、反思、评估

信息搜集好之后，想想现在的进展。

- 发现了什么？
- 自己的观点有没有变化？
- 自己的论据清不清楚？
- 证据或例子是否不充分？
- 哪些论据或者证据与你的观点相反？这些内容合理、有效吗？
- 现在在对老师为什么布置这项任务是不是有了更清楚的认识？

5 写出大纲和初稿

现在开始架构你的文章。

- 调整自己的规划。利用图形笔记或者标题和项目符号来调整引入观点的顺序。
- 想清楚每个要点可以写多少字。哪些内容必须省去？
- 写出初稿。快速写完，因为这只是草稿。也许先把标题输入到电脑中更容易一些。
- 从看起来最简单的部分开始写。
- 坚持写下去：别担心风格问题。
- 开始时用短句简单、清楚地写出来。

1 标题
2 引言
3 主要论点：笔记Q（红色）
　　支持的证据：笔记Q，第3–4页
　　反对的证据：笔记Q，第5页（橘黄色）
　　评价证据
4 其他理论1：笔记R（黄色）
　　应用示例
　　支持的证据
　　反对的证据（柠檬色）
　　为什么没有说服力
5 其他理论2：笔记S（绿色）
　　评价证据
　　为什么没有说服力
6 根本问题：笔记T（蓝色）
7 结论
　　a
　　b
　　c

6 修改初稿

修改自己的初稿，可能需要反复修改几次，每一稿文章的质量都会提高。每一稿和上一稿之间留出些时间，积淀灵感。

- 改写初稿（详见第191页）。调整文章结构（详见第184、264页），把文章分成若干个段落。
- 确保读者觉得论据清晰明确。
- 检查一下有没有把支持自己观点的证据和例子包括进来。
- 写出参考文献（或者参考书目）。

7 终稿

编辑终稿，修改其中的错误（详见第197页）。

- 享受"完善"自己作品的过程。
- 大声读出来，检查写作的逻辑是否清楚。
- 不断修改，直到自己对文章满意。

分析题目

把题目拆分理解

不管题目怎么措辞，所有作业题目都包括一个必须回答的核心问题。你的主要任务是把知道的内容应用到特定的问题中。写作业不是为了显示你知道多少——不管你的文章写得多好，如果没有回答"题目中的问题"，你可能根本得不到分数。

老师给分的依据一部分是你的信息筛选、组织得怎么样，能不能满足题目或问题的要求——即使在考试中也是这样。利用题目或者问题引导自己该选择哪些内容来阅读或者记录。

重点关注题目

很有必要花些时间，确保自己正确理解了题目的要求。

- 大声、慢慢得把题目读3次。
- 把说明该采用什么方法的字词标记出来（详见第179页）。
- 用下划线把引导你选择作业主题的字词画出来。
- 把题目写出来，帮助自己理解。
- 文章会包括几个部分？
- 用自己的话写出更多细节。这次作业的实际目的是什么？核心问题是什么？
- 它和哪些话题性事件有关？
- 和其他人讨论一下这个题目。
- 这个题目和你读过的内容或者上课听到的内容有什么联系？还问了哪些你需要查找的问题？

记笔记

用自己的话把问题的具体要求写下来，之后这可能成为你文章引言中的一个重要部分。

- 记下自己看到题目马上想到的问题，比如"这件事为什么发生？""……多久一次？"或者"……具不具备代表性？"

把题目拆分理解

- 问问自己为什么提出这个问题。是不是有些公共争议或者学术界的争议你需要知道？有没有需要知道的重要事件？
- 记下你对题目的思考和自己的观点。
- 你知道些什么内容？有没有证据能支持自己的观点？
- 你不知道什么？在哪儿或者怎样可以找到更多相关内容？

紧扣题目

始终关注题目

把题目放在你能轻易看到的地方。

不断查看题目的具体措辞

随着资料查找和写作的不断深入，提醒自己题目具体是怎么措辞的。人们很容易忘掉题目的重点，跑题到其他内容上。

引言

在"引言"部分（文章的第一段）直接提出文章的题目，让读者的注意力集中到这里。说说你是怎么解释这个题目的，一种做法是用自己的话把题目重新解读一遍（如果你误解了问题，至少读者会意识到这种情况）。

结论

在结论部分再次提出文章题目，告诉读者你仍然在回答题目中的问题。把文章的最后一句话和题目中包含的问题联系起来。

题目中用到的学术关键词

如果下面这些词出现在题目中，表示你的文章中要使用相应的方法或风格。

说明 (account for)　　给出原因，解释为什么。

分析 (analyse)　　关注细节，写出事物的重要内容和主要特征。

评论 (comment on)　　写出主要问题，要依据你读到或者上课听到的内容做出反应，避免纯粹个人的意见。

比较 (compare)　　看看两项或者多项内容的相似之处。指出这些相似之处的相关性或者影响。

对比 (contrast)　　将两项或者多项内容放在对立位置上，寻找其中的不同。指出这些不同之处是否重要。需要的话，给出理由，说明为什么其中一项或者一条论点优于其他项（详见 Chapter 9）。

批判性评价 (critically evaluate)　　权衡某件事的支持意见和反对意见，判断两方面的证据是否充分。采用一定的标准来判断哪些意见、理论、模型或者项目点更合适。

定义 (define)　　给出确切的含义。需要的话，要写明你觉得这个定义可能带来什么问题，为什么。

描述 (describe)　　给出某事的主要特点或特征，或者简要介绍主要事件。

讨论 (discuss)　　写出某件事最重要的方面（可能包括批评），给出支持和反对的论据，考虑它的影响。

区别 (distinguish)　　说出两项内容之间的不同之处，这两项内容可能很容易让人混淆。

评价 (evaluate)　　根据证据评价某件事是不是值得、重不重要或者有没有用。很可能需要给出有说服力的表示赞同或反对的例证。

检查 (examine)　　把一项内容"放到显微镜下"，仔细查看细节。需要的话，还要"批判性地"作出评价。

解释 (explain)　　说清楚某件事为什么发生，或者为什么以那样的方式发生。

阐释 (illustrate)　　用例子或者证据把某件事说清楚，说明白。

解读 (interpret)　　给出一些数据或者其他材料的含义和相关性。

证明 (justify)　　给出支持一项论据或者一个观点的证据，表明在考虑到其他人可能提出的反对意见的前提下，为什么得出这样的结论或者决定。

叙述 (narrate)　　用讲故事的形式说出发生了什么情况。

略述 (outline)　　只给出主要观点，展示出主要结构。

建立联系 (relate)　　写出两项或者多项内容之间的相似之处和联系。

陈述 (state)　　用清晰的语言阐述主要特点（就像一张简单的列表，但用完整的句子来写）。

总结 (summarise)　　只写出主要观点（见"概要"），省略细节或例子。

在什么程度上 (to what extent)　　考虑一件事的真实性，或者对最终结果的影响。还要考虑一项命题在哪些方面不真实（答案经常介于"完全"和"完全不"之间）。

追踪 (trace)　　跟踪一个事件的进展或某个研究过程的不同阶段。

设计自己的论文题目

用5个简洁的段落描述世界简史！

有些课程要求学生自己设计论文题目。设计题目是一种艺术，因为好的题目可以帮你写出一篇强有力的文章。自己选择题目的时候，要考虑下面几个因素。

核心问题

好的论文题目一般会包括应该回答的一两个核心问题。题目应该包括类似下面的问题：

利率在多大程度上受消费支出的影响？

但问题并不总是很明显。比如：

比较消费支出和股票市场波动对利率变化的影响。

虽然措辞不同，但两句话中的核心问题都是："什么对利率的影响最大？还有什么也会对利率产生一定的影响？"

考虑每个题目之后，你应该对不同因素对利率变化的影响进行比较，同时在每篇论文中引入相似的材料。

对比的因素

最好选一个让你有机会分析、比较、对比、评估不同选项的题目。这样论文读起来更有趣，你也可以从不同的角度考虑问题，文章的结构也会更加充分。

简单

- 避免长而复杂的题目。
- 避免在同一个题目中包含多个问题。
- 如果有引言，引用简短的话，并附上一个典型的作业问题。
- 检查一下题目清不清楚，找一个不是专家的人问问，看他是否理解这个题目。

查找证据

确保你能够：

- 找到出版的资料来支持自己的论点。
- 很容易获取这些资料。
- 很容易搜集到你需要的任何新数据。

范围：选择一个具体的领域

确保论文的题目：

- 定义足够具体——应该非常清楚、具体地显示出你会写到哪些内容。
- 便于管理——指向某个领域的具体小组、地点或者类别，而不是泛泛而谈。
- 能在要求的字数之内讨论比较细节的内容。

议题

选择一个与自己学科相关的议题展开讨论。选择的题目应该能让你讨论这些问题以及有关的不同观点。这样你的逻辑主线会非常明晰（详见Chapter 12）。

练习

阅读下面的题目，你觉得每个题目分别存在哪些问题？

1 爬行动物。
2 "今天的世界比以往任何时候都安全。"——J.K.Moody（2012）。这是真的吗？
3 20世纪英国家庭在使用新技术方面发生了哪些主要变化？创新背后有哪些激励措施？谁推动了这种变化？这对女性的影响和对男性的影响相同吗？什么力量阻碍了这种变化？
4 暴力电视节目的负面影响。
5 描述一下安慰剂的作用原理。

对这些题目的讨论，详见第200页。有关怎样设计项目名称和毕业论文题目的内容，详见第256页。

所有学术写作的共同特征

虽然论文题目和其他作业题目的措辞不同，但几乎所有的学术写作都要求你做下面这几件事情。

利用参考资料

不要简单地陈述你的个人意见或者说出你的想法。相反，要从阅读、课堂笔记或其他渠道获取的资料中找出理由和证据，给出例子和案例研究。

比较和对比

大多数作业都要求有一些比较和对比的元素，尤其是对理论、模型或者研究发现的比较和对比。你很可能会读到不同的观点，权衡它们中哪个更有说服力。

根据标准给出评价

说出你用什么依据评价各项证据：比如你在用最新的数字，或者从规模最大的调查中摘取的数字，或者出于某个原因借鉴了某位知名专家的观点（比如使用了来自20个有效试验的证据）。详见"批判分析性思考"，Chapter 12。

对复杂情况的认识

表现出你对知道的答案通常都不是"一刀切"那么分明的。举个例子，虽然你引用的专家论据好像很有力，但他的20个实验对象可能都是小孩，而论文的题目指向的是青少年。承认自己论证方面的弱点，同时承认论据中的强项。清楚说明为什么得出一个明确有力的结论不容易。

论述有逻辑

在文章中呈现引导自己写作方向的推理主线，让一个要点有逻辑地引出另一个要点（详见Chapter 9和Chapter 12）。

做决定

经过最终分析，表示出论据的哪个方面或者哪个模型、哪个理论最合理。虽然论证的正反两方可能强弱相当，但要表现出你有能力在证据的基础上做出决定。

遵循既定的结构

每一种写作类型可能都有一套固定的结构，本学科领域可能也有一种特定的写作风格（不同的风格将在Chapter 9中介绍）。所有的学术写作都要求你把相似的要点归到一个段落或一个部分中，而不要散布在文章的各个部分。

不能逻辑混乱

把各个要点联系起来，组成句子和段落，让每个段落都和前面的段落自然顺畅地连接起来。所有内容都要按照核心的逻辑主线向前推进（这和呈现一系列随机的观点不同，也和在标题下罗列要点不同）。

要客观

绝大多数学术写作都要求你从文章中抽身出来，做一个客观的旁观者，分析问题时不要带感情色彩。

架构写作内容

文章的结构和组织方式与内容一样重要。重要的不仅仅是你知道什么，还有你组织这些信息的方式。

怎样架构学术写作内容

就像一座房子一样，一篇学术文章的结构和形式都由一些必要元素组成。

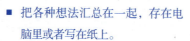

设计：你的论点

你要说的主题（你的论点）应该为整篇文章奠定基本结构。读者应该能够很容易看懂你的逻辑主线：怎么从A过渡到B再过渡到C（详见第211页和Chapter 12）。

脚手架：组织和规划

动笔之前，组织、计划好你的文章。

- 把各种想法汇总在一起，存在电脑里或者写在纸上。
- 制订一个工作计划，引导自己查找资料。
- 制订写作大纲规划（详见第183和185页）。

中心框架：正式结构

不同类型的写作，比如论文或者报告，要求用不同的正式结构（详见第184页和第264页）。

砖：段落

写作内容划分成一个一个的段落，而每个段落也有自己的结构。清晰的分段有利于读者阅读（详见第192–4页）。

水泥：文字

可以用语言，比如连接词和强调句等来突出你的观点，指明你的论据展开的方向（详见第195页）。

组织信息：把同类信息放在一起

首先，做做这个练习……

看看每个盒子里：

- 有多少个圆圈？
- 有多少个三角形？
- 有几种不同类型的三角形？

盒子B

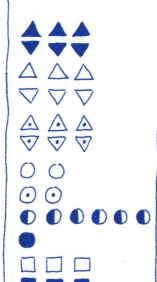

评语

你很可能觉得在盒子B里可以更快找到答案。如果确实是这样，那是为什么呢？

为什么把信息分类

把观点和信息分类有几点好处。

- 能更快找到要找的信息。
- 制订写作计划变得更容易，同时也更容易执行。
- 思路会更清晰。
- 读者会更容易看懂你的论证逻辑。
- 如果不分类，信息会很杂乱。

（详见第127、183页）

盒子A

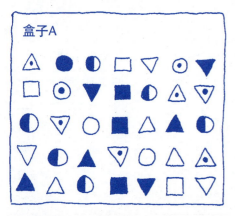

组织信息：规划写作内容

下面是你为完成作业而组织信息时需要经历的4个步骤。每个步骤都为下一个步骤打下了基础（同时见"记录、使用信息"，第127页）。

1 把写作内容分成若干个话题

记笔记的时候，把每个主要知识点或者话题写在一张单独的纸上可能更容易一些。或者你可以把所有信息点写在一张大纸上，这样可以清楚看到所有内容。

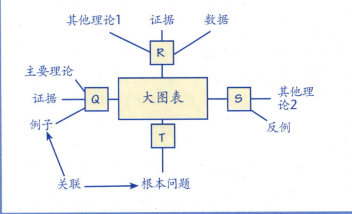

2 重新整理笔记

- 把笔记展开摆放，能全部看到。
- 看看手头有哪些内容。
- 把有关联的信息放到一起。
- 按照最合理的顺序排列这些材料。

有关Q 的笔记 （红色）	有关R 的笔记 （黄色）
有关S 的笔记 （绿色）	有关T 的笔记 （蓝色）

3 写出大纲

查找资料之前写好一份大纲。很多情况下你都会发现，自己知道的比你想象的要多。大纲有助于形成思路，找准阅读重点，然后你可以随时调整这份大纲。

```
1 标题
2 引言
3 主要论点：笔记Q（红色）
    支持的证据：笔记Q，第3—4页
    反对的证据：笔记Q，第5页（橘黄色）
    评价证据
4 其他理论1：笔记R（黄色）
    应用示例
    支持的证据
    反对的证据（柠檬色）
    为什么没有说服力
5 其他理论2：笔记S（绿色）
    评价证据
    为什么没有说服力
6 根本问题：笔记T（蓝色）
7 结论
    (1)
    (2)
    (3)
```

4 把信息分段

每段笔记用不同的颜色标记出来。上面所示的大纲按照彩虹的颜色排序来辅助记忆。每一段使用一种颜色：用同样的颜色把主要观点用下划线标出来，可以把这种颜色格局运用到图形笔记、大纲计划和初稿中。

归类完信息、制订好大纲计划后，就可以开始写作了。每个段落都应该有自己的主要论点——由一些细节或证据支撑、证明。每个段落都应该对应一套（或者一页）笔记（详见第192页）。

架构一篇论文

1 题目/问题

就像前面提到的（详见第178页），每个论文题目都包含一个明显或隐含的问题。整篇论文必须紧紧围绕这个题目，解决这个问题。

2 引言

在引言中要解释清楚这篇论文要做什么。

- 解释一下你怎么理解这个问题，总结你的结论。
- 说明要探索的问题。
- 简要说明你要怎么解决每个问题，用什么样的顺序。

   长度：大约占论文的十分之一。

3 展开论证或者逻辑推理

第1段：

- 这一段介绍你在引言中说明的要解决的第一件事。
- 第一句话引出这一段的主要论点。
- 其他句子都围绕这一段的主题展开，包括相关例子、细节、证据、引言、参考资料。
- 引出下个段落。

第2段和其他段落：

- 第一句或者前几句承上启下，与前几段联系起来，然后介绍这一段话的主要论点。
- 其他句子围绕这一段话的主要观点展开。

   （有关段落的更多内容，详见第192–4页。）

4 结论

结论中不包括新内容。

- 总结你的主题和论证。
- 陈述基本结论。
- 说清楚这些结论为什么重要或者有重大影响。
- 在最后一句话中简要总结你的论点，把它和论文题目联系起来。

   结论的篇幅大约占论文的十分之一。

5 参考文献和书目

列出你在论文中引用过的所有书籍、文章和其他资料（详见第132页）。如果必须写参考书目，列出所有相关文本的清单，包括那些你读过但没有引用到论文中的资料。

这里给出的结构是最基本的结构，不仅适用于论文，还适用于其他很多种写作类型。不同类型的论文的架构将在Chapter 9讨论。

规划写作任务

随着你开始了解不同的写作格式，可以使用恰当的结构来引导自己规划写作内容。

空间规划：分配好页数

开始查找资料之前：

- 看看每张A4纸上大概要写或要打印多少字。
- 查看一下这次作业的字数要求是多少。
- 明确整篇论文要写或者要打印多少页。
- 取出所需数量的纸。用铅笔画一下，每个部分、每一项或者每一个话题可以分配多少空间，示例见下一页的论文样本。每个部分可以分配多少字数？每个话题或者例子可以分配多少字数？

- 可能需要尝试几次才能把字数分配得比较均衡。看看每个话题或者每个例子可以写多少内容。
- 愿意的话，你还可以继续一项一项地把整篇论文规划在这些纸上。注意一下每项内容可以占多少空间。

有了这份空间规划图，现在你能不能看出：

- 你的作业一共会写多少页？
- 各个部分或者话题将会出现在纸张的什么位置？
- 如何把要求的字数划分到各个部分？
- 每项内容需要读多少内容或者要记多少笔记？

第219–21页论文的大纲规划如下：

第1页

引言（100字）
- 定义
- 论文包括哪些内容，各部分内容的顺序

第2段（150字）
- 母爱剥夺理论——早期建立感情纽带的基本内容
- 后期："安全基础" + "探索"行为
- 反对送孩子去幼儿园，认为那是有害的

第3段（150字）
- 为什么Bowlby的理论会产生重要影响
  ——社会原因
  ——研究证据
  例如，Goldfarb (1947)
  Robertson (1967–1973)

第4段（150字）
- 后来的证据与早期的研究结果背道而驰
  例如Tizard (1970s)
- Bowlby的理论好像不太能让人信服
- 幼儿园看起来没有那么糟糕

第2页

第3页

第5段（150字）
- Mary Ainsworth (1978)——新的研究发现支持Bowlby的理论
- 但是这种研究也受到一些人的挑战

第6段（200字）
- 为什么很难评估这些研究结论
- 抑郁的母亲：表明日托幼儿园还是有用的

结论（100字）
- 理论被修改
- 社会条件和日托环境发生变化
- 在一定的条件下，日托可能有益

参考文献

第4页

规划写作各个阶段

制订写作大纲的方法

草拟大纲

用图形笔记或者规划结构图说明你知道哪些内容、当前阶段你认为哪些是主要问题、你提出的问题、需要查找的内容。

行动计划

把你要查找的内容列表转化成一份行动计划，上面标出每项内容的轻重缓急（详见第78页）。

分配时间

利用"从最后期限开始向后推算"表（详见第79页）和你的日记来计算什么时候、在哪儿要完成写作过程的每个阶段。完成第一次作业之后这项工作会变得简单一些，因为你已经大概了解了自己的写作步调和速度。

要完成哪些基本工作？如果有时间的话，你想查找其他什么资料？根据你的进展情况，可以调整自己的阅读和笔记。

修改大纲

需要的话，随时修改你的大纲。可能随着你的想法越来越丰富、内容越来越复杂，你要把大纲修改几次。这是理解一个主题这个过程中的一部分。

形成清晰的大纲终稿

把大纲终稿写清楚。需要的话，用修正液把不需要的内容涂掉，用彩色突出显示部分内容，或者把杂乱的部分重写一次。

注意一下自己有没有用"整理大纲"这个借口拖延动笔写初稿的时间。

从图形笔记到线性规划

动笔写文章终稿之前，很有必要明确一下论文的结构。如果自己不清楚论文结构，写作和思考就会混沌不清。

图形笔记在规划阶段非常有效，但直接根据图形笔记写文章可能有些困难。它显示出各项之间的关联，和人的大脑组织信息的方法相似，而写作是线性的、连续的——一点紧跟着另一点。另外，图形笔记主要是描述性的。根据这种类型的笔记很难进行分析、评价或者对比，虽然这些是论文要求的内容。

下面的方法可以帮你把图形笔记转化成文字写作。

- 利用图形笔记想想自己知道些什么，并帮助自己拓展思维、产生新的想法。在这个阶段要鼓励自己发挥创造力，不用担心组织信息的问题。

- 在图形上用颜色、编号和连接线把相关的信息联系起来。

- 重新做一次图形笔记，把所有相关的内容都放在一起。

- 作为图形笔记和线性写作的中间步骤，你可能需要画金字塔图（详见第187页）。将图形笔记中的每个主要部分在单独一张纸上画出金字塔图。经过练习，你的金字塔图会清楚说明你的信息组织方式。

- 根据你的笔记或者金字塔图，写出主要标题，在每个标题下列出主要内容点。利用图形笔记中同样的颜色引导自己，把这些列表放到你的空间规划图中（详见第185页）。

用概念金字塔组织观点

什么是概念

概念是你脑海里对一组相似物体的表述。比如，"餐具"这个概念包括一些不同的物体——比如有4根尖头的叉子，圆头的勺子和尖尖的刀。从概念上来讲，所有这些物体都共享一个特征：是吃东西时使用的工具。有时候用"概念范畴"这个词组来替代"概念"一词使用。

这种识别、共享概念范畴的能力让我们更容易与其他人交流：说话的时候不需要把所有细节都描述出来。学术写作中如果想法条理清晰，读者可以更轻松地猜出内容的含义和其他信息。

用概念金字塔组织观点

我们可以把概念分成不同的等级，形状就像一个三角形或者金字塔（见右侧"树"的简单示例）。并不是一定要用概念金字塔，但这确实是一种分析工具。

```
                  树
            ┌─────┴─────┐
          树枝          树根
         ┌──┴──┐      ┌──┴──┐
     地面以上 有树叶 地面以下 吸收营养
```

最宽泛的信息，或者包含内容最多的标题放在金字塔的顶端。树的各个方面放在下一层。这些方面的细节内容放在更下面一层，以此类推。

金字塔的每一层显示出一个不同范畴的信息。不同的范畴层级有自己的专业术语，但日常说法也可以用。

为什么概念很有用

每当我们遇到一个新事物时，大脑会把这次新体验的主要特征与以前经历的主要特征做比对，寻找匹配的特点，之后会猜测这个新事物是什么类别——也就是它的概念范畴。

枝杈、躯干、叶子、鸟巢——一定是棵树。

识别了这个事物的范畴之后，大脑会再次做出猜测，联想其他信息。

如果是棵树，一定有根和树叶。它不会移动。我不需要带它去散步。分类完毕！

专业术语	日常说法
上级范畴	上一层（树）
中级或者基本范畴	中间层（橡树）
下级范畴	下一层（红色的橡树）
示例	例子（这棵红色的橡树）

在另外一个金字塔中，"植物"可能是上一层概念，"树"就成为中间一层的概念。

举例：对比鸟类和哺乳动物的概念金字塔

　　第189页示例的概念金字塔包括更多细节，显示出有关动物的不同层级的信息可以怎么安排。

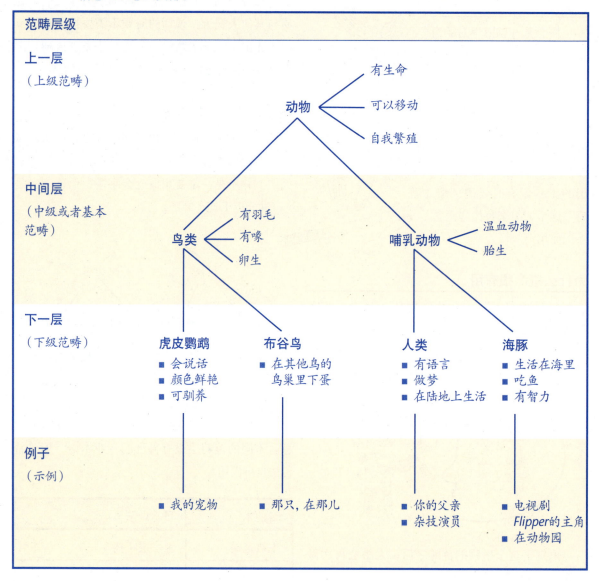

　　如果上一级是"绘画"，中间一级可能是绘画的风格"印象派"。下一级可能是画家，比如莫奈，例子可能是莫奈的作品《水百合》（*Water Lilies*）、《柴藤》（*Wisteria*）和《白杨》（*Poplars*）。你可能对绘画的各个细节进行不同层级的分类，比如把尺寸、色彩、设计或画法作为范畴标题。

　　如果上一级是"乐器"，那中间层可以是"鼓"，下一级可能是"定音鼓"或者"非洲鼓"。具体的例子可能是"桌子上的那只鼓"或者"Gino的新架子鼓"。

按金字塔的形式规划论文

　　论文结构中包括若干个概念金字塔，这些金字塔融合成一篇连续的文章。概念金字塔是图形笔记和线性文字中间的过渡，既包括结构，又包括线性展开。和图形笔记不同，金字塔可以让你把一类信息和另一类信息做对比，权衡两方的轻重，同时视觉上又能看到这一点。

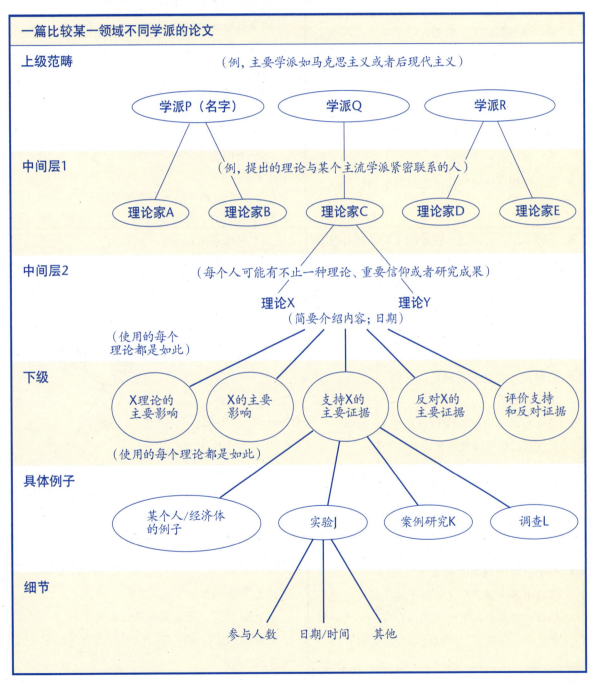

利用金字塔问题帮助规划文章

在每个层级上问自己一些关键问题，帮助查找或组织信息。

上级：

■ 针对这个问题有多少种主要的学派？

■ 哪些学派最相关，需要包括进来？（不确定的话，继续进行到下一级，看看谁说过什么或者写过什么）

中级：

■ 哪位理论家（或者法官、作家等）说了什么，什么时候说的？

■ 怎么能把这些内容简洁地总结出来？

下级：

■ 总体看来，支持这一理论的主要证据有没有说服力？

■ 这一观点或者理论有哪些主要影响？

■ 这一观点或者理论有哪些主要应用？

■ 反对这一观点或者理论的证据主要有哪些？

■ 总体看来，论点的支持证据或者反对证据有没有说服力？

示例：

■ 需要包括具体应用的例子、影响或者具体的证据吗？哪些例子最合适？

■ 根据字数限制和时间要求，应该给出多少细节？比如对于这项研究，是不是只够提一下名字和日期，再写一句话？或者是否写不够字，所以可以多给些细节？

利用金字塔合理分配字数

把信息转化成金字塔之后，看看你的内容是否符合字数要求？

信息太多

如果信息太多，就要删掉一部分内容。

⊠ 如果某一个层次上有若干个例子，从中选出一两个就好，在其他层次上也是一样。

⊠ 如果字数已经快够了，那么写到具体的例子时可以只提名字，不介绍细节（这在一定程度上取决于属于哪个学科）。

信息过少

如果内容太少，你可以增添些内容，直到符合字数要求。

⊠ 在中间层或者下层中增加更多例子。

⊠ 把具体的例子写得更具体一些。判断一下这些例子在整个作业中发挥的作用。

保持金字塔平衡

一般而言，更重要的是在中间层和下一层给出更多的想法，而不是给出示例的大量细节（详见第306页）。

撰写初稿

写作的艺术在于反复修改

职业作家往往把自己的作品修改很多遍之后才觉得满意，而很少会在写最终稿时突然文思如泉涌，一气呵成。

如果先完成资料的查找、内容的规划和信息的组织之后再写作，写作就会容易很多。同时，如果你在每一稿中关注一个不同的方面，写作也会变得更容易。

第1稿：在初稿中把想法记下来。

利用已经做好的规划，别担心风格和语言的问题：

- 关注文章的核心问题：写出你对文章题目的解读。
- 你的核心论点是什么？写出你的中心思想或者推理的主线。
- 根据规划（金字塔等）写出标题和子标题，但在终稿里要把这些删掉。
- 在每个标题下添加细节，把标题和内容点连成句子。
- 利用做好的规划：每写好一个段落都要回头看看你的规划。

第2稿：调整结构。

检查一下信息有没有分类、排序——尤其有没有写成一个一个的段落（详见第192页）。如果还没有，用剪刀把你的文档剪切成一块一块的内容，重新排序，或者用标注不同颜色和编号的方式为段落排序，再按这个顺序把它们改写一次。

检查一下论据的条例是否清楚，段落之间的逻辑关系是否合理。需要的话，加些句子把各个想法连接起来。这项工作可能要做不止一次。

第3稿：调整风格。

把自己写完的内容大声读出来。听起来怎么样？还能进一步改善文章的风格吗？在需要的地方加一些句子或者细节。

第4稿：最后修改。

记得在每两稿之间留出至少一天时间。大脑会继续酝酿各种想法。稍加休息之后，你会发现能更轻松地找到需要修改的段落（详见"编辑初稿"，第196页）。

在电脑上写初稿

在纸上写什么，在电脑上写什么，在二者之间用怎样的频率切换……对于这些问题，每个人的偏好不同。试试不同的做法，看看哪种最适合你。

在电脑上写初稿是个比较连续的过程——你很可能会发现自己在这个过程中修改了很多小错误，文档也移动了很多次。到写终稿时再检查拼写错误。

文件管理

如果你想对初稿做出重大修改，那就先把它保存一份，在文件名最后加上一个编号（"文件名2"），然后再修改这一版。如果你改主意了，还可以回到最初的版本，或者利用其中的信息。

把多份很长的文档（超过3000字或者包含很多图表）分开放在几个文件中，在文件名最后加上"a"、"b"、"c"等。你可以到处移动这个文件，更快找到信息。过后，你还可以把所有部分粘贴到一份长长的文档中，或者可以给每个部分编号，以便和前面的文件连接起来。

记录所有的变动，比如每天修改完之后为文件的这个版本重命名，比如"论文6呼吸v3.doc"。打印之前把名字和版本号复制到文档的页脚中，这样很容易就可以看出哪一份是最近的版本。为了防止文档丢失，把改动完的几稿打印出来，同时把文件复制到光盘或U盘里。

听听自己的论文

如果你的电脑有屏幕阅读功能，就可以把文字转化为声音，听听电脑大声阅读你的文章。或者也可以自己大声把文章读出来，听听内容和标点停顿是否恰当。

打印论文

在打印好的纸上阅读、修改比在电脑上容易些。电脑屏幕的光会让眼睛疲劳，而且并非想用电脑的时候手边一定有电脑可以用。

段落

段落由句子组成，一般每个段落有几句话。

每段话都围绕一个核心观点展开，这个核心观点一般出现在每段话的第一句。段落把类似的观点和材料组织在一起。所有的句子都要和这段话的主要观点有关。

连续的段落按逻辑顺序前后连接，引导读者从内容A过渡到B再过渡到C。其中有些字词可以把它们和前面或者后面的段落联系起来。

分段能方便读者阅读

段落把文档分解成若干个方便管理的部分。一页内容分成三部分、四部分或者五部分的时候，读起来更容易。

段落还可以理清文章的意思，能帮读者明确你写了什么。

第一句话

每一段的第一句话：

- 通常是"主题句"，引入该段的主题。
- 另起一行。
- 在这一行缩进，或者前面留出一行空白。

后面几句

每一段的其他句子：

- 拓展这一段的"主题句"。
- 按逻辑顺序排列——一句话引出另一句。

最后一句

最后一句话：

- 总结这段话，或者引出下一段。

练习1

找一本书，从中选出两三页。

- 读一读其中的主题句——那些总结每一段中心思想的句子。很多时候主题句都是每段的第一句，但也并不总是这样。
- 每段的主题句有没有很好地总结出每段的中心思想？
- 各段之间的联系紧密吗？
- 如果一段话缺少一个明确的主题句，读起来是不是很困难？

练习2

你擅长划分段落吗？把下面这段话分成若干个句子和段落。答案详见第257页。

A Life of Adventure

mary seacole was born in 1805 in kingston jamaica her mother practised as a 'doctress' using medical knowledge which women had brought from africa and developed in the tropics from her mother mary inherited her medical skills as well as her ability to run a boarding house from her father a scottish military man she inherited her fascination with army life marys own medical reputation was established during a series of cholera and yellow fever epidemics she made her own medicines and emphasised high standards of hygiene as well as enforcing strict quarantine on victims by these methods she saved many lives on the outbreak of the crimean war mary volunteered her services to the british army although she had worked for the army before at its own request this time she was turned down undaunted mary made her own way to the war zone once in the crimea she not only nursed the soldiers but also ran a hotel and sold food wine and medicines after the war mary was treated as a celebrity she was decorated by the governments of four countries in england a poem in her honour was published in punch and even the royal family requested her company and medical expertise

练习3

- 再读一遍练习2中的几段话。
- 想想每一段的主旨是什么，用1–4个词总结出来。
- 比较一下你自己的版本和第193页的版本。

段落：练习2

A Life of Adventure

Mary Seacole was born in 1805 in Kingston, Jamaica. Her mother practised as a 'doctress', using medical knowledge which women had brought from Africa and developed in the Tropics. From her mother, Mary inherited her medical skills as well as her ability to run a boarding house. From her father, a Scottish military man, she inherited her fascination with army life.

Mary's own medical reputation was established during a series of cholera and yellow fever epidemics. She made her own medicines and emphasised high standards of hygiene as well as enforcing strict quarantine on victims. By these methods she saved many lives.

On the outbreak of the Crimean War, Mary volunteered her services to the British Army. Although she had worked for the army before, at its own request, this time she was turned down. Undaunted, Mary made her own way to the war zone. Once in the Crimea, she not only nursed the soldiers, but also ran a hotel and sold food, wine and medicines.

After the war, Mary was treated as a celebrity. She was decorated by the governments of four countries. In England, a poem in her honour was published in Punch and even the Royal Family requested her company and medical expertise.

段落：练习3

每段话的主旨分别是：

1 一般信息：出生和背景。

2 早期的医学声誉。

3 克里米亚战争。

4 战后。

是不是觉得练习2修改之后的文章更好读？如果确实如此，你有没有更加深刻地认识到合理分段和使用标点的价值？你在使用标点方面有没有困难？如果有困难，问问导师可不可以寻求一些其他的帮助和支持。

写段落

如果你觉得分段有困难，把这一页文章划分成三列：

1 论点	2 主要信息	3 辅助细节内容

- 在第1列中，写出你想包括在写作中的观点、理论、意见和推理主线。
- 在第2列中，写出支持推理主线的主要例子和主要的证据类型。
- 在第3列中，写出次要的细节、事实、名字、统计数字、数据和例子，用来支持主要论点。

- 每一段应该包括：第1列中的1项，第2列中的1–3项。第3列中的若干项。
- 每一段中筛选出来的信息应该都说明同一个问题。

另外，利用概念金字塔时，每一段可能都需要从中间层取1项内容，从下一层取1项内容，再取几个例子和一些细节。

检查分段情况

完成前几稿之后，可以通过下面这些方法检查一下文章段落划分得怎么样。

1 通读每一段

顺次把每一个段落读一遍。想想每段话的主题是什么。

2 总结主题

用1~4个字词把这个主题总结出来。

3 给每个主题命名，分配一种颜色

把这个主题写在段落旁边的空白处，并用一种颜色标记出来。

4 哪句话是主题句

哪句话是本段的主题句，也就是把主题总结出来的句子？把它标记出来，是出现在句首吗？如果不是，放在句首是不是更合理？

5 段内各句内容相关吗

检查一下每段话里的所有句子是否都是围绕主题句展开的。如果不确定，就在旁边画一个圈，想想放在另一段里是不是更好？有没有多余的内容？如果有，把它删掉。

6 每句话的位置合理吗

把每段话的主题用不同的颜色标记出来之后，依次查看每个主题：有没有相关内容出现在其他段里？如果确实有，用和这个主题句颜色相同的笔把这些分散的内容标记出来。比如，如果你在第2段里写的是有关鸟类栖息地的内容，而过了几段又写到了鸟类栖息地，那就把它们用同样的颜色标出来，然后把一样颜色的不同内容剪切下来、粘贴到一起。把这段话重写一次，把刚刚移过来的内容融合进去。

7 句子顺序合理吗

每段话里句子的顺序是不是已经最合理了？上一句话与下一句话之间有没有清楚的逻辑关系？

8 论证逻辑清晰吗

有没有清楚地告诉读者一段话和其他段之间的逻辑关系？有没有清楚地表现出一段话是怎么引出下一段的？

9 段与段之间关系紧密吗

每段话都是围绕文章题目展开的吗？

留出放松和锻炼的时间——放松、锻炼的同时可以继续思考作业中的问题！

将观点串起来

有一些字词专门用来联系各个观点，向读者呈现推理展开的方向，比如用来表示进一步强调或者引入另外一种观点。

下一页列出的是在不同的逻辑关系中连接各个观点的字词。

在已经说明的基础上进一步展开

- also; moreover; furthermore; again; further; what is more; then; in addition
- besides; above all; too; as well (as)
- either; neither … nor; not only … but also; similarly; correspondingly; in the same way; indeed
- in fact; really; in reality, it is found that …
- as for; as to; with respect to; regarding

罗列

- first(ly); second(ly); third(ly)
- another; yet another; in addition; finally
- to begin with; in the second place
- moreover; additionally; also
- next; then; and to conclude; lastly; finally

同一件事换一种说法

- in other words; rather; or; better; in that case
- to put it (more) simply
- in view of this; with this in mind
- to look at this another way

介绍例子

- that is to say; in other words
- for example; for instance; namely; an example of this is
- and; as follows; as in the following examples; such as; including
- especially; particularly; in particular; notably; chiefly; mainly; mostly

介绍另一种观点

- by contrast; another way of viewing this is; alternatively; again; rather; one alternative is; another possibility is
- on the one hand … on the other hand
- conversely; in comparison; on the contrary; in fact; though; although

强调之前的观点

- however; nonetheless; in the final analysis; despite x; notwithstanding x; in spite of x
- while x may be true, nonetheless
- although; though; after all; at the same time; on the other hand; all the same; even if x is true; although x may have a good point

显示结果

- therefore; accordingly; as a result
- so, (then,) it can be seen that
- the result is; the consequence is
- resulting from this; consequently; now
- we can see, then, that; it is evident that
- because of this; thus; hence; for this reason; owing to x; this suggests that; it follows that
- in other words; otherwise; in that case; that implies

总结或结论

- therefore; so, my conclusion is
- in short; in conclusion; to conclude; in all; on the whole
- to summarise; to sum up briefly; in brief; altogether; overall; thus; thus we can see that

> **练习**
>
> 以上字词怎样应用于第219–24页的范文里面呢？

编辑初稿

编辑就是为了提高文章的质量对初稿进行修改。编辑文章时，可以……

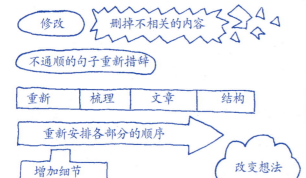

编辑的不同类型

可能需要把文章通读几遍，检查不同方面的内容。

1 意思
- 意思通顺吗？慢慢地大声读出来。

2 组织和结构
- 结构合理吗？
- 相关的信息是不是都放在了一起？
- 呈现信息的顺序是不是合理？
- 分段合理吗？（详见第192页）

3 证据
- 有没有给出证据、例子、细节或研究结果，用来支持自己的论点？

4 参考文献
- 信息来源清楚吗？
- 引用准确吗？
- 参考文献名称和格式正确吗？（详见第131–2页）

5 风格
- 文章读起来容不容易理解？
- 闲话是不是太多？内容是不是太乏味？
- 有没有哪些部分混淆不清？
- 够不够准确？（详见第204页）
- 风格是否合适？（详见Chapter 9）

6 标点、拼写和语法
- 写出的是否都是完整的句子？（详见下面有关"校对"的内容）

7 外观
- 字写得清不清楚？
- 看起来干净、整齐吗？
- 有没有遵守需要遵守的写作要求或者指南？

你在编辑的哪个方面花的时间最多？

校对

反复修改初稿，直到你觉得满意，认为已经是自己能做到的最好程度了，最后再校对一下。
- 再大声地朗读一次——通不通顺？
- 找找有没有打字和拼写错误。如果有不确定的拼写，及时查字典或者向别人请教。
  - 如果你用了电脑上的拼写检查功能，尤其要注意那些拼写可能正确但使用不当的词，比如应该用"there"而不是"their"。
  - 检查拼写的时候，可以从后往前看自己的文章，一个字一个字地看，这样可以避免快速浏览时一眼带过很多内容。
- 每个人都有自己经常出错的地方。如果有些错误你反复犯，就把它们记下来，检查的时候要特别留意。

编辑终稿

检查完下面每一项后，在相应的方框里打勾。

内容和论证

☐ 文章内容回答了题目中提出的核心问题（详见第178页）。

☐ 最重要的内容占的空间（字数）最多。

☐ 给出的所有信息都和题目中给出的问题有关。

☐ 论证主线很清楚，没有因为细节太多而混淆不清。

查找资料

☐ 有充足的证据和例子能说明我的论点。

☐ 我的观点和意见向读者传达得很清楚。

结构和归类

☐ 文章的结构或形式合理。

☐ 各个观点比较合理地联系起来。

☐ 每一段都合理构造。

☐ 各观点排序合理。

☐ 每一段和其他段的逻辑关系非常明确（详见第195页）。

风格

☐ 文章风格很适合这门课程（详见Chapter 9）。

☐ 文章不是很口语化，说话得体。

☐ 没有俚语，也没有白话。

☐ 专业术语使用正确。

☐ 用自己的话写作（不存在抄袭内容）。

☐ 文章内容没有重复。

☐ 可以很轻松地大声读出来。

清晰

☐ 没有什么部分让读者觉得不清楚。

☐ 语言清楚、直接。

☐ 读者可以很容易把握住逻辑主线（详见Chapter 12）。

☐ 可以清楚地看出引言中哪几句话总结出我的观点或论点。

☐ 句子的长度适中，不复杂。

整体

☐ 引言部分合理。

☐ 结论部分合理。

☐ 拼写、语法和标点使用正确。

☐ 参考文献正确。

☐ 参考书目（需要的话）准确。

☐ 我已经思考过并借鉴了前几次作业的反馈（详见第218页）。

提交作业

不同的导师对于最终提交作业的细节要求不一样。借助第199页的清单给自己一些引导。总体而言：

- 论文的题目要写在第一页的顶端，报告和项目的题目要写在封面页上。
- 单面打印或书写。
- 确保每一页上都有自己的名字。
- 所有页都要写上页码。
- 在页面一侧或者行与行之间留出空间，这样导师可以批注评语。
- 最终稿应该整洁、清楚。手写时偶尔犯些小错误是可以接受的，但如果错误太多，或者文中几个部分需要重新排序，那就需要重新写一次。
- 如果导师要求装订，那么仔细按照要求执行。不过一般论文都不需要特殊装订或者使用文件夹——相反，文件夹经常会增加导师的工作量。

使用计算机

电脑使完成作业的最后环节简单了很多。下面这些建议可能对你有用。

也许你可以在写作中使用一种字体或字号，最后把文章打印出来提交的时候使用另一种字体或字号。比如在电脑屏幕上你可以使用很大的字号，方便阅读，之后打印时再把字号缩小。

写最终稿时：

- 通篇只使用一种字体。
- 正文部分只使用一种字号。
- 最终稿使用清晰、简单的字体，不要用看起来像手写的字体。
- 标题根据重要性不同，字号可以变化——如果确实要变换，确保使用时前后一致。

字体和字号

Presentation

Presentation

Presentation

Presentation

Presentation

Presentation

Presentation

Presentation

Presentation

Presentation

Presentation

布局页面文本

可以利用电脑的各种功能在文本中使用缩进，也可以设置特定的布局方式。

可以让标题居中

可以让文本左对齐	可以让文本居中	可以让文本两端同时对齐

使文本突出显示

可以通过以下方法突出显示标题或者关键词：

加粗　　*斜体*　　<u>下划线</u>

轻松完成复杂任务

可以让电脑帮你完成很多工作！电脑可以：

- 添加页码。
- 在每一页的页脚中打出你的名字和作业题目。
- 整齐插入项目符号或者项目编号，同时自动缩进。
- 把数据信息转化成图形。

老师的偏好

你的导师对于作业中技术方面的细节可能有自己的偏好（如第256页表所示）。你可以把这张表复印下来，和自己的导师确认一下在哪些方面有要求，并且提醒自己根据不同的科目或者导师的要求使用相应的形式。

导师／科目	要求
■ 打印还是手写？	
■ 用A4纸？	
■ 纸张单面使用还是双面使用？	
■ 报告的每个部分都另起一页？	
■ 使用标题？	
■ 给段落编号？	
■ 留出左侧/右侧页边距？	
■ 每一页都写上自己的名字？	
■ 每一页都写上题目？	
■ 使用两倍行距（每隔一行都空白）？	
■ 用"一个人"、"我"还是"我们"的人称（比如称呼读者为"你"）？	
■ 用主动语态还是被动语态？（被动："论文被写"。主动："我写了论文"。）	
■ 参考文献用哪种格式写？有没有特殊的布局要求？	
■ 需要写参考书目吗？有特殊的布局要求吗？	
■ 其他？（比如使用图形、图表吗？图表用彩色吗？需要写注释吗？）	

本章回顾

本章讨论了怎么从小处做起，提高自己的写作水平，增强对写作的信心和熟悉度。虽然学术写作只是写作中的一种，但不管什么类型的写作，只要每天练习，都会让你受益匪浅。慢慢地你的写作速度会加快，可以边思考边写作，越来越清楚地认识到怎样提高自己的写作水平并增强自信。

本章还讨论了怎么把一篇完整的学术写作过程分成一系列容易管理的阶段。这就和Chapter 4的相关内容有所呼应——制订小目标。很快，这些子技能就会成你的第二天性。加以练习之后，你会发现自己可以很轻松地把几个阶段结合起来，并找到更快做事的方法。

检查自己的学习成果

- 认真看看导师对你作业的反馈。如果不清楚在哪儿丢了分，可以和导师约个时间，讨论一下。记得随身带一份第168页和第197页中的自我评估表。

- 根据自己导师的反馈和意见，再做一次第168页的自我评估问卷。注意一下现在你对哪些方面更自信了，觉得哪些方面还需要提高。

- 开始做下次作业之前，快速浏览一下Chapter 9-12，也许对你有用。

基本的语言能力

如果你基本的语言能力不强，比如在语法和标点使用上有困难，那么在大学里很难得到好成绩。你有必要参加一些学校里的语言研讨会，或者当地继续教育学校的培训班。

练习题参考答案：设计自己的论文题目（详见第180页）

1 这个题目太宽泛了。更好的说法是："爬行动物在多大程度上比两栖动物更加适应环境的挑战？"

2 这个题目比较宽泛。可以加上"关于……的讨论"，更突出重点，同时加上具体的地区、时间范围和探索的语气，比如"有关欧洲和环太平洋地区核废料控制的讨论"或者"有关手机对人身安全影响的讨论"。

3 这个题目太长，而且包含的问题太多。同一个话题，换一种问法可以是："20世纪70年代之后的国内技术——节约劳动力还是创造劳动力？"

4 这个题目表达了一种（负面的）观点，而且没有提出明显的问题。

5 描述性的论文中，你不大可能有机会进行批判分析性推理，所以得不到高分。与以下题目进行比较："安慰剂在测试儿童医疗干预效果中起到了多大作用？"

Chapter 9

提高写作水平

学习目标

通过对本章的学习，你有机会：

- 了解学术写作的一些惯例，包括：基本的体裁风格，语言准确，区分事实、观点和论点。

- 了解查找资料和学术写作的不同方法。

- 理解科学模式对大部分学术写作的影响，包括非科学话题。

- 更好地理解"主观"和"客观"、"定量"和"定性"这些术语的含义。

- 学习使用高等教育阶段最主要的4种写作风格：描述、论证、评价/分析、个人/经验。

- 了解作业中哪些是得分点，怎样建设性地利用导师的反馈。

- 知道一篇好的论文应该是什么样子，并练习自己给论文打分。

不断练习和反思可以帮你提高写作水平。随着学习不断深入，导师也会要求你的写作风格不断改善，写出的内容尤其要表现出你了解基本的学术写作规范，知道什么时候应该使用哪一种。

你也要按要求灵活地在不同写作风格之间切换，根据任务的不同，时而精准地描写，时而进行批判性分析，时而给出评价性总结。

通过对本章的学习，你可以慢慢认识学术写作有哪些目标和要求。着手第一份作业之前浏览一下本章。动手写作业之前再回来仔细学习本章和Chapter 11–12。

学术写作的风格

更多年轻人沉浸在每日对信息密集的书本知识的追求中，这可能会提高他们对自己健康状况认知的准确性。

《世界青年日报》（*World Youth*, 2012）研究发现，年轻人可以从了解自己的健康状况中获益。

总而言之，你要加大阅读量，伙计！

没有哪种风格适用于所有学术写作。每个学科都有自己独特的风格，有些学科领域甚至连内部不同的分支都有不一样的写作风格。

大多数学术写作都会用到下面这些惯例。但如果你的导师有自己的要求，那应该按照导师的指示来做。

语言正式

与日常对话、电子邮件、纸质信件、杂志和大多数报纸上的语言相比，学术语言要正式得多。文字听起来不能像"聊天"，也不能有"闲话"，同时要避免俚语和俗语，比如：

- 作者说……的时候一定是脑子不清楚。(The writer is *out of order* when he suggests…)
- 新的计划一般般而已。(The new plans were *just the stuff*!)
- 对这些研究发现姑且听听，不能全信。(These findings need to be *taken with a pinch of salt*.)
- 这个论点说得有点过了。(The argument was *a bit over the top*.)

清晰易懂

看了你的文章之后，读者应该能清楚地知道你要说什么。不要只是为了听起来很有学问就使用很长的词和术语。检查一下你的句子是不是太长、太复杂、不太好懂。避免使用陈旧的语言、错综复杂的句子或者过分独特的写作风格，也不要把规定的字数用尽，不要写很晦涩的论点，这些都会打消读者读下去的积极性。

学习使用专业词汇

要学习本学科的独特风格和术语，还要拓展自己的词汇量，这一点很重要。

- 如果你不熟悉本学科的专业词汇，可以从介绍性的教材或者术语表中查清楚这些术语的含义。
- 注意书本和文章中是怎么介绍这些术语的——注意使用的不同形式，比如名词和动词形式，以及过去时态。
- 不要在文章中随意写上自己不理解的术语——与其听起来好像你都不理解自己用的词，还不如用自己的话写。

尽量少用缩写

英文单词要写完整，比如：

- "dept." 应该写成 "department"。
- "e.g." 应该写成 "for example"。
- "didn't" 应该写成 "did not"。
- "they're" 应该写成 "they are"。
- "isn't" 应该写成 "is not"。

浏览几篇本学科的文章，只看它们的写作风格。

- 它们有些什么共同特点？
- 你自己的文章也具备这些特点吗？

不带个人色彩

大多数课程都要求在论文中不要使用"我"、"我们"和"你"这样的人称代词。相反，句子应该以不带个人色彩的方式开头，比如：

- It can be seen that…（可以看出……）
- There are a number of…（有很多……）
- It has been found that…（研究发现……）

要谨慎

学术写作一般听上去是很谨慎的。作者指出他们很清楚没有任何事是百分之百肯定的。使用的词会表达出这种确定性的缺乏，比如：看起来(appears to)；看上去(seems to)；趋向于(tends to)；可能(may)；也许(might)；很有可能(possibly, probably)；显然(apparently)；一般而言(generally)；表面上(generally)；看起来(seemingly)。

他们也有可能用这样的短语：

- in some cases, this…（有些情况下，这……）
- the evidence suggests that…（有证据表明……）

避免连词误用

下面这些词不能用在句子开头：or，and，but，yet。

数字

一百以下的数字一般要完整写出来，比如：

- 百分之三十一(thirty one percent)
- 十九个成员(nineteen members)

但统计工作和科学工作中还是保留阿拉伯数字：

- 百分之31 (31 percent)
- 15°C
- 7.3牛顿(7.3 newtons)

要客观

学术写作中要避免个人、主观的词，比如"不错"、"好极了"、"值得"、"普通"或者"天然的"，因为读者对这些词的理解有可能和你的理解不一样。

不要道歉

不要因为你觉得自己查找的资料或者写作中可能有什么缺点而向读者道歉，比如你觉得这个题目太难了，或者你没时间写结语。写作中要表现得很自信，对自己说的话很有把握——即使你不这么觉得！

告诉读者怎么做

不要向读者提问题，也不要告诉读者应该怎么想。

要简练

删去不必要的词：

~~A man called~~ Jay Singh invented …

In ~~a book called~~ Scottish Pathways, …

使用连续、完整的句子

用完整的句子写文章，然后归类成段（详见第247页）。论文和毕业论文中不用罗列要点，要把要点写成句子。报告和项目中可能会用到列表和标题。

要准确

语意模糊的举例：

> Some people did not like the idea at the time and made the politicians stop it but then he attacked him publicly.

这句话为什么模糊不清？

- 'some people' – 具体是谁？
- 'the idea' – 什么想法？
- 'at the time' – 什么时候？日期？
- 'the politicians' – 所有的政客？某一个团体？还是一个政党？
- 'made the politicians' – 怎么"让"他们做的？
- 'stop it' – 停止什么？怎么停下来的？
- 'people did not like the idea' – 为什么不喜欢？

一句话中有多于一个代词（比如"他"、"她"、"它"、"这个"或者"那个"）时，容易让人迷惑。

练习：下面哪个句子最准确

1 A woman ruled the country.
2 Mrs Thatcher served as Prime Minister in Britain between 1979 and 1991.
3 A woman ruled Britain during 1979–1991.
4 Mrs Thatcher ruled Britain for several years and introduced many policies which affected various aspects of people's lives.

答案：

第2句——其他句子都有含糊了一些模糊不清的信息。

……而不是好像没有说出你的意思，如果你明白我在说什么……

使用事实、观点或者论据

我觉得电视上的广告应该少一点儿。

观点

观点是个人的信念。有些时候观点没有证据做支撑，甚至还可能和证据背道而驰。

比如，人们认为什么东西"天然"或者"正常"，一般都属于观点。即使大多数人都同意，除非能给出证据证明你的观点是事实，否则观点还是观点。

事实

事实一般有据可查，学术写作中的事实一般是从正式渠道搜集、记录的，比如期刊或者官方记录。

2012年7月25日，X频道中每小时平均出现35条广告。

调查

玩具广告不应该出现在电视上，因为Dr. Meehan (2013)研究发现，它们……

论据

论据是为支持某一观点给出的原因（可以包括事实）。

当你书写时，质疑你写的是什么

写作中要不停检查写的内容是否准确。问自己一些问题，比如"具体什么时候"、"到底为什么"或者"谁"。检查一下自己有没有给读者提供充足的细节，让他们知道你具体在说什么。

不同科目的写作

不同的方法

不同的科目在以下方面有略微不同的方法：

- 资料查找方法论——如何查找资料。
- 证据——认为哪些是恰当的、充分的。
- 写作类型——可取的写作风格和惯例。
- 客观性——应该采用客观的还是主观的方法，定量还是定性，科学依据还是个人经验。

作为学生，你需要知道本学科使用什么样的方法，才能写出适合本学科要求的文章。如果在修双学位的话更要注意这一点，但即使是同一个学科，研究的领域不同，采用的方法也可能不同。

科学模式的影响

学术写作深受"科学"理念的影响，即使写作主题和科学并没有明显的关系。虽然这种认识正在变化，但是你要采用的方法可能受到科学模式一些原则的影响，所以了解一下相关的内容会有帮助。

科学模式的主要特点包括：

- 客观。
- 可以检验的假设。
- 可复制的结果。
- 控制变量。
- 定量分析。
- 准确描述。
- 定性分析。

客观

科学模式很注重客观性。这意味着科学家们不依赖个人意见或者常识进行判断，而是根据可以获得的证据检验一些可能的解释。如果数据是客观的，那么两个用同样的方法进行同样研究的人应该得到同样的结果和结论。

可以检验的假设

假设是对一件事为什么发生或者怎么发生给出的一种可能的解释，与现有的证据回答一致。这个假设必须是可以接受检验的。

假设并不能证明是真的，但可以证明是错误的。如果一个假设经过多次检验，都没有证明它是错误的，那么慢慢地人们就会认为这个假设是可信的，把它当做一种"理论"来看待。

可复制的结果

要想真正让人们相信一项科学研究，需要有另一位科学家重复这项研究，同时得出相似的结论。这样的"复制"说明第一次的结果是可信的，它不是一次"偶然事件"，也不是个人意见或偏见的结果（不过还是要认真想想研究方法本身是不是已经有偏见）。

不错的实验，Canute国王。

未经复制

说实话，上次做的效果不错。

控制变量

科学家需要明确他们认为自己在测试的内容是他们确实在测试的内容。他们要保证所有的"变量"——所有可能变化的因素，比如天气、一天中的时间、参与的人或使用的材料——并没有影响到实验结果。

一般科研实验都要进行很多次，目的就是为了检验不同变量的影响。研究人员尽量每次只改变一个变量，同时保持其他所有因素不变。这就是所谓的"控制变量"。

比如，研究人员要想比较蓝光和红光对植物生长的影响，就要检查除了光线的颜色之外，其他所有因素是不是都相同。对于每种颜色的光线，他们都会使用一样种类、一样大小的植物，等量的水，等量的营养物，同样的温度和同样的空气源。

定量分析

科学研究中大量使用定量数据。这意味着科学研究着重关注的是可以测量的变化或者差异。使用标准化的度量衡，比如数字、时间、重量和长度，这样就很容易客观地对结果进行比对。所以实验可能会调查：

- 某一种类的植物的生长高度（可以测量），是不是取决于环境的温度（可以测量）。

- 水果的产量（可以测量）是不是取决于光照量（可以测量）。

- 一个人在给定的时间里（可以测量）能读多少字，是不是取决于打印出来的字的大小（可以测量）或者这个人的年龄（可以测量）。

方法是这样的："如果这个变了，而其他都保持不变，会对那个有影响吗？"换种说法可以是："如果X发生改变，而A、B和C都保持不变，这样会对Y有影响吗？"定量分析涉及分析一种变量变化和另一种变量变化之间的关系。

如果X的变化与Y的变化完全匹配，可以说这些变化是"相关"的。但很重要的一点是，这种相关性并不证明X的变化引起了Y的变化，或者反过来。相关性可能是随机事件，也可能是X和Y都受到第三个变量Z的影响。

准确描述

科学家们记录自己的研究工作时，都会准确描述出他们的方法、研究条件和结果，这样任何人只要想复制他们的研究，都可以创造出几乎完全一样的条件。你也要同样做出准确的描述，这样其他人也可以复制你的研究。

报告的描述性写作要非常准确：不必要的字词一个都不要用（详见第210页和第285–7页。）

定性分析

定性研究中使用的数据都不容易测量。实验不是完全客观的，会加入一点判断和解释。人们也承认研究人员在某些方面是实验的一部分，可能不经意间影响实验结果——比如参与解释这项研究。

科学家们在报告的"讨论"部分使用定性分析法，试着理解实验结果的含义，提出一些可能的原因，解释为什么没有出现预期的结果。这时他们要评价实验的优势和缺点，比如实验的设计方法或者实验假设的措辞。

无论如何，科学中一般认为主观性是个"问题"，经常使用一些语言，听起来好像没有科研人员参与其中——好像实验自己自然而然就发生了：

The experimental design could have been improved by …

而不是：

I could have improved the design by …

科学模式以外的方法

大多数学科会受到科学模式的影响，但各个学科偏重的方面不同，最主要的区别在于对待主观性和定性数据的态度不同。

主观性和客观性

主观性就是指把自己或者自己的观点、意见、经历、价值观带到你的研究或者写作中。咨询和艺术领域非常重视发挥主观性，也就是个人的情绪、感情、直觉和经历。这与传统的科学模式的目标——客观性——正好相反。

但在很多学科中，你需要把二者结合起来：既分析客观标准，比如独立调查的结果、市场调查或者案例研究，也要分析自己的主观反应，比如你的感情、品味、兴趣或者直觉。

（同时见"利用个人经历"，第216页）

非科学学科中的定量方法

科学类学科中一般会避免那些变量很难控制或者结果很难量化的研究。比如，性别、爱情或者童年这样的话题，会随着时间的推移而变化，但因为这些变化不容易测量，所以科研人员一般不会研究这些话题。

但非科学类的学科一般会用一些创新的方法给这样的信息分类，这样就可以根据既定标准把它们粗略地进行标准化处理，从而让更多的话题都能成为研究人员的研究对象，而且研究方法相对比较客观。

举例：对儿童的态度

一位研究人员对"人们对待儿童的态度随着时间的推移发生了什么变化"这个话题感兴趣。她会努力寻找一种客观分析数据的方法，而不是仅仅凭借个人的观点。她可能会关注畅销杂志多久提到一次"儿童天真"和"善良"这样的

主题，而多久又提到一次"管教不良儿童"的话题。之后可以采取的一种方法是数一数一本畅销杂志多久对每个题目报道一次，然后比较10年间两方面的数据，看看随着时间的推移，提到的次数是不是发生了巨大的变化。这样得出的是定量数据。

这位研究人员还要把她的信息仔细分类，这样才能清楚应该把哪一类材料包括进她选择的题目中（"天真"和"管教"）。对字词和主题的分类存在一定主观性，因为同样的词在不同的人看来有不同的含义。比如一个人引用杂志上的一句话"好孩子按照妈妈说的去做"，意思可能是他因为教导有方所以听妈妈的话，或者也可能是因为他天生就是好孩子所以听话，又或者是另外一种完全不同的意思。

定性分析

定量和定性分析之间的界限并不总是很分明——从上面对儿童的态度这个例子就可以看出来。这种情况下，研究人员需要进行主观判断，想想天真或管教有什么含义。一般社会科学研究人员承认自己在实验中扮演的主观角色，认为自己是对证据的诠释者。社会科学和艺术类学科在可行的情况下也会以客观性和定量分析为目标，但对主观认识也感兴趣——怎样做出的决定，怎样给出的解释。这些学科更加偏重客观和主观二者的结合。

作为学生，你可能要对项目证据、对工作实习中做出的决定，或者对艺术、文学给予定性的评价。你的导师需要你给出：

- 所选择的细节之间的相关性。
- 决策时使用的标准。
- 所做的诠释是否恰当。

学术方法中的对立面

看看下面编号的每一项是不是自己科领域的惯例，是更接近"北极"这端，还是更接近"南极"这端。不同类型的作业，情况可能不同。

考虑一下对于自己的作业来说，哪个方面更加重要。根据两端的重要性，在中间一列的直线上合适的位置上打勾。

北极

1 多次尝试控制研究的条件，这样研究人员可以判断哪些变量，测量哪些变量。

2 可以概括结果——也就是说，如果重复这项研究的话，结果是一样的。

3 数字和标准化的测量使得结果概括起来更简单。

4 根据证据和事实而不是个人意见形成客观的看法。

5 科学家在研究中的作用有限，很少被讨论。

6 个体的不同不重要——很重视概括性的发现。

7 认为个人经验是个体事件，不相关的，不会提到。

8 即使研究人员很有激情，使用的语言也是中性的，不带个人意见，不带感情色彩。

南极

1 每次都努力让研究顺应实际情况——也就是赋予它"生态效度"（ecological validity）。

2 认为独特性值得研究——结果不太可能完全复制。

3 高度重视创造性的诠释。

4 认为主观反应，感情，直觉和创造性是宝贵的资源。

5 研究人员的作用非常明显——认为讨论研究人员怎样影响研究结果非常有用。

6 很重视个案例和详细诠释的机会。

7 非常关注个人经验，认为可以提供见解和深刻的理解。

8 使用的语言可以体现作者的个人观点和感情。

不同的写作风格

比较下面两种不同的写作风格。

第一种是对话形式的：

> Mount Pepé is going up – it's going to take everything with it when it goes. And I mean everything – villages, farms, trees, the lot. It's frightening to think of how powerful a volcano can be. Think of the damage they cause! Remember Pompeii and Mount Etna!

第二种是普通的学术风格：

> In order to assess whether it is necessary to evacuate the villages on Mount Pepé, three main factors need to be taken into consideration. The first, and most important, of these is the element of safety. According to seismic experts currently working on the volcano, there is likely to be a major eruption within the next ten years (Achebe 2012). According to Achebe, the eruption is likely to destroy villages over a radius of 120 miles (Achebe 2013, p.7).

注意两个例子的不同之处，分别针对这两个例子考虑这些问题。

- 句子完整吗？
- 听起来有多正式？（作者的"声音"是怎样的？）
- 感情是怎样表达的？
- 表达个人观点了吗？如果表达了，是怎么表达的？
- 其他人的观点是怎么包括进去的？
- 句子顺序有没有逻辑？
- 符合第181和第201–7页列出的写作惯例吗？

学术写作风格

不仅学术写作与其他类型的写作不同，学术写作内部也不完全一样，有着不同的风格，包括：

- 描述性。
- 论证分析性。
- 评估分析性。
- 个体性，借鉴作者个人的经验。
  下面进一步讨论。

寻找合适的风格

写作时很重要的一点是选择合适的写作风格。

看看下面的两个例子，是一篇论文引言部分的初稿。这篇论文要回答的问题是"亨利四世（Henry IV）继承王位时遇到了什么问题？他解决得成功吗？"第一个例子按照第184页给出的引言的规则来写，分析了既定问题；而第二个例子使用描述性的写作风格，给出与问题不相关的背景细节。

第一个是很好的引言例子：

> In 1598, Henri IV was anointed king of a war-torn France, the country having been split by religious and political wars since the death of Henri II almost half a century earlier. The problems Henri IV faced were essentially threefold. He needed to resolve Catholic–Protestant divisions within the country; to curb the power of the Guise, Montmorenci and Bourbon factions which threatened to subvert royal power; and he needed to restore the French economy. This essay will look at the three areas in turn, but will also show how they were interrelated. It will demonstrate how Henri IV tackled each, and argue that ultimately he was extremely successful in solving what had seemed intractable problems.

第二个例子比较有趣，但对于历史课论文来说，与主题毫不相关：

> Henri was brought up by his grandfather in the mountains of Navarre. His grandfather was a very religious man and brought his grandson up as a Protestant. Because of his religion, he wanted Henri to appreciate the simple things in life – the fields, the flowers, good wholesome food such as bread and local cheese, and the beauty of the natural surroundings. Henri was allowed a great deal of freedom, and was allowed to roam barefoot in the mountains, and to play with animals …

把这两个例子和第181页上列出的特征进行对比。

哪位作者会更容易写出好的案例研究论文（详见第210页）？

描述性写作

你的大多数文章中可能都会包括一些描述性的写作。从某些方面来说，这是最简单的风格，因为我们习惯了在日常生活中描述各种事物。但从另一方面来说，描述时很容易给出过多细节，而忘记了描述的潜在目的。在高等教育阶段，你不可能为了描述而描述，描述一般都会有另一个原因，比如：

- 准确给出实验中用到的方法。
- 给出最基本的背景信息，为了以后能更具体得分析重要的特点。

你可能需要：

- 描述发生的情况：比如，历史论文中大概描述主要事件，或者项目报告中给出使用的方法和结果。
- 描述主要特点或者功能：比如生物学论文中描述不同的身体器官。
- 总结一个理论或者读过的一篇文章的主要观点：比如在一篇作业里回顾一本书或者介绍另一位作者的观点。

得分点在哪儿

这么做可以得分：

- 识别要包括哪些相关的话题。
- 在包括进来的内容中找到最相关的事实。
- 清楚，精确，正确。
- 陈述各项内容的顺序合理。
- 紧扣主题。
- 指出所描述内容的重要性。

描述性写作范例

注意下面两种描述性写作的区别。第一篇摘自一份认知心理学报告。

METHODOLOGY

Participants

There were twenty English first-language speakers in each condition, forty subjects in all. These were matched for age and gender across conditions.

Procedure

(See Appendix 1 for instructions.) Each participant was tested separately. They were asked to indicate whether each string of five letters (such as *yongt*) presented on the computer screen was a real word. For real words they pressed the 'y' key on the keyboard; otherwise they pressed the 'n' key …

第二个例子是社会科学中的一篇案例研究。

The man did not appear to be interacting with the child. The train entered Ely station, and he looked to the pushchair, perhaps to see if it was obstructing the exit. He looked out of the window. The child pointed to the door, and leaned towards him; he instantly leaned towards her to listen.

She said, 'Get off soon?'

He replied, 'Not now. In five minutes we're getting off.' The child still leaned towards him, but he didn't say anything else, and looked away. The child turned away and put the teddy on the seat. The man leaned across her, picked up the teddy, and returned it to her lap, saying 'Hold it.' They looked at each other for a moment. The child half-smiled, and they both looked away, so they were looking in opposite directions.

从这两个例子可以看出，主题不同，描述性写作也不尽相同。仔细阅读本学科领域的期刊文章和其他例子，找到最适合自己学科的风格（同时见第266页和第285–7页）。

论证分析性写作

大多数导师都希望看到学生在论文中进行分析，详细查问"具体是什么"和"到底为什么"这样的问题。Chapter 12会更详细地探讨批判分析性思考中的论证部分。

导师还希望学生在论文中能讨论观点和意见，表现出一定的推理。在这样的文章中，作者——也就是你——要试着影响读者的意见、想法或者行动。

> 找两份高质量的报纸，看看上面的"社论"部分。这些作者是怎样劝说你，试图让你接受他们的观点的？

好的论证性写作有哪些要素

要想有效地论证一个观点，你需要做以下这些事情。

- 陈述观点或意见，给出清晰的推理主线来支持这个观点。
- 提供证据或例子来支持自己的论点。
- 列明证据的来源，说明证据是否可靠（比如证据不应该全部是个人经验，也不能是你从其他人那里听说的内容）。
- 表现出你已经考虑到任何可能与你的论点或意见相矛盾的论点。
- 能够令人信服地展示出你的论点或观点为什么是最好的（也就是为什么你认为自己是对的）。

如果你只是说"这就是我的意见"或者"那就是我的经验"，而没有认真考虑任何其他可能性的话，你的论证就不会令人信服。

写出论证

1 陈述你的观点

- 简明、清楚地用一句话总结出你的论点。

- 不要想着保持中立。你可以表现得比较谨慎，在不止一个方面给出充分的论据，但要指出你觉得哪个方面最有说服力。

2 支持你的论点

- 展示出为什么你的论点最合理。
- 对于每个主要的观点，给出证据（数据、名字、统计数字、例子、来自其他渠道的观点）。

法官大人，这是我的证据……

- 考虑："这些证据能不能经受得住验证？"是不是真的有说服力？

3 考虑反对观点

假设你的读者不同意你的观点，那你就必须用充足的证据和例子说服你的读者。

- 反对意见可能有哪些？
- 对方可能有什么证据？
- 怎样可以说服中立的一方，说明你的论点和证据是最合理的？

> 展开论证
> - 选择一个你喜欢的题目。
> - 争论的焦点是什么？参与进来。
> - 你的论点或意见是什么？
> - 列出持这种观点的原因。
> - 列出可能的反对意见。
> - 可以怎样回应每种反对意见？
> - 利用下面的规划表写出你的论证过程。

我是不是聪明的读者

主要提议／假设／论点

支持的原因或论点

1 _____
2 _____
3 _____
4 _____

证据和例子

1 _____
2 _____
3 _____
4 _____

反对的论点

1 _____
2 _____
3 _____
4 _____

原因和证据

1 _____
2 _____
3 _____
4 _____

指出为什么自己的论点更有说服力，给出原因；反对意见在推理或者证据方面有哪些不足之处。

1 _____
2 _____
3 _____

结论

评估分析性写作

大多数学术写作也会包括评估的成分，即使这一点从作业的题目来看并不明显。你可能需要评价：

- 两种或两种以上的学派。
- 两种或两种以上的理论或者理论家。
- 为实现某一目的，几项内容、模型或者观点中哪一项最好。
- 另一位作者对某个话题分析得怎么样。

评估性写作的特点

几乎所有的评估性写作都涉及以下过程。

比较

找到有相似之处的几项内容，展现出你知道在大的相似处的同时存在哪些微小区别。

对比

将几项内容放在对立面，把它们的不同之处展现出来。

评价重要性

评价任何相似之处或者不同之处的重要性。它们重要吗？对使用哪种模型有没有重要影响？或者对于可能的结果有没有影响？（比如哪种动物可能会活下去，应该提供哪种治疗，等等。）

判断

指出哪种理论或者观点更合理。根据对证据的分析，给出你得出判断结果的原因。

说明标准

说明你在得出结论时使用的标准，比如你使用了一些数据或者研究证据作为自己判断的依据。

保持平衡

在评估性论文中——比如"比较和对比"论文——在进行比较时，使用的信息类型一定要保持平衡，你需要在同类事物之间进行比较。

在同一个类别上"比较和对比"

假如你要比较和对比两种动物的栖息地。首先，你要在基本类别上进行比较，比如说清楚你在比较鸟类和哺乳动物（详见第188页的图示）。之后可以比较布谷鸟和海豚，因为这二者在同一个类别上（同一张图表中的下一级别）。不能把布谷鸟和哺乳动物做比较，因为它们不是对等的概念——而是位于概念金字塔上的不同级别。

平衡

如果你使用了针对布谷鸟的具体的案例研究，可能的话，应该同样给出具体的有关海豚的案例研究，这样才能保持平衡。

检查内容是否平衡

完成初稿之后，利用概念金字塔规划一下已经写完的内容。你可能会发现在某个方面花了太多的时间，比如中间一级的某个话题（鸟类），下一级中包括了太多例子（布谷鸟、花鸡、孔雀）。相反，你可能对哺乳动物这个基本类别提得很少，但对海豚却提出了10项具体的研究。

这样的论文就显得很不平衡：没有实现同等类别的对等。利用自己的图形笔记或者概念金字塔规划好自己的文章，在同一级别上选择数量近似的例证。

"比较和对比"类论文中如何组织信息

在"比较和对比"性质的论文中，一种简单的组织信息的方法是画一张表格，把信息写进对应的空格中。

- 在其中一列写出有关一种理论或者项目的信息。
- 把相似之处写到一起。
- 把不同之处写在一起。
- 最后，把表格中的主要信息归纳起来，写在论文的引言和结论部分。

引言： 主题：：		
比较和对比的方面	**A** 鸟类	**B** 鱼类
相似之处： 1 群体行为 2 3 4 5	 鸟群	 鱼群
不同之处： 1 呼吸 2 运动 3 4 5	 飞行（翅膀）	 游动（鱼鳍）
相似之处或者不同之处的重要性 （怎么判断哪部分很重要？）		
结论（把读者的注意力吸引到主要论点上）		

使用打印在第215页空的网格。

下面给出3种写论文的方法。不管用哪一种，整篇论文都要前后一致。开始动手写论文之前，把你的各个内容要点填在这张表格里是个不错的主意（详见第185页）。

方法1：

这种方法很直接，但一般需要比其他方法写更多的字。

- 从上到下填写表格。
- 把A列中相应的内容点写出来。
- 把B列中的内容点写出来，顺序和A列一样。把相似点或对比内容标记出来。
  - 其他列也是一样操作。
  - 总结这些相似之处和不同之处的重要性。

方法2：

- 横向对比填写表格。
- 从A列中选出一项，和B列（或者其他任何列）中的项进行"比较和对比"。
- 继续从A列中选一项，和B列（或者其他任何列）中的项进行比较。继续操作，直到所有内容点对比完毕。
- 总结这些相似之处和不同之处的重要性。

方法3：

如果几项内容非常相似，看起来几乎一样，那么可以在引言中说明你会把这些相似之处放在一起讨论，然后再分别研究不同之处。

- 描述A和B相似的一个方面。
- 继续描述，直到所有相似点都介绍完。
- 继续对比不同之处，可以用方法1，也可以用方法2（取决于用哪种方法写读起来最清晰）。
- 总结这些相似之处和不同之处的重要性。

"比较和对比"类论文的框架

引言： 主题：		
比较和对比的方面	A	B
相似之处： 1 2 3 4 5		
不同之处： 1 2 3 4 5		
相似之处或者不同之处的重要性（怎么判断哪部分很重要？）		
结论（把读者的注意力吸引到主要论点上）		

利用个人经历

回忆自己的经历可以让你的学习更生动具体，想一想你遇到过什么事，或者类似的情况你是怎么处理的，这些都能帮助你思考——即使写作中并不直接引用。

问清楚所学课程需不需要你把个人经历写进文章中。有些课程需要你这么做，而有些课程中这么做就不合适。

然后我想，我已经在同一个地方住了两年，是时候改变一下了。于是1977年我搬到了埃及克斯(Essex)，住在巴尔塔(Barr Road)，但很快我又搬到了斯莫街(Small Street)……

从个人经历出发

把个人经历作为写作的出发点。想一想从自己的经历中可以吸取什么经验和教训，然后开始搜集资料。个人经历不能成为文中的主要证据，除非你的导师专门提出这样的要求。

- 如果你在写作中包括了个人经历，考虑一下这些经历是不是具有典型性。有没有相关的研究——你知道相关的报告或文章吗？——它们能否说明你的经历从一般意义上来讲是真实的？
- 把你的经历和别人的经历做比较。如果别人的经历很不同，为什么会这样？
- 经历的描述要简短。避免很长的列表，也不要对事件进行细节描写。
- 文中提到别人的时候要小心仔细（提到名字，或者很明显你在指谁），要确保他们不介意被写进文章里——尤其当你论文的读者知道这些人的时候。

分析自己的经历

- 在哪些方面和你的课程相关？
- 和你学过的理论有什么关系？
- 你的经历是怎样支持或者反对你在课程中学到过的某位作者或者理论家的观点的？
- 从中可以吸取经验教训吗？
- 可以根据自己的经历进行概括吗？
- 有没有什么证据能证明你的经历很有代表性或者不同寻常？

举例

假设你写到自己的经历，说道：

> 用这种方式工作，我觉得自己的压力减轻了，工作效率也提高了。

你可能会临时把它概括成这样：

> 我看起来没有压力，可以实现更高效的结果。

这时候你需要问问自己：

- 这样概括合理吗？
- 其他人的想法和我一样吗？
- 是否存在压力会提高工作效率的情况？

个人写作和学术写作

个人写作和学术写作之间有一些基本的区别。

个人写作	学术写作
情绪化	逻辑性
可能根据直觉来写	进行推理
主动语态："我觉得……"	被动语态："研究发现……"
包括杂闻轶事	使用证据
来自一个人的数据	更广泛的数据库
主观的	客观的
思维发散也许很重要	始终紧扣逻辑主线

想得高分，不一定非要花比别人长的时间，你需要：

- 正确识别任务或者问题。
- 发现潜在的问题。
- 准确找到课程和导师对自己有哪些要求。

虽然所有的学科领域都有自己的评分标准，但下面这些基本要求提供了一个正确方向，告诉你分数是怎么分配的。

学习层次描述：

- 你所在的大学有没有提供每个学习层次的具体特点？
- 如果有，它们对于你手头上的作业意味着什么？
- 再上一个层次有什么要求？你在朝着这个层次前进吗？

评分标准：

如果你的学校或者导师给出了评分标准，写作业之前和写完作业时都要认真查看这些标准。

最低分

得最低分的文章：

- 结构松散。
- 查找的资料很少，想法和思考部分也很少。
- 主要是描述，分析或者论证内容很少。
- 只考虑了一种观点。

导师的评语可能是这样的：

'You have just written out my lecture notes and paraphrased a few lines out of books, without considering why this is such an important issue.'

'The student seems to have written out everything he knows about the subject, in any order, with lots of mistakes, and has not answered the question he was asked.'

中等分

得中等分的文章：

- 给出一些证据，说明进行了背景研究。
- 表现出对潜在问题有一定的理解。
- 符合既定的标准。
- 回答了核心问题。
- 展开论证，或者提出了观点。
- 有结论部分。
- 展现了同一个学科领域中不同问题或者不同概念之间的关系。
- 表现了自己的一些想法和反思。
- 对信息进行了组织整理，结构合理。
- 给出证据和例子，支持自己的论点和主要观点。

最高分

得最高分的文章包括了得"中等分"的所有要点，此外：

- 表现出很好地了解了这个话题为什么很重要，包括根本问题和最关心的内容、在哪儿存在争议、为什么存在争议。
- 积极参与到与话题相关的争论中，而且能启发别人的思考。
- 表现出很好地理解了这个话题与本学科领域以外的其他问题有什么联系。

借鉴导师的反馈

"如果我的作业得分低怎么办……？"

虽然具体的分数，比如"B"或者"64"能显示出你做得怎么样，但你收到的评语其实更重要。如果作业返回来时上面写满了老师的评语，你可能会觉得很受挫，想把作业直接扔进垃圾箱，但还是要读一读这些评语——它们很可能就是帮你拿到高分的通行证。

不行，不行！

这是在打官腔！

如果导师写评语的时候不太照顾学生的感情，学生会觉得很受挫。有时候这确实是老师的问题，不要太在意他们的话。最好不要认为刻薄的评语都是针对你个人的，相反，重点关注评语文字背后的问题。

很在意自己的分数是非常自然的事情——尤其当你付出了很多努力却没有拿到相应的分数的时候。你可能会生气或者失望，甚至想干脆放弃。

不要放弃。等一两天，然后着手制订一个行动计划。

借鉴导师反馈的行动计划

要有建设性地通读一遍自己的文章和导师的反馈，不停地问自己："这一点可以怎么帮我提高自己的写作水平？"

1 看完每一句评语之后，想想自己有没有理解导师为什么这么写。把你觉得对你下次作业有用的评语标记出来。

2 把一篇文章分成：
 – 主要问题：大量丢分的地方，比如没有回答题目中提出的问题、缺乏证据、论证薄弱、结构松散。
 – 小错误：拼写、标点、语法。

3 通读一遍导师的评语，把各项分别归类到"主要问题"或者"小错误"中。

4 把这张列表和以前作业完成的列表做比较。哪些评语出现了不止一次？

5 按照轻重缓急为这些项目编号（用"1"表示最需要尽快改善的问题），或者使用"优先顺序设定"规划表（详见第78页）。

行动计划	
主要问题	**小错误**
2 分段	① 拼写作者名字
3 写参考文献	3 逗号
① 结构	2 过去式以"-ed"结尾

改进

1 从每份列表中选出1–3项急需改进的内容，在下次作业中努力改善，并为自己设定实际的目标。

2 考虑一下怎么解决列表中的每项内容。不要惊慌！建设性地思考。

3 确保自己理解为什么会收到这样的反馈。

4 再读一遍这一章节中任何相关的部分。

5 和其他同学讨论一下你的作业。

6 如果有些评语你不理解，或者如果你不明白为什么得到这样的分数，请导师给你解释一下。

7 如果你不知道怎么改进自己"急需提高的方面"，请导师给你些建议。

8 问清楚怎么做可以得高分——请教别人！

9 请导师给你提供一些他认为写得很好的文章的例子。

- 导师的反馈你利用得怎么样？
- 可以怎样更好地利用导师和其他同学的反馈？

论文是什么样的

论文1

下面是一篇大学一年级的示例论文，要求的字数为1000字（英文）。

1 通读一遍。论文应该是写给对这个领域了解不多的"有理解力的读者"看的，所以如果这个不是你研究的领域应该也没有关系。

2 一旦了解了论文的内容，把自己放在导师的位置，给它评分。这样你会更好地理解你的导师在找什么。

3 即使你对这个领域不了解，仍然可以根据"编辑终稿"清单（详见第196页）中列出的标准或者"哪些是得分点"列表（详见第217页）给它评分。把你的评语写在论文旁边的空白处或者写在你的日记里。

4 比较你自己写的评语和第221页上的评语。

5 读完这些评语，你对如何给这篇论文评分有没有产生不同的想法？

设定的问题

How has Bowlby's Attachment Theory been modified by the findings of later research? How have theories about attachment affected ideas about child care?

论文

Page 1

Attachment theory originated in the work of Bowlby (1907–90). The theory was that an infant's ability to form emotional attachments to its mother was essential to its survival and later development. This raises important questions about what circumstances could affect the mother–child bond, and the effects on the child of different kinds of separation. This essay looks in particular at Bowlby's work on maternal deprivation, and at how early research and the later work of Mary Ainsworth seem to support Bowlby's Attachment Theory. It also looks at later challenges to that evidence, which suggest that short spells of separation may not have bad effects upon attachment nor on the child's development. The relative effects of these theories on attitudes towards day care will be explored throughout the essay and brought together towards the conclusion.

Bowlby's Attachment Theory originally claimed that if bonding was to occur between a child and its carer, there must be continuous loving care from the same carer (the mother or 'permanent mother substitute'). Without this, he argued, chances of bonding were lost forever, and the child was likely to become delinquent. Originally this was formulated as a theory of 'maternal deprivation'. Later Bowlby focused more specifically on the first year of life, which he called the 'critical period'. During this time, he believed, the child organises its behaviours to balance two complementary predispositions. These predispositions are firstly 'proximity-promoting behaviours', which establish the mother as a secure base, and secondly 'exploration', away from the mother. Bowlby argued that the infant develops 'internal working models' of its relationship with the mother which becomes the basis of later relationships. He argued that the mother should be at home with the child for these behaviours to develop, and that day care was harmful.

Bowlby's ideas were popular with governments at the time, as there was a shortage of jobs for men returning from the Second World War: day care during the war had enabled many women to work outside the home. There was also other evidence which appeared to support Bowlby. Goldfarb (1947) compared children who had experienced continuous foster care from nine months onwards to those reared in institutions. He found that the foster children were less likely to suffer intellectual, social and emotional difficulties. Similarly, children who stayed in hospital showed distress and little affection to parents when reunited with them (Robertson 1967–73). Bowlby's own research into adolescent delinquency indicated childhood maternal deprivation as a recurring factor.

Much of this research evidence has since been revised. Bowlby's adolescent research was based on evacuees in the post-war years, a time of unusual trauma and disruption. With respect to Goldfarb's research, the Tizards (1970s) found that although children's homes could have a negative effect on development, this could be because of unstimulating environments and the high turnover of carers. Some four-year-olds in children's homes had more than fifty carers. Similarly, the hospital conditions of Robertson's research were stark environments where parents were discouraged from visiting and the children were very ill. This is a different situation to pleasant nurseries with healthy children who go home to their parents each evening.

Although Bowlby's theory of maternal deprivation has been largely discredited,

Mary Ainsworth (1978) built on Bowlby's ideas about exploratory bases and separation anxiety in her now widely used 'Strange Situation' experiment. Findings based on the Strange Situation would appear to support Bowlby and the idea that child care is undesirable. However, there are criticisms of the conclusions drawn from the Strange Situation. Clarke-Stewart argues that the Strange Situation does not take into account how far the mother and child were used to being separated. Cultures such as Japan and the USA vary in how much they value independence in children and so each would interpret the results of the Strange Situation very differently (Super and Harkness 1981). Japanese children tend to get very distressed during the Strange Situation, whereas American children tend to cope better. This could suggest that Japanese children have insecure attachments to their mothers and American children have secure attachments. However, it could be a reflection of different child-rearing patterns – Japanese mothers are less likely to work than their American counterparts.

One of the difficulties in evaluating research based upon Bowlby's theories has been in finding valid comparisons. Most research tends to be based on USA mothers and families under economic and social stress, who are not representative of all mothers (Burman 1994). One useful comparison group for day-care children would be children whose temperaments prevented their mothers from going to work, and mothers who then became depressed.

It has been found that mothers at home with two children under five are more likely to become depressed. Depression in mothers has also been linked with delinquency in children. Research has found that three-year-old children of depressed mothers were more likely to have behaviour problems than children of mothers without depression. This suggests that day care might benefit both mother and child.

Bowlby's original Attachment Theory has been modified; there is now less emphasis on the 'critical period', on the irreversibility of early weak bonding, and on the necessity of exclusive, continuous maternal care. Separation and reunion behaviours are still regarded as useful indicators of later difficulties, although it is now recognised that many other factors such as marital discord have to be taken into consideration. In general, there has been greater recognition that it is the quality of care, rather than the quantity, that is important. Subsequent modifications in the theory have accompanied changes in child-care, hospital and nursery environments. Although there is still popular belief in maternal deprivation, many professionals now agree that day care can be of some benefit, if both home and day-care environments are of good quality.

References

Burman, E. (1994). *Deconstructing Developmental Psychology.* London: Routledge.
Oates, J. (1995). *The Foundations of Child Development.* Milton Keynes: Open University.
Prior, V. and Glaser, D. (2006). *Understanding Attachment and Attachment Disorders: Theory, Evidence and Practice (Child & Adolescent Mental Health)*. London: Jessica Kingsley Publishing
Smith, P. K., and Cowie, H. (1988). *Understanding Children's Development.* Oxford: Blackwell.

评语

总体看来，这是一篇合理的论文。好的地方包括：

- 引言和结论部分（详见第184页）。
- 推理主线清晰——总体来说，论文按照引言展开来写。
- 各观点顺序合理，分段清晰。
- 风格清楚、准确。
- 评价资料证据时，既分析了好的方面，也提到了不好的方面。
- 作者的观点（基本不同意Bowlby的观点）清楚，给出的原因也很清晰。

不过这篇论文还可以进一步改善，得到更高的分数。比如：

完成引言中提出的任务：作者在引言中说她会在论文最后总结有关日托幼儿园的内容，但并没有这么做。与作者对各种理论的讨论相比，日托幼儿园的相关内容被忽略掉了。

回答题目问题：由于作者忽略了有关日托幼儿园的内容，所以没有真正完整回答问题的第二部分。再看一遍题目。

文中引用：虽然文中的引用都写得不错，但第6段中的一些陈述没有说出证据的来源。

文末引用：文中的引用都写得很好，但只有其中几项在文末给出完整的参考文献。实际上，所有参考文献都要完整地写出来。

比较一下论文1和写同一个题目的论文2。

How has Bowlby's Attachment Theory been modified by the findings of later research? How have theories about attachment affected ideas about child care?

1   The world of psychology contains many theories about children, some more useful than others, although all add something to our overall knowledge about children, so none should be dismissed as unhelpful. One such theory is that of 'attachment', which was the idea of a psychologist called Bowlby. What are the main elements of Bowlby's theory? Well, first there

5   is his early work about attachment. Second, there are his adaptations of his theory into his later ideas about maternal deprivation. There was a lot of research to support Bowlby at the time, and his ideas were very useful to society so it is not surprising that he had a big following in his day. Later, some of his ideas were discredited but some of his ideas were picked up by Mary Ainsworth. She developed something called the 'Strange Situation' which

10   has been used by many people interested in the welfare of children.

Bowlby actually believed that it was a tragedy for the child if the mother was not with him throughout his early childhood. He was very opposed to the idea of mothers going out to work. During the war, a lot of mothers had left their children in special nurseries set up by the Government. These nurseries enabled women to work in factories making armaments or

15   to go out to grow food and any other jobs formerly filled by men. Many women enjoyed this new-found freedom and learning new skills like building bridges, driving buses and being radar operators. Bowlby argued that the women's gains were at the expense of the child. He used examples of children that had been abandoned in the war to show that a lack of good mothering had led these children into delinquency and other serious life-long

20   problems. Later Bowlby argued that it might be acceptable for the mother to be absent if there was a suitable kind of carer who was always present so that the child got continuity. He felt that it was from this carer or the mother that the baby was able to learn how to form any relationships. So basically, if the baby did not have its mother, it did not have a sense of how to form a relationship, so then it was not able to have the building blocks of any

25   relationship which made relationships in general always difficult. He was actually influenced by the ideas of Lorenz who found that ducklings who lacked their mother at a critical age adopted other objects such as toys to be their mother instead. Bowlby said that human babies also had a critical period for bonding with their mothers – actually up to nine months old. Harlow found that monkeys were also disturbed and when they grew up were not able

30   to look after their babies.

Mary Ainsworth found that if babies were put in a situation with a stranger, they behaved differently depending on whether they had a good relationship with their mother. She said that how babies behaved with a stranger and then afterwards with their mother for leaving them alone with the stranger let you predict whether the baby would be a delinquent later.

35   She said her experiments using the Strange Situation showed that babies who were in day care were more likely to grow up delinquent. But is this really the case? Not every psychologist thinks so and it is important to consider other views. Many feminists are upset with Bowlby and think that he is just trying to make women feel guilty for wanting to reach

their full potential. Germaine Greer thinks that it is not just a mother's responsibility to raise
40 a child and that the whole community should be involved so that if the child were lost and
wandering around, someone would recognise him and could look after him.

   Some people think day care may actually be good for children. Studies have shown that
day care can, in fact, make children more intelligent and better able to get on with other
children. Not all mothers feel fulfilled staying at home with their children and some might
45 end up developing mental illnesses like depression, where they feel very low and may even
be suicidal. Drug treatments and counselling can help women recover and depression is a
very treatable condition. It is surely better for a child to be in good day care, rather than
staying at home with a mother who is depressed?

   So, there are some strong arguments for and against attachment theory. Bowlby makes
50 some very interesting points about the importance of mothers and the need children have
for good care. His research does seem to indicate that poor care leads to children becoming
delinquents. On the other hand, there are times when mothers would do better for their
children by being out of the home so you cannot assume that it is always best for the child
to be with its mother. Looking at society today, we are seeing more and more children with
55 problems. The rise of delinquency in children today requires greater consideration by
researchers to work out what the causes are.

References
Psychology by Richard Gross, published in paperback by Hodder Arnold in 2005
John Bowlby – *Attachment Theory*

利用第197页或者第217页上的列表，给"论文2"评分：

1 在你觉得可以改进的部分标出下划线。

2 假如你是导师，正在给学生提意见，在空白处写出评语。

3 你知不知道为什么论文1的得分会比论文2高？

   完成之后，比较一下你的评语和下面的评语。

练习评议

   核心：第一个句子太宽泛，没有给论文增加任何有用的信息。

   长度和简明：这篇论文有862个字（英文），比较短。要求1000字的文章字数应该在950到1050之间（"论文1"有954个字）。总体而言，很多字其实什么都没有说。也就是说，与说话简明的作者相比，这篇论文的作者在文中没有覆盖很多相关信息，所以会丢分。

   论证主线：引言部分没有清楚说明作者的推理主线或者论证方法是什么。结论部分也是一样，没有显示清楚的观点。

   回答既定问题：论文的前半部分没有回答后来的研究发现对Bowlby的理论进行了怎样的修改，后半部分也没有考虑依附理论对日托幼儿园的影响。

   结构：文章开头对Bowlby理论很有用的评论可以省略，因为后来提到了这部分内容。

   细节：作者在文中有些地方给出太多不必要的细节，比如战时女性出门工作和对抑郁的治疗。这两部分都和论文没有紧密的关系，这样的细节浪费掉珍贵的字数。

分段：第2段太长，中心意思也不清楚。

引用参考文献：引用的参考文献没有给出日期，比如Lorenz的作品、Harlow或者Greer的作品。文中引用的文献基本上都没有出现在论文最后的参考文献部分。文章最后列出的两本文献引用的方法也不对。

精确：引用的研究证据中，有些很模糊。"论文1"很明确地告诉读者Bowlby的研究有两个阶段，而"论文2"中这一点不清楚。

词汇："实际上"和"基本上"这样的词一般不出现在学术写作中。

清楚：有些部分可以写得更清楚一些。

本章回顾

学术写作有一定的正式写作惯例，比如不使用俚语或缩写。要准确——如果写得太模糊，就很难得高分。

学术写作中要很清楚什么时候需要给出个人观点。一般用来支持推理主线并且有证据（"事实"）支持的时候才能写个人观点。

大多数学术写作都受到科学模式的影响，强调客观和定量数据。科目不同，主观性（你的个人反应）和定性分析（意识到自己在评价证据这个过程中的角色）发挥的作用也不同。

学术写作有4种主要的写作风格。有时候要求你在同一篇文章中使用若干种风格。几乎所有的写作都包括论证和评价的成分。描述性写作和个人经历需要谨慎使用。

得高分并不是因为作者本身聪明，而是有特定的原因的。要知道自己所学科目中分数是怎么分配的，这一点很重要。有建设性地借鉴导师的反馈，别被批评性的评语吓倒。导师希望成功的学生越多越好，他们的评语也是为了帮你提高分数。

如果你自己给论文打分，利用各种清单作为评分标准，这样就会从导师的角度看待写作。这有助于你评价自己的写作，慢慢地你不太需要得到别人的反馈，就能知道自己写得好不好。

Chapter 10

建立对数字的信心

学习本章之后，你可以：

- 增强运用数字的信心。
- 识别大学期间最可能需要的与数字相关的各种活动。
- 认识并理解与数字相关的学习中常用的术语。
- 理解怎样使用分数和百分数。
- 计算三种平均数（众数、中位数和平均数）和五数概括法。
- 学会四舍五入的方法。
- 理解曲线图、表格和图形中数据的基本解释。

大学中大多数课程都会用到数字——不是只有科学和数学学科才需要分析和提供数据，进行数值运算。

很多学生对自己的数字运算能力没有自信。他们可能勉强能记住以前学过的有关"百分数"和"平均数"的内容，也可能对"众数"、"中位数"或者"四分位数"这样的术语觉得很困惑。如果对数字没信心，那么遇到含有数字、数据或者数学术语的文章就会很快跳过，希望不用再去想。

缺乏基本的数字运算能力会让学习变得让人望而生畏，这是完全不必要的。如果你很担心数字的问题，那么了解下面这些可能会让你安心：

- 不是只有你一个人这么想！
- 对于大多数学科，哪怕对数字运算只有一点点了解，也会起很大作用。
- 一般大学都认识到学生在数字运算方面可能有困难，会提供相应的支持。
- 本章的内容涉及基本的数字运算技能。

哪些数字运算是必需的

数字运算的工作量、难度和类型根据不同的学习课程各不相同。只要加以练习，你就会适应课程中要求的数字运算。

我需要具备做什么的能力

问清楚自己需不需要做下面这些事情。需要的话在前面打勾。

☐ 看懂文本、图形、曲线图和表格中的数字信息。

☐ 识别数字信息中哪些是重要的，哪些是相关的，哪些是合理的或者容易让人误解的。

☐ 为项目、报告和其他作业搜集信息。

☐ 计算平均数和百分数。

☐ 使用分数。

☐ 识别数字趋势。

☐ 把实验、调查、问卷或者研究项目的发现呈现出来。

☐ 使用专业统计软件。

☐ 参加学校开办的与以上内容相关的培训或者研讨班。

数字怎样增加价值

论述一个观点的时候，如果能提供一些数据来支持自己的观点，那说服力一般会强很多。比如，一张数字的表格可以简明、清楚地总结大量信息，说出几千个文字才能表达的意思。呈现的数字必须准确，必须精心筛选，应该让读者清楚为什么把这些数字包括进来。

比如，"很多学生有工作"很模糊，可以用不同的方法去解读。比较这句模糊的陈述和下面两句使用了数字的准确陈述："亚美尼亚大学（University of Aremia）中75%的学生都有兼职工作。""埃克斯福德（Exford）将近40%的学生都在酒吧或者销售岗位做兼职。"

注意，数字旁边的词有助于定义数字的语境和含义。你在陈述中需要综合使用数字和文字——有正确的数字，也要有解释这些数字的正确文字。

我想提高的方面   对应的页码

☐ 增强使用数字的信心。   227–8

☐ 克服对数字的不信任感。   229–30

☐ 使用分数。   231–3

☐ 理解百分数。   234

☐ 把分数转化为百分数。   235

☐ 上舍入和下舍入。   236

☐ 了解平均数。   237

☐ 计算平均数：平均数。   238

☐ 计算平均数：中位数。   239

☐ 计算平均数：众数。   240

☐ 五数概括法。   241

☐ 使用曲线图、表格和图形。   243–6

☐ 搜集和呈现数据。   257–62

☐ 批判性地分析数字。   279–81

我首先要改善的方面是：

....

....

要求具备专业技能的科目

有些科目要求使用特定的统计方法或者具备专业知识，如果确实如此，课程中通常会教授这些内容。如果你觉得不太懂，可以向导师寻求其他帮助，或者建立一个学习小组，和大家一起练习。

增强数字运算的信心

很多学生面临的第一个障碍就是焦虑。如果你觉得自己"做不了数学运算"，那么：

- 保持冷静。
- 按照步骤一步一步操作。
- 不要着急。
- 找出自己的弱点。
- 练习——然后继续练习。

克服自己的障碍

如果你对数字运算缺乏信心，先过自己这关：

- 看看下面列出的障碍，在符合自己情况的方框中打勾。
- 想想怎么克服每种障碍。

1 我对数字一点儿都不懂 □

很多基本的数字运算其实都很简单，只要你按顺序一步一步操作。一些操作简便的工具也可以帮到你。数学可能看起来很神秘，但只要你知道步骤并且严格遵守的话，就会得到正确答案。对自己做的工作了解越多，你就会越自信，越有可能识别出看上去不对的答案。

不要想得太复杂。你需要的大部分数学运算都是建立在一些简单的基本内容的基础之上，比如加、减、乘、除。你很可能会做这样的运算，即使偶尔会犯些错误。

2 我犯的小错误太多 □

- 很容易犯小错误——别因为这个原因受挫。
- 很多错误是因为正确的顺序里缺了一步，或者

基本的加、减、乘、除出了错。克服的方法就是认真检查，就像校对写完的内容。

- 多加练习，你就会发现自己最常犯的几类错误，检查时尤其要注意这些内容。
- 如果你处理文字比处理数字做得好，可以用自己容易理解的方法把运算说明写出来。
- 用自己容易看懂的布局方法，把每种运算如何操作的步骤写下来：
  - 每行只写一个步骤。
  - 步骤之间留出空间。
  - 用彩色把关键项标记出来。

3　我找不到数字 □

- 如果你觉得很难找到一列一列的数字，看看在方格纸上会不会容易一些。
- 如果仍然会看错列，就把旁边的列或者行涂成不同的颜色——这样你的眼睛就不会看错列。
- 使用计算器或者"发音计算器"也许有帮助。

4　我很快就忘了怎么做数学运算 □

- 有压力的话记忆力会变差，关注那些你能做的内容。
- 把你需要的数学运算的公式写出来。
- 把这些公式放在你需要的时候能马上找到的地方——比如放在日记里，或者电脑文件里。
- 时不时用一下这些公式，这样会刺激你的记忆力。
- 为了帮你想起那些最常用的运算，设计自己的记忆提醒物（详见第302–7页）。

5　我不擅长乘除这类基本运算 □

- 乘法就是把同一个数反复相加。"17×20"意味着把17反复相加：17+17+17+17……
- 通常有几种不同的方法都能得到正确答案，看看哪种最适合你。在上面的例子里，你可以把数字17写20次，然后全部相加。
- 简单的计算器让乘法和除法变得很容易，电脑附件中一般都会包含计算器。
    (1) 乘法：输入第一个数字，然后输入一个乘号（×）或者星号（*），再输入第二个数字，按"确定"或者"等号"（=）。
    (2) 除法：输入你想分割的数字，然后输入斜线（/），再输入你想用哪个数字去除，按"确定"或者"等号"（=）。

6　我做不了计算平均数这样的运算 □

如果你不经常用到这些，很容易就会忘了怎么运算。本章介绍了一些常见的运算，很多学生都会需要。

7　我不懂数学术语 □

别被数学术语吓倒，基本的过程并不复杂——只要按照教导多加练习就能学会（详见第247页）。

8　我不相信数字和统计数据，所以不想和它们打交道 □

知道怎样解读数据，你就会了解什么时候可以相信数字，还可以识别出别人论证中的缺点，发现是不是有人在篡改数字（详见第229–30、279–81页）。

9　我不懂怎么看图表中的信息 □

图表不仅在你陈述、呈现自己努力成果的时候很重要，而且在理解所读内容的时候也很重要。多练习就会慢慢看懂（详见第243–46、279–81页）。

10　我需要搜集、呈现数字数据，但不知道从哪儿入手 □

搜集、呈现数据的关键是知道自己查找资料的目的。你在找什么？需要什么数据才能找到答案？（详见第257–62页）

- 你觉得自己在处理数字时遇到的主要障碍是什么？
- 怎么做可以帮你克服这些障碍？
- 你会怎么做来克服这些障碍？

你信任数字吗

数字有什么用处

很多人对数字尤其是对统计数据有很强烈的看法，要么觉得数字能"证明"一件事，要么觉得所有数据都是"谎话"。事实上，数字只是提供信息，这些信息有没有价值取决于你对它还有什么了解、它是否符合你的目的。

什么是"统计"

"统计"有两层含义：

- 测量、组织、解读和描述数字信息（数据）的方法和技巧。
- 为衡量某个主题而产生的特定数据。

总体和样本

某物数量的总和——例如，一块草地上的所有植物——就是总体。基本不可能衡量总体中的每一个个体，所以取而代之，可以衡量其中一部分个体，就是样本。

如果样本是总体的典型代表，那么符合样本的说法也符合整个总体，这样的样本叫做有代表性的样本。但如果样本不是总体的典型代表，这样的样本叫做有偏样本。如果样本有代表性，可以用它们对整个总体进行推断——这叫做推论统计（inferential statistics）。

好的测量一定很准确：应该完整测量声称要测量的内容，而且不测量其他任何内容。出于一种目的搜集的测量结果不能用到其他场合——你必须判断数据有没有告诉你你需要知道的内容。

数据的相关性

数据是否相关取决于需要用数据做什么。考虑一组特定的数据时，问问自己：

- 有没有提供有用的见解？有没有显示出我需要进一步探索的可疑之处？
- 能不能帮我了解什么趋势？
- 对我应该怎么看待一个题目有没有影响？

了解背景

要想解读数据，你需要了解数据搜集的背景。假如有人以获得56%的电话投票在一次电视歌曲创作比赛中胜出，音乐制片人在这位获奖人身上投资是明智的决定吗？要回答这个问题，这位制片人需要了解更多内容。多少人看了这次比赛？其中多少人打进了电话？他们有代表性吗？也许：

- 支持这位获奖人的观众不仅打进过一次电话。
- 这位获奖人很受电话投票人的欢迎，但不受购买音乐唱片的消费者的欢迎。
- 电话线当时没有正常工作。

对数字和统计提出质疑

数字能提供证据吗

可能数字看起来很有说服力，但事实上也许没有看上去那么可靠。使用任何数据的时候，都要客观，本着批判性的态度。想一想：

- 这些数据衡量的是它们声称要衡量的内容吗？
- 可能很准确吗？
- 可能包括错误或者印刷错误吗？
- 怎么搜集的？这样搜集有没有可能出错或者不准确？
- 谁要搜集这些数据的？为什么搜集？
- 什么时候搜集的？是最新的吗？如果不是，有关系吗？
- 数据有代表性吗？是不是只代表了特定的一些人群或者特定的场合？
- 这些数据正好涵盖了你要找的内容吗？对你正在调查的问题有没有启迪？

数据是估算得来的吗

有些数据不是真正计算出来的，而是估算出来的。例如，报纸对一次示威游行参与人数的报道可能就是"根据一定的证据"进行的猜测。游行组织方和警方估算的数字可能不一样——也许两者都不正确。

数据可能变化吗

估算的数字可能立刻变化，也可能过一段时间之后改变。比如灾难之后立刻估算出的伤亡人数可能和过段时间再估算的人数不同，因为后期会逐渐获得更准确的信息。有关灾难整体影响的数据也会变化，因为环境影响等各种长远影响会逐渐凸显。

数据是最新的吗

检查一下有没有更新或者较早的数据，或者更准确，又或者可以用来和现在的数据作对比。

举个例子，如果一家商店声称自己10年前赢得一次"顾客满意度"调查大奖，你很可能会问现在的顾客是不是同样满意。另外，要记得搜集、分析和发布数据都要花时间，有些数据在发布之前就已经过时了。

数字实际上衡量的是什么

历史数据需要谨慎对待。在一些历史时期，计算的时候有些人口群体整个被忽略掉了。比如1906年旧金山大地震之后，人们普遍引用的伤亡人数就遗漏了伤亡的中国人的人数，虽然当时中国人占很大比重。历史上很长一段时间，只有所谓的"重要"人士的观点才会被重视：如果"大多数人"没有权利投票，没有权利发表自己的意见，我们就无法知道这些人是怎么想的。

使用了哪种"样本"

我们经常听到这些数据：每个家庭中电视的平均数量，下次选举中平均选民（average voter）会怎么投票，或者多大比例的宠物喜欢某种宠物粮。这些数据没有测量到每个家庭、每位选民或者每只宠物——那样做时间太长，成本太高。相反，人们会取一个比总体小得多的样本，假设它是代表性样本并加以处理。要想得到可靠的结果，选择的样本必须足够大，才能代表整个总体。如果样本不够大，有关比例、上升或下降趋势的论断都是不可靠的。

使用了哪种"平均数"

不同类型的平均数对一件事的影响不同。你在用哪种平均数？用这种平均数合适吗？（详见第237–40页。）

有关更多批判性地检查数据的内容，详见"批判分析性思考"，第279–81页。

分数是整数的一部分，我们平常说话经常提到这个概念。

- 只花了成本价格的一部分就买到这个……
- 如果你的工具合适，花很少一部分时间就可以完成工作。

在数学中，分数代表把一个整体平均分成若干份后取其中一份。所以分数可以是价钱的一部分，时间的一部分，宽度的一部分，一组（套）的一部分，或者其他任何单位的一部分。

分数的语言

分数的语言很直接。比如，你把一块蛋糕切成均等的8份，每一份就是 $1/8$。如果你把它分成6等份，每一份就是 $1/6$。如果把它分成20等份，那么每一份就是整个蛋糕的 $1/20$。然后如果你吃掉20等份中的3份，那你就是吃了 $3/20$。如果你把蛋糕分成5等份，送给朋友其中2份，你就是送出去 $2/5$。

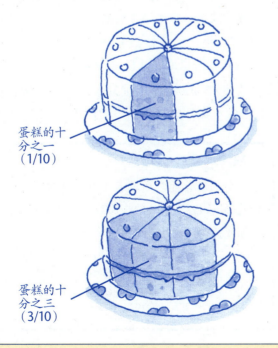

蛋糕的十分之一
（1/10）

蛋糕的十分之三
（3/10）

一组分数

下面的这组星星一共有28颗。它们分成了7等份，每一行代表全部的 $1/7$。有阴影的部分覆盖了7部分中的3部分，或者说 $3/7$。

举例

一组星星28颗分成7等份，由7组组成，每组4颗星星。根据下面的布局，你可以看到整体和分成7个部分后每一部分的关系。

1. ★★★★
2. ★★★★
3. ★★★★
4. ★★★★
5. ★★★★
6. ★★★★
7. ★★★★

- 你可以看到，28的 $1/7$ 是4。
- 28的 $3/7$ 是 $3 \times 4 = 12$ 颗星。检查一下，数一数有多少颗星星。

真分数和假分数

真分数中，上面的数字比下面的数字小（例如，$3/4$）。假分数中，上面的数字比下面的数字大（例如，$4/3$），假分数大于1。繁分数由一个整数和一个真分数组成（例如，$1\frac{1}{3}$）。

1 ★★★★ ★★★★ ★★★★ ★★★★ ★★★★ ★★★★ （整体：24 颗星星）	1/2 ★★★★ ★★★★ ★★★★	1/3 ★★★★ ★★★★	1/4 ★★★ ★★★	1/6 ★★★★	1/8 ★★★	1/12 ★★
						1/12 ★★
				1/6 ★★★★	1/8 ★★★	1/12 ★★
		1/3 ★★★★ ★★★★	1/4 ★★★ ★★★		1/8 ★★★	1/12 ★★
				1/6 ★★★★		1/12 ★★
					1/8 ★★★	1/12 ★★
	1/2 ★★★★ ★★★★ ★★★★		1/4 ★★★ ★★★	1/6 ★★★★	1/8 ★★★	1/12 ★★
						1/12 ★★
		1/3 ★★★★ ★★★★		1/6 ★★★★	1/8 ★★★	1/12 ★★
			1/4 ★★★ ★★★			1/12 ★★
				1/6 ★★★★	1/8 ★★★	1/12 ★★
1 × 24	2 × 12	3 × 8	4 × 6	6 × 4	8 × 3	12 × 2

比较等值分数

上一页的图表显示了等值分数。你可以数一数，比如数一数多少个$1/12$相当于$2/3$。

- 把每一列的高度分割之后，可以从视觉上比较各个分数的大小。
- 每一列中总颗数相同（24），这样可以数出相对的比重。

比较分数

分数中下面的数字（分母）相同时，很容易比较。比如，比较$3/12$和$5/12$时，很容易看出同样大小的等份，5份比3份多。

但如果下面的数字（分母）不同，比较起来就有些困难。$1/4$和$2/9$哪个大？这时需要一个新的分母，既能被4整除，也能被9整除。最简单的方法是把这两个不同的分母相乘，找到一个公分母。对于$1/4$和$2/9$来说，公分母就是用$4 \times 9 = 36$。然后两个分数都可以表示成若干个$1/36$。

之后需要做的就是找到每个分数是$1/36$的多少倍。为保持分数大小不变，分子和分母乘以相同的数：

- 对于$1/4$：要想把分母变成36，用4乘以9，同样分子1也乘以9，结果就是$9/36$（也就是：$1/4 = 9/36$）。

- 对于$2/9$：要想把分母变成36，用9乘以4，同样分子2也乘以4，结果就是$8/36$（也就是：$2/9 = 8/36$）。

现在就可以回答"$1/4$和$2/9$哪个大"的问题了：用转化完的分数代替原分数。"$1/4$（$9/36$）和$2/9$（$8/36$）哪个大"很清楚，$1/4$（$9/36$）大一些。

分数的加减

分数转化完之后就有了共同的分母，这样就可以很容易把分数相加减了。只要把分子相加或者相减就可以：

$$9/36 + 8/36 = 17/36$$
$$5/36 + 11/36 = 16/36$$
$$9/36 - 8/36 = 1/36$$
$$30/36 - 10/36 = 20/36$$

使用分数

分数的应用

日常生活中我们经常用到分数：

- 平等分配东西。
- 按照投资额分配利润。
- 降价销售时把价格降低几分之几，比如"降价 $^1/_3$"。

计算总量中的部分数量

我们可以用分数计算实际的数量和总量。比如，如果我们知道一次调查有800人参与，其中 $^3/_4$ 是女性，就能算出调查了多少女性。

在800名参与者中，$^3/_4$ 是女性。

1 用分数的分母（$^3/_4$中的4）去除总数（800）：$^{800}/_4=200$。（也就是：$800=^4/_4 \times 800$，所以 $800 \times ^1/_4=200$）

2 用分数的分母（$^3/_4$中的3）去乘结果：$200 \times 3=600$。（也就是：$200=800 \times ^1/_4$，所以$800 \times ^3/_4=600$）

举例1

要计算一份样本200的$^3/_4$：

- 用4去除总数200：$^{200}/_4=50$。
- 用3去乘50：$50 \times 3=150$。

举例2

一家商店正在降价$^1/_3$销售原价120元的商品，意味着这件商品会花费120元的$^2/_3$。计算时：

- 用分母3去除120元：120元/3=40元。
- 用分子2去乘40元：40元$\times 2=80$元。

降价了40元（$^1/_3$），实际花费是80元（$^2/_3$）。

分数的乘法

分数相乘时，是用整体的一部分去乘一部

分，所以结果更小了。比如：

- 一半的一半（$^1/_2 \times ^1/_2$）是四分之一（$^1/_4$）。
- 八分之一的一半（$^1/_2 \times ^1/_8$）是十六分之一（$^1/_{16}$）。

假分数

有时候你会看到上面部分比下面部分大的分数，就是说这个分数的值大于一个整体。比如，$^7/_6$等同于$^6/_6 + ^1/_6$或者$1^1/_6$。

练习

1 下面每一组中哪个分数大？
  a $^1/_5$还是$^1/_6$ c $^4/_7$还是$^5/_9$
  b $^2/_3$还是$^7/_{11}$ d $^4/_5$还是$^5/_6$

2 把下面每组分数相加：
  a $^1/_3$和$^1/_2$ d $^1/_4$和$^2/_3$
  b $^1/_6$和$^1/_8$ e $^2/_7$和$^3/_5$
  c $^1/_2$和$^5/_6$ f $^1/_9$和$^3/_4$

3 计算下面每一组数字：
  a 750欧元的$^2/_3$ d 81的$^2/_9$
  b 160的$^3/_4$ e 620的$^3/_5$
  c 72的$^5/_6$ f 91的$^2/_7$

4 计算下面每一项总数：
  a $^1/_2$: 100   e $^3/_4$: 120
  b $^1/_4$: 100   f $^1/_7$: 10
  c $^1/_3$: 50   g $^2/_7$: 10
  d $^2/_3$: 50   h $^4/_5$: 20

5 相乘：
  a $^1/_2 \times ^1/_2$ d $^1/_3 \times ^1/_3$
  b $^1/_2 \times ^1/_4$ e $^1/_3 \times ^1/_2$
  c $^1/_4 \times ^1/_4$ f $^2/_3 \times ^1/_2$

（答案详见第248–249页）

理解百分数

百分数是什么

百分数就是把一个分数说成是在100中占多大比例。

$^1/_{100}=1\%$（百分之一）

$^{23}/_{100}=23\%$（百分之二十三）

$^{59}/_{100}=59\%$（百分之五十九）

"整体"中的一部分

任何整体——一个物体或者一组物体的总量——就是100%。

如果把这个整体100%分成小份，每一份就是整体100%中的一部分，所有部分加起来就是100%。

例子

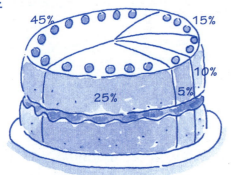

想想这块蛋糕，分成了大小不同的几块，全部5块加起来就是100%。

如果吃掉其中一部分，剩下的部分就可以表示成原来整个蛋糕的一个百分数。

75%剩下　　　　　25%吃掉

百分数写成分数

百分数可以写成分数的形式，这时分数的分母总是100：

为什么使用百分数

转化为与100这个标准数字相关的比例后，就可以很容易地直接比较数字。比如，假设你想比较两个体育俱乐部吸引学生会员方面做得怎么样。如果俱乐部A全部34位成员中有17位学生，而俱乐部B全部52位成员中有13位学生，很难直接比较两个俱乐部的表现。但如果把两方的数字转化成百分数，比较起来就容易多了：

$^{17}/_{34}=50\%$；$^{13}/_{52}=25\%$。

可靠性

百分数是否可靠，取决于样本的大小（详见第281页）。

百分数："不只是一块蛋糕"

假设有两块一样大小的蛋糕，每块蛋糕的总量是100%。现在在假设吃掉了一块蛋糕的75%和另一块蛋糕的25%。虽然吃掉的量相当于一块蛋糕的100%，但只是总量——两块蛋糕——的50%。

蛋糕1吃掉的25% = 总量　　蛋糕2吃掉的75% = 总量
（两块蛋糕）的12.5%　　　（两块蛋糕）的37.5%

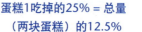

吃掉的总量 = 12.5% + 37.5% =
总量（两块蛋糕）的50%

把分数转化成百分数进行计算

分数是整体的一部分，比如一半或者三分之一。如果不太容易比较不同的分数，可以把分数转化成百分数。

由分数到百分数的简单转化

前面提到，一个俱乐部中学生会员的比例是 $^{17}/_{34}$ 或者 50%。如果你知道17是34的一半（一半永远是50%），就会轻松地把它转化成百分数。下面列出一些有用的转化。

二分之一	=	$^1/_2$		=	50%
四分之一	=	$^1/_4$		=	25%
四分之三	=	$^3/_4$		=	75%
三分之一	=	$^1/_3$		=	33%
三分之二	=	$^2/_3$	=	$2 \times 33\%$	66%
五分之一	=	$^1/_5$		=	20%
五分之二	=	$^2/_5$	=	$2 \times 20\%$	40%
五分之三	=	$^3/_5$	=	$3 \times 20\%$	60%
五分之四	=	$^4/_5$	=	$4 \times 20\%$	80%
六分之一	=	$^1/_6$	=		16.7%
六分之二	=	$^2/_6$	=	$^1/_3$	33.3%
八分之一	=	$^1/_8$	=		12.5%
八分之二	=	$^2/_8$	=	$^1/_4$	25%
八分之三	=	$^3/_8$	=	$3 \times 12.5\%$	37.5%
八分之三	=	$^4/_8$	=	$^1/_2$	50%
十分之一	=	$^1/_{10}$		=	10%
二十分之一	=	$^1/_{20}$		=	5%
五十分之一	=	$^1/_{50}$		=	2%
一百分之一	=	$^1/_{100}$		=	1%

应该花时间记一下基本的分数和百分数，找找它们之间的关系。比如，要找 $^3/_{50}$，用3去乘 $^1/_{50}$（2%）就得到6%。

记住一些帮你快速计算百分数的比例。比如，$^{24}/_{96}$ 等同于 $^1/_4$（$4 \times 24 = 96$）或者25%。如果你记住这样一些换算，就会更容易识别出一些比例。

把分数转化成百分数

1 用整体去除部分。　　2 把结果乘以100。

举例　举 $^{17}/_{34} = 0.5$（17="部分"；34="整体"）

$0.5 \times 100\% = 50\%$

如果你看不出来17/34是50%，别担心——可以用上面的公式把任何分数转化成百分数。在计算器上按顺序输入，如下所示：

`1 7 ÷ 3 4 × 1 0 0 =`

成串的数字很难读，也很难计算。"舍入"之后就容易操作多了。

整数

整数就是后面没有带分数或者小数点的数，比如75或者921。

有小数点的数

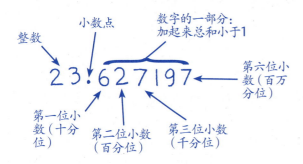

小数点后的数字代表整数的一部分。不管小数点后有多少位，它们代表的数都小于1。把分数转化成小数的时候，小数点后可能有很多位，一般用不着，这时就需要"舍入"。

舍入金额

你可能习惯于把钱的金额"四舍五入"，舍入到最接近的英镑数、美元数、欧元数或者其他货币单位。比如，如果你欠朋友4欧元75分，可能还朋友5欧元，让他把零钱留着。同样，如果你借给朋友4欧元10分，你的朋友可能只收4欧元。

舍入数字

举例1：四舍986.748

舍入数字和舍入金额是一样的道理。要想把986.748舍入到第一位小数：

- 第一位小数是7。
- 如果7（第一位小数）右面的数字是4或者小于4，就下舍入——把这一位后面的数都省去。这个例子里，下一位的数字是4，所以下舍入，把4和8省去，得到986.7。

举例2：五入986.752

- 第一位小数又是7。
- 如果下一位数字是5或者大于5，就上舍入——在舍入到的小数位上加1。这个例子里，下一位数字是5，所以上舍入，把5和2去掉，把7改成8，得到986.8。

可以上舍入或者下舍入得到整数，也可以舍入到第一位或者多位小数。

更多举例

- 把756.483921舍入到最接近的整数
  小数点前所有的数就是这个整数：756。

- 把756.483921舍入到小数点后两位
  第二位小数后面的数字是3。"4或者小于4的数字，下舍入"。因为3小于4，所以下舍入：756.48。

- 把756.486111舍入到小数点后两位
  第二位小数后面的数字是6。"5或者大于5的数字，上舍入"。因为6大于5，所以上舍入：第二位小数上的8加1变成9，得到756.49。

练习

把下面这些数四舍五入到小数点后一位。

a 41.34675	d 99.88	g 66.55
b 912.172	e 1.714	h 6.10987
c 22.222	f 10.08	

（答案详见第249页）

什么是 "平均数"

一组数字

很多不同类型的研究都需要通过数数搜集数据。比如，你可能想知道：

- 多少人出国度假，去了哪儿？
- 一片海岸上有多少棵植物和多少只动物？
- 各个社区有多少孩子接种疫苗，预防的是什么疾病？
- 学生们赚了多少钱？

比如你在调查道路安全状况，计算通过一个村庄的有多少车辆。你可能会数一天中某段时间内通过这个村庄的每辆车内有多少人，然后搜集到这样一系列数字：

3，2，5，41，1，76，1，97，3，1

在报告里讨论这组数字很困难，因为每辆车中的人数从1到97不等，变化范围很大。用这样的数字做比较会更难，比如比较一天中不同的时间段或者另一个村庄的数字。

平均数

对于这样的问题，一种办法是使用一个数字来总结或者代表全部数字。这个数字需要在一定程度上有代表性，能代表整套数字，需要是个平均数。

- 平均数能帮助我们更有效地处理大量的数字。
- 平均数能帮助我们找到规律和趋势。
- 平均数能让我们更方便地在数字之间进行比较。

选择平均数

选择一个数字来代表整套数字时，我们需要判断用哪个数字最合适。最小的？最大的？中间的一个？最常出现的一个？

比如讨论学生的收入时，我们可能选择这样的数作为平均数：

- 中位数：0.00元和最高收入之间中间的数额。
- 平均数：如果全部收入平等分配给所有学生（好像把全部的钱平均分给所有成员），每个学生收到的数额。
- 众数：学生们赚到次数最多的金额。

计算平均数

平均数、中位数、众数这三个平均数不一样。比如，对于给出的这样一组数字：

3，2，5，41，1，76，1，97，3，1

平均数是23，中位数是3，众数是1。不同情况下，三个平均数可能都会有用。

下面几页将会介绍怎么计算这三个常用的有代表性的平均数。

计算平均数：平均数（均等份额）

什么是平均数

谈到"平均数"的时候，大多数人指的都是"均等份额"。你可以用这种方法决定怎么分配金钱、物体、时间或者其他东西，分成均等的份额或数量。

计算平均数

计算平均数相对比较简单，有计算器的话就更容易了。只要：

1 把一组数字全部加起来，得到整组数字的总和。

2 用这组数字的个数去除这个总和，得到的结果就是均等份额的平均数。

举例1

想一想上文中给出的这组数字：

3，2，5，41，1，76，1，97，3，1

要想找到这组数字的平均数：

1 把10个数字相加：

3+2+5+41+1+76+1+97+3+1=230

2 用车辆的数目（10）去除乘客人数的总和（230）：

平均数=230/10=23

"23"看起来有些奇怪，好像不具有"代表性"——大多数车辆中的乘客人数都少得很，10辆车中有7辆只有1–5位乘客。但这个数字还是能提供一些参考的依据，尤其是在比较一个地方到另一个地方运量的总体信息或者比较不同时间段的总体信息时。

举例2

下面这组数字记录了6名游客中每位游客持有的美元数：

$34, $31, $200, $11, $19, $88

要找到这组数字的平均数：

1 把6个数字相加，得到6名游客持有的美元总数：

$34+$31+$200+$11+$19+$88=$383

2 用游客的人数（6）去除美元总数（$383）：

平均数=$383/6=$63.8

如果这几位游客平均分配这些美元，每个人会得到$63.8。

练习

计算下列每组数字的平均数。

a 1, 2, 3, 5, 6, 7, 8, 9, 11, 15, 17

b 234, 19, 1, 66, 2002, 7

c 7, 7, 6, 8, 9, 8, 11, 7, 6, 11, 2, 14, 5

d 11, 22, 33, 44, 55, 66, 77, 88, 99, 111

e 7, 14, 19, 8, 6, 11, 21, 32, 8, 19, 21, 5

f 23, 36, 42, 56, 57, 58, 59, 59, 59, 69, 69

（答案详见第249页）

计算平均数：中位数（中间的数）

什么是中位数

中位数就是一组数字按从小到大的顺序依次排列后位于中间的数。

计算中位数

1 把一组数字按从小到大的顺序依次排列。
2 中位数是中间的数。怎么计算中位数取决于这组数字的个数是奇数还是偶数。

个数是奇数时：从排好顺序的数字中找到中间的那一个，这个数就是中位数。

个数是偶数时：从排好顺序的数字中找到中间的两个，把这两个数相加再除以2，得到的数就是中位数。

我们两人代表高度的中位数

举例1：个数是奇数时

下面是一组考试成绩：

23，36，42，56，57，58，
59，59，59，69，99

这一组中有11个成绩，已经按从低到高的顺序排好。中位数是位于正中间的数。这里有11个数，所以中间就是第6位。第6位上的数，即中位数是58。

举例2：个数是偶数时

下面是另一组考试成绩：

36，42，56，57，58，60，
61，69，69，70

这一组中有10个成绩，也已经按从低到高的顺序排好。这里有10个数，所以没有一个单一的中间数。

- 位于中间的两个数（第5位和第6位）是58和60。
- 58+60=118。
- 中位数是118/2=59（59是中间两个数的平均数）。

练习

计算下列每组数字的中位数。

a 1, 2, 3, 5, 6, 7, 8, 9, 11, 15, 17
b 234, 19, 1, 66, 2002, 7
c 7, 7, 6, 8, 9, 8, 11, 7, 6, 11, 2, 14, 5
d 11, 22, 33, 44, 55, 66, 77, 88, 99, 111
e 7, 14, 19, 8, 6, 11, 21, 32, 8, 19, 21, 5
f 23, 36, 42, 56, 57, 58, 59, 59, 59, 69, 69

（答案详见第312页）

中位数什么时候有用

中位数对于上例这样的小量数字来说尤其有用。其他平均数会受各数字之间的极端差距（也就是"极值"，比如例1中的99）影响。中位数受到极值的影响较小，所以更能代表整组数字。

计算平均数：众数（最频繁的数）

什么是众数

众数是一组数字中出现次数最多的数字。

举例

再看下面这组考试成绩，按升序排列：

23，36，42，56，57，58，
59，59，59，69，99

其中出现次数最多的数字是59，59就是众数。在这组成绩中，59是得分人数最多的考试成绩。

众数什么时候有用

当数据数量庞大但数值变化范围很小时，众数非常有用。比如，全国每个家庭人数的数据非常庞大，可能有几百万个数字，但数值的变化范围很小，每个家庭孩子的数量在0到最高12之间变化。现实中，如果大多数家庭有3个孩子，那么用这个数字——最常见的每个家庭中孩子的数量——更加合理，而不使用平均数或者中位数，这样很可能会得到"2.12"个孩子这样的小数。在很大的总体中进行比较时众数会很有用，比如在一个地区或者一个国家范围内调查家庭人数对健康或者收入的影响。

但使用众数很难看出变化的趋势。比如，如果出现了一种新趋势，越来越多的家庭有3个或者3个以上的孩子，而我们只知道3个孩子是家庭中最常见的数量，那么这种趋势就不明显。相反，平均数是更准确的小数，可能会显示出平均每个家庭人数的增长趋势，比如从2.8上升到3.3。

比较平均数、中位数和众数

23，36，42，56，57，58，
59，59，59，69，99

- 这组数字中，众数——出现次数最多的数字——是59。
- 中位数——处于中间的数字——是58（计算详见第239页）。
- 平均数——把这组中所有数字相加（617），再除以这组中数字的个数（11）——是56。

这些都是很准确的统计数据，但却不一样。这就是为什么"统计数据"有时候看起来像是"谎话"的一个原因。因为所有论述都是基于平均数的比较，所以要了解：

- 这组数据中都包括了些什么？（比如，是不是所有考试成绩都包括了，或者有没有遗漏的？）
- 用了哪种方法计算平均数？这种平均数合适吗？
- 如果换另外一种计算平均数的方法，结果会不会不同？（根据涉及的数字，结果可能不同）
- 在文章或者报告中比较平均数时，这些平均数都是用同一种方法计算得出的吗？都是平均数、众数或者中位数吗？（根据使用的方法不同，得出的平均数可能会高一些或者低一些）

练习

计算下列各组数字的平均数、中位数和众数。想一想极值（极小或者极大的数字）对每组的平均数有什么影响。

a 1, 1, 1, 3, 3, 4, 7, 7, 10

b 28, 14, 21, 28, 26, 62

c 19, 170, 17, 19, 19, 16, 20

（答案详见第250页）

五数概括法和四分位数

什么是五数概括法

一组数字可能很接近、关系紧密，但其中也可能出现极值，比如很高或者很低的分数，和本组中其他的数字有很大差距。一组数字的变化和数字聚合或散布的方式叫做分布。

如果只知道一组数字的一个平均数，其他什么也不知道，那么就没办法知道这组数字的分布是不是有异常。这些数据可信吗，是不是被曲解了，是不是不具备代表性？可以直接使用这些数据，还是需要进一步调查？

极端值的影响

假设一组12个学生中（样本很小），11个学生的考试分数是64，剩下的1个学生只得了3分。你可能认为整组的平均分数是64分，毕竟除了1个学生以外，剩下的学生都是这个分数。如果使用的平均数是众数，那结果确实是64。但如果使用的平均数是"均等份额"的平均数，结果就大约是59。

这一组中3分这个得分就是一个"极值"：使整组的结果出现偏差。如果数据量较少，或者使用的是均等份额的平均数的话，极值很容易给人错误的指示。样本很大时，极值的影响较小。

五数

选择一个特定的数字代表整组数字时，极值是一个可能造成结果歪曲的因素。为了解决这个问题，统计学家发现，描述一组数字时，不要只用1个数字而是用5个数字会很有用。

首先把这组数字按从小到大的顺序依次排列，然后记录下面5个数字：

1 最小值：这一列中的第一个数字。

2 最大值：这一列中的最后一个数字。

3 中位数：这一列中位于中间的数字。

4 第1四分位数（LQ）：这一列中位于四分之一处的数字。

5 第3四分位数（HQ）：这一列中位于四分之三处的数字。

五数概括和平均数

下面表格中显示了五数概括法。比较这组信息和平均数，注意以下几点：

- 通过计算，这组分数的平均数是47.29，众数是70。

- 平均数被两个极值——2和3——降低。没有这两个极值的话，平均数就是51.36（1130/22）。

- 没有两个最低分和两个最高分的话，平均数是49.5（990/20）。

举例：五数概括法

下面是24个学生的考试成绩，已经按从低到高的顺序依次排列，每个数字下面标出各数字在序列中的排位。第1四分位数和第3四分位数的位置必须计算出来（详见"中位数"，第239页）。

分数%	2	3	40	41	42	43	44	45	46	47	48	49	50	51	52	53	54	55	56	57	58	59	70	70
排位	1	2	3	4	5	6	7	8	9	10	11	12	13	14	15	16	17	18	19	20	21	22	23	24

最小值	第1四分位数	中位数	第3四分位数	最大值
第1个数	第5个数和第6个数的中间值	第12个数和第13个数的平均数	第18个数和第19个数的中间值	第24个数
=2	=42.5	=49.5	=55.5	=70

使用五数概括法

五数概括法的示例

A班

A班11个学生的考试成绩如下：

23, 36, 42, 56, 57, 58, 59, 59, 59, 69, 99

这一组成绩的五数概括是：

1 最小值： 23
2 第1四分位数（第3个成绩）： 42
3 中位数： 58
4 第3四分位数（第9个成绩）： 59
5 最大值： 99

B班

B班16个学生的考试成绩如下：

7, 27, 27, 27, 55, 55, 64, 65, 66,
66, 67, 68, 69, 70, 71, 78

这一组成绩的五数概括是：

1 最小值： 7
2 第1四分位数（第4个成绩）： 27
3 中位数（65和66的平均数）： 65.5
4 第3四分位数（第12个成绩）： 68
5 最大值： 78

使用五数概括法

以B班为例。如果只知道这个班分数的众数（得分人数最多的分数）是27，那你对整个班级的成绩就会留下错误的印象。

但如果使用五数概括法的话，即使没有全班同学的成绩列表，你对全班成绩的认识也会准确得多。只看这5个数字，可以看到全班的分数分布很广，从7到78都有，至少一半的学生成绩都在65.5或者以上。

同样，如果只知道全班成绩的平均数是55，就了解不到虽然有些学生考得不好，但另一些同学却表现很出色。通过五数概括法，你可以很清楚地了解全班成绩的分布情况，更好地了解整组数字。数字量很大时，这种概括法非常有用。

呈现五数概括

五数概括法可以用来比较两组或者两组以上的数据。可以把数字写成表格的形式，这样可以更容易得比较对应的数字。比如，A班和B班的两组考试成绩如下。

利用五数概括法，A班和B班考试成绩对比如下：

成绩	A班	B班
最小值	23	7
第1四分位数	42	27
中位数	58	65.5
第3四分位数	59	68
最大值	99	78

练习

如上所示，写出下列每组数字的五数概括的5个数据。

a 一组考试成绩：10, 31, 39, 45, 46, 47, 48, 55, 56, 57, 58, 59, 61, 63, 64, 65, 66, 67, 68, 69, 71

b 每个家庭中宠物的数量：0, 0, 0, 0, 0, 0, 0, 0, 1, 1, 1, 1, 1, 1, 1, 1, 2, 2, 2, 2, 2, 2, 2, 3, 3, 4, 4, 5, 17

c 样本家庭中男性的寿命（年）：32, 39, 41, 56, 58, 64, 65, 67, 69, 70, 71, 71, 73, 73, 73, 73, 74, 77, 77, 78, 81, 84, 89, 92

（答案详见第242页）

使用表格、图形和曲线图

表格（tables）、图形（graphs）和曲线图（charts）提供了一种视觉上快速了解信息的方法，把复杂的信息精简之后再清晰地呈现出来。

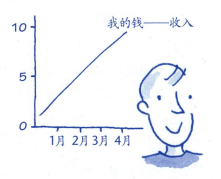

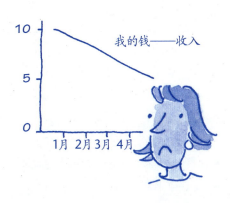

为什么使用表格、图形和曲线图

- 好的表格和图形可以把信息清晰、有序、系统地呈现出来。
- 与阅读文本相比，可以更快地"看到"关键信息。
- 可以轻松看到各种关系，识别规律和趋势，进行比较。
- 可能发现一些视觉信息，更容易解读。
- 你可能从图表中看到一些其他作者没看到的内容——即你能带来一种新的解读。

读懂标签

标题和标签能对你正确解读数据提供帮助。

- 标题：仔细阅读主标题。注意每个字或者每个词组，保证自己确切地知道表格或者图表要代表什么。
- 标签：仔细阅读每一行、每一列、每条轴和每条线上的标签。这些会准确告诉你每条线代表什么。

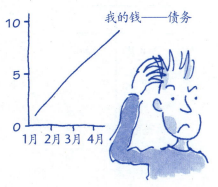

- 关键信息：如果图表中用了不同的颜色、阴影或者符号，找一找图表中解释如何解读这些内容的关键信息。通常是位于表格上端、下端或者侧面的一个格子，告诉你每种颜色、阴影或者符号的含义。

慢慢来，系统地解读

每张图表传达的信息都不同，所以花些时间，理解清楚每张表在说什么。

- 熟悉每张图表的风格、符号和计量单位。
- 注意日期和信息来源。
- 系统地解读每一行、每一列、每条线……的含义。
- 经常查看表格中的关键信息和计量单位。
- 了解数量。看看出现在图表中的"总计"——它们告诉你些什么？

就一个字可以改变曲线图的含义。

解读曲线图

为什么使用曲线图

使用曲线图可以显示趋势，显示一个方面与另一个方面、一个变量与另一个变量的变化关系。比如，一张图表可能显示出：

- 收入随着时间的推移在上涨还是下降，或者和世界石油价格这样的因素有什么关系。
- 销售量随着成本的变化发生了怎样的变化。
- 随着季节温度或降水量的不同，一种昆虫的数量是上升还是下降。

制作曲线图

一张曲线图中有两条轴，一条横轴和一条纵轴。每条轴分成均等的单位，有标签说明具体代表的是什么以及计量单位，比如"重量，以克计"、"体积，以升计"、"收入，以1000元计"或者"温度，以摄氏度计"。

阅读曲线图

阅读所有的文字信息，比如标题、标签和计量单位。

看准曲线图中的一条线，看看它和横轴、纵轴上读数的关系，注意整条线的变化趋势。

有没有明显的上升或下降？这说明什么？

一张曲线图

下面这张曲线图显示的是2011年亚美尼亚女性的平均收入低于男性的平均收入，但女性的收入上涨更快。

标题
应该准确说明这张曲线图要显示什么，包括日期。

轴线标签
每条坐标轴都应该有标签，准确说明这条轴代表什么。

纵轴
分成均等的刻度（这条纵轴上每段刻度代表5000美元）。

横轴
分成均等的刻度（这条横轴上每段刻度代表3个月）。

来源和日期
应该说明信息的来源和日期。

标签或者关键信息
每条线都写上标签，或者用关键信息说明每条线代表什么。

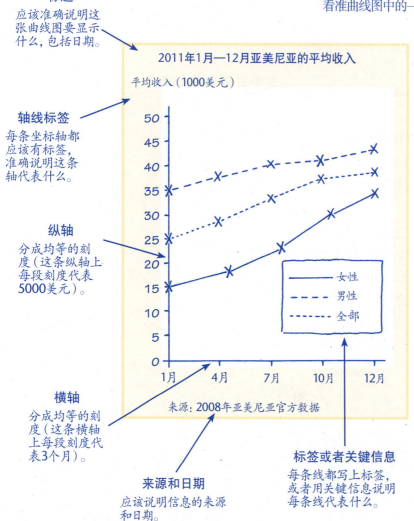

2011年1月—12月亚美尼亚的平均收入

平均收入（1000美元）

来源：2008年亚美尼亚官方数据

女性
男性
全部

练习

a 10月份亚美尼亚男性的平均工资是多少？

b 哪个季度亚美尼亚女性的收入增长至20000美元以上？

（答案详见第244页）

解读表格

下面一页的表格显示的是A和B两组学生的原始数据，包括24个学生的姓名、课程和考试得分。看看这些数据，它们能告诉你什么。比如，一眼看上去哪门课程最受欢迎？哪一组的考试成绩更高？这么解读可靠吗？

数据：24个学生的考试成绩，按科目和小组划分（亚美尼亚大学，2012）

A组的考试成绩			
学生	课程	考试成绩	性别
Belinda	地质学	67	女
Darren	东方文化	41	男
Dilshad	历史	54	女
Elizabeth	数学	64	女
Femi	英语	61	男
Francis	东方文化	60	男
Geraint	心理学	65	男
Omar	地质学	67	男
Patrick	地质学	72	男
Rosa	地质学	71	女
Sunjit	地质学	54	男
Thandi	地质学	58	女

B组的考试成绩			
学生	课程	考试成绩	性别
Assunta	政治	60	女
Chiara	社会工作	57	女
Diane	数学	55	女
Horace	心理学	68	男
Joachim	电影	23	男
Joseph	护理	69	男
Kiran	阿拉伯语	53	男
Natasha	电影	49	女
Niall	法语	44	男
Otto	物理	62	男
Soraya	电影	57	女
Zoe	艺术	31	女

一组只有24个学生，不太可能代表整个大学的总体情况。你很可能注意到了，整体上看来最受欢迎的课程是地质学，24个学生中有6个学生（25%或者1/4的学生）选择了这门课。除非这是所专业大学，否则不可能1/4的学生都学同一个科目。

如果只看B组的数据，好像"电影"是最受欢迎的课程，而没有人选"地质学"。每个小组在课程的选择上存在巨大差异。大多数课程每门只有一两个学生，样本规模太小，我们无法根据这个样本概括总体每门课程的受欢迎程度。

课程选择的数据不稳定——如果加上其他组的数据，选择每门课程的人数比例可能就会发生变化。

可以利用每个小组的平均考试分数对两个小组进行比较。A组的总分是734，共有12个学生，所以平均分是734/12=61分。B组的总分是628，平均分是628/12=52分。

这是两组之间很大的一个差异。要想正确解读这个数据，需要了解更多内容。比如：

- 这两个小组是怎么选出来的？
- 这两个小组的成绩与学校整体的成绩相比，表现怎么样？
- A组中地质学专业的人数很多，有没有因此影响到这个数据？
- 两个小组之间有没有其他明显的差别，比如男、女生的比例，或者兼职的学生比例？这些区别会影响小组分数吗？

你可能还想了解考了什么内容。比如，如果是地质学考试，我们就会认为地质学专业的学生分数自然会高一些！

解读图形

显示关系

用表格、曲线图和图形展现两组或两组以上信息，可以更容易看出一组信息和另一组信息有什么关系，更容易找到规律和趋势，进行比较。

条形图

条形图包含的细节比表格少，但把数据总结之后更容易读。

比如，下方的图形显示出A和B两个学生小组的平均分（详见第245页），同时还显示了学校整体的分数。图中不仅区分了每个小组的平均数据，还区分了男生和女生的数据。注意分数显示的都是50分及50分以上。

2011–12年各组平均考试分数

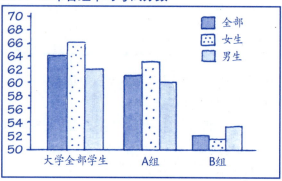

来源：亚美尼亚评估报告，2012年7月

饼状图

饼状图通常用来显示各组成部分在整体中所占的比例，但是不能提供非常精确的统计数据。

看看两个小组选修各门课程的人数（详见第245页）。下方的饼状图比较了24个学生的数据和学校的整体数据。

2011–12年各门课程学生的分布情况

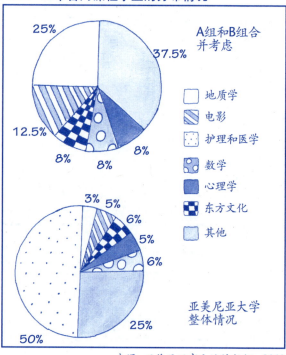

来源：亚美尼亚官方统计数据，2013

练习

根据上面的条形图，A组还是B组更能代表整个学校的整体情况？

各组的平均分数与学校的整体分数相比怎么样？

（答案详见第250页）

练习

看看这两个饼状图。这24个学生能不能代表整个学校的情况？为什么？

（答案详见第250页）

清单术语

平均数 一组数字中一个"典型"的数字，能够"代表"整组数字。"典型"是什么意思，取决于语境，常用的平均数有3种：均等份额的平均数、众数和中位数。（详见下面内容和第237–40页。）

数据 数据是事实、观察结果和测量结果，组合起来共同提供的信息。数字数据通过分类、计数和测量的方法来收集。比如，测量人的身高和体重，计量销售量或者工业产量，甚至测量火星上的各种环境条件都能提供数字数据。

数据集 数据集是某一个特定的话题方面完整的一套信息。比如，调查伦敦、萨格勒布（Zagreb）或者雅加达（Jakarta）交通状况时搜集到的所有数据，合起来就是这次调查的数据集。

分母 分数中下面的数字（详见第231–232页）。

元素 搜集、计数、分析数据时的基本类别，比如收入、陶瓷打破后的片数、有关字体调查的参与人数。

极值 一组数字中比其他数字小很多或者大很多的数字。比如——16，55，56，56，56，57，59，61，61，63，64，68，88——在这组数字中，数字16和88就是极值。

平均数 一串数列的中点。日常生活中常说的"平均数"就是这个意思（平均数的计算详见第238页）。

中位数 一串数列中位于中间位置的数，是平均数的一种表示方法（中位数的计算详见第239页）。

众数 一组数字中出现次数最多的数字，是平均数的一种表示方法（众数的计算详见第240页）。

分子 分数中上面的数字（详见第231–232页）。

百分数 每100次中出现的次数。比如，假设每50个人中有25人会游泳，同样的比例可以说成每100人中有50人会游泳——"百分之五十"或者"50%"（百分数的计算详见第235页）。

质数 只能被自己和被1整除的数字。比如，数字7只能被1或者被7整除——被其他任何数除都会产生分数。其他质数还有3, 5, 11, 13, 17等。

定性数据 由主观描述而不是客观测量得出的信息。比如，调查宠物饲养情况时，可能会记录主人选择某一种动物的原因、他们对自己的宠物有什么看法（详见第206页）。

定量数据 由客观测量而不是主观描述组成的信息。比如，调查宠物饲养情况时，可能会数每种动物的数量、每年饲养这种动物的成本（详见第206页）。

原始数据 未经处理、没有解读过的刚搜集到的基本信息（详见第245页）。

四舍五入 用一个更简单的数字代替一个比较复杂的数字，不如原来准确，但却更容易操作。（详见第236页）。

统计 若干组数据，还有操作数据的方法（详见第229页）。

变量 不同的项目或者不同的组中，可能存在不同的元素（或者可数项目）的方面。比如，调查购物情况时可能考虑购买的产品种类、每一种的购买数量、每周购物的次数、花的钱、购物者的年龄和性别等。

普通分数 分数的另一个名字（详见第231页）。

本章介绍了处理数字方面的一些内容，包括处理分数、计算平均数、解读曲线图和图形等。很多学生经常会觉得这些内容很难，即使他们擅长数字处理的某些方面，在其他方面还是做得不好。虽然最基本的数字运算学起来不是特别难，但如果不经常用就很容易忘。

下面是本章传达给你的主要信息：

- 即使你以前觉得数字运算很难，这些障碍和困难也是可以克服的。

- 数字必须要解读——数字本身没有任何意义。

- 解读数字或者利用数字寻找答案时，如果做到下面这些，你会更加自信：

  – 不要急着完成任务。

  – 花些时间想清楚有哪些要求。

  – 系统地按照解题的正确步骤一步一步操作。

  – 反复检查自己的答案。

  – 经常练习和自己课程相关的数学运算和数学题。

- 文字可能和数字同样重要。仔细阅读运算说明、标签、标题、注释和其他文字信息。

如果所学课程要求使用专业技巧或者统计软件，学校可能有一些培训，教授你怎样使用。但要想应对课程中更专业的内容，需要首先能够理解并运用本章介绍的这些基本的数学操作。

练习题参考答案

■ 使用分数（详见第233页）

第（1）题

a $^1/_5$ ($^6/_{30}$) 大于 $^1/_6$ ($^5/_{30}$)

b $^2/_3$ ($^{22}/_{33}$) 大于 $^7/_{11}$ ($^{14}/_{33}$)

c $^4/_7$ ($^{36}/_{63}$) 大于 $^5/_9$ ($^{35}/_{63}$)

d $^4/_5$ ($^{24}/_{30}$) 小于 $^5/_6$ ($^{25}/_{30}$)

第（2）题

a $^1/_3 + ^1/_2 = ^2/_6 + ^3/_6 = ^5/_6$

b $^1/_6 + ^1/_8 = ^4/_{24} + ^3/_{24} = ^7/_{24}$

c $^1/_2 + ^5/_6 = ^3/_6 + ^5/_6 = ^8/_6 = 1^2/_6 = 1^1/_3$

d $^1/_4 + ^2/_3 = ^3/_{12} + ^8/_{12} = ^{11}/_{12}$

e $^2/_7 + ^3/_5 = ^{10}/_{35} + ^{21}/_{35} = ^{31}/_{35}$

f $^1/_9 + ^3/_4 = ^4/_{36} + ^{27}/_{36} = ^{31}/_{36}$

第（3）题

a 750元的 $^2/_3$:
$^{750}/_3 = 250$
$250 \times 2 = 500$

b 160的 $^3/_4$:
$^{160}/_4 = 40$
$40 \times 3 = 120$

c 72的 $^5/_6$:
$^{72}/_6 = 12$
$12 \times 5 = 60$

d 81的 $^2/_9$:
$^{81}/_9 = 9$
$9 \times 2 = 18$

e 620的 $^3/_5$:
$^{620}/_5 = 124$
$124 \times 3 = 372$

f 91的 $^2/_7$:
$^{91}/_7 = 13$
$13 \times 2 = 26$

第（4）题

a $^1/_2 : 100$:
$100 \times 2 = 200$

b $^1/_4 : 100$:
$100 \times 4 = 400$

c $^1/_3 : 50$:
$50 \times 3 = 150$

d $^2/_3 : 50$:
$^1/_3 = 50/2 = 25$
$25 \times 3 = 75$

e $^3/_4 : 120$:
$^1/_4 = 120/3 = 40$
$40 \times 4 = 160$

f $^1/_7 : 10$:
$7 \times 10 = 70$

g $^2/_7 : 10$:
$^1/_7 = 10/2 = 5$
$5 \times 7 = 35$

h $^4/_5 : 20$:
$^1/_5 = 20/4 = 5$
$5 \times 5 = 25$

第（5）题

a $^1/_2 \times {}^1/_2 = {}^1/_4$ **c** $^1/_4 \times {}^1/_4 = {}^1/_{16}$ **e** $^1/_3 \times {}^1/_2 = {}^1/_6$

b $^1/_2 \times {}^1/_4 = {}^1/_8$ **d** $^1/_3 \times {}^1/_3 = {}^1/_9$ **f** $^2/_3 \times {}^1/_2 = {}^2/_6 = {}^1/_3$

■ 把分数转化成百分数进行计算：1（详见第235页）

a $^4/_8 = 50\%$ **g** $^{11}/_{91} = 12\%$ **m** $^{667}/_{713} = 93\%$

b $^{44}/_{88} = 50\%$ **h** $^{128}/_{256} = 50\%$ **n** $^{19}/_{38} = 50\%$

c $^{19}/_{56} = 33\%$ **i** $^{117}/_{327} = 35\%$ **o** $^{765}/_{999} = 76\%$

d $^{76}/_{145} = 52\%$ **j** $^{67}/_{84} = 79\%$ **p** $^{65}/_{230} = 28\%$

e $^9/_{11} = 81\%$ **k** $^{87}/_{181} = 48\%$

f $^{196}/_{567} = 34\%$ **l** $^{12}/_{96} = 12\%$

■ 把分数转化成百分数进行计算：2（详见第235页）

a 11棵植物中6棵是每年落叶的：54.5%是每年落叶的，45.5%不是每年落叶的。（54.5%+45.5%=100%）

b 学校里230个孩子中41个有阅读困难：17.8%有阅读困难，82.1%没有阅读困难。（17.8%+82.1%=

99.9%：这几个数字下舍入了一些）

c 全村234560人中有23456人去看了电影：10%的人看了电影，90%的人没看。（10%+90%=100%）

d 参加比赛的9786人中，873人在线参与，2314人发短信参与，

剩下的通过电话参与：8.9%在线参与，23.6%发短信参与。8.9%+23.6%=32.5%。通过打入电话参与的百分数是100%−32.5%=67.5%。

■ 四舍五入（详见第236页）

a 41.34675 → 41.3 **d** 99.88 → 99.9 **g** 66.55 → 66.6

b 912.172 → 912.2 **e** 1.714 → 1.7 **h** 6.10987 → 6.1

c 22.222 → 22.2 **f** 10.08 → 10.1

■ 计算平均数：平均数（详见第238页）

a 1 + 2 + 3 + 5 + 6 + 7 + 8 + 9 + 11 + 15 + 17 = 84
平均数 = 84/11 = 7.6

b 234 + 19 + 1 + 66 + 2002 + 7 = 2329
平均数 = 2329/6 = 388.2

c 7 + 7 + 6 + 8 + 9 + 8 + 11 + 7 + 6 + 11 + 2 + 14 + 5 = 101
平均数 = 101/13 = 7.8

d 11 + 22 + 33 + 44 + 55 + 66 + 77 + 88 + 99 + 111 = 606
平均数 = 606/10 = 60.6

e 7 + 14 + 19 + 8 + 6 + 11 + 21 + 32 + 8 + 19 + 21 + 5 = 171
平均数 = 171/12 = 14.3

f 23 + 36 + 42 + 56 + 57 + 58 + 59 + 59 + 59 + 69 + 69 = 587
平均数 = 587/11 = 53.4

■ 计算平均数：中位数（详见第239页）

a 1, 2, 3, 5, 6, 7, 8, 9, 11, 15, 17
中位数 = 8

b 234, 19, 1, 66, 2002, 7
19 + 66 = 85
中位数 = 85/2 = 42.5

c 7, 7, 6, 8, 9, 8, 11, 7, 6, 11, 2, 14, 5
中位数 = 7

d 11, 22, 33, 44, 55, 66, 77, 88, 99, 111
55 + 66 = 121
中位数 = 121/2 = 60.5

e 7, 14, 19, 8, 6, 11, 21, 32, 8, 19, 21, 5
11 + 14 = 25
中位数 = 25/2 = 12.5

f 23, 36, 42, 56, 57, 58, 59, 59, 59, 69, 69
中位数 = 58

■ 比较平均数、中位数和众数（详见第240页）

a 1, 1, 1, 3, 3, 4, 7, 7, 10
平均数=37/9=4.1
中位数=3（中间位置）
众数=1
注意少量几个1分对众数和平均数的影响

b 28, 14, 21, 28, 26, 62
平均数=179/6=29.8
中位数=27
众数=28
极值62没有造成明显的差异

c 19, 170, 17, 19, 19, 16, 20
平均数=280/7=40
中位数=19
众数=19
极值170对众数和中位数没有造成差异，但对平均数有影响

■ 使用五数概括法（详见第242页）

a 一组考试成绩：10, 31, 39, 45, 46, 47, 48, 55, 56, 57, 58, 59, 61, 63, 64, 65, 66, 67, 68, 69, 71
五数概括：
10; 46.5; 58; 64.5; 71.

b 每个家庭中宠物的数量：0, 0, 0, 0, 0, 0, 0, 0, 1, 1, 1, 1, 1, 1, 1, 2, 2, 2, 2, 2, 2, 2, 3, 3, 4, 4, 5, 17
五数概括：
0; 0; 1; 2; 17.

c 样本家庭中男性的寿命（年）：32, 39, 41, 56, 58, 64, 65, 67, 69, 70, 71, 71, 73, 73, 73, 73, 74, 77, 77, 78, 81, 84, 89, 92
五数概括：
32; 64; 71; 77; 92.

■ 解读曲线图（详见第244页）

a 10月份亚美尼亚男性的平均工资是多少？
答案：40000美元。

b 哪个季度亚美尼亚女性的收入增长至20000美元以上？
答案：7月—10月。

■ 解读图形：平均考试分数（详见第246页）

A组的分数更接近学校整体的分数，所以比B组分数更有代表性。从分数的规律看，也是A组和学校整体情况更相近。B组中，男生的成绩比女生高。这不是学校整体的典型现象。

■ 解读图形：分布情况（详见第246页）

两组24个学生不能代表整个学校的情况，因为大多数人的选择很不集中。比如，这两组学生没有人选择护理和医学，但护理和医学是学校整体来看主要选择的两门课程。另一方面，地质学是两组学生选择最多的课程（25%），从学校整体看来只有很少的人选这门课。A和B两组学生中12.5%的人学习了电影课程，但整个学校只有5%的学生选这门课。

研究项目、毕业论文、报告和案例研究

作为学生，你需要完成各种各样的作业，比如写报告、写毕业论文、做案例研究或者完成大型的学习项目。如果有机会完成独立项目或者小组项目，尤其是需要自愿完成的时候，一定要好好把握机会。虽然可能有难度，但你会获得实践的机会，能够应用一系列资料查找技能、电脑操作技能和人际交往技能（其他章节介绍过），还能培养各种写作技能、数字处理技能、组织能力和项目管理能力。

与写论文相比，项目、毕业论文和报告类的作业经常要求你独立完成。这时候就会考验你具

不具备解决问题的能力、是不是足智多谋、能不能靠自己完成任务。正因为如此，你会发现，成功完成这样的任务之后更有成就感。

毕业论文的规模比较大，一般是本科阶段完成的规模最大的工作。毕业论文结合了写报告的一些元素和写论文的一些元素。因为结合了这么多种技能，所以毕业论文和一些大型的作业一般都要求在学位学习结束的时候完成。前期的一些小项目能让你培养毕业论文需要的一些技能，掌握毕业论文需要的方法，也锻炼了你基本的项目管理能力。

下面几页会介绍这些作业有哪些主要优势，还会介绍有什么策略可以弥补一些可能的缺点。本章将讨论搜集各类证据、管理任务、独立写项目报告的各种方法，也会提供一些高效的自学方法。

什么是项目

项目的特点

所有的项目都具备以下共同特点。

- 独特：每个项目都很独特，都有自己特定的目的或者信念。
- 信息丰富：每个项目都是建立在调查研究、查找资料的基础之上。
- 有重点：每个项目都着重深度研究一个话题。
- 独立但与课程相关：项目通常和日常学习的一般模式不同。
- 时间限制：项目必须在给定的时间内完成。
- 完善管理：执行项目必须具备良好的组织能力、规划能力和时间管理能力。

独特

每个项目都有一些与其他项目不同的方面，比如主题、目标群体、数据或者最终成果。导师希望看到你的作业有原创性，意思是你：

- 亲自测试了其他人的研究发现。
- 发放问卷，进行调查，有自己的数据。
- 把已有的研究应用到新的领域。

信息丰富

虽然每个项目都是独特的，导师仍然希望看到你能运用前人的研究作为自己项目的资源和信息来源。项目报告中应该说明你怎样借鉴以前发表的资料、怎样运用实验证明或者很有效的方法来形成自己的项目。报告应该指出你自己的项目怎样建立在前人研究或者以前项目的基础之上。

有重点

确保自己的项目内容容易管理。选择一个资料比较容易查找、能在规定时间和规定字数内完成的主题。需要的话，缩小话题的范围，保持自己适中的工作量。避免很大的题目，因为这样的题目在规定时间内不可能深度挖掘。

找出关键问题，明确自己的目标。导师希望看到你能用适当的方法，设计出一个容易管理、有侧重点的项目。避免搜集那些虽然有趣但与项目目标没有直接联系的材料。

独立但与课程相关

项目通常都是一次性的作业，和总体的专业学习有关，但涉及的具体话题由学生挑选。向导师说清楚自己选择的主题和课程学习有什么关系：和课堂讲过的内容有关，还是和课本上的内容有关。

有时间限制

项目的规模一般比论文大，需要的字数更多，花费的时间更长。所以对于项目来说，分配的时间也比分配给写论文的时间长。但项目的工作量一般比写论文大很多，所以必须认真规划和管理。

有条不紊

参与项目时必须提前思考、提前规划，需要注意小细节。比如，你可能要提前预订房间或者资源，确保参与者都有时间设计材料等。这些任务不一定很难，但要花些时间，需要很好地规划。

一般而言，项目要求你：

- 选择一个好题目。
- 找到合适的方法，包括记录数据的方法。
- 找到参与人员、项目地点和使用的材料。
- 把整个项目分解成若干个容易管理的小任务。
- 写报告。
- 准时完成项目简报。

什么是毕业论文

毕业论文是在广泛阅读和大量查找资料的基础上写出的较长的文章，需要阅读和查找的资料比普通论文或者报告更多、更广泛。借助写毕业论文的机会，你可以：

- 完成一次实质性的自学任务。
- 更深入地研究一个感兴趣的话题。
- 加深自己的专业知识。
- 在一篇文章上永久留下个人的印迹。
- 探索与选定话题相关的文献资料。
- 磨炼、拓展自己查找、搜集、批判性分析信息的能力。
- 提高自己的决策能力、任务管理能力和解决问题能力。
- 改善自己总结、呈现研究发现的能力。

毕业论文和其他学术任务的不同点

- 独立：自己对项目的性质和范围有更多的掌控。

- 个人参与：写毕业论文要求你高度投入。你很可能会完全投入到这个任务中，为最终的成果引以为豪。选择一个自己真正感兴趣的话题。
- 时间：因为这是很重要的一次写作作业，你可能会把所有时间都投入进来。这时，学习时间的分配可能和课程的其他方面不同。
- 自我管理和动机：独立工作的时间可能更长，需要制订策略来保持积极性，按时、按计划完成工作。
- 文献查阅：这时要查找的文献资料比其他学术作业更广泛、更多。你需要阅读更多资料，然后简要总结出来。阅读的同时，把自己读过的内容准确、有条理地记录下来，以后就不用浪费时间去查找细节或者想用的参考资料。
- 提交：毕业论文应该认真校对、妥善加工，准备好放入图书馆资料库。

毕业论文和其他学术任务的相同点

写论文	项目工作	报告
和论文一样，毕业论文： - 遵照写文章的基本流程（详见Chapter 8、9）。 - 符合学术惯例（详见Chapter 8、9）。 - 涉及资料查找技能（详见Chapter 6）。 - 大部分章节中都包括连续、完整的句子。 - 要求具备批判分析性阅读和写作技能。	和项目工作一样，毕业论文： - 要求策略和管理。 - 要求系统的方法。 - 使用自己搜集到的数据。 - 很独特——其他人没有介绍过完全一样的内容或者使用过完全一样的数据。 - 是一次性、有时间限制的任务。 - 用新的材料或者你设计的方法，检验本学科的一些理论、假设或方法。	和报告一样，毕业论文： - 包括摘要部分（详见第267页）。 - 具备报告的很多特点（详见第263页）。 - 分成一个一个的部分和章节（详见第264页）。

自学的益处、挑战和风险

益处	挑战	风险
学习时间更自由。	▪ 有效管理时间。 ▪ 按时完成任务。	▪ 没有时间概念。 ▪ 浪费时间。 ▪ 低估学习任务花费的时间。 ▪ 忘记必须完成的事情。 ▪ 错过最终的完成时间。
空闲时间更自由。	▪ 有效利用空闲时间丰富自己的个人档案。 ▪ 认识空闲时间和自学时间的区别。 ▪ 留些时间，用来休息、放松和娱乐。	▪ 把所有空闲时间都用在学习上。 ▪ 错误地认为上课以外的时间都是空闲时间。 ▪ 错过可以丰富个人档案的机遇，丰富的个人档案在以后求职中会有用。
对什么时候、在哪儿学习有更大的选择空间。	▪ 安排好一天的时间。 ▪ 整理出学习的地方。 ▪ 找到进行不同类型的学习活动时，什么地方、什么时间最适合自己。	▪ 没法坐下来开始学习。 ▪ 找不到一个可以不受干扰、安静学习的地方。
对怎样学习有更大的选择空间。	▪ 找到完成不同类型的任务时，最适合自己的学习风格。 ▪ 为自己的学习和目标的实现负责。	▪ 不努力探索自己的学习风格。 ▪ 做最喜欢的事，而不是对自己最有益的事，如果两者有区别的话。
为自己的成功承担更大的责任。	▪ 认识学习中的障碍并解决这些障碍。 ▪ 找到能让自己表现更好的方法。 ▪ 有效利用别人的反馈，从错误中吸取教训。	▪ 没能认识以前学习中的障碍。 ▪ 没有解决自己表现中的弱点。 ▪ 太容易放弃。忽视别人的反馈。 ▪ 一失败就沮丧，不能从失败中吸取教训、引导自己做得更好。
对于在感兴趣的话题上投入多少精力有更大的自主权。	▪ 在对有广泛兴趣但认识浅显和少数几个有深度研究的话题之间寻找平衡。 ▪ 培养更广泛的兴趣。	▪ 在感兴趣的话题上投入太多时间，而没有充足的时间完成任务。 ▪ 研究的话题过窄。
没有老师一直监督你。	▪ 在没有别人引导的情况下，不偏离目标。 ▪ 保持积极性。 ▪ 为独立寻找问题的解决办法承担责任。 ▪ 知道什么时候需要帮助，主动向别人求助。	▪ 偏离目标。 ▪ 工作中落后。 ▪ 失去积极性。 ▪ 不知道自己应该做什么。 ▪ 不向别人求助，不去探索可以获得哪些帮助，或者不利用别人的帮助。 ▪ 过早寻求帮助，不自己试着解决问题。
对选择什么话题有更大掌控。	▪ 选择一些连贯、统一的话题，既吸引你，又能实现你的目标。	▪ 选择的题目不匹配，或者不能帮你实现目标。

管理项目和其他自学任务

高等教育阶段提供给你一些自我展示的机会，表明你在学识和成熟度上都能独立或者与其他同学一起完成学习。这就要求具备良好的管理技能。

管理项目范围

- 选择一个容易管理的项目（详见第256页）。
- 保证重点清晰。独立工作时，认识哪些是任务的核心问题，哪些有趣但却是边缘问题显得尤为重要。
- 查看层级描述和评分标准，确保自己规划好的作业能满足这些要求。
- 选择一个能反映项目范围的题目（详见第256页和Chapter 8）。

管理自己的时间

独立学习面临的一个主要风险就是假定有充足的时间可以投入到项目中。

- 尽早开始——不要等着以后再着手。
- 认真考虑各个选项，但要尽快选好主题——不要等到查找完资料之后再选：尽早把核心内容定下来，然后根据选好的侧重点查找资料。
- 一旦选好题目，就不要轻易改变，除非出现很严重的问题。

也可参见Chapter 4。

监督管理

- 不要等着导师联系你，提前约好时间，定期联系自己的导师。
- 如果觉得自己遇到了困难，可以和导师约好时间谈一谈。

你的导师可以花在每个学生身上的时间可能很少，所以你要计划好怎样最大限度地利用和导师的见面时间。

- 联系导师前尽量多完成任务。
- 如果有困难，联系导师前试着找找问题的解决办法。准备好和导师谈一谈目前为止哪些内容可行，哪些不可行。
- 提前把问题列出来，把这些问题按重要性从高到低排序。
- 导师对这个领域很了解：听听他对有哪些好的资源有什么建议。
- 听听导师说了什么，按照他给你的建议或指导去做。

利用现有的学习技能

充分利用你在其他任务中培养的技能，它们会发挥很重要的作用：

- 保持动力（详见第86页）。
- 有侧重、有策略地阅读（详见Chapter 6）。
- 应用有效的资料查找技能，搜集、筛选、组织信息（详见Chapter 6、7）。
- 需要时运用数字运算技能（详见Chapter 10、11）。
- 批判地分析你的材料（详见Chapter 6、7、12）。
- 应用写作技能，承认引用的资料，写出参考文献列表（详见Chapter 6、8、9）。

保持联系，利用别人的帮助

- 和其他同学保持联系。
- 组织一个互助小组（详见第105页）。
- 联系学习同一课程的其他同学，即使他们不是在自学，和大家交流想法，分享经验。
- 看看有没有哪些授课和你的作业有关，而你又能参加。这些可能为你提供宝贵的背景知识，激发你的兴趣和想象。

选择题目

选择主题是管理项目和管理毕业论文中最重要的环节。项目规模越大，尽早决定好合适的题目越重要。

知识和理解更深一步

报告和毕业论文应该让人们对一件事、一种方法或者一种应用的知识和理解更深入一步，哪怕只是小小的一步。选择题目时，准备好回答一个问题："这份研究对这个话题的已有知识在什么方面进行了补充？"要找到新的角度，需要花些时间，要大量思考和查找资料。

题目要小

有些学生觉得写报告和毕业论文很难，是因为他们选的题目：

- 太宽泛，可能需要几年的时间才能完成。
- 缺乏研究基础——你需要借鉴前人的研究。
- 过于雄心壮志，要研究新的领域——要现实一些：一个题目即使复制了前人的研究或者只在一个方面有变化，就是"原创"。

找准恰当的题目

打开思路，想想有哪些可能的题目，初步列一张表。初步查找资料之后，范围缩小到那些可行的题目上。选择一个这样的题目：

- 自己感兴趣。
- 研究上有一些空白（老师讲课时指出或者自己在阅读中发现）。
- 和你居住的小镇有关，和你的背景有关，和某些你很熟悉的领域有关，或者资料很容易查找。
- 和你的工作场所或者和你的老板有关，或者对你未来的学习或者职业发展有利。

以前人的研究为基础

选择这样一个题目：

- 研究已经比较充分。
- 自己的老师在这个领域有研究。
- 在这个领域有一些很完善的研究方法和技巧。
- 你可以找到一个稍微不同的角度（比如，你可能用一组新的对象群体来重复一份研究，或者在相关领域重复一份研究，又或者稍微加以修改）。
- 没有什么伦理和财务方面的担忧。

5000734 毕业论文的想法
5001 方形蛋的成长
5002 怎样用麦片粥赚钱
5003 会飞的调味料——神话故事
5004 ……的新方法

尽早把可能的题目都列出来

确定自己研究的问题

- 查找文献资料时，不断缩小侧重范围，直到找到要写的具体题目。尽早开始做这项工作。
- 确定一两个你的毕业论文要回答的主要问题。你在找什么样的答案？
- 虽然你还是要把焦点放在解决关键问题上，但是与普通论文相比，毕业论文的题目可以更开放。听起来可能更像一句陈述，而不是一个问题。比如：
- 斯莫镇（Small Town）发生的洪水对当地小企业的影响。
- ABC法在刺激豆类植物固氮中的应用。
- 运用XYZ软件提高运动员成绩。

制订研究策略

研究策略的各个方面

一项研究策略包括：

- 规划。
- 文献查阅。
- 研究假设。
- 文献综述。
- 研究设计或研究方法。
- 搜集、比较和分析数据。
- 得出结论。
- 写出报告。

规划

项目和毕业论文需要良好的管理。

- 制订行动计划（详见第18、270–1页）。
- 设定清晰的目标和里程碑（详见第72页）。
- 寻求帮助——找一些能激励你、和你交流想法的人（详见第105页）。
- 留出足够的时间，编辑、打印、复制、装订最终报告。

仔细阅读作业简介

导师会指导你怎样着手一个项目或者一份毕业论文。检查一下：

- 要求的字数。
- 完成日期。
- 对题目涵盖的内容有没有限制。
- 必须考虑的伦理问题
- 在有用的资源和方法方面的指导。
- 最终稿必须用什么方法递交。

有效利用自己的导师

导师或项目负责人是主要负责指导你的人。

- 尽早检查一下你的大方向是不是正确：大项目后期很难扭转。
- 听取导师有关题目的建议。
- 听取导师有哪些合适的阅读资料的建议。
- 听取导师有关使用什么方法的建议。
- 看看有哪些分析数据的软件可以用，从哪儿可以学习这些软件的使用。
- 检查一下你的项目是不是太雄心勃勃了？挑战性够不够?

文献查阅

- 留出些时间，浏览一下图书馆目录中的题目。看看有没有足够相关、最新的资料，而且容易获取。
- 浏览一下学校图书馆中的学生毕业论文。感受一下对于自己的科目，考虑字数要求之后，什么样的项目是合适的项目。
- 阅读一系列期刊文章的摘要。找找哪些最相关，以后可以完整阅读。
- 找一些关键的文章、书中的关键章节、会议论文、网页和其他资料。
- 找一些你可以稍加改动的方法。
- 逐渐把你的阅读重点集中到某一个话题上。做好笔记。把细节内容列一张清单，用来写参考文献（详见第130–2页）。

研究假设

大多数学术报告都有一个"假设"。你的假设在开始查找资料之前就应该想好，要说明你预期会发生什么。假设给你自己一个清楚的重心，帮你判断到底要读什么、测量什么、报告什么（详见第265页）。

文献综述

- 有选择地阅读信息，批判地评价读过的内容（详见Chapter 12）。

- 寻找"逻辑主线"：一项研究或者一系列想法怎么引出下一项研究？简要回溯一下某个主题的研究发展历程。

- 把这个话题到目前为止的研究发展历程简要记下来。记下对这个主题产生最大影响的5–10项研究。简要回顾一下每项研究对其他研究产生了什么影响。

- 确定你的项目或者毕业论文怎样建立在前人的研究之上。你的研究对已有的与这个话题或者方法有关的知识有什么补充？

- 把这些写在你的引言部分。

研究设计或研究方法

研究设计是指你会怎样开展研究，包括这样一些内容：

- 需要的信息和数据。

- 搜集信息和数据的方法。

- 有用的话，你想采访的人的数量和类型，或者参加实验的人的数量和类型。

- 你希望这些人具体做什么。

- 如何设计问题能获取而且只获取你需要的那些数据。

大多数项目和毕业论文都要使用你自己生成或者搜集（比如通过观察、实验、分发调查问卷等）的数据，也可能用到打印好的资料（比如政府数据或者历史数据），需要从新的角度考虑这些资料。

每个学科有自己惯例使用的研究方法。导师会具体介绍自己学科的方法。通过读期刊文章，你也能感受到自己的学科怎样生成、分析资料和数据。但大多数学科都遵守一些基本的共同原则——准确、尽量客观、避免歪曲事实（详见第181页和Chapter 12）。

收集，整理和分析数据

要有搜集足够信息的计划，获得有说服力、可靠的结果。但搜集和分析数据要花很长时间，所以听听别人的意见，了解一下本学科最低要求搜集多少数据。数据太多对学生项目没有帮助：只是把时间浪费在搜集、分类、筛选信息上，剔除很多不能用的信息。

设计的搜集信息的形式要能帮你快速比较信息（详见第259–60页）。一旦搜集好信息，把它们制成图形或表格，方便解读。看看有没有规律和趋势。把相关内容做一个比较。导师希望看到你怎样解释自己的研究成果。

得出结论

判断自己的研究假设是否成立。如果不成立，有没有充分的原因？

写出报告

每完成几个相关任务，就写出报告的相应部分。报告中的不同部分要求使用不同的写作风格（详见第265–7页）。

设计调查问卷

设计调查问卷

许多学生项目都要用到问卷或者要进行调查。措辞合理的问题是高效研究的核心。不同类型的问题对要求使用准确数字的定量研究和定性研究都有帮助（这两类研究的区别，详见第205–8页）。

定量研究的问题

对于定量研究，如果对较多的人（至少30人）提出少量几个问题（2–5个简单问题），就可以获得容易管理但有重要意义的结果。

要得到有用的答案，就要：

- 设置简短、清晰、没有歧义的问题。
- 设置几个关键问题，数量要少，精心筛选，以获得你确实需要的信息。
- 避免私人问题，或者可能让受访者感到尴尬或难过的问题。
- 检查一下每个问题是否都是一个单一的问题（避免一句话里问两个问题）。
- 选择那些回答只能是"是/否"的问题，或者给出的反馈可以计数。这样记录、分析这些答案时就容易得多。
- 确保问题不会被人误解。要检查的话，可以首先在朋友或者家人身上试一试。
- 选择一个有代表性的人群样本，而且适合这个项目。
- 使用受控条件，这样你会确切地知道问题是怎么提出的，谁回答了这些问题。

举例：结构合理的问题示例

- 你喜欢哪种字体？回答"样本1"、"样本2"或者"没有偏好"。
- 你是一名教职员工吗？是/否
- 你多久搭乘一次这趟火车？
  - ☐ 每天　　　　　☐ 大约一周一次
  - ☐ 大约每个月一次　☐ 几乎从来没有

练习

拙劣的问卷设计技巧

下面的问题有什么不对？

1 你的年龄是？请在下面正确的范围前打勾：☐ 0–20　☐ 20–40　☐ 40–60
2 你知道现任国家主席是谁吗？
3 你赞成死刑吗？是/否
4 你喜欢来学校在咖啡厅吃东西吗？

（答案详见第274页。）

分级

搜集数据的一种方法是给受访者提供几种说法，请他们选出最符合自己情况的一个。另外一种方法是请受访者按级别打分，比如下面所示的李克特五分量表法。

举例：分级问题示例

请给出你对这个度假胜地的评价，在1–5的范围内打分，1代表很差，5代表很好。

	很差				很好
酒店质量	1	2	3	4	5
当地交通	1	2	3	4	5
干净	1	2	3	4	5
儿童活动	1	2	3	4	5
购物	1	2	3	4	5

另外，每个问题后面可以加几个可以打勾的级别选项。比如：

完全同意	同意	中立	不同意	强烈不同意
☐	☐	☐	☐	☐

准备

如果你想让受访者自己完成问卷，那么要认真规划一下问卷纸的外观。

- 留出足够的回答问题的空间。
- 最多包括5个问题。
- 记住大多数人只会回答"是/否"或者"在方格里打勾"的问题（很少有人会写评语）。
- 记住邮件寄出的调查问卷很少有人回答，而且你也不知道收回的问卷到底是谁完成的。

记录回答情况

- 准确记录。
- 把整理结果制成表格。
- 设计一个简单的工具来搜集问卷答案。

下面的表格让研究人员快速、清楚地记录下根据身份和性别划分，每位参与者喜欢哪种字体。

（回答的是一位男同学，没有明显的偏好。）

定性研究的问题

在定性研究中，每个学生项目一般只能包括一两个人。不过，好的提问技巧能鼓励受访者详细表达自己的观点。

准备一些提示语，礼貌地引导受访者回到你想讨论的话题上。比如：

- 我还想追问您一下前边提到的一点内容⋯⋯
- 这一点很有用。谢谢。我还想问您有关⋯⋯

一些开放性的问题，回答的内容一般很多，要花很长的时间进行分析。对于定性研究：

- 好的问题是开放式的。大多数这样的问题让人给出的回答都不是简单的"是"或"否"。
- 好的问题有侧重点。鼓励受访者对你要调查的问题做出反应。
- 好的问题启发回答者从不同角度考虑一个问题。比如："参与这次试点学习有什么好处？"、"有哪些缺点？"
- 好的问题没有偏见，不会把受访者引向某一个回答（比如："我猜你觉得参加这次活动不是个好主意吧？"或者"我听说你很高兴参加了这次活动？"）。

评价你的问卷

- [ ] 完成这张问卷要花多长时间？
- [ ] 这么长的时间合理吗？
- [ ] 可以得到自己需要的具体数据吗？
- [ ] 每个问题都是必须的吗？
- [ ] 每个问题都是单一的一个问题吗？
- [ ] 人们能理解这些问题吗？
- [ ] 有没有哪个问题会让人产生其他的理解，并非我的本意？
- [ ] 有没有导向性很强的问题？
- [ ] 有没有充足的选择，让受访者给出准确的回应？
- [ ] 问卷的布局看着舒服吗？
- [ ] 人们的回答容易记录吗？
- [ ] 人们的回答容易分析吗？

采访准备

充分的准备能让你掌控整个采访过程，始终围绕中心话题展开，不超过合理的时间。

- 提前准备好问题。
- 考虑一下开始采访时怎么介绍自己。必须清楚但简洁：必须说明这是一个学生项目，说出任何涉及的公司名字。
- 要让参与者知道数据会怎么处理，你会怎样确保保密。
- 如果参与者的回答会放在电子数据库中，参与者必须知道并且同意这么做。
- 想一想怎么结束采访。

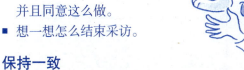

保持一致

要在几乎一样的条件下进行所有的采访，这一点很重要，这样才能保持一致。

- 采访前列一张问题的清单，每个问题后加一些可能的提示词。
- 如果有不止一个采访者，则提前统一好问题、提示词和任何其他文字。练习一下，保证每个人提出问题、记录回答的方法都一样。
- 像练习时一样进行采访，用一样的方法采访每一个人。

进行采访

- 熟记问题，这样不用把它们照着读出来，可以让受访者更好地参与进来。
- 坐的位置和受访者保持合适的角度。
- 有眼神交流，时不时微笑一下。
- 要自信，但有礼貌。
- 保持简短：不要占用别人的时间。
- 感谢别人的参与。

演练一次采访过程

- 演练整个采访过程，看看是不是按照你希望的方式进行。
- 调整自己的采访，让它更容易操作。
  - 检查一下你能不能轻松地把回答记录下来。如果不能，是不是因为问题太复杂了，或者是不是你需要做一张更好的表格来记录答案？
  - 分析来自参访试验的回答。有没有产生你想要的数据？如果没有，重新设计问题。

基本规则

需要长时间采访一个对象，比如做案例研究时，你可能太投入。按照步骤来做，确保自己对话题感兴趣，但要抽身出来。

- 和参与者说清楚你期望得到什么。
- 解释清楚采访期间和之后会发生什么，采访要花多长时间。
- 明确你对采访地点或隐私保护的要求。协商讨论其他可以接受的选项。如果对你有任何风险，不要再继续下去。
- 不要给人承诺。
- 不要和参与者分享个人经历，因为这样会导致一些不可预见的后果，还可能影响到获得的回答信息。

很长的采访之后

- 尽快把笔记写下来。
- 如果你必须写出采访的文字记录，就写出确切说了些什么，表示出停顿、咳嗽、"嗯"和"啊"等。
- 通读一遍自己的笔记，用彩色的笔把提到类似话题的内容标记出来。
- 把所有提到的话题列成一张表，标出可以在笔记的哪个位置找到每个话题。

呈现信息

考虑哪种呈现信息的方法可以把你的结果清楚表现出来。你可能会用到表格、图形或者曲线图（详见Chapter 10）。

表格

把每个问题的回答加起来。如果按年龄、性别、地点、工作等因素划分这些回答，在表格的标题中把这一点说清楚。

表a 对字体样本的偏好情况，按性别划分

	女性	男性	全部
样本1	8	15	23
样本2	13	5	18
都不喜欢	9	10	19
总计	30	30	60

表格用来把信息清楚归类。比如，表格b显示出按性别（2个选择）和职业（2个选择）划分后的偏好情况（3个选择）。

表b 对字体样本的偏好情况，按性别和职业划分

	样本1	样本2	都不喜欢	总计
男教职工	13	2	0	15
女教职工	4	6	5	15
男学生	2	3	10	15
女学生	4	7	4	15
总计	23	18	19	60

柱形图

用柱形图呈现信息时，选择两个可以相互比较的事物。在横轴上具体标明在比较什么，在右图的例子中，横轴表示对样本的偏好；在纵轴上标明不同的衡量结果，在右图的例子中，纵轴表示说出自己偏好的人数。

对字体样本的偏好，按样本类别划分。

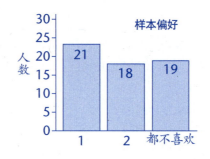

饼状图

通过饼状图呈现的信息，一眼看上去就能全部明白。

对字体样本的偏好，按职业划分。

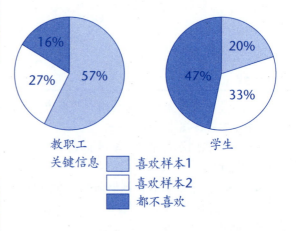

分析数据

在图形和表格中这样把数据整理、分类之后，更容易看到规律并得出结论。用不同的方法整理结果、对结果进行比较，这一点很重要。

- 分析数据。从中了解到什么？和你预期的一样吗？

- 你的研究发现和文献资料中的研究发现相比怎么样？

- 由于你设计研究的方法，有没有哪些问题不能回答？这样的设计可以改进吗？

- 你在研究中又产生了什么新问题？

报告的特点

什么是报告

　　报告是针对一项研究或者一个项目写出的一篇正式文章。报告一般写得很简明，给出准确的细节。

　　虽然报告有很多不同的类型，但它们的架构都很相似，让读者可以快速找到信息。报告和论文有所不同，区别如下：

报告	论文
1 最初开始写报告的是学校以外的环境：是工作中要求的典型文本。	1 论文起源于学术界：在其他环境中很少使用。
2 报告呈现的是你自己搜集到的研究数据和研究发现，搜集的方法包括实验室实验、调查、问卷或者案例研究、把理论应用到工作实习或其他场合中。	2 论文着重分析或者评价别人的理论、过去的研究和观点，很少呈现新的研究发现。
3 论文和报告的结构不同（报告的结构详见第264页）。	3 论文的结构详见第184页。
4 一篇报告分成几个不同的部分。	4 论文不分部分，整个论文是一篇连续的文章。
5 报告包括表格、图形和附录。	5 论文不包括表格或者附录。
6 报告中的每个部分都有一个标题（详见第264页），每一点内容都有项目编号（详见第268页的示例）。	6 论文中的各个部分不加标题，也不编号（如果写初稿时加了标题或者编号，提交最终稿时把它们删掉）。
7 报告混合使用几种不同的写作风格，不同的部分可能风格不同（详见下文内容）。	7 论文通篇的写作风格一致。
8 报告包括对使用方法的描述。	8 论文不说明在得出结论的过程中使用了什么方法。
9 在报告的描述部分，应该简短评价一下你的研究与前人相比怎样有所改善，还有哪些不足有待在未来的研究中解决。	9 论文中不做这样的评价。论文一般不反思研究的过程和写这篇论文本身的情况。
10 报告中经常提出采取一项行动的建议。	10 论文不会给出这样的建议。

不同的目标

　　报告的风格和内容应该满足报告读者的需求。

- 如果你建议采取一项行动，则对不同的备选项给予评价。
- 商业报告中要详细介绍每种选择的成本、损失和可能的利润。

- 如果是实验报告，要描述出实验的具体情况和实验发生时的条件。
- 如果是为客户写报告，要按照客户的要求调整报告内容。

报告的结构

看看你学的课程对报告的结构有没有自己专门的要求。如果没有，那就按照下面的内容来写报告，顺序也要和下面列出的一致。

标题　把标题写在第一页纸的中间位置，加上你的名字、课程名和日期。

致谢　列出那些你想感谢的、给过你帮助的人。

摘要　简要总结或者概述一下你的报告，包括结论。长度一般不超过一段。除了主要的实验数据，不要写细节或例子。报告的摘要可能在复制之后与报告的其他内容分离，所以经常包括一些其他部分也包括的内容。

目录　列出报告主要包括哪些部分，以及每个部分的起始页（包括附录）。

图表目录　列出所有的表格、图形、地图等，标明对应的页码。

引言　简要讨论一下研究了什么内容，为什么你的研究有意义或很重要。简要介绍你的提议或假设：你要展示或者证明什么？

文献综述　简要讨论一下这个领域最重要的一些文章，讨论一下其他研究人员的主要成果。你是否不同意他们的观点？着重讨论前人的研究和你的研究有什么关系、怎样引出你的研究。如果有，介绍你的实验假设。

方法　你是怎样做的研究？用了什么方法？有没有复制其他研究人员用过的方法？即使导师告诉了你要用什么方法，也要把它写在报告里。

实验具体是在什么样的条件下进行的？有多少人参与？你是怎么筛选出这些人的？你给了参与者哪些指示？

测量标准　讨论一下搜集到的各类数据。你是怎么分析这些数据的？你的数据可靠吗，准确吗？

介绍成果　简要介绍你的主要研究成果，需要的话用不同的标题分开。给出成果的顺序应该和进行实验的顺序一致，或者从最重要的成果开始介绍。介绍结果时要诚实。

讨论结果　这个部分比较长。分析、解释你的研究发现。和你预期的结果一样吗？和你的假设一致吗？验证了你用的理论，还是反驳了该理论？为什么说这些研究结果有意义？证明你的假设对还是错并不重要，重要的是你表现出已经理解了自己的研究结果。可以怎样完善你的研究？什么样的跟踪研究会有用？

结论　对于有些科目，写结论并不合适。除此以外，总结你的主要内容，说明你的假设为什么成立或者为什么不成立。

建议　对于社会政策或者医疗卫生这样的学科，你可能需要列出一些建议，提议采取什么行动来解决问题。

参考文献　按字母（或者其他顺序）列出所有资料来源。

参考书目　有要求的话，按字母（或者其他）顺序列出可以进一步阅读的相关资料。

附录　把其他关键的材料写在附录部分，比如给出的指示、参与人员、使用的材料、数据表或数据图。给每项内容编号。报告中没有提到的内容不要写进来。

写报告：开篇部分

同一篇报告中，每个部分会用到不同类型的写作。

引言

引言部分：

- 说明报告要解决的问题。
- 总结研究文献的主要议题，介绍主要观点，说明每项研究怎样建立在前人的研究基础之上。
- 说明你的项目怎样利用、借鉴前人的研究。

　　如下面的例子所示，写报告引言的一条规则是每一项前人的研究只用几个字介绍就好。这就会关系到你怎么做笔记：只记关键的细节内容。还要注意下面例子中写出的前人研究是怎么组织的，逐渐引出这个学生的研究。最后一段说明这个学生会怎样让研究更深入一步。

　　例子中这样长度的引言，报告全文应该在1500–2000字（英文）。更长一些的报告或者毕业论文可能引用更多资料，但引用的每项资料介绍内容不会多，除非有些研究极其重要。

举例：一篇报告的引言

It has been argued (Ayer 2005, Bea 2007) that diet can be affected by the colour of food. For example, Bea found that 15% of participants in a series of six experiments showed strong aversions to certain food colour combinations. People were less likely to eat food if they disliked the colour combination. Dee (2009) found that food colour preferences are affected by age, with green being the least popular food colouring amongst children. However, Evans challenged Dee's results. Evans (2011, 2012) found that children's preferences for colour only applied to certain types of food. For sweet foods, for example, children showed a strong preference for red products, but chose green as frequently as other colour options.

Jay extended this area of research to non-natural food colours. Early indications (Jay 2013a) suggest children are likely to select blue coloured food even though blue foods do not occur naturally. This research was replicated by Kai (2012). Similar results were also found for adults (Jay 2013b). However, Jay's research included only sugar-based products. As Evans has shown that there are different colour preferences for sweet and savoury produce, Jay and Kai's findings may not hold true across all food products, especially for savoury foods.

Jay's research (2013b) indicated strong adult preferences for sweet food coloured blue; Jay argued this was probably due to its 'novelty value'. The aim of the current research was to see whether adults showed the same preferences for blue food colouring when presented with savoury food options. The research hypotheses were that … [see section below]. It was assumed that the 'novelty effect' would hold true for savoury products.

其他类型的引言

　　如果你的报告是某个公司或者机构委托你写的，引言中通常会介绍更多背景信息：

- 谁委托你写的报告。
- 为什么委托你写报告。
- 报告的范围：包括哪些内容。
- 术语的定义。
- 方法。
- 概述研究发现和给出的建议。

研究假设

　　必须把假设清楚、准确地表达出来，一般会说明某些事会发生或者不会发生。

举例：研究假设

The research hypothesis was that adults would show a preference for savoury food coloured blue over savoury food coloured with food dyes simulating natural colourings. The second hypothesis was that there would be no significant difference in the preferences of men and women.

写报告：主体部分

方法或"研究设计"

方法部分详细介绍你是怎样获取数据、分析数据的。应该给出充分的解释，这样读者愿意的话可以自己重复你的研究。写作风格是描述性的，写作的顺序和你实际行动的顺序一致："首先做了这个，然后做了那个……"

举例：方法

Participants
The research participants were 32 adult students, all aged over 25. There were equal numbers of men and women.

Materials
Four types of food were prepared (potato salad, chapati, rice, couscous) and each was divided into 4. Four different food dyes were used; three were dyes used in the food trade designed to look like a 'natural' food colour; the fourth dye was pale blue. A quarter of each of the four food types was dyed a different colour so that all foods were available in each colour, to give 16 possible options.

Method
Firstly, participants were told that all of the food was coloured using artificial dyes. Each person was then allowed to choose three items to eat. This meant they could not select one of each colour. A record was kept of the colours selected by each person. The results were then calculated according to food colour preference overall, and preferences by gender.

结果

报告中通常会有一张介绍主要结果的表格。其他数据和表格在附录中给出。结果部分只介绍数据，而不在这里对数据进行讨论。这个部分要简短，只写相关的、有代表性的数据。

说明你的研究结果是否支持你的研究假设。结果通常都不支持研究假设：这既不"好"也不"坏"，没有好坏之说。

举例：结果

24 of the 32 participants (75%) did not select a blue food item. The findings do not support the first research hypothesis. However, 7 of the 8 participants who did select a blue option were women. 44% of women selected a blue option compared to 6.25% of men. This does not support the second research hypothesis.

讨论

讨论部分用到的是批判分析性写作风格。讨论分析部分数据，介绍有趣的发现，这个部分包括：

- 你的研究结果的意义，这些结果与前人的研究一致还是不同。
- 你的结论和支持这个结论的证据。
- 说明研究假设是否成立。
- 对现在的研究方法可以做哪些改进，需要进一步做哪些研究。
- 你的结果可以怎样应用到其他地方。

比如，对于上面描述的研究，讨论部分可能包括对下面内容的分析：

- 样本：有没有代表性？如果参与者来自不同的种族，或者参与者的年龄段不同，或者只包括学生，这样会造成差异吗？
- 方法：这个方法可以改善吗？蓝色食物除了"不自然"之外，是不是看起来不太美味？如果换成是看起来不够天然的绿色，参与者的反应会不一样吗？
- 未来的研究：需要进一步进行哪些研究来阐明这些结果？比如，人们对颜色的偏好适用于所有食物，还是只适用于一些食物？"新奇效应"能持续多久？

举例：讨论的部分内容

The research indicated that even when participants were told that all food options were artificially coloured, they still choose savoury food that looked 'natural' rather than food dyed blue. This suggests that adults have a preference for natural colours in savoury food. However, the blue dye was streaky; this might have distorted the results.

写报告：结论、建议、摘要

结论

结论是对这次研究的总结，说出它的意义和你的研究发现。这部分不再给出新的信息或资料。结论还包括在摘要、引言和讨论部分中。

对于上面的研究，结论部分可能包括：

- 说明你的研究发现和前人的研究发现不一致。
- 简要总结为什么你的结果和前人不同（比如，参与者是成年人而不是儿童，针对的是咸味食物而不是甜味食物）。
- 说明这项研究的不足（蓝色的不均匀可能影响了结果）。

举例：结论

> The research suggests that adults do not select savoury foods dyed blue, if given the choice of other options of dyed food. The 'novelty effect' of blue products, suggested by previous research, did not hold true for savoury foods. The research suggests that people choose savoury food on a different basis to sweet food. However, this hypothesis would need to be tested further by researching the choices made for sweet and savoury products by a single group of participants (etc.).

建议

提出建议的目的是为了进一步完善。可以提议怎样改善现在的工作方式，或者提议需要采取什么样的行动。要给每项提议编号。

比如，如果你在为一个机构进行研究，你的建议可能是：

1 在更大的样本中进一步研究。
2 生产成年人吃的咸味食物时，避免使用蓝色食用色素。

如果不是市场营销类的研究，而是学术或者科学方面的研究，那么一般不会提建议。

摘要

摘要放在报告的目录页前面。虽然位置在最前面，但如果留到最后再写会更容易。留出足够的时间写摘要，一般实际花费的时间远比预期的要长。

摘要部分总结了你的目标、研究假设、使用的方法、研究发现和结论。可能字数要求控制在很少的范围内，比如50–100字（英文）。摘要需要简短、简洁。

> **Example 1: Abstract (50-word limit)**
>
> This report suggests that research into truancy has neglected the critical role of school play-time. In-depth interviews with 6 former truants, now students, highlight the pivotal role of group dynamics within the playground. The interviews suggest that 'feeling like an outsider' at play-time encourages initial acts of truancy.
>
> **Example 2: Abstract (100-word limit)**
>
> This report presents an analysis of adult responses when given the choice of foods dyed blue or foods dyed with traditional colourings. The initial hypothesis, based on research by Jay (2008b), was that adults would show a preference for food dyed blue over foods that looked more natural. This project replicated the methods used by Jay, but substituted savoury for sweet foods. 32 adults, all aged over 25, were asked to select three items from a selection of 16 possible choices. Their responses indicate that adults are less likely to select blue food for savoury items. The results were statistically significant.

总结

有些科目要求写总结，而不是摘要。总结一般比摘要更长，但也不会超过一页。

总结部分包括研究目的、简要概述研究的问题、使用的方法、主要研究发现、结论和提出的主要建议。

报告：布局、格式和风格

给标题编号

给每个部分加一个标题，说明这个部分的主要内容（详见"报告的结构"，第264页）。用简短的副标题说明不同类型的主题。按照逻辑顺序给每个部分和子部分编号，这样读者可以轻松判断出报告从哪儿开始进入下一个部分。

下面显示出一种给部分和子部分编号的方法。

9.	结果
9.1	实验A的结果
9.1.1	在实验A中，参与者没有人完成……
9.1.2	第2次尝试时，4%的参与者完成了……
9.1.3	第3次尝试时，17%的参与者完成了……
9.2	实验B的结果
9.2.1	在实验B中，33%的参与者完成了……
9.2.2	第2次尝试时，64%的参与者完成了……
9.2.3	第3次尝试时，97%的参与者完成了……

标题的不同层级

标题分成"一级"、"二级"、"三级"、"四级"等这样的层级。一级标题最突出，就是题目。避免使用三四级以上的标题，否则编号和内容可能让人混淆。比如：

A 一级：主标题，放大字体，加粗。

B 二级：部分标题，比正文的字体略大，加粗。

C 三级：副标题，可以变斜体或者加粗。

D 四级：更次一级的标题，应该清楚地凸显出来。

不管你用什么方法组织标题，使用的方法要在整篇报告中保持一致。

正文

- 按顺序写出页码。目录页中给出每个部分的起始页码。

- 选用的字体要好读。

- 页面两边留出明显的空白。

- 除非项目介绍中有要求，否则不要使用花哨的图形。

- 布局要清楚。不要插入太多的表格和图形，除非真的需要。把大部分表格、数据和例子（如果需要这些）放在报告最后的附录中。

写作风格

报告中的所有写作内容：

- 正式：避免俚语和缩写。

- 有侧重点：只解决项目简介中提出的问题。

- 简明：不要跑题，避免不必要的例子。

- 符合本学科的要求：使用符合本学科要求的风格。

写作目的

写什么内容取决于报告的目的。比如，第265–7页的报告写的是在校园里进行的研究。但如果你为一家公司进行类似的研究，而这家公司想推出一系列野餐食物，那么研究和报告就要反映出这些不同的目的。例如：

- 引言部分会简要说明这家公司希望这项研究实现什么成果。

- 样本会更大，针对的是一般的大众，而不是学生。

- 如果样本更大，那方法应该简单一些。比如，你可以提供两种食物选择，一种上色，一种没有上色，提出的问题也少一些。

- 讨论部分会着重关注研究结果对想要推出的新产品有什么影响。

- 你很可能会提出建议——在这个例子中就是不要使用蓝色的食用色素。

项目和毕业论文清单

项目	完成	需要进一步采取的行动
1 明确研究项目的目的或目标。		
2 有要求的话，写出项目假设。		
3 选择一个准确、清楚的题目。		
4 查找文献，写出文献综述。		
5 决定用什么研究方法，并写出来。		
6 问问导师这个项目的主题和范围是否合适。		
7 预定房间，约好参与者，预约设备。需要的话，获得使用材料或采访参与者的许可。		
8 需要的话，预约装订项目报告的设施。		
9 找到准确搜集和记录数据的格式。		
10 使用选好的方法搜集和记录数据。		
11 分析数据，写出"结果"和"讨论"部分。		
12 完成报告。整篇报告有没有回答项目标题的问题？		
13 所有必须写的部分是不是都写了，而且完成了？		
14 每个部分都有清楚的标题吗？		
15 每个部分有没有包括正确的材料？		
16 报告符合字数要求吗？		
17 读者有没有获得他们需要的信息？所有信息都是相关的吗？		
18 写出摘要，把它放在标题页之后。		
19 给所有的页标上页码（为目录页做准备）。		
20 做出目录页，包括每部分的页码。		
21 每个部分的写作风格合适吗？		
22 整篇报告清楚、易读吗？		
23 报告校对过吗？		
24 报告最终稿整洁，按要求编排，（需要的话）装订好了吗？		

研究项目、毕业论文、报告和案例研究　269

项目和毕业论文清单

毕业论文题目：

完成日期：

目标	里程碑（要完成的步骤）	记录	截至（日期）	完成（✓）
1 组织和规划	**1** 认真阅读毕业论文的要求。			
	2 规划好每个步骤，在日记里写出所有任务。			
	3 规划好和导师的有效沟通。			
	4			
2 选择论文主题	**1** 浏览图书馆中以前的毕业论文。			
	2 打开思路，尽量多想一些可能的题目。			
	3 浏览文献，寻找灵感；寻找现有研究基础上可以改善的地方。			
	4			
	5 确定研究问题。			
3 文献查阅和综述	**1** 阅读本领域的主要文献，并做笔记。			
	2 看看用什么方法可以从现有研究中引出自己的论文。			
	3			
	4			
	5 写出文献综述。			

研究项目、毕业论文、报告和案例研究

目标	里程碑（要完成的步骤）	记录	截至（日期）	完成（✓）
4 方法	1 决定用什么方法。需要什么信息？需要搜集到这些信息？可以怎样搜集到这些信息？			
	2 和导师讨论一下，或者查看本学科的期刊文章。			
	3 选择合适的范围：数据要充足，但不过多。			
	4 设计自己的材料。			
	5 需要的话，提前预约房间、参与者、论文集等。			
	6			
	7			
	8 写出方法部分。			
5 搜集数据	1 在日记中规划好搜集数据的时间。			
	2 准确记录数据。			
	3			
	4			
6 分析数据，讨论研究发现	1			
	2			
	3			
7 写出毕业论文	1 写出毕业论文。			
	2 编辑，校对。			
	3 装订论文。			
8 提交毕业论文	提交论文——庆祝自己的成功！			

案例研究

案例研究是对某一个例子的深度研究，分析一个案例，比如一个人、一个小组、一个公司、一件事或者一个地理区域，用这个案例说明某一类的事物。与其他研究方法相比，案例研究关注的内容要详细得多。

案例研究的特点

通过案例研究，可以在现实生活中或者模拟情况下验证一些技巧或者理论。

- 涉及对一件事、一种技巧、一位客户等的详细分析。
- 以事实为依据。
- 把一件事生动地呈现出来。
- 必须把这个案例研究和某种理论框架联系起来，表明是证明了这种理论还是反驳了这种理论。
- 必须说明你的案例研究怎样证实或者反驳了前人的相关研究。
- 可能需要通过这个案例研究分析某个问题，提出如何解决的建议。

案例研究的好处

- 可以用来证明一个观点。
- 能够更加深入地调查小细节，这些细节能启发人们有些事情在实践中如何真正运作。
- 由于案例研究都取自"现实生活"，表现出的复杂性可能是实验这样的受控条件下不可能出现的。
- 可以用来验证一个理论。

- 考虑的细节内容可能对推进理论框架的研究有帮助。
- 案例研究可能提供一些新的研究线索。
- 对于识别怎样根据个例的需求调整规则、理论或工作惯例有帮助。
- 可以举出工作中好的或者坏的做法的例子。

案例研究的局限性

- 可能不能代表一般发生的情况。
- 根据一个案例研究或者少数几个案例研究总结一般规则时必须格外小心。
- 案例研究很耗时，所以只能研究几个案例。

案例研究，一种定性研究

案例研究是一种定性研究（定性研究和定量研究的区别，详见第206–7页）。案例研究的研究策略包括下面这些方面的部分或者全部内容：

- 确认目标。研究这个案例是为了理解一件事？还是为了验证一个理论？还是试验一种产品？或者提出变更的建议？
- 阅读背景信息。读一读这个案例的来龙去脉，把它了解透彻。
- 识别相关的理论和研究方法。
- 观察或者质疑。开始时还没有定论，不要预先判断研究的结果。
- 分析早期数据。对于刚刚成为热议对象的话题，分析早期的数据。
- 进一步观察或提问。重点关注具体的话题，或者已有信息中的不足之处。看看你了解的内容是不是准确。
- 识别可能造成问题的原因。
- 评价或者测试可能的解决方法。
- 提出行动建议。

撰写案例研究报告

案例研究报告的结构

引言

引言中简单介绍为什么进行这项案例研究，并简要概述它的内容。

背景

作为学生，你可能需要在案例研究中总结一下别人对你所研究事件的相关研究。

案例研究报告的各个部分

报告正文把研究的事件分成若干个部分，每部分加上恰当的标题。这些部分可能包括：

- 背景信息。
- 使用的研究方法（如果相关的话）。
- 问题或事件陈述。
- 早期行动或干预，如果有的话。
- 目前的行动或干预。
- 客户对行动或干预的反应。
- 其他人的反应。
- 对这次干预或行动的总体评价。
- 任何突出的问题或事件。
- 可能造成任何突出问题的原因。
- 应对突出问题可能的解决方法。
- 对这些可能的解决方法的评估。

结论

总结你的主要发现。这项案例研究在什么程度上验证或者反驳了前人的研究和现有的理论？它对其他案例有多强的代表性？

建议

列出根据案例研究提出的建议。好的建议应该是：

- 以实际需要为出发点。
- 合理：根据证据合理论述，提出需要采取什么行动，并说明如果采取这项行动，预计会出现什么结果。

- 清楚说明其他替换方案。
- 适当：符合涉及的公司的文化或者个人的情况。
- 实际：经济上可以负担得起，花费的时间合理，具备所需的专业技能。
- 具体：清楚说明具体必须做什么、谁来说、什么时候做。

写作风格

举例：案例研究写作

> Rabina was then referred to an educational psychologist, who told her she was dyslexic. The psychologist's report describes her as 'very bright', with the 'cognitive ability to succeed at university'.
>
> Rabina had also been referred to several ear specialists as she appeared to have difficulties with listening and processing spoken information. The results suggested her hearing was within normal range. This surprised Rabina and her parents. However, research has shown that dyslexic people often show hearing differences when given a wider range of hearing tests. For example, the Baltic Dyslexia Research Laboratory has found associations between dyslexia and left ear dominance and other auditory processing anomalies (Johansen 1991, 1994). The tests undertaken at the Baltic Centre were not available for Rabina so she may have hearing difficulties that have not yet been identified.
>
> Rabina reported that as a child, she had thought she was 'going mad' when words 'fell off the edge of the page'. It is not unusual for people to attribute aspects of dyslexia to a range of reasons that 'make sense' to them as children. Usually, these are associated with events that caused them extreme embarrassment and shame. Edwards (1994) has shown that the scars can last well into adulthood. In Rabina's case, this was manifested in being withdrawn and reluctant to join in classroom activities. She …

注意这个例子中，写作内容是怎样做到这几点的：

- 关注某一个人。
- 比论文介绍的细节多。
- 把Rabina的经历和更广泛的研究结合起来。
- 说明Rabina的经历有什么独特之处。

项目有很多不同的类型。一个项目的目标或者目的是什么，会影响你的研究方法和写作方法。大多数学生项目和报告都是学术性的，主要写给导师看。你可能需要其他同学参与进来，为你提供可以搜集的数据。

之所以布置这样的项目或者报告，主要原因是让你熟悉对一个话题展开研究的技巧和独立管理整个流程的能力。导师一般不会期望你有什么重大发现。

好的学生项目很清楚，定义明确，已经考虑得非常透彻，可以在一定的时间内完成。项目目标可能很少，但这不是问题，只要项目管理得当，有书写清楚的结果，而且和前人的研究联系起来就可以。

一种好的做法是把前人的研究应用到一个没有被研究过的小样本中。比如，你研究的例子可以来自你的同龄人，来自一个少数民族，或者来自当地等。这样做项目不仅会更有趣，和你自己相关，而且还会补充人们对这个话题现有的整体上的认识。

一旦你学会了怎么做项目，怎么写论文和报告，毕业论文这项任务应该就容易管理了。毕业论文之所以非常有挑战性，是因为你有更大的掌控空间，必须自己做更多的决定，自己管理整个过程。毕业论文是一个规模更大的项目：要求你阅读更多资料，要求你搜集大量数据（有些情况下），而且分析和呈现数据要花更多的时间。

毕业论文要求你具备良好的管理能力，提前规划，注意细节。但等到你要完成毕业论文的时候，应该已经熟悉了基本流程。

通过做项目和写毕业论文，你可以研究一个自己真正感兴趣的话题，所以会很有成就感，很享受这个过程。

练习题参考答案：设计调查问卷（详见第259页）

1. 20或者40岁的人不知道自己应该选哪一项。选项应该改成"0-19、20-39、40-60"或者"0-20、21-40、41-60"。另外，没有为60岁以上的人提供选项。

2. 问题没有抓住准确信息。如果受访者回答"知道"，你怎么知道他们真的知道？题目应该写成："现任国家主席是谁？"

3. 问题没有为人们对这件事可能持有的各种不同的看法留出余地，应该写成："下面哪一项最接近你自己的看法？"然后列出几种看法并编号。

4. 这个题目实际上包含了两个问题。有人可能喜欢来学校，但不喜欢在咖啡厅吃东西，或者相反。应该把这两件事分开。如果想问人们喜不喜欢在学校的咖啡厅里吃东西，可以这样措辞："你喜欢在学校的咖啡厅吃东西吗？"

Chapter 12

批判分析性思考

学习目标

通过本章的学习，你可以：

- 理解采用批判性或者分析性的方法是什么意思。
- 更加深刻地认识到怎样在阅读和写作中运用批判性思维方式。
- 培养对文章论证或者逻辑主线的评价标准。
- 培养对文章所给证据的评价标准。
- 学习怎样识别和推导出合理的结论。

批判性思考

批判性思考是指思考支持或反对某一观点的论证和证据。Edward Glaser（1941）是这样定义的：批判性思考要求人们对信仰或所相信的知识进行持续不断地检视，检视其依据以及由其得出的结论。

换句话说，Edward Glaser强调以下几方面的重要性：

- 持续不断：认真考虑一件事，而且不止一次。
- 依据：评价用来支持一种信念或者观点的证据。
- 影响：考虑这种信念或者观点有什么影响——会得出什么结论？得出的结论恰当、合理吗？如果不合理，应该重新考虑这种信念或观点吗？

分析性思考

分析性思考涉及一些其他过程：

- 从所给信息中脱离出来。
- 从多个角度对它详细检验。
- 仔细检查这些信息是不是完全准确。
- 检查每一句陈述是不是和前面的陈述有逻辑关系。
- 看看推理过程、证据或者得出结论的方法有没有存在缺陷的可能。
- 从其他理论家或作者的角度比较同一件事。
- 能够认识到并解释出为什么不同的人会得出不同的结论。
- 能够论证为什么一种观点、结果或结论优于另外一种。
- 警惕任何文字上或者统计上的伎俩，诱导读者接受一些可疑的说法。
- 查看内在的假设。
- 检查作者有没有企图诱导读者同意他的观点。

培养侦探式的思维方式

要想培养批判分析性思考能力，你可以想象自己要培养侦探式的思维方式。

阅读

阅读时的批判性思考涉及以下这些方面：

1 辨识文中的推理方式。

2 批判性地评价这种推理方式。

3 对表面现象提出质疑，查看内在的假设。

4 识别文中的证据。

5 根据合理的标准评价这些证据。

6 找到作者的结论。

7 判断给出的证据能不能支持这些结论。

写作

写作中的批判性思考涉及一些类似的过程：

1 清楚说明你的结论是什么。

2 展示出清晰的推理主线——通过论证得出你的结论。

3 展现出支持你推理的证据。

4 除了就像上面提到的那样批判性地阅读自己写好的文章，同时批判性地阅读你引用的资料。

5 从多个角度审视你的主题。

6 写作风格是批判性、分析性的，而不是描述性、个性化或者新闻体的。

听

听别人说话时的批判性思考涵盖了和阅读时相同的几项内容，除此以外还有：

1 看看发言人说话是不是前后一致——有没有自相矛盾；如果有，是什么原因导致了这种矛盾？

2 看看发言人的肢体语言、眼神、说话的语速和语调是不是和说出的内容一致——发言人的神情和声音有没有表现出他相信自己说的话？

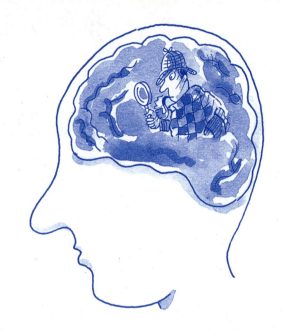

这些问题已经在前面的章节中简单介绍过，下面几页会更深入地探讨，还有一些基本练习，帮你检验一下自己的批判性思维能力。

批判性的问题

一般而言，批判性思考时你会提出这样的问题：

- 为什么？
- 多远？
- 多少？
- 多久一次？
- 在什么程度上？
- 我们怎么知道这是真的？
- 这个来源是否不可靠？
- 这种表象下面可能是什么情况？
- 我们对此有哪些不知道的？
- 哪种更可取？
- 出于什么原因？

阅读中的批判性思考

阅读中的批判性思考对于学业成功至关重要，因为你写的大多数作业都包括批判性地分析其他人的文章。

1　识别推理主线

学生要阅读的大多数文章都包括一个"论点"。学术写作中的"论点"是：

- 一条推理主线。
- 一个角度或一个观点。
- 一种反驳的看法。
- 说理。
  - 用证据和例子来支持。
  - 引出结论。

阅读时要不停地问自己："这位作者主要想让我接受什么观点？他给出了哪些理由说服我？"

练习1

识别段落1"Rochborough地区的健康状况"的推理主线——也就是作者的主要观点（答案详见第289页）。

2　批判性评价推理主线

批判性地评价一个论点时，主要看它是否包括：

- 相关的、起作用的、充分的命题（原因）。
- 逻辑推进。
- 错误的前提。
- 有缺陷的推理。
  下面具体讨论每一项。

段落1：Rochborough地区的健康状况

户外玩耍对孩子的健康和社交能力的培养都有好处。根据Rochborough地区健康顾问委员会（Rochborough's Health Council Advisory Body）今年9月进行的临床试验，1年中户外玩耍时间超过50天的孩子，肺活量比室内玩耍的孩子高20%，患哮喘和支气管疾病的比例比室内玩耍的孩子低30%。在户外玩耍的孩子结交的朋友也比室内玩耍的孩子多。Rochborough地区社会便利设施委员会对30个家庭进行调查之后发现，如果家里有自己的花园或者附近有受监管的玩耍区域，家长们更愿意让孩子去户外玩耍。住在米尔顿路（Milton Road）的Arkash先生说，他的孩子觉得在Rochborough郊区的儿童乐园玩不安全，因为他的儿子曾经被那里的一只狐狸吓到过。听到他爸爸说"他经常因为没有地方玩而大哭大闹"的时候，这个小家伙眼里满是泪水。要提供受监管的玩耍区域，成本可能很高，但Rochborough地区只有18%的家庭拥有自己的花园，所以要想改善当地孩子们的健康状况，Rochborough需要提供更多受监管的户外玩耍场所。

——Rochborough娱乐管理委员会简报

相关的、起作用的、充分的命题

"Rochborough地区的健康状况"这段话给出若干个命题。比如：

- 户外玩耍能提高社交能力。
- Rochborough地区只有18%的家庭拥有自己的花园。

这是文中给出的用来支持自己论点的几个原因。检查推理主线的同时，需要考虑给出的理由是不是相关，有没有支持论点（即有没有起到作用）。比如：

- 提到遇到狐狸这件独立的事件和有关健康状况的论点没有很大关系。
- 提到受监管的玩耍场所的成本很高和全段的论点有关——但它削弱了论点，而不是支持了论点，因为文中没有提这笔费用怎么承担。

　　检查一下给出的原因和证据与主要论点有没有关系、是不是支持了主要论点，这一点很重要，因为这样可以帮你判断作者得出的结论是不是有效。即使作者给出了相关的理由，而且是支持论点的理由，但他也可能没有给出充足的理由，就不能证明这个结论是可以得出的唯一的结论。

> **段落2：工伤**
>
> 　　工伤的数量迅猛增长。今年这家工厂已经报道了30多起重复性劳损事件（2013年Smilex工伤报告）。所有受伤人员都在纤维部工作。10年前没有任何工伤事件报道出来。这表明与过去相比，我们的工作环境对工人的健康产生了更严重的影响。
>
> 　　　　　　　　　　——Smilex新闻

　　段落2的作者写作的前提（出发点）是工伤事件大幅上升。结论是与以前相比，工作环境对健康状况的影响更严重。作者给出一条相关的能支持论点的理由：报道出来的工伤事件数量增加。但是作者没有考虑造成这种数量增加的其他原因，比如30年前人们是否了解重复性劳损，或者过去人们是否不大可能上报各种事故。

　　此外，作者没有考虑其他类型工伤的数量，也没有考虑其他部门工人的健康状况。只根据一种类型的工伤和工厂里的一个部门，作者就概括出了结论。也许在工伤数量上升这个方面作者的

确是对的，但没能证明这一点。他没有给出充足的理由（或证据）来证明自己的结论是对的。

逻辑推进

　　日常对话中，听别人说话时，我们一般都会假定前面说过的内容和下面要说的内容之间存在逻辑关系。但对于论点的写作，对于一般的学术文章，你要想一想，一个观点是不是真的和前一个观点有逻辑关系。一条推理主线需要：

- 首先有一个前提。
- 各个阶段有逻辑关系（A引出B，B引出C，C引出D……）。
- 得出的结论和前面的内容有直接的逻辑关系（按逻辑顺序给出相关的理由，逐渐引出最后的结论）。

　　段落1的前提是户外玩耍对孩子的健康有利。逻辑的推进是：

- 当地的证据支持有关健康状况的论点（户外玩耍是可取的）。
- 父母的态度支持这个论点。
- 缺乏设施妨碍了户外玩耍。
- 需要更多的户外玩耍设施。

错误的前提

　　如果有理由能说明户外玩耍对孩子们没有好处，那么段落1中作者写作的起点就是一个"错误的前提"。段落2的起点可能就是一个"错误的前提"——认为Smilex工厂的工伤数量在上升。没有给出支持这一点的确切证据，所以可能是不正确的。

　　要警惕错误的前提：很多论证都是建立在这类薄弱的基础上的。

有缺陷的推理

　　下面是几个"有缺陷的推理"的例子。

假设有因果关系。

　　如果两件事发生在同一时间或者同一地点，

人们很容易认定这两者之间一定有关系，或者一定是其中一件事导致了另一件。比如：

> 考试前我复习得很认真，但分数很低，所以下一次我不复习了，得分应该会高一点儿。

这个例子假定复习和考试失败之间存在联系，却没有考虑考试失败可能有其他原因。同样：

> 英国母牛的数量在下降，奶酪的消费量在上升。从心理学的角度看，人们觉得奶酪最终会被吃光，所以吃得更多。

这句话假设奶酪消费量的上升和英国母牛的数量有关，但实际上可能是因为其他原因，比如素食者人数增加，或者奶酪进口量上升。母牛数量减少可能只针对饲养的肉牛而言，而奶牛的数量可能没有变化。

之所以选这些例子，是为了强调逻辑上的缺陷，但这类逻辑缺陷并不总是很容易识别。

根据一个或少数几个例子得出概括性的结论。

> 这个3岁的小孩对羊毛上衣有严重的皮肤过敏，所以应该禁止销售羊毛衣物。

这里根据一个很小的样本——只有一个例子——就得出了概括性的结论（样本充足的重要性将在下面进一步探讨）。这个孩子出现过敏可能有很多原因。

不合理的比较。

段落1中比较了在室内玩耍的孩子和户外玩耍的孩子。但实际情况可能是在户外玩耍的孩子本来就比较健康，而在室内玩耍的孩子之所以不去户外是因为身体不好，如果去户外，健康状况可能进一步恶化。比如，很多哮喘儿童对花粉过敏，家长不让他们去户外玩耍。

3　对表面现象提出质疑

批判性思考要求你查看以下因素：

- 实际的证据和它的表象一样吗？
- 除了明显的原因，有没有可能存在其他的解释？
- 是不是给出了所有必须的信息，或者其他细节有没有可能引出不同的结论？
- 如果这种结论被接受，有没有利益相关方会从中获益？
- 有没有潜在的假设？
- 证据的来源是否可靠、有没有利益关系？

练习2

再看一遍"Rochborough地区的健康状况"这段话。

- 写这段话有没有可能存在潜在的目的？
- 有没有缺失什么信息，导致引出不同的结论？

（答案详见第289页）

4　识别文中的证据

文中给出的证据一般比较直接。在文中寻找统计数据、例子、案例过程、实验发现、调查、问卷或者案例研究。证据还可能是轶事的形式，也就是一个人或者一些人讲述他们的经历。

练习3

"Rochborough地区的健康状况"这段话中给了哪些证据？（答案详见第289页）

5　评价证据

学生写论文或者写报告时只这样写是不够的："两方面都有证据。"证据的分量并不相同。我们怎么可以判断哪项证据更有说服力？下面列出一些基本原则。

使用有效的准则来评价凭据

批判性思考要求能找到合理的评价标准。

比如，医生认为某人很健康的时候，一定是考虑了一定的标准，比如体温、血液指标以及没有出现已知的（或常见的）疾病症状。医生会判断需不需要担心一些可能是生病了的信号，并根据自己的经验和专业医学知识得出结论：说明这个人健康的证据多一些，还是说明生病的证据多一些。

我觉得你很健康，因为你的牙齿没有变蓝。

下面给出阅读学术文章和自己做研究时用到的一些基本的证据评价标准。

查看研究的日期。

研究可能会过时，研究的结论可能已经修改过。如果发现"Rochborough地区的健康状况"这篇文章写于1300年、1927年或者2008年，你的态度会发生什么变化？

查看信息来源。

学术期刊、专业期刊和经典教材上的文章一般都是经过深度研究写出的，比杂志和报纸的研究发现更可靠一些。报纸和杂志在文化研究这样的学科中可能是很有用的首选资料，但如果在论文中引用的话，一般认为不够"权威"。

查看引用信息是否存在偏见。

偏见可能不明显，这不一定就说明你所引用的原信息"不诚实"。比如，如果某家医院继续营业能使某些人获得很大的利益的话，他们提供的证据可能是准确的，但不全面。批判性思考的时候，我们要不停地在心里问自己：这些证据之所以指向这个结果而没有说明那个结果，是不是有什么没有说明的意图或者原因。

有一点经常需要考虑：有没有涉及一些人的政治利益或者经济利益，使得全部事实没有呈现出来？还要想一想，要出版、流传其他的观点容易不容易。比如，在16世纪的英国，如果发表、出版或推销某些观点的话，会被处以死刑或者砍掉四肢。

今天的社会，小型机构或者个人很难筹到足够的资金去调查、验证其他的观点。如果不把全部证据呈现出来，整个大环境可能会被歪曲。

虽然不一定每篇论文都要写有关经济、政治或媒体介入的内容，但要知道谁掌控着权力、资源和信息，谁没有，以及由此可能产生的影响。

警惕数字和统计数据的影响。

注意查看数字数据和暗示出数字的文字，因为人们经常为了说服读者滥用数字或者给出不实的数量（详见第225页）。

大多数/许多：注意"大多数"和"许多"这样的字词：

> 大多数人都说比起苹果更喜欢桔子。

"大多数"是个很模糊的数量。如果这句话的真假有很大影响的话，我们需要更多的细节。调查了多少人？多少人更喜欢桔子？是在什么情况下说的？

百分数：注意什么时候使用百分数。假设上面的这句话是这么说的：

> 60%的人更喜欢桔子，40%的人说更喜欢苹果。

看上去很有说服力：给出了用数字表示的数量。但是60%和40%的区别大吗？这时需要知道一共问了多少人。如果问了1000人，其中600人喜欢桔子，那这个数字确实很有说服力。但如果只问了10个人，60%就是说6个人喜欢桔子。"60%"听起来很有说服力，而"10人中的6人"就没有这种说服效果。作为一名批判性思考的读者，你要警惕文中是不是在利用百分数让不充分的数据显得抢眼。

样本大小：还要注意，如果又有2个人参加进来，说喜欢苹果，那么两方面就都有6个人。这个样本里小小的人数增加（受访人数据库）就轻易扭转了原来的百分数，变成了50%喜欢苹果、50%喜欢桔子——没有任何差别。

样本大小是指研究中使用的人、动物或者物体的数量，实验、调查或者其他任何研究都是这样。小样本给出的信息很不可靠。如果其他条件全部一样，样本越大，得到的数据越可靠。一般认为1000名参与者是个合理的数字，可以认为得到的数据"有意义"。

代表性：样本应该能代表全部研究对象。如果回答喜欢桔子还是苹果的所有受访者都来自塞维利亚（Seville），靠种桔子为生，那么我们认为这个样本不具有代表性，也不可信。同样，如果所有受访者都是女性，或者都是10岁的孩子，或者都来自英国南部，由此概括出全部人口的喜好也不可信。要想获得有代表性的样本，研究人员需要结合考虑男性和女性、不同年龄段的人、不同背景和不同兴趣的人。

搜集数据的条件：如果你发现回答喜欢桔子的人每人拿了研究人员赠送的一个桔子，可能就会想这些受访者在回答问题时是不是有什么隐秘的意图、得到的数据可不可靠。

同样，如果数据是通过面对面的采访搜集到的，而采访者穿的衣服上印有一家桔汁公司的标志，可能有些受访者就会希望自己的回答能让采访者满意。可能的话，一定要问清楚数据是在什么条件下搜集的，以此判断搜集到的数据是否可信。学术期刊上的文章一般会详细介绍进行研究时的条件。

情感语言和说服性文字。

有些文字很有说服力，能让读者产生一定的信任感。不同学科中说服性的文字不尽相同。比如，有些人觉得"实验"这个词给人一种科学上的精确和可靠的感觉。但使用了实验的方法这件事本身并不能说明得到的证据就很可靠。

情感性文字：使用下面这些词和短语能唤起读者的情感反应，使读者不能对给出的证据做出准确的评价："残忍的"、"不公平的"、"滥用"、"自然的"、"正常的"、"常识"、"天真的孩子"、"老的"、"小的"、"巨大的"、"独特的"、"极端主义者"、"极端的"、"青春"、"新的"甚至"最终报价"。使用情感性的图像，比如大哭的人，也是同样的道理。

说服性文字：这些词和短语让你觉得文中说的内容非常明显。可能文中的内容确实很明显，但看到这些词的时候还是要警惕。这些词包括"肯定"、"很清楚"、"显然"、"很明显"、"很容易看到"、"自然"和"当然"。

练习4

利用上面给出的标准，评价"Rochborough地区的健康状况"这段话中给出的证据（答案详见第289页）。

6 识别作者的结论

结论一般出现在文章的最后，但也可能出现在文章开头或者中间部分。这时候就比较难找，给人留下的印象也不深。

结论之前一般会出现提示词，比如"所以"、"那么"、"因此"或者"因而"；也可能用祈使句引出结论，指出某些事不得不做，比如"必须"、"应该"或者"需要"。

练习5

找出"Rochborough地区的健康状况"这段话的结论（答案详见第289页）。

有时候结论可能不会说出来，只是隐含在论证和证据中。一篇文章还可能会得出不止一个结论，有些结论是明确说明的，而还有一些是隐含的。对于隐含的结论，你要考虑从文章的语境和推理中是不是还能得出其他结论。

> Jonah Smith的新书中，人物很感人，故事很有趣，气氛制造的非常到位，情节迂回转折。这本书写得很好。

这个例子中，明显的结论是"这本书写得很好"，原因也给出来了——人物、故事、气氛和迂回的情节。隐含的结论就是你也会喜欢这本书的。

练习6

对于下面每一小段文字：

- 第一，判断有没有明显的结论。如果有，说出是什么。
- 第二，说说你觉得隐含的结论可能是什么。

1 你想养株植物，你喜欢这一株，也买得起。
2 这次选举早早就结束了，但是只有快乐党（Happy Party）的选民知道选举会很早结束。快乐党的支持者使得一些反对党选民没能顺利投票。所以这次选举是不公平的。
3 这棵树很危险。它已经倾斜着长到孩子们玩耍的操场上空。它很重，已经腐烂，随时可能折断。

（答案详见第289页）

7 评价证据是不是支持结论

作者给出的证据可能很可靠，也有坚实的研究基础，但得出的结论却不被这些证据支持。下面是一个很夸张的例子：

- 命题1：这次空手道比赛的冠军是个女的。（确切的事实）
- 命题2：我妈妈是个女的。（确切的事实）
- 结论：我妈妈是个女的，所以我妈妈是位空手道冠军。（错误的结论）

检查隐藏的错误的假设

上面的例子中，错误的推理是基于这样一种错误的假设：如果一个女的是空手道冠军，那么所有女的都是空手道冠军。这个错误假设很容易识别，但识别其他的错误假设就不一定这么容易了。研究人员可能想努力保持客观，但很难完全摆脱所处社会的主流观点和意识形态。

举例

回顾一下讨论20世纪50年代Bowlby颇具影响的研究的学生论文（第219–22页），考虑文中的观点。Bowlby（1951, 1969）的研究认为，很早就和母亲分开的婴儿长大后会出现行为障碍和情感障碍。这一研究被用来反对母亲出门工作。支持母亲留在家里的观点无疑是出于对孩子健康成长的关心，但这一结论也符合当时的经济环境，因为从"二战"（1939—1945）战场归来的男人们很多都找不到工作。

后来，母亲和看护者不在身边的孩子会受到伤害这个结论受到很多人批判（Clarke & Clarke, 1976; Clarke-Stewart, 1988; Tizard, 1991）。比如，有人认为Bowlby的数据都来自处于极端状态的孩子，比如战争中受到惊吓的孤儿、50年代破旧的医院和儿童福利院中病重的儿童。这些孩子没有代表性，需要和那些正常的健康孩子做比较，他们上的是友好温暖的托儿所，每天都能回到母亲的身边。不管Bowlby的研究准确不准确，他的发现可能无法证明得出的结论是正确的。Bowlby很可能受到了当时主流思想的影响，认为女人应该留在家里带孩子，而这种认识影响到他对数据的解读。另一种可能是他的反对者受到了新思潮（比如女权主义）的影响，也可能因为越来越多的女性从事兼职工作而改变了自己的认识。

这是一种研究向前发展的很典型的轨迹。后来的研究人员质疑前人研究的某些方面，比如样本有没有代表性，或者研究中包含的假设是不

练习7

你认为"Rochborough地区的健康状况"这段话中的证据支持从中得出的结论吗？文中做出了什么假设？（答案详见第289–90页）

段落3：玩耍的孩子

孩子们需要去户外玩耍，但今天，这样的机会却少得惊人。虽然Smith（2004）认为48%的孩子喜欢在室内玩耍，Jones（1964）研究发现英国98%的孩子喜欢去户外玩耍。我和Rochborough地区的一些父母谈过，他们说自己的孩子没有机会去河边玩耍、不能在乡间漫步。现在大多数孩子都沉迷在电视中，或者更糟糕，痴迷电脑游戏。每个人都知道这对孩子的教育影响很不好，但却什么都没做。Rochborough地区的孩子肯定也是这样，出现这种现象的主要原因是没有地方让他们玩。Rochborough的家庭基本都没有自己的花园。如果孩子们出外玩耍，这对他们的身体有好处，但父母们表示如果没有受监管的玩耍场所，就不让孩子出去玩。他们担心孩子玩耍时自己看不到孩子。如果Rochborough的孩子都不能出门玩耍、只是沉迷于电视，那当地人们的健康还有什么改善的可能？

是当时的研究人员所看不到的，由此把研究不断向前推进。

批判分析性思考

现在已经一步一步地分析完一个段落，再试着分析一下段落3"玩耍的孩子"。段落3的内容和段落2的内容类似，可以比较一下两个段落。

练习8

- 文中的推理是否合理？
- 结论是什么？
- 证据有没有说服力？
- 潜在的假设是什么？
- 推理和证据有没有很好地支持结论？
（答案详见第290–1页。）

批判分析性思考

可以利用下一页的清单分析完成作业时需要阅读的一篇文章，
也可以用这张清单分析你自己写的文章。

批判性的问题	对文章的分析
推理主线是什么（主要论点）？	
引言和结论中的推理主线都很清楚吗？	
用了什么主要证据来支持论点？证据给出的方法能在推出论点的同时清楚地引出结论吗？	
使用的证据是什么时候产生的？是最新的吗？跟现在还有关系吗？	
证明论点的证据充足吗？证据相关吗？有没有遗漏哪些部分？	
有没有更好的呈现证据的方法，能加强推理？	
是否存在推理有缺陷的地方？有没有企图通过煽动感情来说服读者？解读、使用证据的方法是否正确？	
作者有没有充分考虑到其他观点？请举例。	

写作中的批判性思考

写作中的批判性思考涵盖了阅读中批判性思考的大部分元素。但批判性地分析自己写出的文章可能更难，认识到自己的观点并承认其中的偏见更是难上加难。

很多学生写最终稿之前还没理清思路，所以文章写得不太好。这部分是没有规划好的问题（详见Chapter 8），部分是没有花足够的时间批判地评价读过的内容、他们自己的想法和文章。花在批判性分析上的时间和花在"认清问题实质"（Chapter 4介绍过，是得高分的同学和得低分的同学一个明显的区别）上的时间应该一样。

明确结论

从学生提交的作业中经常可以看出来，虽然他们读了必要的资料，也进行了充分的思考，但却对自己的结论没有把握。整篇文章应该最终引出结论：如果得出的结论含糊不清，之前写的所有内容都失去了意义。

一接到写作任务，就把你认为可能的结论写出来，把它放在你能看见的地方。每找到一些依据，需要修改或调整你的结论时，就把新结论写下来。这样做看起来在来来回回得反复，但把结论先写出来会让整个文章更清晰。

清晰的推理主线

如果结论很清楚，那你的论点或者推理主线可能也很清晰。结论就像是指引文章走向的灯塔。

文章要有重点，不能想到哪儿就说到哪儿。记住4条原则：

1 文章初稿可能有助于你整理思路，但一定要在最终稿中说出你真正的想法。
2 制订写作计划，按逻辑顺序写出原因、例子和证据。
3 想一想怎样把各个观点和信息联系起来效果最好，这样写出的文章就不是简单罗列事实，而是连成一条完整的推理主线。
4 论点要清楚。从搜集到的海量信息中筛选出最能支持论点的部分，并清楚地表明。

用证据支持推理

选择性地使用证据：例子太多的话，你的推理可能就不明显了。选出几项最能支持论点的证据。

通过批判性阅读评价自己写的文章

学生写的文章也有"读者"。导师或者阅卷人给你的文章评分时会批评性地阅读。你要像检查别人的文章那样检查自己写的文章。

从多个角度思考

不管是在阅读、倾听、观察还是写作，你都应该能够从不止一个角度分析自己的论点和别人的论点，还有实际的工作、设计或者提议。这意味着既要考虑其中好的一面，也要考虑不好的一面，既要考虑优势，也要考虑弱点。

从多个角度批判思考、分析一些事情时，答案一般都不是简单的对与错。通常会有很多相互对立的证据需要反复权衡和斟酌。

批判分析性写作vs.描述性写作

批判性写作

一般来说，学生在缺乏批判性分析方面丢的分比在其他任何方面丢的分都多。

写作中有没有合理的批判性分析，一般是得高分和得低分的分水岭。导师给学生作业的评语经常出现：

- 需要多些分析。
- 描写少一点儿，批判性分析多一点儿。
- 描述性太强。
- 这是描写，不是分析。
- 你告诉我的是理论的内容，不是你对它的评价。

寻求平衡

写作中既需要描述，也需要分析。描述性写作用来给出关键的背景信息，帮助读者更好地理解。但一般来说，描述的内容要尽量少。如果你把大部分字数都用在了描写上，留给分析的字数就所剩无几，而分析恰恰是最重要的得分点。

写作水平很高的人会在文中恰当的部分进行描述性写作（详见"写报告"，第266页），或者在批判性写作中插入少量的描写。

下表中列出了这两种写作类型的主要区别

描述性写作	批判分析性写作
陈述发生的情况。	说明重要性。
陈述一件物体的外观。	评价优势和弱点。
介绍故事至今的进展。	权衡两条信息孰轻孰重。
按事情发生的顺序介绍。	做出理性判断。
说明怎么做。	根据证据辩驳自己的观点。
解释一项理论的内容。	说明一件事为什么相关或恰当。
解释事物的工作原理。	指出为什么一件事会起作用。
记录使用的方法。	判断一件事是否合适、恰当。
说明事情发生的时间。	说明为什么选择这样的时间很重要。
说出不同的组成部分。	权衡每个组成部分的重要性。
说明选项。	说出选择每一项的原因。
列出细节。	评价细节的重要性。
罗列的顺序随意。	按重要性从高到低的顺序组织信息。
说明各项内容的联系。	说明各条信息之间的联系是否得当。
给出信息。	得出结论。

识别批判性写作和描述性写作

举例：描述性写作

我叫John，住在Acacia Drive大街33号。我有5个兄弟姐妹。我很擅长做小组游戏，喜欢踢足球、打板球、打篮球。我的父母很鼓励我玩小组游戏。我的所有家人都参加体育项目。贝克菲尔德中学的老师们都对体育科学很感兴趣。他们鼓励我们多喝水，这样比赛时才能有好的表现。我们队表现总是很好，所以看起来多喝水的方法很管用。我还喜欢跑步。我住在威尔士边界，那里非常美丽，所以每天跑一会儿步，很舒服，还对身体有好处。

这段话几乎全是陈述和描写。有一句评价性的评语（"我们队表现总是很好"），还给出了可能的原因（多喝水）。但作者没有对这两者之间的联系进行深度分析。这段话总体上来看是描述性的，把它和下面这段话对比一下。

举例：批判分析性写作

过去10年中，贝克菲尔德中学的老师们采取科学的方法开展学校的体育运动。他们尤其鼓励学生检测自己的液体摄入量。所有学生每天必须喝最少8杯自来水。这段时间里，学校在体育比赛中一直表现得很好，老师们声称这就证明液体摄入量对良好表现起到很重要的作用。但人们还不清楚学校在体育方面的表现是否确实是因为大量饮水。一位独立的研究人员Martinez（2013）对贝克菲尔德中学的说法进行了调查。Martinez认为，虽然贝克菲尔德中学在比赛中表现很好，但人们对它这种规模的学校也有较高的期望。另外，研究人员采访了学校的学生之后，发现大多数学生没有遵守学校的规定，每天喝的自来水都不到1杯。虽然其他研究确实表明喝水对表现有好处（Fredo，2010；Mitsuki，2010），但贝克菲尔德中学有关喝自来水有助于取得体育比赛成功的论断并没有被证实。

这是一篇批判分析性文章。推理主线很清楚，读者很容易抓住学校声称的内容和

给出这一论断的依据。之后作者考虑了反对学校这一论断的其他证据，引用的是已经发表的研究成果，不是个人意见。作者还考虑了另外一些支持喝水重要的证据，并把它和这个实例进行了比对，最后得出结论："贝克菲尔德中学有关喝自来水有助于……的论断并没有被证实。"这个结论是基于前面的证据得出的。

这段话还包括了描述性的文字，介绍背景细节，比如前4句话。虽然文中包括了很多对事实的陈述，比如"大多数学生说自己每天喝的自来水都不到1杯"，但这些陈述经过逻辑排序后，最终引出了论点。还有一些引入论点的句子也支持了这些陈述，比如："但人们还不清楚学校在体育方面的表现是否确实是因为大量饮水。"

练习

判断下面几段话分别是描述性的还是批判性的（答案详见第291页）。

段落1：

在西方，人们把所有生命形式划分为两类：植物和动物。动物会移动，以吃食物为生。植物扎根在土壤里，不会移动，靠光合作用吸收营养。动物学家研究动物，植物学家研究植物。过去人们认为细菌属于植物，因为很多种细菌靠光合作用吸收养分，但它们可以移动。最近的研究表明，细菌种类繁多，有些能够在极端气温下存活，甚至缺乏氧气也可以存活。绝大多数植物在这样的条件下一般都不能生存。所以，虽然细菌进行光合作用，但现在不把它们认作属于植物的范畴。

段落2：

给细菌归类之所以困难，部分原因是人们有这样一种假设：所有生命形式分成两大类——植物和动物。进行光合作用、不能移动的有机物属于植物；可以移动、消化食物的有机物属于动物。过去人们认为细菌属于植物，因为很多种细菌像植物一样进行光合作用。但细菌也有运动，就像动物一样。遗传学研究表明，细菌至少可以分成11大类，从遗传学的角度看，它们之间的区别比植物和动物的区别还明显（Fuhrman *et al.*,1992）。此外，人们发现从前被称为"细菌"的这种微小生物由若干种单细胞生命和多细胞生命组成（细菌、古菌、真核生物）（Woese，1994）。这项研究意义深远，因为它表明把生命形式分成"植物"和"动物"的传统方法是个错误，动物和植物只是生物体中很小的一部分，全部种类要多得多。

段落3：

关于创造力和大脑右半球的活动之间有多大关系这个问题，科学家还没有达成一致意见。我们已经知道大脑两个半球的生物化学机制不同。比如，右半球的神经递质，去甲肾上腺素比左半球多（Oke *et al.*, 1978）。去甲肾上腺素使得人对视觉刺激更加敏感。Springer和Deutsch（1981）认为这可能导致右半球在视觉认知和空间认知方面更加精深。但这种联系还没有得到证实。人们还不清楚是不是某个大脑半球在负责某项创造性活动。另外，虽然响应视觉刺激可能是创造力的一个重要因素这种假设看起来合理，但也还没被证实。

段落4：

大脑中有数百万个神经元。它们之间通过位于每个神经元末端的神经键上的电化活动进行交流，使得这种交流成为可能的化学物质叫做神经递质。每个神经递质携带着不同类型的信息。进入大脑的信息不同，我们应对身体内部和外部世界中所发生事件的方式也不同。有些神经递质和情绪波动有关，有些和抑郁有关，有些和快速反应有关……

段落5：

Bowlby的依附理论认为，孩子的成长受到孩子和母亲关系是否紧密的影响。鲍比相信，婴儿时期即使离开母亲很短时间，仍然会对这个孩子以后的成长产生深远的影响。这就是"母爱剥夺理论"。根据这个理论，婴儿在"关键期"内与母亲的关系赋予成长中的孩子一种"内部工作模式"，这种模式成为未来所有关系的基础。

阅读中的批判性思考（详见第277-83页）

段落1：Rochborough地区的健康状况。

练习1：推理主线。

"户外玩耍对孩子的身体有好处，所以Rochborough需要更好的户外玩耍设施。"

练习2：既得利益。

这篇文章是当地娱乐管理委员会发布的，提倡提供更多玩耍场地的过程中，委员会可以获得既得利益。

练习3：证据的类型。

有两类重要证据：调查和轶事。Arkash家的故事属于轶事（只是一个人的经历）。另外还有一项有关拥有花园数量的统计数字。

练习4：评价证据。

有关健康状况和父母态度的证据来自官方渠道，可以认为有较高的"权威性"，所以可以信赖。这项证据有相关性，可以支持论点。

另一方面，作者只从一组健康指标（肺活量）就概括出了结论。可能在户外玩耍的孩子有不同的健康问题，比如皮肤过敏或者扭伤脚踝。另外，在室内玩耍的孩子之所以待在室内可能是因为他们已经生病（比如哮喘和花粉过敏）。生病可能是他们待在室内的原因，而不是结果。

我们不知道参与调查的孩子多大程度上代表了整个Rochborough地区的孩子。

有关Arkash家小孩和狐狸的故事会影响人的感情，并且和主要论点基本不相关。这则轶事在新闻写作中可以引起读者的兴趣，但在大多数学术写作中不会被接受。

18%的家庭拥有自己的花园这组数字没有任何来源，我们无法判断它是否可信。

作者两次提到户外玩耍对社交能力的影响，但却没有给出任何证据或者细节。可以介绍这方面的更多内容，和主要论点联系起来。

练习5：结论。

结论是Rochborough地区应该提供更多受监管的户外玩耍场所。

练习6：隐含的结论。

1 没有明显的结论。隐含的结论是你应该买这株植物。

2 明显的结论是这次选举不公平。隐含的结论是选举结果没有效力，选举应该重新举行。

3 明显的结论是这棵树很危险。隐含的结论是应该采取措施让它变得更安全或者应该把它移走。

练习7：证据支持结论。

作者进行了比较合理的论证，给出了支持论点的证据。但证据不够充分，不足以支持这个结论："为了改善孩子们的健康状况，Rochborough地区应该提供更多受监管的户外玩耍场所。"我们不了解为什么在户外玩耍可以改善健康状况。比如，可能是孩子们在户外的时候跑动更多，而提供一个室内的跑动场所会起到同样的作用。

这段话假设：

1 户外玩耍对所有孩子的身体都有好处。不一定是这样。

2 对于现在在室内玩耍的孩子，如果去户外玩耍，健康状况就一定会改善。不一定是这样。

3 户外玩耍降低了得哮喘和支气管疾病的概率。

4 只有户外玩耍场所才会起到积极的作用。事实上，也许是户外玩耍的其他方面改善了健康指标，比如有跑动的空间，或者有东西可以攀爬。

5 Rochborough地区的孩子没有足够的受监管的玩耍场所。文中没有引用任何数字说明现有的情况，所以我们无法知道是不是需要更多的场所。作者引用的资料没有提及需要更多的玩耍空间。我们不知道百分之多少的孩子已经在户外玩耍了。所有这些不足都说明作者没有给出充足的证据，不能充分支持自己的结论。

练习8：批判分析性思考。

下面是段落3原文，加入了一些数字，方便分析。

逻辑推进：推理主线

这样的文章可能会收到这样的评语："你想说什么？"很难识别贯穿全文的主线：逻辑主线非常薄弱。作者给出不同类型的信息，顺序很杂乱，比如（8），这些内容前面已经提到过。最后一句话没有对前面说过的内容（4）有任何补充。

结论

结论不清楚。最接近结论的句子是（1）——"孩子们需要去户外玩耍"，因为这句话基本上统领了全段。整段文字没有引出一个最终的结论，最后几句也没有得出任何意见。比较一下这段话和"Rochborough地区的健康状况"这段话，后者就得出了很清晰的结论。

证据

证据很薄弱，细节内容不够。标（2）的部分都需要进一步对证据进行评价："多少孩子？多少父母？他们能否代表整个Rochborough地区的父母？还表达了其他什么观点？到底多少家庭有花园？我们是怎么知道的？"

段落3：玩耍的孩子。

孩子们需要去户外玩耍（1），但今天，这样的机会却少得惊人（2）。虽然Smith（2004）认为48%的孩子喜欢在室内玩耍，Jones（1964）研究发现英国98%的孩子喜欢去户外玩耍（2b）。我和Rochborough地区的一些父母谈过（2），他们说自己的孩子没有机会去河边玩耍、不能在乡间漫步（3）。现在大多数孩子都沉迷在电视中，或者更糟糕，痴迷电脑游戏（4）。每个人都知道这对孩子的教育影响很不好（5），但却什么都没做。Rochborough地区的孩子肯定也是这样（4），出现这种现象的主要原因是没有地方让他们玩（6）。Rochborough的家庭基本都没有自己的花园（2）。如果孩子们出外玩耍，这对他们的身体有好处（7），但父母们表示如果没有受监管的玩耍场所，就不让孩子出去玩（2）。他们担心孩子玩耍时自己看不到。如果Rochborough的孩子都不能出门玩耍、只是沉迷于电视，那当地人们的健康还有什么改善的可能？（8）

导师给的评语可能是作者没有分析信息来源。（2b）处，虽然作者使用了统计数据，但不是最新的。作者没有解释为什么Smith和Jones的研究得到不同的结果——比如他们研究的是两代不同的孩子。引用的证据没有支持论点，反而混淆了论点。

提供证据来支持推理

（7）和（5）处有关健康或教育的内容可以展开变成很有趣的观点，但作者没有就此给出任何证据或细节，所以推理很薄弱。比较（7）和"Rochborough地区的健康状况"段中同样的观点，后者更有说服力。

在（3）处，作者暗示童年是"黄金年龄"，更安全，更美好。把"沉溺、沉迷"的字眼用到孩子身上很有感情煽动效果。

证据：信息来源

（4）处的说法可能是真的，也可能不是真的。此处没有引用可靠的资料，所以可能只是个人的推测。

潜在的假设

"每个人都知道"（5）是作者自己的假设。他怎么知道"每个人都知道"什么内容？我们可能根据自己的经验判断，大多数孩子没有"沉溺其中"。

推理支持结论吗

孩子需要去户外玩耍这个结论没有得到推理的有力支撑。虽然作者给出了一些理由，但顺序混乱，缺乏有力的支撑证据，还混杂着沉溺于电脑这些不相关的内容。读者不清楚文中有没有以孩子的健康为出发点提出论点。

识别批判性写作和描述性写作（详见第287–8页）

段落1：

这段话主要是描述性的。作者描述了怎样把生物划分成动物和植物，给出了有关近期研究的信息。全段主要由陈述句组成。各陈述句没有逻辑联系，没有排序，所以没有清楚引出结论。在得出结论的过程中基本没有对证据进行判断分析。结论句本身的重要性不是很明确。

段落2：

这一段比上一段的批判性更强，因为合理说明了为什么给细菌归类有困难。文中借鉴别人的研究说明为什么存在这种困难，并且评价了这项研究对于划分生命形式的重要性。

段落3：

这段话是批判分析性的。文中评价了支持右半脑与创造力有关这个理论的证据。作者提出当前研究的一些方面可能长远看来有深远影响。作者还对"合理的假设"提出质疑，清楚说明写这篇文章的时候哪些已经被证明，哪些还没有被证明。

段落4：

这是描述性写作，描写了大脑工作机制的一个方面。

段落5：

这篇是描述性的写作，描述了Bowlby的理论，但没有对它进行批判性评价。比较这个段落和第219–21页的批判分析性文章。

批判分析性思考是本科和研究生阶段学习的一项基本技能，对于很多课程来说，它也是学习中最重要的一部分。

作为学生，你需要阅读、倾听、写作、表达、思考、创造和工作，在这些过程中，你的批判性意识不断增强。你应该把批判性的思考带到学习的每一个方面。你需要权衡各个论点、各项证据和结论，还要思考它们之间的联系。你要能够根据一定的标准评价别人的推理和证据。

导师经常交替着使用"批判性分析"和"分析性写作"这两种说法，二者指的都是第276页介绍的"侦探式思维方法"，还指你能不能解释出为什么人们会得出不同的结论或结果。

学习越深入，你就越需要更加深入地、批判地参与到本学科的讨论中。随着你的学习水平不断提高，接触到的教学方法和专业文章会进一步提升你的批判性思考能力。

作为学生，如果你在媒体上或者工作中遇到争论的话，可以积极参与进去，找找有哪些优势和弱点，看看你的导师和同学是怎么评价证据和理论的，把这些记在笔记里，学习他们是怎么利用证据为自己的观点辩驳的。

这一章介绍了一些方法，告诉你怎么利用前几章学到的内容培养批判性思考能力。现在你应该自信多了，因为你有了一套工具，利用它可以批判地评价遇到的新材料，可以把批判性分析融入自己的写作中。

如果你想进一步培养自己的批判分析性思考能力，另一本书可能对你有用：斯特拉·科特雷尔的《批判性思维训练手册》（*Critical Thinking Skills*）（帕尔格雷夫·麦克米伦，2011）。

Chapter 13

记忆

通过本章的学习，你可以：

- 对自己的记忆风格和适合自己的记忆策略有更好的了解。
- 了解一些辅助记忆的基本方法。
- 认识大脑两个半球各自擅长的领域，知道如何利用这一点提高记忆力。
- 了解如何优化三位一体脑，提高学习效率和记忆力。
- 了解如何利用记忆过程的不同阶段辅助记忆。
- 认识如何"编码"信息，让信息变得更好记。
- 认识组织信息和"分割"信息的重要性。
- 总体上对记忆有更多了解，知道怎样利用这些知识对自己有利。

请紧记，请紧记

有时候我们有意识地想记起一些信息，日常生活中经常会碰到这种情况：需要的时候能用到，不用翻看材料，可以节约时间，或者参加猜谜这样的活动。作为学生，你必须参加一些考试，这时候就要记住一些更详细的内容。另外，你如果知道自己可以记住很多材料的话，还可以增强自信。

人们一般都会低估自己的记忆力。大家只关注自己忘记了什么，却看不到自己记住了什么，很少有人珍惜人类记忆力的精深复杂。

举个例子，要阅读一段话，你必须调配大脑中大量极其复杂的信息。你要记住一门花了几年时间才学会的语言；要调出大脑中几千个学过的字词；要把这些字面符号的外观、声音和含义与大脑中存储的几千个符号进行匹配。把所有这些都结合起来之后，才能理解读到的内容，而所有这些一转眼的功夫就都完成了。

人们担心年纪大了记忆力会减退。Harris和Sunderland（1981）的研究表明，老年人记一些事情比年轻人记得快。老年人一般都认为自己的记忆力肯定下降了，所以忘记一些东西的时候会更加敏感，但年纪大意味着要记的东西也更多。Buzan和Keene（1996）认为，年纪越大，学习能力越强，而学习过程就会涉及记忆。

人类大脑吸收的信息量远大于我们的实际需要。如果不积极利用这些信息，就好像通往记忆的道路消失了或者杂草丛生，就会找不到记忆中的信息。用什么方法吸收信息也会影响到我们记住什么内容。

对人类大脑和记忆的工作机制了解得多了，我们就会培养更多的技巧，帮助我们在需要的时候记住自己想记的内容。

个人记忆风格

每个人都有一套最适合自己的记忆方法，用来记住各类信息的方法也不尽相同。

练习：你是怎么记忆的

试着回忆下面这6项内容。在每个问题后面写出你用了什么方法帮助自己回忆。

1 你好朋友的电话号码是多少？
2 怎么用卷笔刀？
3 你第一天上学是什么情景？
4 你昨天穿的什么衣服？
5 你最好的一套衣服现在在哪儿？
6 怎么去最近的邮局？

你用来记电话号码和记上学第一天情景的方法很可能不同。你可能用到了下面这些方法中的一部分，如果没有，现在就尝试一下吧。

事实的记忆法

一些技巧可以帮你更快记住电话号码这样的事实，你可以试试：

- 唱出电话号码的节奏。
- 用手指模拟拨这个号码时的动作。
- 在脑海里把号码写出来。
- 听见自己的声音说这个号码。
- 用手指把号码的各个数字写出来。
- 迅速把号码真正写下来。
- 注意这个号码有没有特别的地方，比如有重复（2727）或者数字颠倒（1331）。
- 注意号码中有没有哪个部分可以和你自己联系起来，比如号码里含有你出生的年份或者亲戚家的门牌号。

事件的记忆法

试着回忆一下自己上学第一天的情景，这时会唤起几种不同类型的记忆。

- 你可能唤起了自己对这件事的情感记忆——开始上学的激动，或者是被妈妈丢下的伤心，或者是对老师的害怕。你的身体可能也有反应，比如胃部肌肉痉挛或者呼吸急促。

- 你也可能唤起了对这一次上学情形或者其中某几个时刻的视觉记忆。当时的情景就像电影或者很多照片一样在你脑子里闪过。

- 你还可能听到那天的声音——操场上的嘈杂声，或者上课的铃声。你甚至可能回忆起某些味道，或者感受到手指上粉笔的气息。

其他记忆法

回忆上面这6项内容的时候，你用的方法可能有很大区别。

- 要回忆怎么使用转笔刀，你可能动动双手，一步一步模拟一遍整个流程。

- 要回忆你穿的什么衣服，可能要想一想当时自己在哪儿。

- 要回忆你的衣服现在在哪儿，可能要回忆一系列内容：把衣服经常出现的地方进行视觉回放，再在脑子里过一遍最近发生的事情，看有没有把它们留在其他地方。

- 要回忆邮局的位置，你可能会把当地的地理区位视觉呈现出来，或者回忆一下你什么时候去那儿寄过信，或者想象着自己要走到邮局那里，又或者默默重复指路的话。

- 你觉得自己的记忆力好不好？
- 你觉得自己的记忆力在哪些方面是强项？

看看你是哪种记忆风格

哪些方法可以帮助你记忆？这里有个简单方法帮你找到答案。

- 从下面所有单词中找出10个，涂上颜色。
- 用两分钟读这些词，然后全部盖起来。
- 把你记住的词写下来。
- 查看自己写的单词，阅读下面的内容。

海洋	列宁	狗	快乐	粉色	椅子
碟子	钝齿	厨房	日志	爱好	黄油
奶酪	马戏团	绿色	西班牙	论文	竖琴
刮风	核桃	学生	慢跑	药片	三明治
	风				
生病	Fred	恶臭	医生	Gandhi	盘子
果酱	高兴	打喷嚏	悲伤	可能	假期
雾	迷路	导师	印度	手	绷带
蓝色	面包	桌子	书	跪下	阴沉

什么可以帮助你记忆

看看你记住了的那些词。能不能从这些词里看出你用的是下列哪种记忆方法？如果能看出来，那么你就找到了宝贵的线索，知道可以怎么安排那些想记住的信息。

下面这些方法可能会辅助你记忆。

近期效应　☐
记得最牢的词可能是你最晚学会的。

先入为主　☐
记得最牢的词可能是你最先学会的。

声音　☐
你记得的词可能是那些有韵律的、听上去很特别的词。

地点　☐
你可能把一个词和你知道的一个地方联系了起来。

真实的名字　☐
你可能很擅长记名字。

视觉特点　☐
你可能注意到了单词的样子（比如大写，或者旁边有图形）。

视觉联想　☐
你可能把单词和某些图片或者图像联系了起来。

视觉呈现　☐
你可能想起单词出现在页面的什么位置（如果是这样，你可能很容易回忆起流程图或者图形笔记，或者觉得视觉上的间距、和图片相联系很有帮助）。

语义联想　☐
你可能记住了那些语义能让你产生联系的单词，比如面包、黄油、三明治。

出奇、不同寻常　☐
你可能注意到一些奇怪的单词，比如"恶臭"（如果确实如此，你可以把普通的单词和奇怪的图像或者声音联系起来，可能有很大帮助）。

故事　☐
你可能把一些不相关的词连在一起，编了个故事（这对记很难拼写的英文单词很有用。比如"保持联络"（liaise）：Liam总是这么入迷（Liam is always in such ecstasy）。

颜色和动作　☐
你可能记住了几个涂了颜色的单词，那么说明你对颜色很敏感；也许用正在学的信息做一些事情有助于你记忆。

音乐联想　☐
有没有试过用你知道的旋律把信息唱出来或者哼出来？

记忆辅助法

某些练习可以帮你记得更快、更牢。下面列出一些大家都知道的方法，除此之外，你可能有自己的窍门。

自我认识

了解自己正在用什么窍门和方法来帮助记忆。

重复或者强化学习

这一点很重要。要记的内容至少应该看3遍。经常回顾，中间不要隔太长时间。

联想

把要记的内容和已知的内容联系起来，同时见"积极学习"（详见第83–5页）。

助记手段

任何帮助你记忆的方法都是助记手段。一种常见的手段是把每个关键词的第一个字母连起来组成一个新的"单词"，提醒自己记起全部的内容——就像"CREAM"能让人想起Chapter 4的内容。新组成的词是不是一个真正的词并不重要。

积极倾听

和朋友讨论一下你要学的内容。听见你自己的声音把它说出来或者读出来。把自己的声音录下来。可以夸张，可以加上口音，越生动越好。

写下来

用自己的话把要记的内容写下来，多写几遍。

加上个人特色

把学到的内容和自己联系起来。比如，它对你有什么影响？有没有让你想起你认识的某个人或者去过的某个地方？

找乐趣

看看通过"玩"了解到的信息中能找到什么乐趣，放松并享受这个学习过程。

借鉴广告内容

做广告的目的就是让我们记住广告中的内容。广告公司用来刺激我们记忆的"技巧"和"手段"也可以帮我们记忆学习内容。

> 回忆3条广告（电视上、杂志上、广告牌上看到的，等等）。为什么这3条广告会被你记住？

广告销商使用的设备

右面哪些方法对你记东西最有帮助？

音乐　　小故事　　笑话/幽默的双关语

童年　　视觉图形　　重复

记忆　　竞赛

鼓励大家互动起来

鼓励大家认同其中的角色

鼓励大家打电话

利用大脑

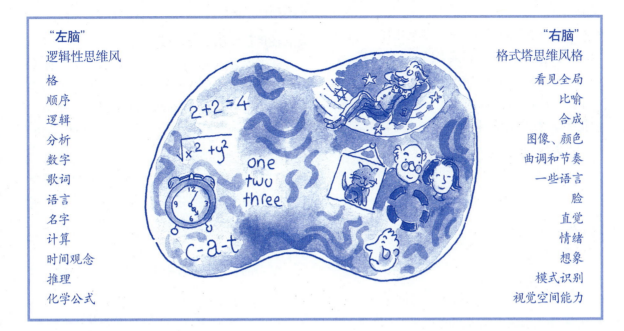

"左脑"

逻辑性思维风格

顺序

逻辑

分析

数字

歌词

语言

名字

计算

时间观念

推理

化学公式

"右脑"

格式塔思维风格

看见全局

比喻

合成

图像、颜色

曲调和节奏

一些语言

脸

直觉

情绪

想象

模式识别

视觉空间能力

左脑—右脑

　　大脑由两个半球组成：左半球和右半球。有关大脑损伤的研究表明，损伤不同的半球会影响到不同的心智功能。根据这类研究，人们认识到大脑两个半球有自己特定的思维和记忆风格。

- 大脑的两个半球由超过两亿条神经纤维（就是所谓的"胼胝体"）连接在一起。
- 存在交叉效应：左半球控制着身体的右半侧，右半球控制着身体的左半侧。
- 身体的机制让两个半球协同工作。
- 每个半球也具备另外一个半球的心智功能。

两个半球协同工作

　　大多数活动都会用到左右两个大脑半球。比如，要记住一首歌，需要同时记住这首歌的歌词（左半球）和曲调（右半球）。要记住一个人，需要把他的脸（右半球）和他的名字（左半球）联系起来。

　　如果大脑的某个部分出了问题，让学习变得很困难，大脑有强大的能力可以找到另外一条学习的途径。这说明如果用一种方法很难学会或者记住一些信息，大脑很可能会用另外一种方法学习它。

　　很多人觉得自己的思维方式是逻辑性的，也有人觉得自己属于格式塔思维风格。你觉得自己的左脑还是右脑占主导？可以用自己擅长的风格在两个半球之间把信息联系起来，这样会刺激大脑的不同部位更好地协同工作，让学习更简单。

用左脑和右脑改善记忆力

　　虽然基本上所有活动都会用到大脑的两个半球，但你还是可以进一步推动这个过程，让两个半球更加紧密地协同起来，充分利用更多的大脑容量。

如果你擅长使用右脑

- 画一张图，看看不同的信息是怎么联系在一起的。
- 把信息和自己联系起来——找找用什么方法可以让信息和自己的生活或者经历产生联系。
- 利用形状和颜色凸显信息、组织信息。
- 不同的话题使用不同的颜色。
- 把要学的内容唱出来。
- 学习的时候四处走动——做家务的时候或者在走向公交车站的路上回想一下刚刚学过的内容。

如果你擅长使用左脑

- 亲手把信息写出来。
- 把信息列成清单。
- 给各项信息编号，这样顺序就会很清楚。
- 用标题把信息分成不同的版块。
- 把信息画成流程图，看清其中的流程。
- 一点一点积累细节，直到你掌握了整个大局。

在脑海里定位信息

做个实验。想要记起某些信息的时候，首先向上、向左看，然后向上、向右看。再试试向左看，然后向右，再看向左下方和右下方。看向哪个方向对你最管用？回忆不同类型的信息时都是这样吗？要回忆某些事物的时候，首先看向回忆这类信息时最适合你的方向。

综合使用多种方法，优化记忆

不论你擅长使用左脑还是右脑，找一种方法，把擅长的这些技能和另外一个大脑半球的技能结合起来。比如，如果你擅长用图形来思考，就把你脑海中一幅一幅的图片编号、排序。如果你擅长使用列表，那就把它唱出来或者涂上颜色。"用左脑"思考的人需要确保他们掌握了全局，能看到所有的部分是怎么联系起来的；"用右脑"思考的人需要确保他们懂得序列、顺序和等级的重要性。

学习的时候，可以把不同的记忆方法结合起来使用：

- 看着它。
- 带着节奏重复。
- 写出来。
- 给它编号。
- 给它画一个形状。
- 把它画成图表。
- 大声说出来。
- 唱出来。
- 画出来。
- 涂上颜色。
- 做出动作。
- 把它变奇怪。

不管是什么方法，只要觉得对你有用，就大胆使用吧。

三位一体脑

"从上到下"可以把大脑分成三个主要的活动区域：爬虫复合体、边缘系统和新皮质。McLean（1973，Rose1985引用）把这三部分称为"三位一体脑"（triune brain）。

新皮质

新皮质就是人们一般认为的"灰质"或者想象中的大脑。它控制着思维活动，比如语言、思考和处理数字。

但新皮质只是大脑全部功能的一部分，三位一体脑的其他部分也会影响我们可以学会什么、记住什么。

边缘系统（哺乳类脑）

哺乳类脑位于脑干的上部，大概处于大脑的中间位置，由许多器官组成，控制着这样一些功能：情感、乐趣、心情、浪漫和对疾病的免疫。

爬虫复合体对学习也有影响

从进化的角度看，爬虫复合体是大脑中最

古老的部分。它位于头部底端脑干的位置，管理着人类基本的本能反应和生存功能。

爬虫复合体把压力和焦虑解读成是对人类生存的威胁。为了帮我们"逃脱"这些危险，它把身体的主要资源都调动到主要肌肉上并产生大量肾上腺素，让人处于紧张、警戒的状态，准备随时逃走。大脑中用于学习的资源被调走：逻辑论证不是基本生存的必要条件。进入"生存模式"对学习没有帮助——如果不活动肌肉，不把肾上腺素用完的话，我们可能会感到紧张，过度警惕，很容易分心，并且无法集中精力。

学习

学习时需要大脑这三个部分的互动，三者通过边缘系统联系在一起。

一些心理学家认为情绪是这三个部分的主要联系。情绪对记忆是很大的刺激。加速学习运动（accelerated learning movement）就提倡用音乐、图像、颜色和联想激起人无意识的情绪，加快学习进程。

放松性警觉（relaxed alertness）状态有助于打开想象力，以更加开放的心态接受新信息。还可以刺激左右脑的协同工作（Rose，1985）。

利用三位一体脑优化学习效果

下面这些建议可以帮你提高学习效率。

- 保持放松，这样就不会进入"生存模式"。如果觉得紧张的话，出去走一走，跺跺脚，锻炼一会儿身体，或者学习的时候四处走动一下：这样会用掉多余的肾上腺素。
- 一旦放松下来，想象一下手头的任务前景很乐观：这个任务很简单，很有趣，激动人心，会给人很多惊喜。

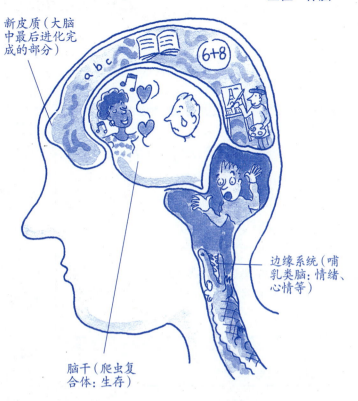

新皮质（大脑中最后进化完成的部分）

边缘系统（哺乳类脑：情绪、心情等）

脑干（爬虫复合体：生存）

- 把困难或者无聊的内容想象为挑战。给自己制订一些目标，比如"接下来的半个小时我要看三页书"或者"这会是我做过的最有创造力的图形笔记"，这样就会调动你的兴趣，引起你的激情。
- 学习的时候，听一些弦乐器演奏的富于表现力的旋律，最好是低音，节奏稳定在每分钟大约60拍。可以选择经典的巴洛克音乐（比如巴赫或者维瓦尔第）、经典的印第安音乐和新世纪（new age）治疗音乐。
- 发挥想象力，从视觉上把不同的想法联系起来。
- 把笔记做得看上去很显眼，很愉悦，吸引眼球。

记忆过程的几个阶段

利用大脑改善记忆力的另一种方法是发挥记忆过程各个不同阶段的作用（详见第301页）。

> **吸收**
>
> 1 接受信息——注意到并且吸收信息。
>
> 2 保存信息——把信息保存在短期记忆中。
>
> 3 编码信息——与工作记忆中的信息互动，这样大脑可以把它保存在长期记忆中。
>
> 4 回忆信息——提取信息或者记起信息，不管是有意地、无意地还是在梦里。回忆起的信息看起来很准确，但可能实际上并不是这样。

阶段1：接受信息

我们已经知道什么、是否知道一些事物的名字会影响我们在哪方面集中注意力、注意到什么、哪些内容会进入我们的记忆。要想记住，就要保持注意力集中。

如果以"自动驾驶"的状态学习，就不会集中注意力，记住的内容自然也很少。如果做到下面几项，记住的内容就会多很多：

- 有意识、有目的地集中注意力。
- 集中注意力的时候处于放松状态——不要心里紧绷着弦。
- 中间休息，交替着做手头不同的工作，这样可以保持放松的注意力——四处走动几分钟或者做些不同的事情就足够了。
- 把新信息和已知的内容联系起来。
- 给新信息起个名字或者加上标签。
- 有意识地调整、安排信息，做到条理清晰但同时又很显眼，比如很奇怪、不同寻常或者很有趣——这样才能吸引你的注意。

阶段2：保留信息，直到把它记住

在短期记忆中重复新信息，有助于工作记忆把它真正吸收。重复的过程中，大脑获得足够的时间唤起存储的记忆，帮你理解新信息、编码新信息，然后把它存储下来。

重复必须几秒钟之内开始，因为信息会很快忘掉。重复这种方法尤其对记名字、日期、数字、公式和指令有用，这样就有足够的时间把它写下来。然后你可以运用其他记忆法把信息保存在长期记忆中。

阶段3：编码信息——记忆的关键

大脑对新信息编码之后才能存储在记忆中。编码有不同的形式，可能是口头的、听觉上的、动觉上的（触摸和感知）、语言上的、语义上的（和含义有关）、视觉上的、情感上的或者运动的（利用肌肉运动）。

以讲故事为例，大脑会把你以前说话时细微的肌肉运动的模式编码、存储下来，它也会把你耳朵听到的说话的声音编码、存储下来；还有故事让你想到的图像和激起的情感；文字的外观；一些细节，比如当时谁在屋里或者霓虹灯发出的嗡嗡声。大脑把编码过的信息联系起来，这样以后任何一个方面都会触动全部记忆。对一次经历大脑编码的内容越多，能触动记忆的因素就越多。

正因为如此，你可以选择用一些方法编码信息，以此辅助自己记忆。下面给出一些建议，你也可以寻找自己的方法（详见第302页图）。

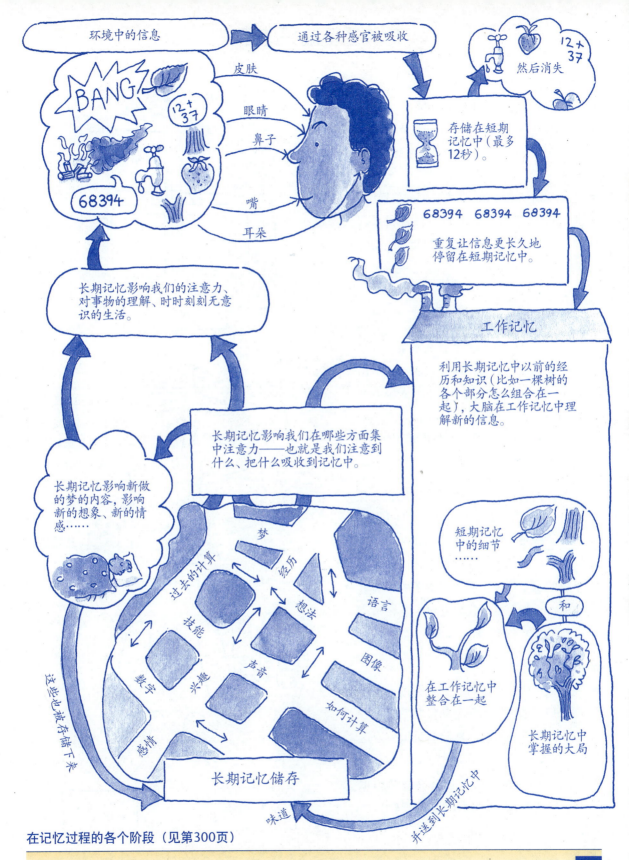

在记忆过程的各个阶段（见第300页）

有关多重编码的建议

利用周围环境

- 每个房间代表一个不同的科目。
- 注意环境的不同方面，比如灯光或者房间的感觉——你在那个地方感觉怎么样？
- 把笔记贴到家具上，留意它们的位置。
- 把每个位置和一个不同的科目联系起来。把家具、窗户、植物和装饰品与特定的话题联系起来。

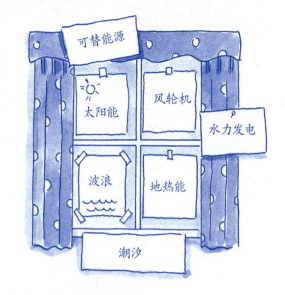

利用自己的衣服

- 把不同的穿着和学习的话题联系起来——一只鞋可以代表外交政策的一个方面，衬衫上的每个纽扣代表一句引用的话。有图案、口袋和扣子的衣服尤其有用。
- 把这些衣服穿进考场，帮你唤起记忆。

使用身体的各个部分

　　身体的各个部分对于刺激记忆非常有用，因为你的身体肯定会出现在考场上！

　　举个例子，每只手可以代表一篇论文计划——每个手指代表一个主要话题，每个手指的每个部分代表你要参考的一篇重要文献。手指甲可以代表反对论点，指节可以和引用相关的话联系起来。

利用动作记忆

- 一边做动作一边学习。如果在做运动，就把想记的内容和每个动作联系起来。想唤起记忆的时候，在脑海里做一遍这项运动。
- 写字、画画和说话的时候也会动用记忆：细微的肌肉运动被记录在大脑中。

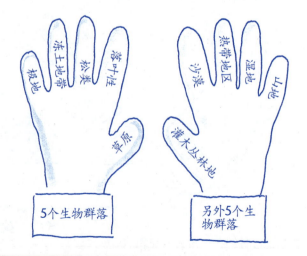

利用听觉记忆

- 用录音机把自己的声音录下来，再播放给自己听。
- 把一篇可能的考试论文的写作计划用一曲知名的旋律唱出来。列出每个科目都用了哪些旋律。
- 把一个话题讲给一位真正的或者想象中的朋友听，或者讲给你的猫听。
- 用奇怪的声音把笔记大声读出来。夸张一些，这样笔记更好记。

利用视觉记忆

- 页面布局设置得清楚一些，能吸引人的注意。
- 把材料转化成一段电影片段，在自己的脑海里演一遍。

Spearman (1927)：
普遍适用的智商IQ

人们对智力有很多不同的看法

未来：每个人如何表现自己的世界

Gardner (1993)：
多种智力

Hebb (1949)：
遗传和环境

Thurstone (1931)：
6种不同类型的智力

过去：给人贴标签

- 把一件物体（比如一辆车）和一个话题联系起来，用这件物体上的不同部位代表你要记住的内容：方向盘是你的主要论点，4个轮子是4位主要的理论家，车门是应用理论的实例，车盖可以提醒你背景信息或者历史发展过程，发动机或者前座表示未来的发展。
- 要想记住复杂的列表和公式，比如会计学中的资产负债表，用一个故事把一系列图像联系起来。
- 用不同大小和视觉上区别很明显的图形把相似或者容易混淆的内容区分开，比如相似的理论，用视觉上不同的层次代表这些内容。

不好的解决方法　　还可以的解决方法　　好的解决方法　　很好的解决方法　　最好的解决方法

利用颜色记忆

- 每个学科领域用不同的颜色搭配代表。
- 在所有笔记中用一种颜色代表参考文献，用另外一种代表公式，这样可以很快识别出来。
- 每个主题用一种不同的颜色。每次同一个主题出现的时候都用固定的颜色把它标出来。这样就可以一眼看出哪几页讲了什么内容，哪些主题一起出现。这样你在阅读中有更多互动，找信息也会更快。
- 在图形笔记（详见第124页）或者概念金字塔（详见第187页）中，用不同的颜色表示同类或者同一级别的信息。用这种方法清楚地整理信息可以辅助记忆（详见第306页）。你可能还会发现很容易记住不同的颜色组合。
- 要想记住有次序区分的信息，可以用一些熟悉的颜色组合，比如彩虹、红绿灯或者国旗上不同条纹的顺序。

利用文字记忆

- 把信息精简成关键词。
- 把信息划分成不同的等级，每一级写上相应的标题（详见概念金字塔，第187页）。
- 把信息写出来，文字越少越好——这个过程会刺激你与材料的互动。

利用语义记忆

- 花些时间想一想你读到的内容有什么影响？比如，谁受到了影响？对未来意味着什么？可能发生什么变化？可以推翻什么理论？道德、法律、伦理上有什么后果？
- 用一种不同的方法把你写过的内容再说一次。
- 想想这个领域有哪3项最重要的内容，或者3个最重要的理论、观点，然后判断其中哪一个最重要。

阶段4：回忆

能回忆起多少内容和你在接受信息、编码信息的过程中集中了多少注意力有关。

密集学习，以帮助记忆

如果想有意识地记起一些内容，比如考试的时候或者使用定期使用的复杂流程，可能就要"强化学习"，综合运用：

- 主动式学习（详见Chapter 4）。
- 使用本章介绍的技巧。
- 反复回顾学过的内容。

强化学习的策略

1 在一张很大的索引卡片或者纸上画出一篇论文写作计划的图形笔记或者列出大纲，让自己有总体认识。

2 在不同的索引卡上写出每个话题所引用资料的名字、日期和关键词。看看自己能不能靠记忆把卡片上的内容复述出来。

3 如果不能，把写有提示词的卡片放在塑料文件夹中（以防弄脏），随身携带。有空的时候就浏览一下，比如等公交车的时候或者洗盘子的时候。

4 重复几次这个过程，坚持几天。只要偶尔看一眼提示词或者在脑子里过一遍信息，就可以保持鲜活的记忆。比起一次性把信息重复很多遍，每次只看一点点、经常看的方法要有效得多。

如果觉得有些信息很难记，很可能有另外一种编码信息的方法更适合你，所以尝试些新的方法吧。

组织和整理有助于记忆

练习

1 用15秒读列表A，然后把列表A遮盖起来。
2 背一首儿歌（防止你去重复）。
3 把你记得的单词写下来。
4 和列表A比对一下，记下你的得分。

列表A：

李子	肘部	长颈鹿	大篷车
小狗	香蕉	脚	苹果
小马	樱桃	游艇	平房

现在，用同样的方法做一遍列表B，包括加下划线的词。即使做列表A时做得不好，也要再试一下。

列表B：

<u>水果</u>	<u>动物</u>	<u>家</u>	<u>身体</u>
李子	长颈鹿	房子	脚
香蕉	小狗	公寓	膝盖
苹果	驴	平房	肘部
樱桃	小马	大篷车	手

列表B中的词你很可能记住的多了一些。列表B之所以更好记，是因为：

- 把类似的信息归到一类有助于记忆。
- 给小组加标题有助于记忆。
- 能看到只有4类信息，让你觉得这个任务很好管理。
- 列表B中的很多内容已经在列表A中出现过，重复看到信息有助于记忆。

使用金字塔模式建构知识

概念金字塔（详见第187页）把相关的信息分成不同的层级。这是一种很好的记忆辅助手段。

Bower和其他几位心理学家在1969做过一次实验，请一组人学习112个单词。这些单词按意思分类，如上面列表B所示，组织到4个金字塔中。人们第3次尝试时就百分之百记住了所有的单词。

相反，另一组人看到的是同样的单词，也放在了4个金字塔中，但这一次单词是随机分配到各个金字塔中的——语义上没有任何联系。这一组人在第3次尝试时只记住了47%的单词。

这个实验表明下面内容的重要性：
- 根据含义把信息联系起来。
- 把想法整理、转化到不同的层级或者概念金字塔中。

金字塔、图形笔记和图像

有些人喜欢把信息组织成图形笔记或者其他图像。结合使用图形笔记、概念金字塔和图像可以大大提升你的记忆力。

图形笔记和金字塔

图形笔记在想主意和回忆信息的时候最有用。条理清晰的图形笔记记起来更容易。

- 做第一遍图形笔记的时候尽量发挥你的想象力，尽量多产生一些想法（详见第124页）。
- 如果第一遍做出的图形笔记没有明显的层级划分，重新组织文字，放进概念金字塔里。这样做可能会花些时间，但可以帮你理清思路（详见Chapter 8）。
- 不同层级上的信息用不同的颜色标记出来。比如：
  - 主标题用红色。
  - 次级标题用粉色。
  - 中间层次的信息用黄色和橘黄色。
  - 关键的证据用深绿色，证据的细节用淡绿色。
  - 具体的例子用深蓝色，例子的细节用浅蓝色。
  - 参考资料（名字和日期）用紫色。
- 在关键的信息周围画圈、方框或者其他形状，把这些信息凸显出来。

你可以把图形笔记画成一系列概念金字塔，或者在图形笔

记和金字塔之间反复琢磨。你可能想把图形笔记中的某些部分转化成概念金字塔，然后用胶水把这些金字塔贴回到原来的图形笔记中。总之，自己想到怎么调整就可以怎么调整。

图形笔记想要多大就可以多大，只要不停往里添加信息、联系信息就好。

图像和图形笔记

- 可以选择任何图形帮助自己记忆——比如第303页中汽车的例子。
- 用图像中的每个部分代表你要记的话题一个方面的内容。
- 可以把图像用到图形笔记和金字塔里。可以自己画，也可以把杂志上的图片剪下来贴到笔记和金字塔中。
- 加一些小插图，增强自己与材料的互动，让内容变得更好记。图像越好、越明亮、越奇怪、越夸张，笔记就越好记。

下面的例子是对第124页图形笔记中一部分内容的扩展。开始的一些想法被重新整理，转化成一个概念金字塔。用这种方法整理你自己的观点，不仅可以理清各项内容之间的关系，还可以把它们分组、排序。另外还可以揭示出你想法中的缺陷和不足，帮你产生新的想法。

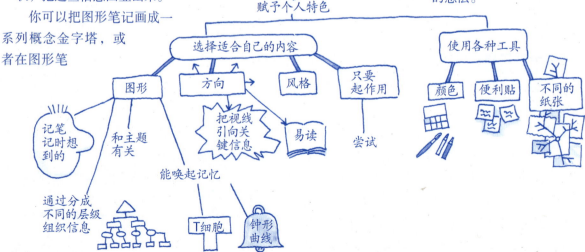

"分割" 信息

短期记忆只能把信息保存几秒钟，利用这段时间可以把注意力集中到问题的其他方面，比如脑子里暂时记着一个电话号码，利用这段时间去找笔把号码记下来，或者大于10的数字做加法时，记着在下一位进一。

诺贝尔奖得主赫伯特·西蒙研究发现，人类的短期记忆一般能存储五"项"信息（1974）。但每一"项"的容量大小有很大差异：可以是一个字或一个数字、一个短语、一个完整的故事，也可以是数数如何数到一百万。自己试着做做下面的练习。

■ 阅读"小项"下面的列表。

■ 把它遮盖上，试着回忆一下每个词组。

■ 同样的动作再做一次"大项"列表。

我们能记住的信息项的数量大致相同，和每一项内容的多少无关，比如5组两个字的单词和同样5组更长的句子。

"分割" 有助于长期记忆

同样的原则也可以用到长期记忆中的信息组织，尤其对考试复习很有用。比如，对一个话题你有10条参考资料要记，把它们的名字按照你会使用的顺序排序，然后编个故事把它们连起来，形成一"项"内容。给这个故事起个简单的名字。故事越离奇，内容越好记。

想记住一些内容的时候，可以使用一切有用的手段把看起来没有关系的信息联系起来。课程中的大多数内容都有联系，理解了全部内容怎么联系成一体后，可以把它精简成一个信息"项"或者几个很少的"项"。

Small chunks (2 words)

Happy Birthday	No Smoking
No way	Buckingham Palace
Mouth-watering	Photograph album
Small change	New Year

Bigger chunks (7–10-word sentences)

The rain in Spain falls mainly on the plain.

There is no business like show business.

Once upon a time there were three little pigs.

There is no escaping from your conscience.

Somewhere over the rainbow, way up high.

I hope you know what you are doing.

To be or not to be, that is the question.

Postman Pat has a very nice hat.

Example

Names to revise

Gordon	Pilkington	Snodgrass
Collins	Rowbottams	Rider
Manchu	Ellis	Webster

Linking story

Bike story

Mr **Gordon**, drinking gin, shouted at glassy Mr **Pilkington**, that the **Snodgrass** needed cutting before the colicky **Collins** children slipped off their bikes onto their **Rowbottams**. The first bike **Rider** was **Manchu**-ing [chewing] a toffee and fell off because his W-**Ellis** [wellies] got caught in the spokes. He fell into a spider's **Web**ster.

我们记住了什么

Flanagan（1997）认为我们记住了：

- 20%读到的内容。
- 30%听到的内容。
- 40%看见的内容。
- 50%说过的内容。
- 60%做过的内容。
- 90%读到、听到、看见、说出并做过的内容。

很明显这些不是科学的数字，但可以说明学习中与材料互动、运用全部感官的重要性。本章的目的是告诉你怎么实现这90%，或者更好。Bower研究（详见第305页）的参与者能够100%记起看过的内容，这还是没有运用多重感官的。如果把所有这些方法结合起来，你一定可以大大提高自己的记忆力。

本章回顾

记忆是个主动的过程，有很多种改善的方法：如果一种方法不管用，试试另外一种，可能会更适合你。

研究一下自己的学习风格和记忆手段，尝试新的记忆方法，发挥创造力和想象力是关键。要想记得快、记得牢，就要放松，从记忆的过程中寻找乐趣，和要记的信息玩耍，直到找到一种有用的辅助记忆的手段。要知道对一类信息有用的记忆手段不一定对另一类也有用，尝试几次、犯几次错误是难免的。

充分利用大脑也可以改善记忆力。要知道自己擅长使用左脑还是右脑，了解三位一体脑各个部分的功能，了解记忆过程中的各个阶段。编码信息和组织信息的方法尤其重要。

积极掌控自己有意识的记忆，很可能就会取得巨大的进步！

Chapter 14

复习和考试

学习目标

通过学习本章的内容，你可以：

- 理解考试的一些好处。
- 了解一些常见的错误，学习怎样避免犯同样的错误。
- 了解长期复习和备考复习。
- 认识复习之外，其他需要做的准备。
- 制订策略和技巧，让自己在考试中表现得更好。
- 学习管理压力的方法，辅助学习。
- 认识到自己对考试可以有一定的掌控力。

考试之前，学生们大多觉得很有压力，不管以前考得好还是考得差都是如此。你甚至可能感到愤恨，觉得考试是浪费时间，或者你掌握了材料，但是在考试时却展现不出自己的知识。理解考试的原因、认识考试在哪些方面对你有利、知道自己对考试过程有一定的掌控，可以为你创造一种积极的心理状态，为考试获得好成绩打下基础。

考试的目的

考试的主要目的是让老师检查你有没有理解课程内容，而且必须由你独立完成，展现给老师看。

准备考试的过程会释放大量能量，精力高度集中，学习强度非常高。这种精力的集中程度和学习的强度在其他任何场合都很难再现。

考试的好处

考试有一些积极的作用！

- 考试中写的答案不可能很长、很具体，要用到的信息与同类型的课堂作业相比要少一些。正因为如此，准备考试时做的研究和阅读就不需要像完成课堂作业那样钻研得那么深入。
- 在答案最后不需要把参考资料或参考文献完整地写出来。
- 与老师批改课堂作业相比，考试判卷的人一般对小错误更加包容，比如字迹潦草、小的语法错误、拼写和遗漏细节。
- 与一年中连续的考核不同，全年看来，考试的压力会小一些。

考试的压力激励你综合复习学过的各项内容，查漏补缺，看看哪些内容需要加倍学习。你可以消极看待这种压力，认为是一种重压，很可能失败；但也可以积极对待，看做是一种挑战，鼓励自己获得更多学识。

充分准备是应对考试的一种策略，非常有用。

- 整理笔记。把重要的内容和有趣但不重要的内容区分开，这个过程中你会想起都学过什么。
- 把笔记精简成重点标题、内容点和参考资料（只包括名字和日期）。
- 画出图形笔记或概念金字塔，提醒自己与话题相关的所有内容。
- 检查自己的学习成果。和学习材料进行互动，然后把学过的内容写出来或者录下来。回头查看笔记，看看遗漏了哪些部分。这样写3次、检查3次，加深印象。

利用以前的试卷

以前考过的试卷是最好的资源。首先，试卷上的措辞可能让人不快：问题看起来很模糊，不会直接告诉你从哪个方向找答案。要在考试之前适应这种风格，这一点很重要。

- 记住每个问题都与课程内容的一个方面相联系。要找到这种联系，想想这个问题要把你引向哪些问题。
- 找找哪些问题会重复出现。
- 要回答这张问卷，最少要复习多少个话题？

选择复习内容

复习中需要有所筛选。

- 选择要复习哪些话题。如果需要回答3个考试问题，至少复习5个话题。

- 想想每个话题可能出哪些问题，提前准备答案，这样你就感觉几乎能回答所选话题方面可能出现的任何题目。
- 每个话题选出最重要的理论、参考文献和证据。考试前把这些做完比考试时再做要容易得多。
- 整理选出的信息，让这些内容更好记（详见 Chapter 13）。

制订时间表

计划一下到底要复习多长时间，留出发生"紧急情况"的时间和休息放松的时间。

- 如果各个科目占的分值相等，把时间平均分配到各个科目，再分配到每个科目中的各个题目。
- 留出一些时间做以前的试卷。
- 读一读时间管理的内容（详见第70–9页）。

加快写作速度

内容的质量和相关性比数量更加重要。简明作答得分更高。

但如果你习惯了大部分作业都用电脑进行文字处理，那你的手写速度可能会变慢。练习一下计时写论文——或者每天随便写点东西，但速度要快——这样会锻炼你的肌肉，做到快速手写。

考试前读些新的材料

考试前到底要不要读些新的材料，大家对这个问题的意见各不相同。看新材料可以让你记忆鲜活，形成不同的见解；但如果这样做反而让你觉得迷惑的话，只关注已经做好的笔记就好。

复习时常犯的10种错误	怎样避免这些错误
1 等到最后一刻才开始复习。	复习是准备考试时综合梳理已学内容的一种方法，可以从课程开始时就安排复习。下面是一些例子。 ■ 阅读课程中一部分内容的时候，在不同的纸上写下一些可以用的论文题目。在每个题目下简要做些笔记，或者写上参考资料的页码。 ■ 尽量把笔记做得易读，有吸引力，视觉上有冲击力——这样可以加深印象。 ■ 可能的话，从学期一开始就利用零碎时间强化记忆索引卡片上的名字、日期和重要细节（见第304页）。即使忘记了，第二次再看会很容易记起来。 ■ 考试前4个星期开始集中复习。 ■ 考试前好好看一下"考试"（详见第316–20页）相关内容。
2 笔记一遍一遍反复地看。	■ 使用富有创造力、互动性的学习策略（详见Chapter 4、13）。这样你的思维状态会很清醒，有助于对信息的理解。 ■ 不要为了读而读，阅读是为了找到答案。最好找一些与可能的考试问题相关的材料。问问图书馆有没有本课程以前的试卷，自己设想一些问题。 ■ 和朋友讨论一下以前的考试问题，这样可以增加乐趣。 ■ 不看笔记写几篇论文，给自己计时。这样不仅可以帮你查漏补缺，还可以提高你的手写速度，增强你在压力下思考、写作的能力。
3 笔记写了一遍又一遍。	■ 如果你是通过"运动记忆"学习的，那这可能是种不错的方法。根据不同的论文计划写笔记可以增强记忆，强化对本学科的思考。 ■ 有些人觉得重写笔记会干扰对原来笔记的视觉回忆。对于这些人来说，最好只做一套完整的笔记，再加一些索引卡片。 ■ 把信息精简成一些记忆提示符号。把一系列提示符号减缩成一个关键词或者一个关键图形。
4 写出论文，然后死记硬背。	这样做既耗时又没有效果——同样的问题不太可能出现在考试中。最好花些时间思考、练习几个问题，这样就强化了对材料的记忆（详见第304页），考试时就能够灵活应用这些材料，筛选出回答具体问题时需要的部分。
5 找借口拖延复习（比如需要做的一些"紧急的"事情：看电视或者和朋友、家人聊天）。	■ 制订一个复习时间表，留出充足的时间应对真正的紧急情况。每次"紧急任务"之前先复习一会儿。 ■ 把看电视或者其他消遣当成对自己的奖励——把这些放进时间表里。 ■ 看看"开始动笔的小窍门"（详见第173页）相关内容。 ■ 可能是因为缺少同伴。试着和其他同学一起复习，或者让其他人参与到你的复习中。把一个科目的内容解释给他们听：他们能理解吗？这样可以帮你检查你记得怎么样，或者让他们看着你的笔记问你一些问题？

复习时常犯的10种错误	怎样避免这些错误
6　"我没办法强迫自己坐下来学习。"	■ 回顾Chapter 4，反思自己的学习动机。 ■ 不要"强迫"你自己，通过设定短期目标鼓励自己、激励自己，给自己一些挑战，发挥创造力，找其他人一起学习。 ■ 看看自己的时间表有没有留出足够的休息时间。
7　"我会惊慌。我觉得自己永远也不可能全部学会，也不可能记得住。"	■ 和态度积极的人一起学习。 ■ 阅读"应对压力"（详见第321–3页）和"记忆"（详见Chapter 13）相关内容。 ■ 朝着小目标不断努力（详见第72页）。 ■ 找学校的专业辅导人员谈一谈。
8　"太无聊了，我受不了，很容易就走神，或者纳闷为什么这么心烦。"	■ 学习持续的时间短一些。 ■ 烦躁说明你没有使用很多互动式的学习方法，也没有发挥创造力（详见Chapter 4、13）。 ■ 寻找一些方法，学习中多一些变化。 ■ 找一些不同的角度看待手头的材料或者图形。想想用什么方法可以把看似没有关系的材料联系起来。自己设计一篇论文或者一次实验。 ■ 给自己设定一些比较大的挑战，这样可以拓展思维，提高兴趣。比如，读一篇本学科比较有深度的文章，难度比平时读的材料略高，考虑怎么把相关的材料用到考试作答中。
9　"想让复习起作用，要承担的责任太大了。"	■ 利用零碎时间，比如坐公交车的时间、茶歇的时间等。 ■ 把任务分解成若干个小部分。随身携带一些复习内容。 ■ 脑子里想着一个考试题目，利用零散的时间把想法写下来。
10　强化学习的过程还没有结束，就不再复习了。	■ 要不停地回顾已经学了什么，这一点很重要，还要把内容精简成很短的、关键的记忆提示词。 ■ 不停地问自己："怎么利用学过的内容回答可能考到的其他问题？" ■ 强化学习需要时间——充分利用空闲时间。

复习策略

好的复习状态需要发挥创造性；使用互动的学习方法；积极主动；良好的时间管理；与他人协作；具备良好的写作能力；具备筛选和批判思考的能力；同时要记忆某些内容。

如果你已经使用了前几章建议的方法和策略，那就已经朝着考试成功迈进了一步。在下面你觉得对自己可能有用的具体复习方法前打勾，把打勾的结果整合成一个"行动计划"（详见第315页）。

做好整个学期或整个学年的复习准备

- ☐ 笔记要做得清楚、生动、色彩丰富、好记。多留一些空间，以后用来添加新信息。
- ☐ 把关键信息记在索引卡片上。
- ☐ 定期回顾学过的内容，这样到最后复习的时候工作量就会少很多。
- ☐ 详见第311页的"复习时常犯的10种错误"相关内容。

有效利用时间

- ☐ 尽量早点开始复习。
- ☐ 制订复习时间表。
- ☐ 制订一份优先顺序设定表（详见第78页）。
- ☐ 制订一个复习"时间圈"（详见第76页）。
- ☐ 利用零碎的时间复习。

保持积极的心态

- ☐ 增强学习动力（详见Chapter 4），调整对待考试的态度。把困难看成挑战，你可以制订新的策略。

与他人一起学习

- ☐ 安排一些时间和朋友一起复习。

寻求帮助

- ☐ 问问导师，考试作答和课程论文写作有什么区别。

利用记忆提示符号

- ☐ 自己设计一些记忆提示符号（详见Chapter 13）。
- ☐ 把笔记精简成关键信息点、关键字词和记忆提示符号。
- ☐ 死记硬背的只有基本信息，比如日期、名字和公式。

靠耳朵复习

- ☐ 把你自己回答问题的声音录下来——听听自己的声音，这样有助于记忆。

保持身体健康

- ☐ 充足的睡眠，放松，多休息。

利用以前的试卷

- ☐ 看看哪些题目经常出现。
- ☐ 针对以前的考试题目，尽量多想一些答案。
- ☐ 针对以前的考试题目，制订大概的写作计划，题目越多越好。
- ☐ 给自己的作答计时，练习加快写作速度。
- ☐ 和其他人讨论试卷上的问题，一起制订复习计划。
- ☐ 提前想一想哪些细节不需要放进考试作答中。

复习和考试准备

☐ 我能看到考试中一些积极的方面。

☐ 面对这些考试，我的思想状态很好。

☐ 我知道考试具体什么时候进行。

☐ 我知道每次考试必须回答多少个问题。

☐ 我已经仔细阅读了课程介绍，知道这门课需要我们了解哪些内容。

☐ 我已经整理了笔记，内容都很好懂，而且好记。

☐ 我知道每次考试需要复习多少个话题。

☐ 我知道每个话题可能出现的问题范围。

☐ 我已制订了一份切合实际的复习时间表，任务的轻重缓急排序非常清楚。

☐ 我知道怎么利用以前的试卷准备考试答案。

☐ 我已经开始练习快速把答案写出来。

☐ 我知道考试复习时自己需要哪些记忆提示符号。

☐ 我知道各个问题的分值是怎么分配的。

☐ 我知道考试中怎么有效利用时间。

☐ 我知道在考试中怎么避免犯大家常犯的错误。

☐ 我知道考试作答和课程作业的区别。

☐ 我知道怎么管理压力并有效利用压力。

你以前的复习方法和准备考试的策略帮你获得了考试成功，还是妨碍了你的复习？为什么？以后考试时可以怎么改进？

复习：7点行动计划

1 积极的心态　比如：检查自己的学习动机，给自己一些积极的信息，处理压力，接受挑战。我要做哪些事来保持积极的心态：

2 时间　比如：学年开始时就用不同的方法回顾学过的内容，制订时间表、重要任务设定表（详见第78页）或者复习时间周期（详见第76页），克服拖延复习的借口，利用零碎的时间。我要：

3 多样性　比如：每段学习时间短一些，复习时使用多种有趣的方法。我要：

4 强化学习　比如：重写笔记和索引卡片，制订新的论文写作计划，设计新的记忆提示符号。我要：

5 练习　比如：做以前的试题，模拟考试环境学习，模拟考试。我要：

6 人　比如：可能的话，和其他人一起复习。我要：

7 选择　比如：我要复习哪些话题？考试中能用哪种程度的细节？我要：

提前做好考试准备

了解基本情况

- 一共要参加多少次考试?
- 每次考试分别在什么时候进行?
- 每次考试分别考什么内容?
- 老师会怎么考核你?
- 有没有模拟考试?
- 在哪儿能找到以前的试卷?

把这些信息记录下来（详见第317页的"考试"清单）。

查找"考试说明"

熟悉一下试卷上写的考试说明，如果在考试时压力大的状态下第一次读，可能很难理解。这些说明一般会告诉你在哪儿写名字和考号，要回答多少问题（监考人可能在开考时大声把考试说明念出来）。

提前规划好考试作答时间

做每份旧试卷的时候，计划好每道题开始作答和结束作答的时间——这样进考场后就少了一件事。进入考场之后，把这些时间安排写在一张纸上，放在能看到的地方。

练习

和大多数事情一样，练习越多，考试成绩就会越好。有模拟考试的话尽量都参加，即使你觉得自己还没有准备好——积累经验最重要。如果没有模拟考试，就自己安排一个和朋友一起做或者自己做。

- 找一份以前的试卷，或者自己设计考试问题。
- 安排好座位，保证看不到彼此的答卷。
- 在一定的时间内写出答案——自己写，保持安静。

- 之后和其他人讨论一下你写的答案。

考试前一周

- 考试前一周大量喝水，防止出现脱水的状况。
- 参加体育活动，把多余的肾上腺素消耗掉。
- 每天适量休息，保持思路清晰，注意力集中。你还是会觉得有一点儿紧张，这对考试有好处。
- 检查自己有没有理解，有没有记住。找些方法保持对复习的兴趣，维持考试动力。
- 家里或者工作中有任务要完成的话，安排好替代自己的人。做好应对紧急情况的计划。可能的话，安排好考试前一天别人代你照顾孩子或者帮你做其他事情，留出时间做最后的复习。
- 避免和让你觉得不自信的人接触——自负的人和容易惊慌的人!
- 去考场看一看，熟悉一下环境。

考试的前一晚

- 再回忆一次所有有关考试的细节。
- 准备好考试需要的东西：笔、尺子、水、准考证、身份证等。
- 避免和容易惊慌的人接触。
- 睡觉前吃些零食，洗个热水澡，放松一下，留出足够的睡眠时间。

考试当天

- 考试前好好吃饭，保持精力。最好吃些碳水化合物，比如面包和谷类食品，它们的能量能慢慢释放。
- 路上留出充足的时间，防止迟到。
- 计划好考场一开门就到达那里，找座位可能也要花些时间。

考试

科目：	考试名称：
日期：	星期几：
校区：	楼号： 教室：
考试时长：	

必须回答的问题数（每个部分中，适用的话）：

准备：通读问题、选择问题、规划答案需要的时间。

最后检查：检查文字是否通顺、有没有错误、问题编号是否正确、是否整洁等。

需要的时间准备和最后检查一共需要的时间：

剩下用来作答的时间（总时间减去准备和最后检查的时间）：

每道题的分值	回答每道题花的时间	开始做下一题的时间
1		
2		
3		
4		
5		

试卷或者考试环境有什么不同寻常？

这份考卷允许使用哪些辅助用品，比如字典、计算器等？

去考场必须带哪些东西？身份证？笔？彩笔？特殊设备？水？零食，可以安静地吃？葡萄糖含片？

首先要做的事情

- 看清现场的环境。
- 找到积极、冷静的状态，集中精力。
- 检查一下自己拿到的试卷对不对（确实出现过错误）。
- 慢慢读一下考试说明，最少两遍。
- 填写必要的个人信息。
- 通读整份试卷。即使你觉得纸张一面是空白，也要把两面都检查一下。
- 把时间平均分配给分值相同的题目，快速记下每道题开始作答的时间。

选择考试问题

- 把每个问题至少读两遍。
- 想一想：每个问题大概要给出什么样的答案？考到的是课程中的哪部分内容？题目要把你引向哪些问题？
- 如果题目好像以前做过，决定选它之前仔细看一看它的措辞。措辞中一点微弱的区别都可能导致非常不同的答案。
- 把你打算作答的问题勾出来。在你能回答得很好的问题前打两个勾。不要着急——选对自己能做好的问题，这一点至关重要。
- 对于已经选出来的问题，把题目中的关键字词划出来。注意一下问题中有几个部分。再慢慢通读一次问题，保证没有误解其中任何字词。这时你可能意识到某个问题并不是你想得那样，需要重新选一个问题。
- 只要是有关选出的问题的想法，随时想到就随时记在另外一张单独的纸上。在每个想法旁边写上相关问题的题号。

写考试论文

考试时写论文的过程和写其他论文差不多。要有合理的结构、条理清楚、给出证据和清楚的推理主线——没有这些，只能得到很低的分。

考试论文写起来可能更容易，因为：

- 与课程论文相比，需要的证据和例子更少。
- 每个点写的内容可以少一点。
- 一些背景细节内容可以省略。
- 不需要给出参考书目，也不需要提供详细的参考文献。
- 语法、拼写错误以及字迹潦草（前提是能够看懂）不是很重要。

"大脑一片空白怎么办？"

- 不要想得太辛苦。空白一会儿——也许一会儿就想起来了。
- 你可能太紧张了——做做以前做过的放松练习（详见第323页）。
- 使用开始动笔的窍门（详见第173页）。
- 不停地写。在草稿纸上写出任何和题目有关系的字词，这样最终会唤起你的记忆，帮助你行动起来。
- 从最基本的内容开始，问自己问题——谁？什么时候？什么？怎么样？——直到你的精力开始集中。

> ### 利用金字塔问题引导自己
>
> 把第190页的金字塔问题当成一首歌或者一张列表来学。考试时用这些问题引导自己写出论文写作计划。如果你很难迅速组织信息、建立结构，或者考试时大脑一片空白的话，这些引导非常有用。

考试时好好表现

考试时容易犯的错误	如何避免
1 做蠢事 愚蠢的错误可能会让考试者不及格、丢分或者打消阅卷人的好感。	考试之前问清楚有哪些要求。确保自己在正确的时间出现在正确的考场。检查一下自己拿到的试卷对不对。一定要把名字或考号写在答题纸和其他页上。通读所有的问题。看看试卷背面有没有字。按照要求作答的数目答题。考试时安排出时间仔细检查这些细节。
2 让判卷人感到迷惑 判卷人不会花几个小时研究你的字迹或者连你自己都不知道写的是什么的答案。答案中没有什么"神奇的成分"。	判卷人有很多试卷要审阅，想尽快看完，所以每份试卷上只花几分钟。判卷人可能只看你文章的开头和结尾，看看你的中心论点，快速浏览一下推理主线，看看你有没有用课程中的材料支持自己的观点，大概判断一下你的文章值多少分。他们不可能像导师看课程作业那样看得那么仔细。一般会有第二位阅卷人对你的试卷走一遍同样的流程，如果他有不同意见，再去询问第三位阅卷人的意见。只有非常严重的语法和拼写错误或者太潦草的字迹才可能扣分。
3 考试时间分配不合理，回答的问题太少	在分值相同的问题上分配同样的时间——分值高的问题花的时间长一些。边际收益递减理论也适用于每道题上花的时间：如果在一道题上花两倍的时间，得到的分数不可能有两倍高。要想通过考试，你要在合理的时间范围内答既定数目的问题，不要把所有时间都花在为几道题想精彩的答案，却落下一道题完全没做。 如果安排给一道题的时间已经用完了，先空着，去做下一道题——最后可能有时间再回过头来写。
4 把对某一个话题知道的内容全都写出来 为了证明你学会了就把自己知道的内容全写出来，这样做没有价值。	阅卷人对你知道多少不感兴趣——事实上，如果只是简单罗列大量信息，可能根本得不到分。只有课程作业的给分才能展示你能理解问题，把问题和课程内容联系起来，拓展推理主线，权衡对立的观点，并给出支持性的证据。
5 结构不清晰，不使用常用的论文写作技巧	由于阅卷人判卷的速度很快，他们希望学生的回答条理合理，结构清楚，有好的开头和结尾，问题正确编号，答题内容也有明确的标志，容易辨识。如果写得太凌乱，字迹模糊或者读起来让人糊涂，可能会打消阅卷人善意的初衷。

考试策略

我会	是	否	要做或者要 注意的事
仔细阅读整份试卷吗？	☐	☐	
按照所有说明指示去做吗？	☐	☐	
完整回答正确数目的问题吗？	☐	☐	
规划好时间，这样可以留出时间检查答案吗？	☐	☐	
确切知道每道题有多长时间吗？	☐	☐	
按照分值分配时间吗？	☐	☐	
利用所有可用的时间吗？	☐	☐	
每道题至少读两次吗？	☐	☐	
花时间思考所有的题目是什么意思吗？	☐	☐	
问自己出题人想考什么吗？	☐	☐	
花足够的时间考虑对我来说哪些问题最好吗？	☐	☐	
对自己要做的事情很自信吗？	☐	☐	
找到和做过的题目相似的问题吗？	☐	☐	
觉得自己复习的话题足够多吗？	☐	☐	
知道"好的"回答是什么样子吗？	☐	☐	
知道哪种写作风格最合适吗？	☐	☐	
知道哪种格式或布局正确吗？	☐	☐	
规划回答内容（在纸上或者在脑子里）吗？	☐	☐	
有清楚的论点（在合适的地方）吗？	☐	☐	
利用课程材料中的例子吗？	☐	☐	
回答的内容紧贴题目中的问题吗？	☐	☐	
避免不相关的细节或者跑题吗？	☐	☐	
很快切入主题吗？	☐	☐	
避免花哨的语言和模糊的介绍吗？	☐	☐	
有引言和结论部分吗？	☐	☐	
考试期间注意力始终集中在考试上吗？	☐	☐	
是否检查自己的回答有没有错误？	☐	☐	
是否检查自己的回答是否通顺？	☐	☐	

如果大部分问题你的回答都是"是"，那么你得高分的机会就很高。

如果不是，再看一看本书中相关的章节，想想自己需要在哪些方面加强练习。如果还是毫无头绪，向导师咨询一下。

应对压力

适度的压力对人有帮助，给人挑战的同时带来刺激和兴奋，让人集中精力。有些人故意寻找压力，希望生活得更加刺激。

提交作业之前和考试之前学习对每个学生都是一种压力，只不过压力的程度不同。生活中的压力，比如经济拮据、人际关系处理不好、亲人去世、工作变动、家庭出状况或者住房有问题都会增加压力。压力过度会严重损害身心健康，让人精力不集中，记忆力下降。

如果你承受的压力过大，需要采取些措施一步一步减小压力。过度压力的信号各种各样，有很大不同。

知道哪些情况会让自己觉得压力过大

你什么时候会觉得压力过大？

☐ 事情没有按自己希望的方式发展？

☐ 工作堆积如山？

☐ 努力取悦自己以外其他很多人？

☐ 其他人做得很差，或者做得比你好？

☐ 给自己设定了不切实际的目标？

☐ 遇到交通堵塞或者乘坐公共交通工具的时候？

☐ 其他突发情况？

识别过度压力的信号

你会：

☐ 躺着睡不着，一直在担心吗？

☐ 如果不工作就觉得内疚？

☐ 很容易烦躁？

☐ 口干，心跳加速，手心出汗，恶心，或者肌肉抽搐？

☐ 磨牙？

☐ 经常对别人发怒？

☐ 经常吃东西狼吞虎咽，或者出去狂欢？

☐ 无节制地抽烟、喝酒？

☐ 经常掉东西或者打碎东西？

☐ 经常急躁易怒、满眼含泪或者喜怒无常吗？

在日记里罗列出你觉得压力特别大的情况，或者什么情况让你觉得紧张。描述一下当时发生的情况。你是怎么处理的？其他还可以做些什么？

看看下面给出的建议，在那些你可以尝试的项目前打勾。你会先尝试哪一项？然后呢？

压力管理

保持放松状态

合理睡眠

☐ 每天睡7个小时。睡多了或者睡不够都会觉得疲劳。

中间休息

☐ 不管在做什么，都要定期休息。

做暂停练习

☐ 不管在做什么，都要停一会儿。慢慢呼吸，或者数到100。

■ 让自己微笑——即使很难笑出来。

■ 伸开双手，放松手指，让手脚静止一会儿。

■ 重复"暂停"练习，直到觉得平静了为止。

监督自己的思想状态

压力的一个方面就是我们对待挑战的态度。在一种情况下，一个人可能惊慌，而另一个人可能觉得激动和有趣。

听听自己心里的声音

☐ 如果你正在想"我不能……"、"其他人可以"或者"我真没用……"，这时候需要改变一下！

■ 把信息变成"我能……"、"我已经……"、"我有能力……"、"我正准备……"。

反思自己的思考方法

问问自己：

☐ 这一点有没有其他的思考方式？

☐ 我是不是个完美主义者？

☐ 在目前的情况下，我是不是对自己（或者别人）要求太高了？

☐ 我是不是做得不合理？

☐ 这种态度对我有什么影响？

☐ 我是不是因为无能为力的事情在责备自己？

☐ 我可以怎么做改善现状？

管理时间

有条理

☐ 把自己的事情组织好，避免给自己压力。制订好时间表和行动计划，防止不可预见的危机和紧急情况发生。控制好自己的时间。

设定任务的先后顺序

☐ 想想哪些事情最紧急要先完成，再想一想每项任务分别需要什么时候做完。看看哪些事情可以等，把它们往后排（详见第78页）。

照顾好身体

体育锻炼

☐ 做一些有活力的事情——散步、游泳、跑步、做游戏、打扫房间、修剪花草。消耗掉被压抑的能量和多余的肾上腺素（详见第298–9页）。

健康饮食

☐ 检查一下自己摄入了哪些食物。能不能少喝咖啡、少抽烟、少摄入些化学物质？你的身体需不需要加大物质的摄入量来促进新陈代谢，比如食物和水？

放松

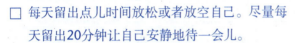

善待自己

☐ 洗个放松的热水澡。不要着急，点上蜡烛，或者用些精油。

☐ 每天留出点儿时间放松或者放空自己。尽量每天留出20分钟让自己安静地待一会儿。

庆祝成功

☐ 想想自己这一天或者这一周完成了哪些事情，有什么成绩。奖励一下自己。

做一会儿白日梦：

☐ 想象地板是一片云或者一大团棉花，你在慢慢往下沉，越飘越远。

☐ 想象你站在一块魔毯上，看着下面的风景在你脚下移动。你想去哪儿看看？

☐ 想象你站在一座山顶上，欣赏着四周的景色。

做放松练习

☐ 有意识地花些时间放松一下。

1 躺在地板上，或者找一把舒服的椅子坐下来。

2 闭上眼睛，慢慢深呼吸几次。

3 如果你的思绪飞快地跳跃，做一下"暂停"练习（详见第322页）。

4 注意一下自己身体的哪个部位感到紧张，然后把下面每一项都做几遍。

5 缩紧脚趾，数到三，然后放开。把这个动作重复几次。

6 缩紧所有可以控制的肌肉，从脚趾到脖子，数到三，然后放开。

7 把双肩向上提到耳朵的位置，然后放开。重复几次。

8 缩紧所有面部肌肉，然后放松。张开嘴，打个大大的哈欠。

9 想象自己处在一个非常平静、美丽、安全的地方。听听那里的声音，看看那里的色彩。可以是任何地方，真实的或者虚构的都可以。压力很大的时候可以到这个安全的"藏身之地"待一会儿。

平静地呼吸

☐ 放松之后，舒舒服服坐下来或躺下来。闭上眼睛。也可以放一些让人放松的音乐。

1 想象自己每一次吸气都很平静、很安静，每一次呼气都把压力呼出去。

2 想一个自己觉得很宽心的词，在脑子里重复几次。

3 这样做持续大约10分钟，喜欢的话可以更久。

☐ 如果觉得很难做到这一点，只要静止不动，安静地待一会儿就好。听听周围的声音。

☐ 参加一些冥想训练也许有帮助。

其他阅读材料：

- Wilkinson, G. 1997. *Understanding Stress*. London: British Medical Association ('Family Doctor' series).

- Wilson, P. 1997. *Calm at Work*. London: Penguin.

考试意味着一个学期或者一个学年的学习告一段落——不仅仅是课程内容，还有这一年来你运用的学习策略。对你考试很有帮助的许多策略和完成其他作业使用的策略很相像：组织、筛选、自己的观点和推理主线，以及结构清楚的写作技能。

这意味着复习和考试准备并不是独立的过程，没有和这一年来其他的学习活动完全分离。如果整个学年你都在踏实学习，那么考试过程就容易多了。

别把考试看得太重。如果没有通过，一般都有第二次机会。如果还是没有通过，那也没有到世界末日——你除了考试还有自己的生活，没有学位也可以获得成功。为了获得一个学位而牺牲自己的健康、家人和朋友，是不值得的。把一定程度的紧张和压力当成自己的好朋友。但还是要放松自己，把压力控制在合理的水平。记住，阅卷人——一般都是你的导师——都希望你能有好成绩。他们会想办法给你合理的分数，帮你通过考试。

如果你想提高复习和考试技能，可以再看看这本书：斯特拉·科特雷尔的《考试应对手册》(*The Exam Skills Handbook*)（帕尔格雷夫·麦克米伦，2012）。

考试会让人激动和振奋。等到考试结束，你很可能觉得自己真正掌握了这门学科！考试刚结束的时候可能会觉得有点儿空虚，要做好这个准备。安排一些让自己享受、放松的活动作为奖励。

好好庆祝一下自己的成绩。

Chapter 15

计划下一步行动

通过本章的学习，你可以：

- 了解目前为止自己在学习上有什么成绩。

- 评价自己的成绩。

- 理解"个人发展规划"是什么意思。

- 认识迄今为止自己的个人规划。

- 明确自己下一阶段的目标。

通过本章的学习，你可以回顾一下迄今为止自己都取得了哪些成绩。如果你已经学习过了本书中的一章或几章，那么可以利用第326–31页的"学习技能成绩"表记录下对自己成绩的评价。

要想准确判断自己取得了什么成绩——既不低估也不高估，需要考虑下面几点内容：

- 你认为自己取得了什么成绩？现在可以做哪些以前做不了的事情？

- 哪些证据可以证明你的成绩——你怎么知道自己成功了？

- 你做出的成绩有什么重要意义——它意味着什么，在哪方面能起到作用？

- 还有哪些事情有待完成？总是有进一步提高技能的空间，让你能发挥更高的创造力、提高效率、减小压力等。另外，技能不使用就会遗忘。安排一些多加练习的机会。

- 你想给自己设定什么新的挑战？怎么能拓宽自己的技能和视野，创造新的机遇？

学习技能是发展过程中的一部分。本书中提到的学习策略和概念都可以应用到学习的大多数方面，已经被各个阶段的学生实践过，包括研究生。

不过，另外一些技能也对学习有益，人们一般不把这些技能和"学习技能"联系在一起，而是和"个人发展"或者"持续专业发展"的概念相联系。培养广泛的技能、广泛积累经验，对学习、对事业发展、对个人福祉都有积极影响。

本章介绍了个人发展规划的概念，规划了书中已经介绍过的个人发展，并且开始制订更广泛的个人目标。

名字：

学位课程：

利用下表判断自己已经掌握了哪些学习技能或实现了哪些里程碑，分别在什么时候完成。明确评价的基础：你怎么知道自己进步了。如果你觉得还需要努力，找到书中对应的内容，再回顾一下。

成绩	里程碑	我怎么知道自己进步了	日期
做好上大学的准备 (Chapter 1)			
□ 很好 □ 好 □ 一般 □ 差 □ 很差	□ 我已经识别出并解决了做学生的焦虑感。 □ 我已经知道自己有哪些个人资源。 □ 我已经知道自己做好了学习的准备。 □ 我理解大学中使用的教学方法。 □ 我理解作为学生，自己应该做到哪些。 □ 我已经整理并规划好，准备迎接学年开始。 □ 我理解参加入学活动的重要性。		
理解自己的学习 (Chapter 3, 4)			
□ 很好 □ 好 □ 一般 □ 差 □ 很差	□ 我知道对待学习和智力的态度对我的学习有什么影响。 □ 我知道什么是理想的学习条件。 □ 我为自己创造了理想的学习条件。 □ 我知道自己是哪种学习风格，也知道自己需要做什么。 □ 我用自己喜欢的学习风格促进学习。 □ 我知道哪些学习习惯会妨碍自己的学习。 □ 我知道怎么做可能破坏学业成功。 □ 我采用了有效的学习习惯和策略。		
学习组织和规划 (Chapter 4)			
□ 很好 □ 好 □ 一般 □ 差	□ 我已经创造了合适的学习空间。 □ 我已经整理好文件和纸张。 □ 我已经整理好电脑文件夹。 □ 我能在需要的时候很快找到信息。		

成绩	里程碑	我怎么知道自己进步了	日期
☐ 很差	我利用规划表整理学习任务。 我拥有高效学习需要的资源。 上课前我会充分准备。		
时间管理 (Chapter 4) ☐ 很好 ☐ 好 ☐ 一般 ☐ 差 ☐ 很差	☐ 我知道自己是怎么利用时间的。 ☐ 我有效利用了零碎时间。 ☐ 我有效利用了日记和规划表。 ☐ 我知道自己什么时候学习效率最高，并且把学习尽量安排在这些时间。 ☐ 我合理安排时间，可以在最后期限之前完成任务。 ☐ 我知道有哪些合理的节约时间的方法。 ☐ 我能识别对我来说哪些任务最重要，哪些可以等待。		
反思和创造性的思考能力 (Chapter 4) ☐ 很好 ☐ 好 ☐ 一般 ☐ 差 ☐ 很差	☐ 我了解反思的重要性。 ☐ 我定期留出时间，反思自己。 ☐ 我定期写反思性日记。 ☐ 我用反思性日记监督自己的进展情况。 ☐ 我利用一定的方法培养创造性思维。 ☐ 我对使用创造性的思考方法很有信心。 ☐ 我会评价自己的进步。 ☐ 我充分利用导师或同学的反馈，帮助自己进步。		
与他人一起学习 (Chapter 5) ☐ 很好 ☐ 好 ☐ 一般 ☐ 差 ☐ 很差	☐ 我听别人说话时不会打断他们。 ☐ 我能有效地解释清楚自己的观点。 ☐ 我鼓励别人发言。 ☐ 自己或别人受到不公正对待的时候我能识别出来。 ☐ 我努力让所有成员都不被落下，会受到公正对待。 ☐ 我知道哪些因素能让团队有效协作。 ☐ 对于团队有效的协作，我贡献了自己的力量。 ☐ 我充分发挥了互助小组的作用。		

成绩	里程碑	我怎么知道自己进步了	日期

陈述发言 (Chapter 5)

很好 □　好 □　一般 □　差 □　很差 □

- 我知道怎样为发言或者口头陈述做准备。
- 我知道听众有哪些需求，而且在听发言的时候这些需求会发生变化。
- 我能准备好合适的材料，正好满足发言的时间要求。
- 我能恰当利用音频、视频辅助设备。
- 陈述发言的时候，即使我自己觉得不自信，听上去还是很有信心。
- 我和听众进行恰当的眼神交流。
- 我会严格按照规定的时间发言，不会超时。
- 我能很好地应答听众的提问。

资料查找 (Chapter 6)

很好 □　好 □　一般 □　差 □　很差 □

- 我会应用一定的方法完成阅读任务。
- 我有信心能找到完成作业需要的资源。
- 我能筛选出写论文和报告需要的正确、适量的信息。
- 我能筛选出写毕业论文需要的正确、适量的信息。
- 我有效利用图书馆和其他资源。
- 我做的笔记使用起来很方便。
- 我能有效利用上课时间。

写参考文献，避免抄袭 (Chapter 6)

很好 □　好 □　一般 □　差 □　很差 □

- 我知道抄袭是什么意思。
- 我知道怎样避免抄袭。
- 我理解怎样引用参考资料。
- 我合理引用参考资料，而且前后一致。
- 我知道怎么写参考文献列表。
- 我知道在团队合作中怎样写出自己独立的文章。

成绩	里程碑	我怎么知道自己进步了	日期
在线学习和使用技术 (Chapter 7) ☐ 很好 ☐ 好 ☐ 一般 ☐ 差 ☐ 很差	我对用电脑完成作业很有信心。 我知道使用电脑时基本的健康和安全常识。 我能找到并有效利用互联网资源。 我能在数据库中进行高级搜索。 我知道怎样进行有效的在线交流。 我知道怎样管理电子团队项目。		
写作技能 (Chapter 8、9、11) ☐ 很好 ☐ 好 ☐ 一般 ☐ 差 ☐ 很差	我有信心，能很快开始着手写作。 我能把写作任务分解成几个容易管理的步骤。 我的写作内容主要围绕既定题目或问题展开。 我理解学术写作的要求（风格、布局、惯例等）。 我的写作中有分析的成分。 我能清楚地组织、架构自己的想法。 我的文章有清晰的推理主线。 我的文章符合字数要求。 我能在规定时间前完成任务。 我能校对自己的文章，保证文字读起来很流畅，而且没有错误。		
完成写作任务 (Chapter 8、9、11) ☐ 很好 ☐ 好 ☐ 一般 ☐ 差 ☐ 很差	我知道论文有哪些要求。 我写的论文获得自己预期的分数。 我知道各种写作作业之间有什么不同。 需要的话，我能设计出好的作业题目。 我知道写报告有什么要求。 我写的报告获得自己预期的分数。 我知道做案例研究有什么要求。 我知道自己需要怎么做才能提高写作水平。		

成绩	里程碑	我怎么知道自己进步了	日期
毕业论文 (Chapter 11) □ 很好 □ 好 □ 一般 □ 差 □ 很差	□ 我知道写毕业论文有什么要求。 □ 我能设计出好的毕业论文题目。 □ 我能组织、规划好时间，很好地完成撰写毕业论文的各项任务。 □ 我能把资料查找技能应用到毕业论文这样的大型项目中。 □ 我知道怎么写毕业论文。		
对处理数字有信心 (Chapter 10) □ 很好 □ 好 □ 一般 □ 差 □ 很差	□ 我能对分数进行加减乘除。 □ 我会计算百分数。 □ 我会把数字上舍入或下舍入到规定的数位。 □ 我会计算平均数（均等份额）。 □ 我会计算中位数（中间位置的数）。 □ 我会计算众数（出现次数最多的数）。 □ 我会计算五数概括，包括四分位数。 □ 我会解读原始数据。 □ 我会解读表中的信息。 □ 我能把自己的数据制成图表进行展示。		
做个独立、自立的学生 (Chapter 1, 11) □ 很好 □ 好 □ 一般 □ 差 □ 很差	□ 我知道独立学习是大学学习的一个重要方面，理解它的含义。 □ 我知道具体的自学课程和传统的授课课程有什么区别。 □ 我能按照给定的标准设计自己的作业。 □ 我知道在没有导师监督的情况下怎样有效学习。 □ 我知道怎样在导师的帮助下有效学习。 □ 我知道怎样很好地激励自己，顺利完成每次作业。 □ 我能管理好整个学期的学习时间。		

© Stella Cottrell 1999, 2003, 2008, 2013
The Study Skills Handbook, Palgrave Macmillan Ltd

日期	我怎么知道自己进步了	里程碑	成绩
		批判分析性思考能力（Chapter 12） ☐ 我知道"分析性"是什么意思。 ☐ 我能批判评价文章中的推理主线。 ☐ 我能够评价文章中的证据。 ☐ 我能识别出文章和参考资料中的偏见和对事实的扭曲。 ☐ 我能辨别其他人提供的证据能否支持他们的结论。 ☐ 我在使用证据或者支持自己推理主线的时候能够运用批判思考能力。 ☐ 我能把批判分析性思考能力运用到自己的写作中。	很好 ☐ 好 ☐ 一般 ☐ 差 ☐ 很差 ☐
		记忆（Chapter 13） ☐ 我使用了很多实用的记忆辅助手段。 ☐ 我对大脑的工作机理有基本认识。 知道怎样运用这些知识帮助自己记忆。 ☐ 我知道哪些记忆方法最适合我。 ☐ 我用这些方法记忆最重要的信息。 ☐ 我能有效组织、整理信息，让信息变得更好记。	很好 ☐ 好 ☐ 一般 ☐ 差 ☐ 很差 ☐
		复习和考试（Chapter 14） ☐ 我理解为什么要复习。 ☐ 我定期复习学过的内容。 ☐ 我能寻找一些贯穿整个课程的主题。 ☐ 我定期查漏补缺，看看哪些内容有没有完全理解。 ☐ 我知道哪些复习策略最适合自己。 ☐ 我制订了合理的复习时间表。 ☐ 我用以前的试卷或模拟题做练习。 ☐ 我非常仔细地阅读试卷。 ☐ 我知道自己最擅长回答哪类问题。 ☐ 我很好地规划考试时间，按照各题的分值分配答题时间。 ☐ 我的考试答题结构清楚，有清晰的推理主线。 ☐ 我按要求回答所有考题。 ☐ 交卷之前我会检查自己的答案。	很好 ☐ 好 ☐ 一般 ☐ 差 ☐ 很差 ☐

评价自己的成绩

找出一项最让你觉得高兴或者自豪的在学习技能方面取得的成绩。可以用下面的表格详细分析自己的成绩，评价取得的进步。完成这张表之后，可以用同样的过程分析取得的其他成绩。

提示	评价
我取得了什么成绩？ 发生了什么变化？（比如，现在可以做哪些以前做不了的事情？）	
我怎么知道自己取得了这项成绩？ 哪些证据能证明我的成绩？（比如，自己的感觉，其他人的评价，或者分数的变化。）	
我经过哪些努力取得了这项成绩？ 我采取了什么措施和步骤？（我改变了自己的态度、习惯或做法？我用了好的策略？寻求了别人的帮助？做过练习？反思过自己的表现？）	
这项成绩有什么重要意义？ 这项成绩为什么重要或有意义？（它为什么相关或为什么重要？我为什么很高兴或者很自豪？）	
如何更上一层楼？ 我可以做些什么把这份成功延续下去？（可以怎样进一步提高自己的技能？怎样把这些技能运用到新环境中？下一步要做些什么？）	

个人规划

学习活动只是个人发展这个更长远的过程中的一个部分。个人发展不是一件一次性做完之后就忘记的事情，而是一种对自己未来发展的态度。它没有限制，也不会结束。

个人规划是这样一个过程：

- 加深对自己的了解。
- 让你对自己的动机有更深入的认识。
- 帮助你认清自己真正想要什么，不管是生活还是事业。
- 帮你面对自己的缺点，并实际解决这些问题。
- 帮你看到别人眼中你的样子。
- 帮你规划长期的发展，实现对你来说很重要的目标。
- 帮你更有效地利用年度考核或评审这些工作流程。

个人发展规划涉及哪些内容

个人发展规划涉及：

- 反思：反思的重点会随着时间流逝发生变化，但都要深刻思考一些问题，比如：你是谁，你想成为谁，你想要什么，为什么想要，生活中有哪些其他目标，想要什么样的生命历程。
- 增强自我意识：个人发展规划要求你认识自己的优点、兴趣、灵感、喜好、素质和宏伟目标，还要认识自己的弱点和缺点。
- 信息灵通：了解有哪些机会自己可以利用，有哪些选择可以开阔自己的视野。
- 承担个人责任：作为成年人，你要为自己的教育、培训、选择和未来规划承担责任。
- 制订策略，实现自己的目标：个人发展规划帮你进行规划，设定目标，采取行动，培养技能，审视自己的现状。

个人发展规划的7点好处

所有大学都必须提供个人发展规划，帮学生做好准备，让他们完成学位学习后能更好地开始生活和工作。

个人发展规划有很多好处，这里只列出7点。

- 通过个人发展规划，你能更清楚地认识自己的方向和目标。很多学生不清楚自己大学毕业后想做什么，可能做出错误的选择。
- 有了方向和目标，学习才更有意义。这样可以增强学习动力，引导你实现自己的学习目标。
- 个人发展规划涉及反思性的、有策略的、分析性和创造性的思考能力，这些不仅和学习有关，在生活的大部分场景下都很有用。
- 通过个人发展规划，你能更清楚地认识自己是谁，想要什么：这样会让你对自己的未来有更大的掌控。
- 一般而言，个人发展规划激励你培养更多技能、参加活动，积累更广泛的经验。这样可以提高自己求职时的竞争力，增强应对各种问题的能力。
- 加深了对自己的认识、了解了都有哪些机遇、做好了对未来的规划之后，可以增强自信。
- 通过大学阶段的学习，收获的不只是一个学位。

练习

个人发展规划

- 你觉得个人发展规划还有其他什么好处？
- 哪3点好处对你最重要？
- 哪些方面对你不是很重要？

已经完成的个人发展

本书中讲到的个人发展

本书中之前的章节已经介绍了个人发展规划的一些方面，示例如下。

- 理解不同场合需要的技能的培养：
  - 认识技能和个人素质（详见Chapter 2）。
  - 理解个人的学习风格（详见Chapter 4）。
- 规划：
  - 通过设定目标衡量自己的进步（详见第72页和第344页）。
  - 明确自己想从大学学习中获得些什么，从而明确自己努力的重点（详见引言和Chapter 2）。
- 制订策略：
  - 根据自己想实现的目标引导策略的制订（详见Chapter 4）。
- 监督、评价自己的表现：
  - 自我评价（详见第34、61–2、332页）。

你的个人发展史

进入大学之前，你已经在做个人规划。比如，你可能选择参加了中学阶段的一些资质考试，选择了一些兼职积累经验，怎样选了最适合的大学，或者搬了家。

- 你在怎样利用个人规划做出影响自己未来的选择——比如：你的时间是怎么分配的？你是怎么选择科目的？怎么选择工作经历？选择志愿者工作，或者其他课外活动？
- 你希望通过这些选择实现什么目标？
- 你可以怎样完善个人规划，做好更充分的迎接未来的准备，开拓自己的视野？

练习

个人发展史

你已经做过哪几类个人规划？在对应的方框内打勾。

- ☐ 为完成中学或大学阶段的资质考试或学位课程，查找资料并进行规划。
- ☐ 搜集信息，规划生活中的一件大事（比如孩子的出生或者搬家）。
- ☐ 搜集信息，规划一次活动（比如聚会、假期或者节日）。
- ☐ 搜集信息，计划报考哪所大学。
- ☐ 搜集信息，计划攻读哪个学位课程。
- ☐ 搜集信息，计划找一份兼职或全职工作。
- ☐ 规划一个研究项目或工作项目。

- ☐ 想好怎么向别人传达不好的消息。
- ☐ 很忙的时候在各项任务之间寻求平衡。
- ☐ 计划怎样在一段时间之内培养一项技能（比如开车、操作电脑或者学习滑冰）。
- ☐ 做选择的时候想得长远。
- ☐ 参加有针对性的课程，增强对自我的认识（比如管理的课程、咨询或者面对个人挑战）。
- ☐ 参加一些课程，培养个人兴趣。
- ☐ 通过旅行拓展自己的见解和视野。

提前规划

如果想毕业后找一份好工作，就应该尽早开始准备工作。你的学位课程和分数本身一般不足以打动雇主，他们还会看你是否具备他们看重的一些技能和特点，能不能很好地展现出来。比如，他们会找这样的人：

- 为自己、为别人、为分配给自己的工作承担责任。
- 提前培养满足未来工作的技能。
- 识别、创造机会。
- 能充分利用眼前的机会。
- 表现出对雇主需求的理解。
- 能为个人发展和提高业绩承担责任。

最理想的状态是从大学一年级开始规划，这样到你毕业求职的时候，就比别人有更多优势。

打造一份"全面的简历"

求职的时候，你学过的科目和参加过的课外活动都很重要。求职时要问自己这样一些问题：

- "我是怎么利用时间做……的？"
- "我做过的哪些事情让我的简历比别人的突出？"
- "哪些因素会让这家公司考虑我而不考虑其他人？"
- "我有哪些证据能证明我具备用人单位看重的技能？"
- "我有哪些经验？"

花在大学里的时间是一种投资。很明显，花时间来获取学位非常重要，但不用把所有时间都投资在学习上。有一些"明智的"分配时间的方法，让你既可以获得学位，又可以在毕业时打造出一份很全面的简历。

一般来说，一份很全面的学生简历会包括以下至少3方面的"投资"：

- 学位课程。
- 技能培养。
- 工作经验。
- 为社区做贡献。
- 担任一个承担责任的职务。
- 可以转化到工作中的广泛技能。
- 辅修科目。
- 不同寻常的专业能力。
- 志愿者活动。

练习

个人简历

- 以上9个方面中，你已经在哪几个方面进行了投资？
- 客观地讲，接下来的6个月中你还可以做些什么来完善自己的简历内容？

做好就业准备

下面给出的建议是现在可以采取的措施，帮你更好地为以后毕业求职做准备。

咨询就业服务中心

尽量早点开始使用就业咨询服务。大学第一年和第二年开始时做的选择对你有长远的影响。大多数就业咨询老师都希望学生们一年级时去向他们咨询。早点和这些老师聊一聊你的愿望和目标，会引导你走向正确的方向，做出明智的决定，稍后还会节约你的时间和金钱。

你所在大学的就业服务中心搜集了很完整的最新的用人单位信息和很多职业的信息。问清楚学习完自己的专业和课程可以从事哪些职业，或者在学业上还有哪些选择——将近一半的毕业生从事的工作都和自己的大学专业没有什么明显联系。

就业咨询服务可以提供些什么

就业咨询老师会给你一些建议，告诉你怎样充分利用上学的时间，这样你可以：

- 想清楚自己真正想从事什么样的工作。
- 选择正确的科目，为自己感兴趣或适合自己的职业打基础。
- 知道自己感兴趣的工作领域中，雇主看重哪些技能和素质。
- 充分利用上学期间可以利用的一切机会。
- 提前为自己感兴趣的工作做好充分准备。
- 了解大学里和大学外有哪些机会自己可以利用。

就业咨询中心一般会有一个勤工俭学中心或者其他类似性质的机构，可以帮学生找到兼职或实习机会，边上学边工作。

准备好向就业咨询老师提问

可以问就业咨询老师这样一些问题：

- 自己的专业可以从事什么类型的工作？
- 本专业的大部分毕业生都从事了哪些工作？
- 为了我想从事的工作，还需要什么样的培训？
- 进入那个行业会面对哪些竞争？
- 除了学位，雇主还看重哪些方面？
- 在校期间，我可以做些什么，提高自己在感兴趣的行业找到好工作的概率？

劳动力市场的趋势

问问就业咨询老师目前劳动力市场有哪些趋势，对你有什么影响，为你提高了哪些机遇？

问问自己专业的毕业生从事的都是哪些类型的工作。想一想自己对这些工作有没有兴趣。如果感兴趣，怎么做能让自己处于有利的位置争取到这些工作？如果你对这些工作不感兴趣，也不用惊慌。很多不同类型的工作都可以供毕业生选择，不限专业。

想清楚自己觉得什么最重要

很多学生都觉得和就业咨询老师谈一谈从事某个职业涉及哪些内容很有必要。投身到某个行业之前，一定要了解清楚这份工作涉及些什么。

要谨慎对待某些外表光鲜的工作：看看光鲜的外表之下，日常工作具体是什么样子，想想这些适不适合自己。比如：

- 从事这些工作需要长时间埋头工作、加班吗？如果是，你做好长时间埋头工作的准备了吗？
- 你愿意在真正具备资格之前，工作很多年都只拿培训生的工资吗？
- 为了从事自己想做的工作，准备好接受更多的资质考试了吗？

- 你能承担得起更多培训的费用吗？
- 你会喜欢被吸引到这类工作中的那类人吗？
- 需不需要经常出差？如果需要，你能接受吗？
- 你有没有可能被派遣到其他省市地区或者其他国家？你能接受吗？
- 这份工作的压力大不大？你能做好承担多大压力的准备？
- 这类工作有没有健康和安全隐患？
- 从事这类工作对家庭生活有没有什么影响？你能做好接受这些影响的准备吗？
- 需要经常与同事进行社交活动吗？你喜欢这样的生活吗？

你的回答反映的不仅仅是你觉得自己喜欢什么样的工作，而是你想过什么样的生活，你想成为什么样的人，希望和什么样的人接触和相处。

职业生涯规划
18 销售助理
25 经理
30 总监
35 总理
45 掌管整个世界
50 ？

选择学习科目

想清楚自己可以选择哪些科目，能不能：

- 选择一门辅修科目，学习一些不同寻常但有利于工作的专业知识？
- 学习新的技能或外语？
- 培养一种国际视野？
- 锻炼商务技能？
- 培养相关的专业技能？
- 创造机会，获得工作经验？

但别忘了人的一生中会有很多学习机会，到时可以在自己不足的领域迎头赶上。

脱颖而出

想想现在有哪些机会可以利用，帮助自己在以后的求职或升学的竞争中脱颖而出，与众不同。

获得工作经验

没有什么能替代工作经验——你会掌握很多在书本上很难学到的技能、端正的态度。工作经验不一定非要在与专业相关的领域获得。如果你想一毕业就进入某个行业发展事业，那么大学期间任何类型的工作经验都会有帮助，尤其是如果你以前没有从事过任何有偿工作。

可供选择的范围很广：

- 有偿工作。
- 志愿者工作。
- 三明治课程，以工作为基础的学习或者工作实习。
- 在校参与导师负责的项目。
- 实习艺术家（对于艺术类学生）。
- 学生会工作。

脱颖而出

写简历

写好一份简历，随时更新。保持良好的记录，详细记载每次经验、工作、日期和雇主的地址。可能需要一接到通知就把简历发送出去，所以要经常更新简历内容。

更新个人记录

写一份完整的个人档案，记录个人情况。

每6个月写一份个人情况的简述，包括下列内容：

- 目前什么对你的启发最大？
- 怎样把已有的技能应用到新环境中？
- 通过最近获得的经验，你培养起了哪些个人素质？
- 现在你有什么长期目标？
- 有哪些近期目标？

拓展人生阅历

想想用什么方法可以拓展自己的视野，学习更多的技能，锻炼与各类人群交往的能力。培养处理各类情况的信心。

认真考虑参加学习以外的各类活动。担任一个需要承担责任的职务，这样可以培养并展现出应对困难的能力，展示领导能力。

如果你在工作，看看能不能参加一门与工作有关的学习课程，充分利用这段经验——很多大学现在都有这种课程项目。考虑一下参加社区工作、学生会工作、戏剧社、音乐或者政治活动——大学里一般都会有广泛的活动供你参加。

完善自己的简历

求职时很可能要提交自己的简历。简历上要列出你的教育和工作背景、个人兴趣和参加过的其他活动。学术资质只是简历中的一部分。如果大学期间除了学习什么也没做，那简历上可以写的东西、面试中可以讨论的内容就会很少。

面试官可能会问：

- 你在什么场合展现出过某些技能？
- 你是怎么处理工作中常见的某些情况的（比如对外宣传）？
- 志愿者工作或者公共服务。

要提前计划，确保申请表和面试中至少有一些经验可以展现。这些经验可能是工作经验，可能是表演，可能是举办展览，也可能是其他活动。

终身学习

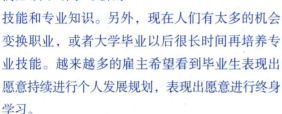

什么是终身学习

知识、技术和社会的快速变化要求人们必须不断学习新的技能和专业知识。另外，现在人们有太多的机会变换职业，或者大学毕业以后很长时间再培养专业技能。越来越多的雇主希望看到毕业生表现出愿意持续进行个人发展规划，表现出愿意进行终身学习。

大学和专科学校是终身学习的一部分，为毕业生提供机会，可以在新的领域培养专业技能。这对于求学时第一次选择的时候没有做好选择的人格外有用。

上学期间培养技能

对本书的学习现在接近尾声了，你可能觉得自己已经了解了有关技能培养所有想知道的内容！到此可以先休息一下，但持续个人发展的挑战还将继续。

- 没人能掌握完美的技能和策略，应对所有的情况，总会有一些可以改进或者更新的空间。
- 从中学到专科学校再到大学，每一个新的学习阶段需要的技能越来越精深，每一个新的阶段要求的内容也越来越多，需要新的策略和新的思考方式。

个人进步的新机遇

现在很多大学和专科学校都提供进一步学习的机会，包括：

- 研究生学位或其他高层次的学位。
- 持续专业发展课程。
- 各种层次的短期课程，包括更新个人技能的课程。

- 其他学习项目——根据自己的需求学习几个单元，而不是完整读完一个学位。
- 终身学习或其他短期项目——一般相当于半年的研究生课程，但花费的时间更长。
- 积累学分——学生可以根据自己的工作和生活情况，在很长一段时间内修满需要的学分。
- 校外继续学习项目——这些继续教育项目可以让学生在获得学位之前或之后学习一些自己感兴趣的东西。
- 工作本位学习（work-based learning）——工作单位提供的学习项目，或者带着工作单位的任务去学习。
- 与工作相关的学习——在大学里学习，但内容以工作为中心。

学习学位课程的同时，应该花时间问清楚都有哪些进一步学习的机会可供选择。这对你现在选择科目可能有帮助。比如，你可能希望获得学位以后再参加一些非全日制学习课程，学习一些与就业兴趣有关的专业技能。

练习

了解有哪些机会

- 有哪些机会可以修完自己选择的学位课程，或者培养一些不同寻常的技能？
- 如果现在对学位课程中的某些方面不感兴趣，可不可以以后再学？
- 有什么机会可以获得工作本位学习的学分？

规划表

下一步做什么？助你成功的技能

本书介绍了很多提高学习能力的方法，比如，书中提供了这样一些机会：

- 理解很多对学习有益的概念。
- 进行反思，加深对自己学业情况的认识。
- 学习怎样与他人一起学习，获得学业上的成功。
- 培养这样一些技能：排列优先顺序、进行行动规划和自我评估。

这些技能非常重要，能够促进以后的学业进步、个人发展和事业成功。下一步就要识别这些技能中哪些需要进一步培养和提高。

下面这张问卷帮你在更高的层次上探索自己的经验和技能，层次比前面已经介绍的内容更高。这样有助于你制订下一步的个人目标。

知识、技能、素质和经验	已经有经验	想加深了解	想进一步培养	按重要性排序
理解成功的含义 ■ 理解获得个人成功有哪些方法。 ■ 利用灵感的源泉。 ■ 利用个人价值观作为动力的来源。 ■ 了解成功有哪些要素。 ■ 协调自己的努力。				
人际交往能力 ■ 培养与人的亲善度。 ■ 专心倾听。 ■ 培养相互之间的信任。 ■ 为团队工作做贡献。 ■ 在团队工作中分配"行动小组"。 ■ 提供建设性的批判意见。 ■ 坦诚、开放地接受批判意见。 ■ 自信。				

知识、技能、素质和经验	已经有经验	想加深了解	想进一步培养	按重要性排序
■ 应对难交往的人。 ■ 谈判能力。 ■ 锻炼领导能力。				
创造性思维 ■ 有效利用大脑提高自己的表现。 ■ 用整个大脑思考。 ■ 培养对个人创造力的自信。 ■ 运用创造性的思考策略。 ■ 创造性地解决问题。 ■ 产生想法。 ■ 创造力和承担风险。				
解决问题和任务管理 ■ 详细了解问题。 ■ 解决问题的基本方法。 ■ 用策略解决复杂的问题。 ■ 识别问题的解决方法。 ■ 制订行动计划。 ■ 自我激励，及早开始行动。 ■ 遵守行动计划。 ■ 管理任务。 ■ 成功管理项目。 ■ 工作扫尾。 ■ 使用绩效指标。 ■ 评价个人竞争力。				
自我管理 ■ 根据自己的生活经历更好地了解自己。 ■ 充分利用自己的学习风格、习惯和偏好。 ■ 用个人的专业知识解决新问题。				

知识、技能、素质和经验	已经有经验	想加深了解	想进一步培养	按重要性排序
■ 评价自己的情商。 ■ 管理变动、困惑和不确定性。 ■ 识别妨碍个人成功的障碍。 ■ 培养对实现个人目标有建设性的态度。 ■ 管理"目标惯性"。 ■ 了解个人优势。				
反思的艺术 ■ 加深对反思的理解。 ■ 理解"反思实践者"的含义。 ■ 认识进行反思的不同方法。 ■ 认识记录反思内容的不同方法。 ■ 向别人展现反思内容。				
成功求职 ■ 选择一份毕业后的工作。 ■ 知道自己想从雇主那里获得什么。 ■ 使用进展情况文件和个人记录。 ■ 做好充分的求职准备。 ■ 写出好的求职信。 ■ 求职时展现自己的能力。 ■ 写一份好的简历。 ■ 利用互联网找工作。 ■ 如果身有残疾也要找工作。 ■ 准备求职面试。 ■ 有效的面试技巧。 ■ 开始新工作。				
记录成绩 ■ 有效记录个人情况。 ■ 为了找工作而记录展现自己能力的证据。				

明确个人目标

根据前面的评估表（详见第340–2页），看看你想进一步锻炼哪些技能。这些技能中，哪3项是首要任务？完成下面的表格，明确自己的这3个目标。

	目标1	目标2	目标3
1 目标是什么？			
2 培养这项技能有什么意义（对你有什么好处）？			
3 怎么安排时间做这项工作？			
4 需要什么支持或指引？从哪儿、什么时候可以获得支持？			
5 怎样可以展现出你已经实现了这个目标？			

实现个人发展目标的行动计划

目标：

主要要做的事情 （小目标）	采取的步骤（里程碑）	成功完成有哪些里程碑标志	开始日期	目标完成 日期	✓
1	a				
	b				
	c				
2	a				
	b				
	c				
3	a				
	b				
	c				

现在做什么

虽然本书接近了尾声，但是你在学生阶段的发展还没有结束。

反复阅读本书

本书不要读过一遍就扔开不管。随着学习阶段的不断深入，你会发现一些第一次阅读时没有发现的好处。时不时看看书中的内容，哪些部分会吸引你可能让你大吃一惊。

监督自己的进展情况

本书中已经强调过，作为一个成年学生，最终还是要你自己负责监督自己的进步情况。如果记了学习日记，可以时不时回顾一下日记内容，看看自己的想法发生了哪些变化。再做一遍书中的自我评估问卷，比较一下你现在的回答和以前的回答：有没有什么变化？你是怎样改变的？哪些内容以前觉得需要改进而过后忘记了？这些现在还需要集中精力解决吗？

需要帮助吗

如果你觉得没有取得预期的进步，约见一下你的辅导员或者学校的咨询人员、自己的导师或者整个年级的导师。见面的时候，展示出所遇到困难的具体证据，同时谈一谈你打算怎么解决。导师看到你自己付出了哪些努力、已经做了哪些尝试、他们提供的帮助侧重点应该在哪儿，然后他们才能有效地帮助你。如果你空手出现，没有任何准备，他们可能提供不了什么实质的帮助。

回顾过去，展望未来

在某种意义上，本章把你带回到了本书的起点。书中一开始就请你回顾自己具备的技能、认识自己有哪些首要任务。在本章中，你回顾了自己取得的成绩，评价、判断了什么对你最重要。你还开始规划个人发展下一步要完成的事情。

经历过高中和大学这些不同的学习阶段，你会认识到一个学习阶段的结束意味着另一个学习阶段的开始。这个个人发展的过程慢慢会成为你职业生涯的一个特点。毕业生从事的很多工作都希望他们承担起下面这些责任：

- 评价自己的表现。
- 识别需要改进的方面。
- 认识自己接受培训的需求。
- 制订策略和行动计划，解决这些问题。
- 监督自己的进步情况。
- 评价自己取得的成绩。

虽然本书主要讨论的是学习技能，但本章鼓励你在生活和职业发展这样的大背景下思考技能的培养。第339–44页最后一部分内容，鼓励你思考已经具备的技能中那些不同的、更高阶的方面，要不要进一步培养这些技能取决于你自己。

祝你好运！

并享受及体验您的成功学习！

参考文献

Bower, G. H., Clark, M., Lesgold, A. and Winzenz, D. (1969). 'Hierarchical retrieval schemes in recall of categorised word lists', *Journal of Verbal Learning and Verbal Behaviour* **8**, 323–43.

Bowlby, J. (1951). *Maternal Care and Mental Health*. Report to the World Health Organisation. New York: Shocken Books.

Bowlby, J. (1969). *Attachment and Loss: Attachment*. New York: Basic Books.

Butterworth, G. (1992). 'Context and cognition in models of cognitive growth'. In Light, P. and Butterworth, G. (eds) *Context and Cognition*. London: Harvester.

Buzan, T. (1993). *The Mind Map Book*. London: BBC.

Buzan, T. and Keene, R. (1996). *The Age Heresy: You Can Achieve More, Not Less, As You Get Older*. London: Ebury Press.

Clarke, A. M. and Clarke, A. D. B. (1976). *Early Experience: Myth and Evidence*. London: Open Books.

Clarke-Stewart, A. (1988). 'The "effects" of infant day care reconsidered: risks for parents, children and researchers', *Early Childhood Research Quarterly* **3**, 292–318.

Colon, J. (1982). *A Puerto Rican in New York and Other Sketches*, 2nd edn. New York: International Publishers.

Cottrell, S. M. (2010). *Skills for Success: Personal Development and Employability*, 2nd edn. Basingstoke: Palgrave Macmillan.

Cottrell, S. M. (2011). *Critical Thinking Skills: Developing Effective Analysis and Argument*, 2nd edn. Basingstoke: Palgrave Macmillan.

Cottrell, S. M. (2012). *The Exam Skills Handbook: Achieving Peak Performance*, 2nd edn. Basingstoke: Palgrave Macmillan.

Donaldson, M. (1978). *Children's Minds*. Glasgow: Fontana.

Flanagan, K. (1997). *Maximum Points, Minimum Panic: The Essential Guide to Surviving Exams*, 2nd edn. Dublin: Marino.

Freeman, R. and Mead, J. (1991). *How to Study Effectively*. Cambridge: National Extension College.

Fuhrman, J. A., McCallum, K., Davis, A. A. (1992) 'Novel major archaebacterial group from marine plankton'. *Nature* **356**:148–149.

Gardner, H. (1993). *Frames of Mind: The Theory of Multiple Intelligences*, 2nd edn. London: Fontana.

Glaser, E. (1941). *An Experiment in the Development of Critical Thinking*. New York: Teachers' College, Columbia University.

Harris, J.E. and Sunderland, A. (1981). 'Effects of age and instructions on an everyday memory questionnaire'. Paper presented at the British Psychological Society Cognitive Psychology Section Conference on Memory, Plymouth, 1981.

Karmiloff-Smith, A. (1992). *Beyond Modularity: A Developmental Perspective on Cognitive Science*. Cambridge, Mass.: MIT Press.

Keane, M., Kahney, H. and Brayshaw, M. (1989). 'Simulating analogical mapping difficulties in recursion problems'. In Cohn, A. G. (ed.) (1989). *Proceedings of the Seventh Conference of the Society for the Study of Artificial Intelligence and Simulation of Behaviour*. Morgan Lauffman. (Cited in Kahney, H. (1993). *Problem Solving: current issues*, 2nd edn. Buckingham: The Open University.)

Mackintosh, N. J. and Mascie-Taylor, C. G. N. (1985). 'The IQ question'. In *Report of the Committee of Inquiry into Education of Children from Ethnic Minority Groups*. London: HMSO, pp. 126–63.

O'Connor, J. and McDermott, I. (1996). *Principles of NLP*. London: Thorsons.

Oke, A., Keller, R., Mefford, I. and Adams, R.N. (1978). 'Lateralization of norepinephrine in human thalamus'. *Science* **200**:1411–1413.

Reed, S. K., Dempster, A. and Ettinger, M. (1985). 'Usefulness of analogous solutions for solving algebra word problems', *Journal of Experimental Psychology; Learning, Memory and Cognition* **11**(1), pp. 106–25.

Resnick, L., Levine, J. and Teasley, S. D. (eds) (1991). *Perspectives on Socially Shared Cognition*. Washington, D.C.: American Psychological Association.

Rose, C. (1985). *Accelerated Learning*. Aylesbury: Accelerated Learning Systems Ltd.

Simon, H. (1974). 'How big is a chunk?' *Science* **183**, 482–8.

Spearman, C. (1927). *The Abilities of Man*. London: Macmillan.

Springer, S. P. and Deutsch, G. (1981). *Left Brain, Right Brain*. San Francisco: W. H. Freeman.

Sternberg, R. J. (1984). 'Facets of intelligence'. In Anderson, J. R. and Kosslyn, S. M. (eds). *Tutorials in Learning and Memory: Essays in Honor of Gordon Bower*. San Francisco: W. H. Freeman.

Sternberg, R. J. (1985). *Beyond IQ: A Triarchic Theory of Human Intelligence*. Cambridge: Cambridge University Press.

Terman, L. M. (1975, first published 1916). *The Measurement of Intelligence.* New York: L. L. Arno Press.

Thompson, A. (1996). *Critical Reasoning: A Practical Introduction.* London: Routledge.

Thurstone, L. L. (1960). *The Nature of Intelligence.* Littlefield: Adams.

Tizard, B. (1991). 'Working mothers and the care of young children'. In Woodhead, M., Light, P. and Carr, R. (eds). *Growing Up in a Changing Society.* London: Routledge.

Vygotsky, L. (1978). *Mind in Society.* Cambridge, Mass.: Harvard University Press.

Wilkinson, G. (1997). *Understanding Stress.* London: British Medical Association ('Family Doctor' Series).

Wilson, P. (1997). *Calm at Work.* London: Penguin.

Woese, C. R. (1994). 'There must be a prokaryote somewhere: Microbiology's search for itself.' *Microbiological Reviews* **58**:1–9

附录1

乘法表

利用下面的表格，看看用第一行的一个数字和左边第一列的一个数字相乘时得到的结果是多少。加阴影的对角行表示的是每个数字自身相乘。

花点儿时间，有没有看出这些数字有什么规律？比如，看看数字4、5、9和11对应的列中最后的数字。

0	1	2	3	4	5	6	7	8	9	10	11	12	13	14	15	16	17	18
1	1	2	3	4	5	6	7	8	9	10	11	12	13	14	15	16	17	18
2	2	4	6	8	10	12	14	16	18	20	22	24	26	28	30	32	34	36
3	3	6	9	12	15	18	21	24	27	30	33	36	39	42	45	48	51	54
4	4	8	12	16	20	24	28	32	36	40	44	48	52	56	60	64	68	72
5	5	10	15	20	25	30	35	40	45	50	55	60	65	70	75	80	85	90
6	6	12	18	24	30	36	42	48	54	60	66	72	78	84	90	96	102	108
7	7	14	21	28	35	42	49	56	63	70	77	84	91	98	105	112	119	126
8	8	16	24	32	40	48	56	64	72	80	88	96	104	112	120	128	136	144
9	9	18	27	36	45	54	63	72	81	90	99	108	117	126	135	144	153	162
10	10	20	30	40	50	60	70	80	90	100	110	120	130	140	150	160	170	180
11	11	22	33	44	55	66	77	88	99	110	121	132	143	154	165	176	187	198
12	12		36	48	60	72	84	96	108	120	132	144	156	168	180	192	204	216
13	13	26	39	52	65	78	91	104	117	130	143	156	169	182	195	208	221	234
14	14	28	42	56	70	84	98	112	126	140	154	168	182	196	210	224	238	252
15	15	30	45	60	75	90	105	120	135	150	165	180	195	210	225	240	255	270
16	16	32	48	64	80	96	112	128	144	160	176	192	208	224	240	256	272	288
17	17	34	51	68	85	102	119	136	153	170	187	204	221	238	255	272	289	306
18	18	36	54	72	90	108	126	144	162	180	198	216	234	252	270	288	306	324
19	19	38	57	76	95	114	133	152	171	190	209	228	247	266	285	304	323	342
20	20	40	60	80	100	120	140	160	180	200	220	240	260	280	300	320	340	360

在线搜索工具

常用的网址和学术搜索引擎

Ingenta Connect

可以看到在线期刊文章和摘要，很多都是免费的：

- www.ingentaconnect.com

Find Articles

可以看到杂志、期刊、贸易出版物和报纸上的文章：

- http://findarticles.com

Google Scholar

谷歌搜索引擎旗下的一个专业频道，侧重对"学术"资料的搜索，比如同行审阅文章：

- http://scholar.google.com

Questia

一个大型在线图书馆，涵盖了人文学科和社会科学领域大量的完整书籍和期刊文章。在线查找资料是免费的，但阅读出版物需缴纳订阅费用：

- www.questia.com

互联网指南

有些网站提供了互联网操作的指南，还教授一些基本的搜索策略。选择的指南既可以是一些基本的互联网操作技能，也可以和你所学的学科有关：

- www.vtstutorials.co.uk
- www.netskills.ac.uk

社会科学资源数据库：

- http://infomine.ucr.edu
- www.ipl.org/div/subject/browse/soc00.00.00

其他学科的网址

生物医学和药学：

- www.embase.com

教育：

- www.eric.ed.gov

护理与健康：

- www.nursing-portal.com

心理学：

- www.apa.org

历史：

- www.connectedhistories.org

地理：

- www.geointeractive.co.uk

生物：

- www.biologybrowser.com

化学：

- www.chemistryguide.org

工程：

- www.techxtra.ac.uk

数学：

- http://mathworld.wolfram.com

法律：

- www.infolaw.co.uk

计算：

- http://arxiv.org/corr/home

艺术与人文：

- www.jurn.org

学科目录

可以寻找学科目录列表的网址：

- www.ipl.org
- www.sweetsearch.com
- http://searchenginewatch.com
- www.digital-librarian.com

索引

abbreviations缩写 125, 203

abstracts摘要

published出版 114

for reports报告 267

academic conventions学术惯例

features of academic writing学术写作的特定 181

the scientific model科学模式 205–8

writing styles写作风格 209–16

academic sources online在线学术资源 152

access courses接触课程 7, 8, 9

achievement成绩 见study skills学习技能

action plans行动计划 18, 33, 78, 90–1, 315, 344

active learning积极的学习 5, 55, 83–5, 295–6, 298–308, 310–15

analysis分析, qualitative定性和 quantitative定量 206, 207, 208

analytical thinking分析型思考 211, 275–91

analytical writing分析型写作 276, 284–8

anxieties焦虑感 9, 17–19, 24, 42, 170

and exams与考试 312, 318

and memory与记忆 299

and oral presentations与口头陈述 108

speaking in a group在小组中发言 97

and stress management与压力管理 321–3

applying to university申请大学 8–11, 21–4

argument论点 31–2, 85, 197, 204, 211–12, 223, 277

同时见line of reasoning推理主线

assessment评估 3, 15, 38, 42, 61, 217–18, 318–20

assistive technologies辅助技术 160

asynchronous communication异步通信 146, 155

attention注意力 49, 83, 96, 104

attitude态度 26, 86, 88–9

audience听众 107, 110

auditory learning styles听觉学习风格 2, 4, 5, 45, 58, 294–6

averages平均数 237–40

calculating averages计算平均数 238–40

understanding averages理解平均数 237

同时见five-number summaries五数概括法;median中位数;mode众数

bar charts柱状图 246

bibliographies参考书目 132, 184

blended learning混合式学习 146

同时见personalised learning有个人特色的学习

blogs博客 146, 153, 154, 155, 157

Bower, G.H.鲍尔 305, 308

Bowlby, J.鲍比219–22, 282

brain大脑 293

hemispheres半球 53, 297–8

and learning与学习 287–9

plasticity可塑性 47

triune三位一体脑 53, 298–9

brainstorming头脑风暴 20, 124, 173

Butterworth, G. 巴特沃思46–7

Buzan, T.布赞124, 293

career planning职业规划 6, 8, 9, 13, 24, 25, 36, 333, 336–9

case studies案例研究 272–3

categorizing分类 187–90, 207

charts图表 243, 246

bar charts柱状图 246

pie charts饼状图 246

cheating作弊 106

同时见plagiarism抄袭

color–coding用颜色标记 46, 53

diaries日记 71

memory记忆 295, 298, 303

notes笔记 73, 85, 124

planning规划 183, 186, 191

planning paragraphs规划段落 194

setting priorities设定任务优先顺序 32, 78

when reading阅读时 117, 119

communications交流

e–communications for study学习时的在线交流 158

group projects小组项目 161–2

managing an e–project管理在线项目 161–5

computers电脑

computer–assisted assessment计算机辅助评估 153

computer skills for study学习中的计算机操作技能 142

dealing with jams处理故障 145

organized storage管理好存储内容 144–5

computers电脑 见information and communications technology信息与通信技术

concepts概念 187

concept pyramids概念金字塔 187–90, 191, 213, 306, 318

conclusions结论 275

同时见writing写作

Connexions Service青少年服务中心 9

creativity创造力 6, 46, 47, 55, 56–8

critical thinking批判性思考 31–2, 204, 213–14, 275–91

critical writing批判性写作 285–8

data数据 23

definition定义 247

interpreting raw data解读原始数据 245

using data使用数据 208

同时见number skills处理数字的技能;statistics统计

deadlines最后期限, meeting deadlines按时完成 15, 79

denominator分母 232, 247

descriptive writing描述性写作 206, 209, 210, 286–7

diary–keeping记日记 21, 71–2

discrimination歧视 100–3

dissertation毕业论文 253–69

action plan行动计划 270–1

checklist清单 269

drafts初稿 191, 196–7

distance learning远程学习 11

Donaldson, M. 唐纳森46

dyslexia阅读障碍 3, 9

adapting computer screens调整电脑屏幕 160

developing writing提高写作水平 170

jumping and glaring texts跳跃和晃眼的文字 121

reading strategies阅读策略 115–19

starting a piece of writing开始写一篇文章 172–3

同时见memory记忆

editing编辑 71, 177, 196–7

effective learning有效学习 64–5

Einstein爱因斯坦 47, 49, 57

e-learning在线学习 146, 153
    getting started开始着手 154
    personalized learning有个人特点的
        学习 155, 156, 157
    successful e-learning成功的在线学习
        154
    types of e-learning在线学习的类型
        153
    同时见computers电脑; information
        and communications technology
        信息与通信技术; personalized
        learning有个人特点的学习;
        projects项目
email电子邮件 74, 99
employers雇主 见work–based learning
        工作本位学习
employment就职 10, 28, 29, 34,
        35–7
    what employers want雇主想要的是
        什么 39–41
English英语 5, 9, 200
e-portfolios电子档案 39, 146
e-project planner电子项目规划表
        163–5
e-projects电子项目 见projects项目
e-resources for academic study学习的
        在线资源 152
    articles online在线文章 114, 152,
        154, 348
essays论文 9, 25, 84, 85
    examples of示例 219–24
    in exams考试中 318
    procedure for writing写作流程
        176–7
    titles题目 178–9, 256
    what is an essay?论文是什么 175
        同时见writing写作
evaluation of achievement对成绩的评估
        61, 62, 332
evaluation of study skills评价学习技能
        326–32
    同时见monitoring progress监督进步
        情况
evaluative writing评价性写作 213–14
evidence证据 177, 181, 211, 221,
        258–62, 277–91
exams考试 15, 30, 309, 320
    exam checklist考试清单 320
experience, learning from从经验中学习
        27–8, 50–1, 54, 216

feedback, using tutor feedback反馈, 利
        用导师的反馈 26, 217–18, 221,
        224
five–number summaries五数概括法
        241–2
Flanagan, K. 308
foundation degrees基础学位 7, 10
fractions分数 231–3
    adding and subtracting fractions分数
        加减法 232

calculating percentages from
        fractions把分数转化成百分数进行
        计算 235

Gardner, H. 加德纳 44, 46
goal–setting设定目标 31–3, 72, 87–91
goals for university study大学学习的
        目标 6, 86, 88–9
graphs曲线图 243, 244
groupwork小组工作 10, 19, 29, 35, 36,
        53, 86, 94–5, 96–9, 104–5, 106
    managing an e-group project管理在
        线小组项目 161–4

Harris, J.E.和Sunderland, A. 293
health and safety when using the
        computer使用电脑时的健康与安全
        141
hypothesis, for research projects假设,
        科研项目中的假设 257, 265

improper fractions假分数 231
ICT 见information and communications
        technology信息与通信技术
independent learning独立学习 11,
        12–3, 67–9, 74–7
independent study自主学习
    benefits, challenges, risks益处、挑战
        和风险 254
    and learning styles与学习风格 3
    managing independent study管理自
        主学习 13, 255
    skills for independent study自主学习
        技能 275
    types of independent study自主学习
        的类型 12
index cards索引卡片 73, 85, 132, 304,
        315
indexes索引, book书 115, 116
indexes索引, published出版 14, 115
induction入学
    events活动 23
    week周 15
information and communications信息与
        通信
    technology技术 69, 172, 173, 191,
        198
    evaluating ICT skills评价信息与通信技
        术技能 142–3
intelligence智力 5, 26, 40, 41–52
    IQ智商 43, 47
Internet互联网 114, 147–52, 154
    browsers and search tools浏览器与搜
        索工具 149
interview techniques采访技巧 261
intranets校内网 154
introductions引言 见writing写作
IT信息技术 见information and
        communications technology信息
        与通信技术

journals期刊与日记 114, 210
    learning journals学习日记 63
    online在线 152

Karmiloff–Smith, A. 卡米诺夫–史密斯
        44
Keane, M., Kahney, H. and
        Brayshaw, M. 基恩，卡尼和布莱夏
        48
kinaesthetic learning styles动觉学习风格
        2, 4, 5, 58, 67, 294–6

laboratory work实验室工作 11, 137
learning学习 3, 4–5, 17, 41, 46, 48–54,
        59–60, 67, 68, 85, 294–6, 298,
        302, 304
    deep processing深度处理 1, 49, 51–2
    independent独立 见independent
        study独立学习
    optimal learning理想的学习状态 53
    styles and preferences风格和偏好 3,
        5, 13, 16, 21, 48–54, 58, 59–60,
        67, 68, 85, 294–6, 298, 302–4
lectures上课 10, 11, 19, 36, 45, 64, 85,
        127, 128, 133–4, 135
    lecture notes: cover sheet上课笔记:
        封面页 134
libraries图书馆 9, 22, 113–14
lifelong learning终身学习 339
listening倾听 36, 37, 96, 99, 104, 276
literature review文献综述 258
literature search文献检索 257
lurking隐身 146

Mackintosh, N.J. and
        Mascie–Taylor, C.G.N. 麦金托什和
        泰勒 43
mature students成年学生 3, 7–11,
        15–24, 27–8
mean平均数 237, 247
    calculation of计算平均数 238
median中位数 237, 247
    calculation of计算中位数 239
memory记忆 46, 83, 293–308
    and concept pyramids与概念金字塔
        187–90, 305–6
    encoding information编码信息
        300–5
    individual styles个人风格 294–5,
        298, 302–4
    organization组织 305–8
    overlearning强化学习 296, 305, 311
    and revision与复习 310, 311, 312,
        313
    stages阶段 300, 301
    strategies策略 294, 295, 296, 298,
        302–8
memory stick优盘 144–5, 146
mentors (for work–based learning)导师
        （工作本位学习） 85
mixed numbers带分数231

mnemonics助记术296
mobile phones, and study移动电话，与学习 153
mode众数 237, 247
　　calculation of计算众数 240
modem调制解调器154
monitoring progress监督进步情况 34, 61–2, 63
motivation动机 1, 3, 4, 6, 16, 55, 68, 86–90, 312, 313
　　and independent study与自主学习 13, 254
multiplication乘法 228
　　of fractions分数的乘法 233
　　quick multiplier (table)乘法表 347
　　understanding multiplication理解乘法 228
multi–sensory learning多感官学习 2, 4, 45, 58, 295

neuro–linguistic programming (NLP) 神经语言程序学88
note–making记笔记 22, 64, 65, 122–35
　　how to make notes如何记笔记 122, 123–6
　　organizing组织 73, 122, 127
　　pattern notes图形笔记 46, 85, 124, 186, 306
　　for revision复习记笔记 311, 312, 313, 315
　　strategy策略 135
number skills处理数字的能力 225–48, 259–60, 262
　　building your confidence增强自信 227–8
　　critically questioning numbers and statistics批判质疑数字与统计数据 229–30, 278–81
　　required for academic study学习中必须具备的数字处理能力 225, 226
　　technical terms for number work数字中的术语 247
　　trusting numbers and statistics信任数字与统计数据 229–30
　　understanding numbers理解数字 226, 229
　　同时见averages平均数; charts图表; graphs曲线图; percentages百分数; rounding舍入; statistics统计; tables表格; quartiles四分位数
numerator分子 232, 247

objectivity客观性 205, 207, 208
observation观察 27
online searches在线查找 148–52
open days开放日 8
oral communication口头交流 35, 36, 37, 96–7, 99, 104, 107–9
　　同时见presentations陈述介绍

organisation组织 26, 55
　　of ideas in concept pyramids组织概念金字塔中的想法 187–90
　　of study space组织学习空间 68–9
　　and writing tasks与写作任务 171, 176–7, 183–6
　　using information technology使用信息技术 140, 144–5, 163–5
organizational skills when using a computer使用电脑时的组织技能 145–6, 191

paragraphing分段 见writing写作
PDP 见personal development planning个人发展规划
people skills人际交往能力 93–5
　　self–evaluation of对人际交往能力的自我评估 94
percentages百分数 234
　　calculation from fractions把分数转化为百分数进行计算 235
personal development planning个人发展规划 14, 325, 333–9
　　action plan for PDP个人发展规划行动计划 344
　　already undertaken已经进行的个人发展规划 334, 340–2
　　targets for PDP个人发展规划的目标 340–3
personal profiles个人档案 335–7
personal statement个人陈述 38
personalized learning有个人特点的学习 60, 91, 124, 155–60, 296
pie charts饼状图 246
plagiarism抄袭 64, 65, 128–9
podcasts播客 155, 157
portal入口 155, 156
portfolios介绍 39
positive thinking积极的思考 18, 88–90, 299, 309, 312, 313, 314, 316, 322
practicals实践工作 11, 137
presentations, oral陈述介绍，口头 10, 94, 107–9
priority–setting设定优先顺序 18, 27, 31–3, 70, 78
private study个人学习 136
problem–solving解决问题 18, 36, 46
profiling建立档案 35–7
progress files进展情况文件 14, 38–9
projects项目 251, 252, 253, 257–62
　　checklist清单 269
　　managing an e–project管理在线项目 161–5
　　同时见dissertations毕业论文; report–writing写报告
proof–reading校对 196–7
proper fractions真分数 231
pyramids金字塔 187–90, 305–6

qualitative and quantitative analysis定性与定量分析 205, 206, 207

quartiles四分位数 241
questionnaires, designing问卷，设计 205–6
quotations, using引用，使用引言 128, 131–2

Raven's Progressive Matrices瑞文推理测验 43
reading阅读 22, 44, 85, 115–21
　　critically批判性 275–84
　　developing for university大学期间培养阅读能力 21–2
　　to improve comprehension提高理解能力 119
　　and note–taking记笔记 117, 122, 123, 126, 128
　　selectively选择性地 64, 115, 116
　　speed速度 120–1
　　strategies策略 116–18, 122
reasoning, line of推理主线 181, 191, 221, 276–8, 284
　　flawed reasoning有缺陷的推理 279–82
recording achievement记录成绩 38, 326–30
Reed, S.K., Dempster, A. and Ettinger, M. 里德，登普斯特和爱丁格 46
references参考文献 128, 130–2, 221, 276–8, 284
　　introducing quotations引入引言 131
　　storing data on cards在卡片上存储数据 132
　　what to include包括些什么 130, 132
　　writing out写出来 131, 132
reflection反思 1, 2, 18, 21, 27–8, 35–7, 38, 39, 40, 54, 55, 66, 68, 83, 91
reflective learning journal反思性学习日记 63, 85
report–writing写报告 167, 168, 181, 182–3, 205–8, 210, 251, 263–4
　　characteristics of写报告的特点 263
　　layout布局 268
　　structure of结构 264
　　writing styles写作风格 265–8
research查找资料 11–38, 257–62
　　research hypothesis研究假设 257
　　research strategy资料查找策略 256, 257–8, 259–61, 266
Resnick, L., Levine, J. and Teasley, S.D. 瑞斯尼克，莱文和泰斯利45
resources, personal资源，个人资源 20
revision复习 31, 46, 309–15
　　action plan行动计划 315
　　past papers以前的试卷 310, 311
　　pitfalls错误 311–12
rounding numbers舍入数字 236

scientific model科学模式 205–8
search engines搜索引擎 146, 149

searching online在线搜索 148, 149, 150
  advanced searches高级搜索 151
  narrowing a search缩小搜索范围 150
  search tools搜索工具 149
  widening a search放宽搜索范围 150
self–awareness自我认识 26
self–evaluation自我评估 2, 18, 26–32, 40, 61
seminars研讨会 10, 31–2, 36, 93–100, 108–9
Simon, H.西蒙 307
skills技能 25–37
  audit检查 27, 29
  brought to university进入大学时具备的技能 27–30
  components元素 26
  developed at university大学期间培养的技能 28–9, 30
  identifying your skills认识自己的技能 31–4
  key skills关键技能 14
  "soft" skills "软" 技能 35–7
  sub–skills子技能 2, 25, 26, 27–37, 46, 53, 61
  transferable skills可以转换的技能 27, 36–7, 40, 46
speaking skills发言技能 96–7, 107–10
Spearman, C. 斯皮尔曼43
statistics统计 29, 229, 230
  samples样本 230
Sternberg, R. 斯腾伯格45, 46
stress压力 4, 5, 6, 18, 26, 42, 47, 53, 103, 281–3
student experiences学生经历 16, 19, 63, 126, 170, 174
study options选择科目 8, 15
study skills学习技能
  achievement成绩 326–31
  evaluating评估 332
  priorities优先顺序 31–3
  recording记录 38, 326–31
  同时见monitoring progress监督进步情况
subjectivity主观性 207, 208, 216
support, setting up study support groups支持，建立学习互助小组 105, 158, 161
Suzuki Violin Talent Education Programme铃木小提琴培训项目 44
synchronous communication同步通信 146, 155

tables表格 243
  presenting data in tables在表格中呈现数据 262
  raw data in tables表格中的原始数据 245
  understanding tables理解表格 243
target–setting设定目标 28, 31–2, 72, 88–91, 343, 344
teaching methods教学方法 10–11
Terman, L.M. 推孟43
terminology术语
  for essay titles论文题目中的术语 179
  glossary of terms for number work数字相关的词汇表 247
  technical terms for e–learning在线学习的术语 146
Thurstone, L.L. 43
time时间
  deadlines and extensions提交日期与延期 15, 30, 36, 70, 79
  and independent study与独立学习 13, 254–5
  organizing and managing time组织并管理时间 16, 21, 36, 65, 67–8, 70–9
  time circles时间周期 75–6
  time–saving suggestions节约时间的建议 73
  university week and year大学生活一周和一年的安排 10, 11, 15, 19
titles, analyzing assignment titles题目，分析作业题目 178, 179
  devising your own for assignments设计自己的作业题目 180, 256
truncated symbols缩写符号 150
tutorials个人辅导 10, 36, 255

UCAS form英国高等院校招生委员会申请表 8, 24
understanding and learning理解与学习 52–6

virtual learning environment虚拟学习环境 153, 154, 155, 156
visual learning styles视觉学习风格 2, 4, 5, 49, 58, 71, 294–6
vulgar fractions普通分数 247
  同时见fractions分数
Vygotsky, L. 维果斯基45

Web 2.0 155
web addresses, saving网址，保存网址 152
wikis维基百科 146, 153, 155, 157

wildcard symbols通配符 150
word limits (in study tasks)字数限制（学习任务中） 73, 185, 190
work–based learning工作本位学习
  benefits of work–based learning工作本位学习的好处 80
  combining work and study工作与学习相结合 80
  managing study–release time管理学习–放松时间 82
  managing work–based projects管理以工作为基础的项目 81
  workplace mentors工作场所的导师 81
work placements工作实习 10
World Wide Web万维网 114, 147–52, 154
writing写作 9, 35, 40, 41, 167, 224
  academic writing学术写作 167, 181
  analysis分析 179, 181, 211, 213–14, 275–7, 284–92
  argument论点 见line of reasoning推理主线
  compare and contrast比较与对比 179, 181, 213–5
  on computer使用电脑 140, 172, 173, 174, 191, 196, 198
  conclusions结论 178, 184, 185, 195, 283
  drafts初稿 140, 170, 174, 177, 185, 186, 190, 191, 195–8
  evaluation of writing skills评估写作技能 168, 197, 199
  from experience来自经验 216
  introductions引言 178, 184, 197, 210, 320
  linking ideas把想法联系起来 168, 195
  organizing tasks组织任务 68–9, 170, 176–7, 182–3, 185–90, 212, 215
  paragraphs段落 192–5
  plans计划 177, 183–6, 212, 214, 215
  speed速度 310
  getting started开始着手 22, 63, 169–70, 172–3
  structure结构 175, 181, 182, 184, 217, 319
  style风格 175, 181, 197, 201–4, 209–16, 224
  sub–skills子技能 168
  writer's block写作瓶颈 172–3
  同时见essays论文; report–writing写报告; dissertations毕业论文